兩漢聲母系統研究

劉冠才 著

上海古籍出版社

南京師範大學
國家"211工程"三期重點學科建設項目
"語言科技創新及工作平臺建設"

《語言科技文庫》
總主編　李葆嘉

計算語言學研究系列　　　陳小荷 主編

語義語法學研究系列　　　李葆嘉 主編

漢語方言學研究系列　　　劉俐李 主編

古代漢語學研究系列　　　黃　征 主編

語言教學與研究系列　　　肖奚強 主編

語言新專題研究系列　　　倪傳斌 主編

《語言科技文庫》總序

李葆嘉

當代語言學已經進入了一個科學與技術的互補時代,信息處理水準成爲衡量國家現代化水平的重要標誌之一。知識世界的載體是語言符號系統,信息處理的根本對象是語言信息處理。與計算機的出現使得語言符號有可能成爲數據處理對象相似,神經科學實驗儀器設備的應用,使得在大腦神經層面探討語言機制成爲可能。這些無疑都引導語言研究走向科技化,"語言科技新思維"(李葆嘉 2001)應運而生。

所謂"語言科學"包括理論語言學、描寫語言學、歷史語言學、應用語言學等分支學科,所謂"語言技術"指語言研究的現代技術手段,包括語言信息處理、語音實驗分析,以及語言的神經、心理和行爲實驗分析的技術手段等。就語言信息處理而言,又可以分爲語料庫研製技術、知識庫研製技術、知識挖掘和抽取技術、句法信息處理技術、辭彙信息處理技術、語音信息處理技術、語義信息處理技術、語用信息處理技術等。

2001 年 5 月,南京師範大學文學院創辦了史無前例的"語言科學及技術系",率先邁出了從傳統文科教育範型向現代科技教育範型轉變的步伐。"十五"期間,南京師大"211 工程"重點學科建設項目"語言信息處理與分領域語言研究的現代化"(陳小荷教授主持),以基礎平臺建設、資源建設和理論探索等爲主,邁出了語言科技研究的一大步。

"十一五"期間,南京師大文學院、外國語學院和國際文化教育學院連袂申報"211 工程"三期重點學科建設項目。該項目以"語言科技"爲引導,以"多學科交叉、跨院系整合、開放型營運"爲理念,建設具有前瞻性、原創性、成長性的語言科技高級工作平臺。以典型課題的工作原理爲核心,進行資源開發和系統研製,拓展語音科技、二語習得的神經機制研究、語言能力受損兒童的語言能力研究等新方向。同時造就新一代學術領軍人物和培養一批高層次複合型人才,以期形成一支高水準的交叉學科團隊。該項目設計,體現了工作平臺建設、理論創新、應用研究、人才培養、團隊建設的學科發展一體化思路。其旨趣在於,加速語言研究從傳統文科範型向現代科技範型的轉變,以引領 21 世紀語言科技的新潮流。

作爲新興交叉學科項目,通過教育部組織的專家匿名評審,"語言科技創新及工作平臺建設"(2008—2011)獲批,總投入 1000 萬元。總體而言,這一"語言科技創新"團隊,分支學科齊全、專業知識互補,涵蓋了理論語言學、計算語言學、語義科技、語音科技、實驗方言學、歷史語言學、神經語言學、二語習得研究、話語行爲語言學等領域。這一期間,項目組成員獲批的國家級基金項目達 20 多項。該項目理念之前瞻、實力之雄厚、工程之浩大、經費之保障,爲學界矚目。

2008 年秋,本項目以南京師範大學語言科技研究所爲實施單位正式啓動。主要有三大任務:建設一個"整體性、科技型、開放型"的語言信息科技實驗室;研製一個具有"獨創性、交叉性、應用性"的語言科技工作平臺;出版一套具有"大視野、跨學科、新思路"的語言科技文庫。

從實驗室方案設計到設備招標採購,再到實驗室用房改造,經過 8 個月的努力,2009 年 12 月,語言信息科技實驗室建成,爲語言研究從傳統範型向科技範型的轉變提供了基本保障。該實驗室劃分爲實驗工作區、科研工作區和管理服務區。實驗工作區建有語音實驗與計算室、神經認知實驗與計算室、課堂話語實錄室三個專門實驗室。科研工作區建有語義科技工作室、語音科技工作室、方言實驗工作室、知識工程工作室 I(先秦辭彙)、知識工程工作室 II(中古辭彙)、知識工程工作室 III(敦煌俗語言文字)、語言(英)習得神經機制工作室、語言(漢)習得中介機制工作室,以及參研工作室。管理區服務包括辦公室、管理室、編輯室和交流室。出席"語言科技高層論壇暨語言信息科技實驗室落成儀式"(2009 年 12 月 14 日)的專家認爲,該實驗室體現了語言學跨學科研究的當代性和先進性,具有整體性、科技型、開放型三個特點,處於全國領先地位,是"語言科技新思維"的又一體現。同時認爲,該實驗室的科研工作涵蓋了四個二級學科、四個博士學位點,有穩定明確的研究方向,有合理的設計規劃和很好的科研基礎;整體設計合理,功能齊備,以教育部重點實驗室建設標準衡量,很多方面超過了指標。

語言科技工作平臺是基於工作原理(課題定位—理論方法—技術路綫—關鍵技術—評估方式)而建設的高級平臺。一方面,從語言信息、語言知識和語言機制三個層面,圍繞典型課題進行設備配置、資源建設和軟件開發;一方面,將典型課題研究與工作平臺建設融爲一體,依據典型課題建設的子平臺應具有解决同類課題的功能。

建設語言科技工作平臺的目標是要實現語言研究手段的技術化和模型化,總體設計包括三個二級平臺和八個子系統。

一、語言信息工作平臺。1. 語義科技工作系統(李葆嘉教授主持):基於辭彙語義—句法語義的一體化研究思路,開發"人—機交互語義標注工具",研製"深度語義標注信息庫";研製"幼兒(2—6)日常話語跟蹤語料庫",完成幼兒語義系統和話語行爲分析研究。2. 語音科技工作系統(顧文濤教授主持):研製"多語言、多語境、多語用的語音語料庫",基於聲學信號分析、感知實驗和數學建模,完善語音韻律理論與相關技術應用。3. 方言實驗工作系統(劉俐李教授主持):完成"網絡版漢語方言有聲語料數據庫",擬定系統的可操作性語音、辭彙、語法實驗模型和研究方法,進一步完善新興交叉學科"實驗方言學"。

二、語言知識工作平臺。1. 先秦辭彙統計與知識檢索系統(陳小荷教授主持):研製"先秦文獻語料庫"、"專名知識庫"、"漢語辭彙檔案庫"等,開發先秦文獻自動分詞演算法、古籍版本異文自動發現演算法、同指專名檢索軟件工具等,完成"先秦漢語辭彙統計與知識檢索"。2. 中古辭彙統計與知識檢索系統(董志翹教授主持):研製"中古文獻語料庫"、"專名知識庫"、"中古漢語辭彙檔案庫"等,開發中古文獻自動分詞和標注工具等,完成"中古漢語辭彙統計與知識檢索"。3. 敦煌俗語言文字知識檢索系統(黃征教授主持):研製"敦煌文獻資料庫"、"敦煌文獻俗詞語檔案庫",開發相應工具,完成"敦煌文獻資料與知識檢索"。

三、語言機制工作平臺。1. 二語(英)習得的神經機制研究系統(倪傳斌教授主持):研製"英語受蝕辭彙庫"等,基於行爲學、腦成像和腦電三維度模型,進行中國人英語習得與磨蝕的神經機制研究,完成"基於神經機制的英語個性化學習分析系統"。2. 二語(漢)習得的中介機制研究系統(肖奚強教授主持):研製"留學生漢語口語仲介語語料庫",基於中介語理論、對比分析理論、偏誤分析理論以及二語習得影響因素等,完成"留學生漢語習得的中介機制研究"。

這一工作平臺,既是科技研究平臺,也是人才培養平臺,即一個現代化的科學研究和人才培養工作體系。

作爲本項目的文本成果,《語言科技文庫》包括計算語言學研究、語義語法學研究、漢語方言學研究、古代漢語學研究、語言教學與研究、語言新專題研究六個系列。其總體特徵爲:領域的開拓性、理論的原創性、選題的新穎性、方法的交叉性、考據的精審性、成果的應用性。在研究過程中,除了資料獲取分析、資源建設和軟件開發,更重要的還是要有新思路、新理論和新材料。陳小荷提出的先秦文獻信息處理新方法,從先秦典籍注疏文獻中挖掘出用於自動分詞和詞義消歧的知識,再注入已開發的古漢語分詞和詞性標注工具中去,所取得的先秦古籍版本異文自動發現、先秦辭彙知識自動挖掘等成果均具開拓性。李葆嘉提出的語義語法學理論和話語行爲理論,基於研製專用語料庫或語義信息庫和技術手段,開拓了語義網路建構、深度語義分析和話語行爲研究等新的領域。劉俐李建構的實驗方言學理論和方法,爲方言學向現代科技方法的轉型研究提供了新路,並取得了一系列新成果。黃征多年來從事敦煌文獻及其俗詞語文字研究,古代漢語學研究系列中的敦煌文獻校錄整理,以及敦煌寫本字詞考釋、以古佚和疑僞經爲中心的敦煌佛典詞語和俗字研究、兩漢聲母系統研究等新見迭出。肖奚強基於漢語中介語語料庫的二語習得研究,在對外漢語教學研究界已經產生了影響。錢玉蓮等的漢語介詞與相應英語形式比較研究等專著,各有亮色。倪傳斌依據語言測試和認知實驗等資料,從行爲學、生理學和語言學三個層面分析影響中國英語學習者外語磨蝕的相關因素。劉宇紅基於隱喻的理論探討,對各類隱喻形式的結構、特性和解讀規律進行了多視角的深入探討。

《語言科技文庫》所收論著,由作者在 2008 年 12 月申報選題,2011 年始逐步完稿。該系列叢書的主編審讀了部分書稿,主要就其學術價值、章節安排、內容關聯、行文表述、圖表繪製等方面,提出審閱意見。此後,作者們對書稿又進行了修改和潤色。《語言科技文庫》的作者,大多數是具有博士學位的年輕教師。對於我們這些 20 世紀 80 年代走進語言學研究領域的前行者而言,出版論著可能已不足爲道。然而,對於年輕學者而言,其論著的出版既是幾年來研究的結晶,也是對其繼續探索的促進。換言之,"211 工程"重點學科建設的目的之一,就是爲年輕教師搭建一個可持續發展的科研和教學平臺。學科帶頭人的主要任務之一就是提攜後進。

儘管從根本上來說,科學或學術研究是一種個人的探索行爲,然而複雜問題的研究,無疑需要群體協作。"學科建設"或團隊合作模式,是 20 世紀 90 年代後期出現的一個新概念。這種模式涉及總體規劃、多方協調,是需要付出精力和心血的。2008 年,通過投票方式,我被推舉擔任該項目總負責時,就意識到自己成了一個"勞動班委"。2009 年,前往安徽大學拜訪黃德寬教授時,我曾談到"學科負責人的任務就是規劃設計,爭取項目經費和提供科研設備設施",得到黃教授的贊許。2010 年,申報江蘇省高校哲學社會科學重點研究基地時,評審專家柳士鎮教授提問的"作爲一個交叉學科項目,各學科之間的協調是怎麼考慮的,有什麼做法",可謂一語中的。作爲後學,深知交叉研究之艱、學科整合之難。相關學科之間的整合協調需要借助行政機制,但憑藉行政方式並非就能完成。當時的回答是,目前做到的是建成了一個可以合作研究的場所,至於學科之間的進一步溝通合作應有較長過程。有一點很明確,只有通過交叉項目,相應學科纔能滲透,合作者纔能逐步磨合。我們只是在一步步探索。

十一五期間的"211 工程"建設項目即將完成,但是學科建設的任務並沒有結束。2010 年,"語言信息科技研究中心"被評審爲江蘇省高等學校哲學社會科學重點研究基地,爲"語言科技"這一交叉領域注入了新的建設活力。重點研究基地建設,除了"跨院系整合、多學科交叉、開放型運行"理念,需要凸顯"合作性攻關"。圍繞交叉性項目,實施計算語言學、語音科技、神經語言學、語義科技等力量的聯合攻關計畫。只有通過全面開放,以及和與國內外同行的合作交流,纔有望建成具有影響的語言科技研究、人才培養和學術交流基地。

十年前(2001 年),我曾寫道,"語言科技"的內涵是以理論研究爲指導,以描寫研究爲基礎,以應用研究爲樞紐,促使語言研究向計算機應用、認知科學和現代教育技術領域等延伸,溝通文理工相關學科以實現語言研究過程及其成果的技術化。"語言科技"的外延爲語言工程科技、語言教育科技和語言研究科技。其中,"語言研究科技"是將語言研究活動與資源建設、軟件開發相結合,其目標是實現語言學自身的科技化。還應包含語言實驗、數據處理這些實驗語音學、神經語言學研究的科技手段。

雖然語言學家不可能也不必要都轉向語言計算或實驗研究,儘管描寫、考據和內省始終是最基本的方法,但是具有一定的語言科技意識卻非常必要。語言學家只有了解有哪些可供利用的資源、軟件或儀器,纔能提高其研究深度、精度和效率。語言學家也只有了解到信息處理的語言研究需求,纔有可能爲之提供可資應用或參考的基礎成果。"語言科技"是21 世紀語言學研究的潮流。

此爲出版緣起。是爲總序。

2011 年 8 月謹識於南都

序

　　中國音韻學研究一般以上古音研究、中古音研究、近代音研究爲分述對象和研究目標；又往往以中古音研究爲嚆矢，因爲它可上推古音，下證今音。上古音，又往往包括先秦和兩漢兩個時期。東漢許慎（約58—約147）《說文解字》的語料被視作上古語料，這與許慎所處的年代無關，而與“文字諧聲偏旁反映造字時代的語音”有關。王力《漢語語音史》不籠統言上古，而是區分爲先秦音系（　—前206）和兩漢音系（前206—公元220東漢滅亡），但並非把東漢末的語音叫上古音，這只是以歷史時代介面大體上說及語音史大時期。劉冠才君《兩漢聲母系統研究》實際上是貫徹王先生的學術思路，以先秦言先秦，以兩漢言兩漢，並有所推進，體現在將“以某言某”式進一步嚴格起來，兩個“以某言某”不相混，兩漢的材料只用來說兩漢語音，且其逆命題也需嚴格遵循：兩漢語音只能用兩漢的材料來說明。要貫徹上述命題式，在聲紐研究中尤爲不易。上古聲紐的研究比起上古韻部的研究來，成績平平，能喚起人們記憶的，無非有：戴震《轉語》二十章序二十聲紐（按何九盈歸納，1985），錢大昕“古無輕唇音，古無舌上音”，黃侃古聲十九紐以及“照二歸精，照三歸端”，王力上古紐表古聲三十三紐（1982）。再則，上古聲紐的研究，儘管理論上區分先秦、兩漢，但在具體操作時在材料的使用上問題不少，劉君明確指出：以往的上古聲母系統研究在材料的使用上是將先秦語音材料和兩漢語音材料混在一起使用的。以錢大昕、王力等爲代表的傳統的上古聲母系統研究，實際上使用的語料主要是反映兩漢語音系統的材料，只是不自覺地夾雜一些反映上古聲母系統的材料，如先秦典籍的通假異文材料。所得出的結論既不純是先秦的聲母系統，也不純是兩漢的聲母系統。劉君的研究目標是要純化這種研究，尋找真正的兩漢聲母系統。

　　爲了達到此研究目標,首先是材料保障。劉君利用的材料主要有:出土文物漢簡、漢墓帛書中的材料,《白虎通》聲訓材料,《説文》聲訓材料,《釋名》聲訓材料,《説文》讀若,《三禮》漢讀中的音讀,《經典釋文》中保留的鄭玄《三禮注》音注材料,東漢應劭、服虔《漢書注》音注材料,東漢高誘《吕覽注》、《淮南子注》音注材料等等。其次是兩漢聲母系統的定位,作者未完全採用黄侃十九紐或王力三十三紐爲預設來“下證漢音”,也没用完全採用學術界通行的做法,用《廣韻》三十五聲紐爲預設來“上推漢音”,而是將兩者結合起來,形成特有的預設來範疇研究物件:兩漢聲紐。它是既含上古音也含中古音的中介時代的音系,中介時代的音系用攝取中、上古音系的維度來研究,可稱合宜。王力上古三十三聲紐以端組和照組(照三,即章組)爲舌音(黄侃亦然),分屬舌頭音和舌面音,而共存之;《廣韻》三十五聲紐以端組、知組爲舌音,分屬舌尖中之舌頭音和舌面前之舌上音,一般又以精組、莊組、章組爲齒音,精組爲舌尖前之齒頭音,莊組和章組爲舌面前正齒音,三者共存之。劉君則取章組舌面音特點,以端組、知組、章組共存爲舌音(舌頭、舌上、舌面)而立一維度,以精組、莊組同爲齒音(齒頭、正齒)共存之而立一維度。劉著第一章研究東漢時代莊組、精組的關係,第二章研究東漢時代端、知、章三組的關係,第三章研究東漢時代曉匣(王力曾贊同黄侃視曉匣爲淺喉的説法)影(黄侃以之爲深喉音)與舌根音見溪群疑的關係。劉著正是以上述繫於漢家的九大材料爲經,以相容中上古的聲系三大聲紐組合爲緯,形成縱橫坐標結構系統來展開全書的,兩漢聲母正是這一坐標結構系統的坐標值。不僅直接尋找東漢聲紐的第一、二、三章在求坐標值,連討論兩漢聲紐特色,是否清濁、送氣不送氣相干係的第四章,也是在求坐標值。由全書研究法的准度可知,每個坐標點總有一大堆經驗材料——語音事實材料相伴隨。據筆者不完全統計,書中從上述九大材料中找出的聲紐材料達八萬多條,全書的説服力和可信度可知。綜觀劉著相關知識的獲得:文獻考古途徑和邏輯背景研究方法,及其知識價值和運用效果,似乎可用福柯《知識考古學》裏的話説之:“普通語法同算學(同笛卡爾的和後笛卡爾的代數,同秩序的普通科學的計劃），同……保持什麼關係：通過測定這些關係，我們可以確定確保概念從一個範圍向另一個範圍流通、轉讓和變化、概念形式的變化或者它們應用場改變的途徑。"（三聯書店 2007 年，第 66 頁）從坐標結構背景及八萬多條材料共同提供的資訊，正可看出從文獻到音系，包括從先秦到兩漢的聲紐的流轉、變化，看出兩漢聲紐語境的存在價值，亦即"應用場存在的途徑"，及其從上古到中古的中介性"應用場改變的途徑"。該書的語史價值亦正在於此。

　　在材料的處理上，我們注意到，劉著還將傳統的聲母系統研究中普遍使用的異文材料摒棄不用，因爲異文材料形成的時代、地域不好確定，所反映的語音年代、地域都無從斷定。劉著只用兩漢的語音材料討論兩漢的聲母系統，儘量注意語料的性質和時代、地域因素。不用異文，這是爲保證書中若干結論的可靠性而採取的排除法措施。一般説，在經驗科學的研究中採取排除法並不容易，材料總是越多越好，再則具體鑒定起來也很複雜，而作者講究材料的精審，結論的可靠，亦可窺見其治學心志和價值取向。作者還考慮到，以往的兩漢聲母系統研究，大都是單項語音材料考察，書中把在考察兩漢聲母系統能夠使用的材料，儘量放在一起使用，以便在綜合考察的基礎上判斷相關語音現象的實際情況。此外，劉著對所研究的語音材料儘量作窮盡式的分析，用統計數字説話，避免以偏概全的舉例式説明。這兩種做法，例如，書中爲探究精、莊兩母的關係，提出《白虎通》聲訓 22 條的情況分析，舉出《説文》聲訓 75 條（26＋7＋3＋14＋25）之證，《釋名》聲訓 55 條，形成了同類材料的類聚。最後得出結論：東漢時代莊母與精組的關係"十分密切"，乃至《釋名》時代，兩者的關係仍"較近，但莊、精兩母尚未合一"。由點及面，由個例及概觀，全書的圖景呈現出"材料類聚＋相應結論"的一個又一個的經驗科學研究的板塊。

　　劉君 2004 年從南京大學獲得博士學位後，遂去南京師範大學文學院工作。2007 年他的博士論文《兩漢韻部與聲調研究》出版，五年後即將有新著《兩漢聲母系統研究》問世，可知其任教南師大以來在彼高品位學術氛圍的熏陶下，是如何矢志好學、雅好音韻的；亦知其研究課題仍前一貫，連續系統,扼守兩漢,打陣地戰,不打游擊戰,韻部而聲紐,學術目標何等明確,正可表明其學術思想的成熟;聞其兩漢之後即向魏晉語音史進軍,較之學界對中世漢語的詞彙、語法的可貴熱忱,中世漢語音韻不免冷落,劉君之作,或正可補其闕如,意義顯然。但學無止境,出土文物不斷問世,原有的文獻未予深窺咀嚼者或不其一二,故今日可圈可點,來日或需乙刪補正,學術的自覺擔當與自知之明並行,才會成就事業。我獲允先睹劉著,不免感忭而絮叨,權忝爲序。

李　開

2012 年 4 月於澳門科技大學

4

目　錄

緒　　論

第一節　關於研究材料的説明

一、以往上古聲母系統研究在研究材料方面的模糊認識

先秦韻部系統的研究,有《詩經》、《楚辭》以及群經子史中的有韻之文可資利用,同時還有諧聲字作爲重要的參考補充。研究上古的聲母系統,韻文材料失去了作用。以往的上古漢語聲母系統的研究,主要依據諧聲材料、異文材料、聲訓材料、《説文解字》讀若材料以及其他音注、通假材料。兩漢韻部系統的研究,雖然諧聲字材料失去了作用,但是仍有大量的韻文材料可資利用,同時聲訓材料、通假材料、《説文解字》讀若材料以及梵漢對音材料等可以作爲參考。至於兩漢聲母系統的研究,諧聲材料和韻文材料均失去了作用,剩下的只有通假材料、音注材料和聲訓材料以及東漢出現的梵漢對音材料。王力先生在《漢語語音史》中説:"可以假定,漢代聲母與先秦聲母一樣,或者説變化不大。"王先生的結論可能是對的,但其立論基礎若仔細推敲起來,則有可討論的地方。

以往的先秦聲母研究,尤其是傳統的上古聲母系統研究,在材料使用上,除了先秦典籍通假、異文材料外,主要是屬於兩漢時期的語音材料。後來人們充分地使用諧聲材料來探討先秦聲母系統,王先生則對諧聲材

料未能給予充分的注意。也就是説,王先生討論先秦聲母系統主要使用的是反映兩漢尤其是東漢時期語音現象的材料。從這一點考慮,王先生説的"漢代聲母與先秦聲母一樣,或者説變化不大",則是對的。因爲從使用材料上説,兩漢的聲母系統與王先生所説的"先秦聲母"所使用的材料基本一致。當然,王先生也好,從錢大昕開始的其他一些傳統的古音學家也好,他們在討論上古聲母系統時,是把先秦和兩漢的語音材料混在一起的,所得出的結論,嚴格地説,既不是先秦的,也不是兩漢的,只是把先秦、兩漢各自所具有的特點混在一起了。我們在本書中,只是就兩漢語音材料立論,把不反映兩漢語音系統和很難確定是反映兩漢語音系統的材料諸如諧聲字、經籍異文材料儘量剔除,就兩漢的語音材料來討論兩漢的聲母系統。

二、各種研究材料的價值評估

通假材料分爲兩種,傳世文獻的通假材料和出土文獻中的通假材料。出土文獻中的通假材料,時地性比較強,材料比較集中,可以作爲研究西漢前期聲母系統的主要材料。傳世文獻的通假材料和音注材料性質接近,有時是混在一起的,這些材料比較分散零碎,時地因素較爲複雜,很難整理出一個明確的語音系統來。音注材料數量較多,尤其是《三禮》漢讀中材料數量多,時地較明確,主要是東漢中後期的東西,音注材料本身即可考證出當時聲母系統的大致面貌。音注材料對於考察東漢聲母系統具有很大的作用。《説文解字》中的讀若材料也算是音注材料的一種,相比其他音注材料,材料比較集中,時地因素也較清楚。只是把 800 多條材料分布在 30 多個聲母中,而分布又很不均勻,有些聲母,與之有關的讀若材料很少,不容易説明問題。兩漢時期是聲訓高度發展的時期,材料全面系統一些,尤其是有劉熙《釋名》這樣全部以聲訓方式探尋萬物得名由來的語源學著作,書中"易字之訓"竟有 1 240 組之多,可以作爲考察東漢聲母系統的主要材料。只是聲訓材料無法確定訓釋字與被訓釋字在語音關係方面是聲韻完全相同還是求其近似而已。至於兩漢其他聲訓材料,雖然還有很多,但從全面系統、材料可靠方面考慮,其價值均不能與《釋名》中的聲訓材料相比。西漢董仲舒的《春秋繁露》雖然也用了許多聲訓，但用來考察西漢聲母系統，其價值則是可以忽略不計的。東漢班固的《白虎通德論》，用了大量的聲訓，其材料可以作爲考察東漢聲母系統的參考材料。甚至“因形索義”的《説文解字》，據近代國學大師黄侃所説，其中聲訓佔十分之七八。[1] 不過其中的聲訓材料情況較爲複雜，有人將其分爲顯性聲訓和隱性聲訓。[2] 就考察兩漢語音系統來説，《説文解字》中顯性聲訓是比較可靠的材料，只是《説文解字》中顯性聲訓不足 200 條，[3]此種材料對研究兩漢聲母系統來説，顯然是微乎其微的。而所謂的《説文解字》中的隱性聲訓材料，數量雖然相當可觀，但它們在訓釋字與被訓釋字之間是否能構成聲訓關係，尤其是以語句方式出現的聲訓的斷定，具有很强的主觀性，用來作爲論定兩漢聲母系統的依據，確實感覺不十分可靠。《説文解字》中的聲訓材料也只能作爲考察東漢聲母系統的參考資料。對於《説文解字》中的隱性聲訓材料，必須進行嚴格的限定，即韻部相同或相近的情況下再考慮是否存在聲母聲訓關係的問題。東漢的梵漢對音材料在構擬兩漢聲母系統的音值時有很高的價值，但是運用起來難度較大，好在有俞敏先生的《後漢三國梵漢對音譜》等論著可資借鑒。以上所述材料，音注、通假、讀若材料也好，聲訓材料也好，情況都很複雜，處理起來相當困難。得到“近似”的假説固然不難，要得出精確的成系統的結論卻不容易。東漢三國時代的梵漢對音材料，對於兩漢聲母音值的構擬會有很大的幫助，但不同語言之間存在語音系統的差異，也很難指望對音完全準確。

　　如前所述，以往的上古聲母系統研究，常常是把先秦、兩漢材料混在一起來討論的。在人們有意識地運用兩漢的語音材料探討兩漢聲母系統

---

[1]　黄侃述，黄焯編：《文字聲韻訓詁筆記》，上海古籍出版社 1983 年，第 190 頁。

[2]　見崔樞華：《〈説文解字〉聲訓研究》，北京師範大學出版社 2000 年，第 44 頁。

[3]　崔樞華先生認爲在《説文解字》一書中屬於著文强調爲聲訓的顯性有 19 條，屬於亦聲的顯性聲訓材料 178 條。見《〈説文解字〉聲訓研究》，北京師範大學出版社 2000 年，第 44—48 頁。

時,大多數的研究工作是就單項材料進行討論,很少有把各種可資利用的材料放在一起來考察。本書綜合兩漢時期的聲訓、《説文解字》讀若、音注材料對兩漢聲母中的一些重要問題進行探討,儘量注意時、地的細微變化。討論的問題主要有:莊精兩組的關係,端知章三組的關係,影曉匣與牙音的關係,聲母清濁送氣與否的問題,與舌尖流音有關的複聲母問題,S-複聲母問題,以及其他複聲母問題。

第二節　兩漢聲母系統研究的歷史回顧

上古音的研究,一向是詳於先秦而略於兩漢,而兩漢的語音研究,學者們又主要致力於韻部研究方面,對於兩漢聲母系統的研究,其成就遠遜於對兩漢韻部系統的研究。上古聲母系統的研究遲於上古韻部系統的研究,兩漢聲母系統的研究更是遲於兩漢韻部系統的研究。兩漢韻部的研究,從清初顧炎武以及稍後的洪亮吉均有所涉獵,後來王念孫、張成孫和江有誥都有著述。但他們所涉及的也都是和兩漢韻部有關的問題。[1]二十世紀二十年代以後,林語堂寫了一系列研究兩漢語音系統的文章,也討論過上古漢語的聲母問題(如《古音中已遺失的聲母》、《〈左傳〉真偽與上古方音》等),并且撰有中國人討論複輔音問題的第一篇文章《古有複輔音說》,但是對兩漢的聲母系統也未曾涉及。二十世紀五十年代,人們開始有意識地探討兩漢的聲母系統,迄今爲止,學者們的研究主要集中在從兩漢聲訓材料、音注材料、《説文解字》讀若材料、簡牘帛書通假材料和東漢的梵漢對音材料來考察兩漢的聲母系統。

一、關於兩漢聲訓材料的研究

以聲訓材料爲依據,有意識地系統研究兩漢的聲母,據我們所見的資料,以美國學者包擬古(N. C. Bodman)在二十世紀五十年代初所作《釋

---

〔1〕　詳見劉冠才:《兩漢韻部與聲調研究》,巴蜀書社 2007 年,第 3—4 頁。

名研究》(A Linguistic Study of the Shi Ming)爲最早。《釋名研究》是包擬古 1950 年畢業於耶魯大學的博士論文,1954 年由哈佛大學出版社出版。《釋名研究》分爲三章,首章引論,次章討論《〈釋名〉研究》中的單聲母系統,末章討論複輔音聲母。第三章分三部分討論漢代的複聲母:一,舌根音跟 l 構成的複聲母;二,l 與非舌根音構成的複聲母;三,含有 ŋ、n、m 的複聲母。包氏的研究注重在對一組一組聲訓字的分析上,所得的結果較爲零碎,不能構成一個體系(這或許正是當時複輔音的實際情況)。不過,包氏對於聲訓的處理,比起早期只知作雙聲疊韻的分類,顯然是一種進步。後來,1973 年包氏又發表《反映在漢語中的漢藏語 S-複聲母》,大量運用同族語言印證上古音的複聲母。包氏以後研究《釋名》聲訓的論文,確有不少,如張清常《釋名聲訓所反映的古聲母現象》、[1]祝敏徹《〈釋名〉聲訓與漢代音系》、[2]馬景侖《〈釋名〉易字之訓的語音分析》、[3]李茂康《〈釋名〉聲訓所反映的古音現象》。[4] 其中張清常先生的《〈釋名〉聲訓所反映的古聲母現象》,對輕重唇部分,明曉兩母的關係,泥娘日的關係,照二組、照三組與精組、端組的關係以及喉牙音的關係,提供了聲訓方面的例證。但張先生明確指出:"《釋名》聲訓反映的古聲母現象,雖然由於材料有限,對於一些棘手的問題,使人不能只憑它就做出明確判斷,但它仍不失爲研究音韻訓詁的重要資料。我們説它是重要資料,這是由於決定主要問題不能靠它。"祝敏徹先生的《〈釋名〉聲訓與漢代音系》,根據《釋名》的聲訓情況,歸納出漢代聲母韻部系統。關於《釋名》聲訓所反映出的漢代聲母系統,祝先生説:"《釋名》聲訓中沒有反映出漢代聲母與先秦聲母有什麼不同之處來。王力先生在《漢語語音史》中説:'可以假定,

〔1〕 張清常:《釋名聲訓所反映的古聲母現象》,陸宗達主編《訓詁研究》(第一輯),北京師範大學出版社 1981 年,第 229—236 頁。

〔2〕 祝敏徹:《〈釋名〉聲訓與漢代音系》,《湖北大學學報》(哲學社會科學版)1988 年第 1 期。

〔3〕 馬景侖:《〈釋名〉易字之訓的語音分析》,《古漢語研究》1991 年第 4 期。

〔4〕 李茂康:《〈釋名〉聲訓所反映的古音現象》,《青海師範大學學報》(哲學社會科學版)1991 年第 1 期。

漢代聲母與先秦聲母一樣,或者説變化不大。'《釋名》聲訓反映的情況與王力先生這一説法是符合的。"該文先是列出 32 聲母表,從聲母的角度,將《釋名》聲訓分爲 32 類,分屬 32 個聲母。馬景侖先生的《〈釋名〉易字之訓的語音分析》,對《釋名》中的"易字之訓"在語音方面進行了深入的分析,該文將《釋名》中的 1 240 組"易字之訓"分爲"以雙聲迭韻字爲訓"、"以雙聲準迭韻字爲訓"、"以迭韻準雙聲字爲訓"、"以雙聲字爲訓"、"以迭韻字爲訓"、"以準雙聲準迭韻字爲訓"、"以準雙聲字爲訓"、"以準迭韻字爲訓"、"以聲、韻都不同的字爲訓"等九種情況,每種聲訓情況又分爲聲調相同和聲調不同的兩種,并對《釋名》中的 1 240 組"易字之訓"在 32 聲母中的分布情況列表進行説明。李茂康《〈釋名〉聲訓所反映的古音現象》認爲,《釋名》訓詞和被訓詞之間,僅聲紐相關而無涉韻部,或僅韻部相關而無涉聲紐的現象僅是少數,大多數在聲、韻兩方面都有一定聯繫。因此,這爲我們研究漢末語音提供了一部分可貴的資料。由於該書的性質、體例所限,不可能全面反映當時的語音系統。另有吳錘的博士學位論文《〈釋名〉聲訓研究》(2006),他在前人的基礎上做了進一步的研究。該文分爲十九章,第十章以後討論聲母的問題,《釋名》聲母殘留了很多古音現象,如:各種複聲母、清鼻音、中古喉音讀爲塞音等。重紐問題與聲母有關,被安排在第十三章。最後一章則討論了開合問題,這也與聲母有關。以聲訓材料爲依據研究兩漢聲母的論著還有金德平先生的《〈白虎通德論〉的聲訓音》[1]和崔樞華先生的《〈説文解字〉聲訓研究》。[2]《〈白虎通德論〉的聲訓音》,在《白虎通德論》中摘得 160 條聲訓材料。作者依據王力先生的古音系統,對在《白虎通德論》中摘得的 160 條聲訓材料從聲、韻、調三個方面進行分析。關於聲母方面,據作者統計,《白虎通德論》聲訓中被解釋詞與解釋詞聲母屬同紐的爲 75 例,被解釋詞與解釋詞聲母不同紐而在同大類的爲 66 例,被解釋詞與解釋詞既不同紐又不同

〔1〕 金德平:《〈白虎通德論〉的聲訓音》,見《語言研究》1998 年《音韻學研究專輯》,第447—454 頁。

〔2〕 崔樞華:《〈説文解字〉聲訓研究》,北京師範大學出版社 2000 年。

大類的爲 19 例。關於《白虎通德論》聲訓所反映的聲母系統的特點,作者指出,在被解釋詞與解釋詞聲母不同紐而在同大類的爲 66 例中,牙喉音見溪群疑四紐間的爲 9 例,曉匣影三紐間的爲 4 例,見組與曉組間的爲 5 例(都是見紐字與曉組發生關聯);舌頭音端透余定泥來六紐間的爲 8 例,舌上音章昌船書禪日六紐間的爲 3 例,端組與章組間的爲 14 例;齒頭音精清從心邪五紐之間的爲 7 例,正齒音莊初崇山出現得較少,只出現在七組字中,精組與莊組之間就佔了 4 例,唇音幫滂並明之間的佔了 12 例。在被解釋詞與解釋詞既不同紐又不同大類的爲 19 例中,其中 11 例發生在牙喉和舌之間。這些數字説明了見組和曉組相近,端組和章組相近,精組和莊組相近,喉牙音與舌音之間也有一定的關係。被解釋詞與解釋詞聲母同爲泥紐、日紐的分別爲 1 例和 2 例,分屬泥紐和日紐的則 5 例,《白虎通德論》作者音系中的日紐尚未從泥紐中分化出來。作者製成《〈白虎通德論〉聲訓字表》,又分別製成《〈白虎通德論〉的聲訓音聲母關係表》、《〈白虎通德論〉的聲訓音韻部關係表》、《〈白虎通德論〉的聲訓音聲調關係表》作爲論文附録,使人們對《白虎通德論》中所反映的聲韻調分合關係一目了然。《説文解字聲訓研究》,順着近代國學大師黄侃先生的《説文解字》"義訓只居十分之一二,而聲訓則居十分之七八"的思路,[1]對《説文解字》中的聲訓材料進行了窮盡式分析,共歸納出 4 438 條聲訓材料,即使除去作者本人認爲"其聲音對應關係錯綜複雜,又不適合當作討論古聲紐、古韻部之間發生語音交替的材料"的 273 條屬於以單音節詞對應雙音節詞、雙音節詞對應單音節詞以及合音詞等類的聲訓材料,尚有 4 165 條。作者把這 4 165 條聲訓材料製成主表,以反映古聲紐、古韻部之間所發生的語音交替情況。這 4 165 條聲訓材料,其中可能尚有正如魯國堯先生所指出的"難免有失之過寬求之過深的現象"。大概是出於此種考慮,所以該書的作者又從中把更具有説服力的兩種"顯性聲訓"197 條和具有"互訓"關係的 131 條和在一起,製成副表,以求更準確地反映古聲

---

〔1〕　黄侃述,黄焯編:《文字聲韻訓詁筆記》,上海古籍出版社 1983 年,第 190 頁。

紐、古韻部之間所發生的語音交替情況。該書是目前研究《説文解字》聲訓最爲全面系統的著作,無論從材料性,還是從學術性考慮,該書都是一部很有價值的著作。只是該書采用黄侃先生的古音十九紐、古韻二十八部的框架來討論《説文解字》的聲訓問題,雖然作者有其一定的理由,但對於熟悉使用王力先生上古音體系而對黄侃古音學體系知之不多,或對黄侃學説雖有瞭解但運用并不熟練的人來説稍覺不便。

二、關於《説文解字》讀若的研究

許慎的《説文解字》,在中國語言學史上的地位是衆所周知的,它不論是在過去、現在,還是在將來,都是具有重要作用的不朽著作,其價值是多方面的。以前曾經有人想寫一部著作代替《説文解字》,[1]這個願望未能實現。除了當時具有的一定的客觀原因外,《説文解字》本身具有不朽的價值不易被取代,應該是更爲主要的原因。關於《説文解字》,需要研究的課題很多,對《説文解字》中的訓釋條例"讀若"的研究就是其中之一。《説文解字》的讀若材料,一直被認爲是考察兩漢語音系統尤其是考察兩漢聲母系統和聲調系統的重要材料。研究《説文解字》讀若材料的論著很多,凡是討論《説文解字》的論著,大都涉及對讀若的討論。最早注意《説文解字》"讀若"這一訓釋條例的是清代學者段玉裁和王筠。葉德輝的《説文讀若考》八卷,是較早專門研究《説文解字》讀若的著作。二十世紀初以來,具有現代語言學價值的相關論著主要有陸志韋先生的《説文解字讀若音訂》、[2]柯蔚南先生的《〈説文〉"讀若"注解中所反映的許慎的語言的聲母》、[3]陸宗達先生的《説文解字讀若研究》、[4]楊劍橋先

---

〔1〕 見唐蘭:《古文字學導論》,齊魯書社 1981 年,第 2 頁。

〔2〕 陸志韋:《説文解字讀若音訂》,原載《燕京學報》第三十期(1946),後收入《陸志韋語言學著作集》(二),中華書局 1999 年,第 231—262 頁。

〔3〕 柯蔚南:《〈説文〉"讀若"注解中所反映的許慎的語言的聲母》,見《中國語言學報》6 卷(1978),第 27—75 頁。

〔4〕 陸宗達:《説文解字讀若研究》,載王問漁主編:《訓詁學的研究與應用》,内蒙古人民出版社 1986 年,第 251—269 頁。後收入陸宗達、王寧:《訓詁與訓詁學》,山西教育出版社 1994 年,第 438—452 頁;《陸宗達語言學論文集》,北京師範大學出版社 1996 年,第 349—362 頁。

生的《説文解字讀若研究》、[1] 謝紀鋒先生的《從〈説文〉讀若看古音四聲》、[2] 唐作藩先生的《説文讀若所反映的聲調現象》、[3] 張鴻魁先生的《從〈説文〉"讀若"看古韻魚侯兩部在東漢的演變》、[4] 劉淑學先生的《〈説文解字〉中的讀若與古聲母考訂》等。[5] 其中陸宗達先生的《〈説文解字〉讀若的訓詁意義》(1983) 是一篇從訓詁學的角度研究《説文解字》讀若的重要文章,全文共分爲四個部分:第一部分"《説文解字》讀若的舊説和對其重新探討的必要性",第二部分"許慎作讀若的意圖的推測",第三部分"從訓詁的角度分析《説文解字》的讀若",第四部分"運用《説文解字》讀若提供的聲訓關係通訓詁"。謝紀鋒先生的《從〈説文〉讀若看古音四聲》和唐作藩先生的《〈説文〉讀若所反映的聲調現象》都是從聲調的角度研究《説文解字》讀若的。張鴻魁先生的《從〈説文〉"讀若"看古韻魚侯兩部在東漢的演變》是從韻部的角度考察《説文解字》讀若的。

　　陸志韋先生的《〈説文解字〉讀若音訂》,是一篇從音韻學的角度研究《説文解字》讀若的重要文章,全文共分爲三個部分:第一部分"序",第二部分"許音説略",第三部分"讀若音訂"。在"序"這一部分,陸先生認爲許書"注音之例存乎讀若",但他認爲"許君(讀若)原意杳不可知","疑許君之前,爲説文解字之學者大有人在,即讀若之文亦大都爲前人所本有","讀若之文,以今本所存八百餘條言之,有非許君之舊者,以大小徐本異文知之也","二徐本讀若之文大同小異,其不能以音理校訂者百不得一二","然其書前後或不止一本,所上之本與家傳之本或不無異文,而並傳

---

〔1〕　楊劍橋:《説文解字讀若研究》,見《語言研究集刊》(第一集),復旦大學出版社1982 年,第 37—49 頁。又楊劍橋:《説文解字的"讀若"》,載《辭書研究》1983 年第 3 期。

〔2〕　謝紀鋒:《從〈説文〉讀若看古音四聲》,載《羅常培紀念文集》,商務印書館 1984年,第 316—344 頁。

〔3〕　唐作藩:《説文讀若所反映的聲調現象》,載《紀念王力先生百年誕辰學術論文集》,商務印書館 2002 年,第 11—14 頁。

〔4〕　張鴻魁:《從〈説文〉"讀若"看古韻魚侯兩部在東漢的演變》,載程湘清主編:《兩漢漢語研究》,山東教育出版社 1992 年,第 394—422 頁。

〔5〕　劉淑學:《〈説文解字〉中的讀若與古聲母考訂》,見《語言研究》1994 年增刊《音韻學研究專輯》,第 35—46 頁。

於世,則二徐所見或皆許君原意歟?所不敢必","許君初不欲寓假借於讀若,隨音釋字,而假借自可不免耳","許君讀若,杜、鄭讀爲,並以注音,初無異義","許君以讀若明音,其道不一。有直指其音者,或引經以明音也。讀若又有引諺語以明音者。更有比況其音而不直指者,或求其讀若之字而不得,乃借方言以明音者","許君之世,上距陳靈,已六百餘年,其所注之音爲古音耶,爲今音耶?爲讀經之音耶?抑確爲口語耶?則非先知漢音之何以異乎古音者不可讀《說文》。……許君讀若之音果亦如揚、班韻耶"?第二部分"許音說略",陸先生說:"許音有不可說解者,凡四十餘條。""許音有一字重讀之例,凡稱'一曰'、'或曰'、'某君曰'者,皆許君所聞舊音,而寓疑疑亦信之意,讀若用字,時亦一字重讀。""讀若有音隨訓轉之例。""地邑之名許君從方言。間復以方音比況讀若。"第三部分"讀若音訂","各條排列之次第一依陸志韋《古音說略》二十一部之次第;每部之下,先脣音,次舌音,次齒音,終喉牙音,以聲首字之筆畫爲次序,惟偶有因讀若用字繫聯而變更位置者"。柯蔚南先生的《〈說文〉"讀若"注解中所反映的許慎的語言的聲母》,全面考察了說文讀若所反映的東漢時代的聲母系統。楊劍橋先生的《〈說文解字〉讀若研究》,對《說文解字》830 讀若的性質、體例以及《說文解字》讀若所反映的上古韻部演變和《說文解字》讀若所反映的上古聲母等作了深入的分析。關於《說文解字》讀若所反映的上古聲母,該文認爲上古聲母爲 32 個,其特點是:(一)重脣聲母"幫滂並明"和輕脣聲母"非敷奉微"不分,合於古無輕脣音;(二)"泥母"與"日母"相近,合於張世祿先生的泥娘不分、泥日相近之說;(三)"精系"與"莊系"不分,合於"照二(莊系)歸精"之說;(四)"知系"與"章系"部分相混,"知系"與"端系"不混;(五)"喻母"與"定母"大致不混;(六)"喻三"與"匣母"大致不混。至於那些無法以尋常音理解釋的讀若,楊先生認爲:"自然不乏傳抄的訛誤或其他緣故的例,除此而外,恐怕應以複輔音來解釋了。"劉淑學先生的《〈說文解字〉中的讀若與古聲母考訂》,文章分三部分,第一部分是關於所用材料和方法的說明。文中利用"由中古音上推上古音的方法",通過計量分析論證上古聲母系統;文中規定六種讀若(計 93 條)不參與統計：1. 讀若用字《説文解字》未收的(31 條)；2. 許慎説明是方言音的讀若(5 條)；3. 屬於"又讀若"(15 條)、"一曰讀若"(16 條)、"或讀若"的(9 條)；4. 許慎稱通人説或某書讀音的讀若(3 條)；5. 本字爲本字注音的讀若(14 條)；6. 注音不詳的讀若(2 條)。第二部分是關於《説文解字》讀若材料的概況，重點討論了七例需要説明的讀若及標注的《唐韻》反切，同時也討論了研究上古聲母系統所使用的經傳異文、古合音字、雙聲聯綿字材料，諧聲材料與《説文解字》讀若材料的優劣問題。作者認爲，《説文解字》讀若材料，在數量上大大超過了經傳異文、古合音字、雙聲聯綿字材料；在表音方面，《説文解字》讀若材料、諧聲材料，更嚴密，更有系統性。第三部分是關於上古聲母系統的討論，分別討論了唇音、舌音、齒音、牙喉音後，又重點討論了影、來聲類，邪以兩聲類，云聲類，[1]明曉兩聲類的關係和複輔音問題，最後在結論部分列出上古 21 聲母表。該文對材料的整理較爲科學、全面，并以列表的形式展示構成讀若的注字與被注字，使讀者對四十一聲類的遠近分合關係一目了然。該文的不足之處是結論與材料不盡相符；論證的角度，未能分清《説文解字》的諧聲系統、聲訓系統和讀若系統并不是一個層面的東西；用諧聲系統來論證讀若系統，不時以"某某説已成定論"來作爲論證的基礎與佐證，也稍欠科學。

三、關於東漢傳注訓詁書中的音注材料

關於東漢傳注訓詁書中的音注材料，已經有學者進行過整理。其中重要的論著有柯蔚南先生的《東漢音注的聲母系統》、[2]虞萬里先生的《〈三禮〉漢讀異文及其古音系統》、[3]趙克剛先生的《〈經典釋文〉鄭玄音

---

〔1〕　云，原作于，本書除特殊情況外，喻三、于一律轉換成"云"。

〔2〕　柯蔚南：《東漢音注的聲母系統》，原載《華裔學志》第 33 期，1977、1978 年合刊；李玉譯，載《音韻學研究通訊》1983 年。後收入趙秉璿、竺家寧編：《古漢語複聲母論文集》，北京語言文化大學出版社 1998 年，第 167—192 頁。柯氏尚有《東漢音注手冊》，香港中文大學出版社 1983 年。

〔3〕　虞萬里：《〈三禮〉漢讀異文及其古音系統》，中國音韻學會第五屆年會論文(1988)，載於虞萬里《榆枋齋學術論集》，2001 年 8 月，第 105—213 頁。

聲母系統研究》、[1] 裴宰奭先生的《服虔、應劭音切所反映的漢末語音》、[2] 楊蓉蓉先生的《高誘注所存古方音疏證》,[3] 就是依據音注材料探討東漢語音系統的。

美國學者柯蔚南先生的《東漢音注的聲母系統》,是根據清代學者洪亮吉的《漢魏音》一書搜集的東漢音注材料撰成的。[4] 柯氏在《東漢音注的聲母系統》一文中,分析了鄭玄、鄭興、鄭衆、服虔、何休、高誘、杜子春、應劭等 8 位東漢訓詁學家的音注材料,他把這八位學者分爲東漢前期(約前 20—80)和東漢後期(約 130—220)兩個歷史階段,東漢前期主要有鄭興、鄭衆、杜子春,共有音注 209 條;東漢後期主要有服虔、鄭玄、何休、應劭、高誘,共有音注 690 條。同時他又把這八位學者分爲東部(鄭玄、何休)、北部(高誘)、中部(鄭興、鄭衆、服虔、杜子春)和南部(應劭)等四個方言群。柯蔚南在《東漢音注的聲母系統》一文中認爲:1. 上古的複輔音 sgwj-在東漢與舌根音、喉音仍有接觸,説明東漢這一聲母仍保持一個舌根音或喉音成分,可以擬爲 sgj-;2. 東漢早期 sŋr-仍然存在,[5]但在東漢後期以前某些方言裏 sŋr-應變爲 nr-;3. 上古的 hŋw-和 hŋ-則於東漢早期合并爲 hŋ-,東漢時代 hŋ-仍是一個鼻音;4. 上古的 *sl-到東漢還未發生 *sl- > s 的音變,仍爲 sl,但已有一部分上古的 *sl-可能在東漢前已經發展爲 sr 了;5. 上古 *sk'r-到東漢演變成 ts'r,與中古 ts' 還不完全一樣。此外,中部和北部方言 *s + 舌根或唇化舌根型複輔音(有介音-j-)齒音的接觸。同時,根據柯蔚南《東漢音注的聲母系統》一文我們可以看出,上古的一些與 s-起首有關的複聲母在東漢時代已經消失:1. 上古 *sk'-到東漢演變成 ts',已與中古 ts' 一樣;2. 上古的 *st-、*skw-到東漢演變成 s-,已與中古的 s-一樣;3. 東漢前上古的 *st'j 已經和 *sk'j-合并成

[1] 趙克剛:《〈經典釋文〉鄭玄音聲母系統研究》,載《古漢語研究》1989 年第 3 期。
[2] 裴宰奭:《服虔、應劭音切所反映的漢末語音》,載《古漢語研究》1998 年第 1 期。
[3] 楊蓉蓉:《高誘注所存古方音疏證》,載《古漢語研究》1992 年第 2 期。
[4] 洪亮吉:《漢魏音》,載《洪北江先生遺集》。
[5] sŋr,原書作"sngr",爲了統一體例,"ng"一律改成"ŋ"。

ś-,東漢時 st'j-已和舌尖音及東部方言的舌面中音合并；4. 上古 *skr'-
在東漢已演變爲 *tr'-；5. 中部和北部方言 *s＋舌根或唇化舌根型複輔
音(有介音-j-)齒音的接觸,不過在鄭玄方言裏這些複輔音似乎并於舌面
中塞擦音,這説明東漢前上古 *skj-/*skwj-系列已和 *tj-系列合并。柯氏
還認爲上古單輔音聲母 *ts-, *ts', *dz, *s 和複輔音聲母 *tsr-, *ts'r,
*dzr, *sr 在東漢的互相接觸,清楚地表明它們還沒有分化爲齒音和捲舌
音。可以把它們在東漢的形式構擬爲舌尖擦音、塞擦音： *ts-, *ts',
*dz, *s。它們不僅源於上古擦音、塞擦音,也源於幾個複輔音。虞萬里先
生的《〈三禮〉漢讀異文及其古音系統》,全文共分五部分,第一部分討論
鄭注《三禮》之年代、底本及方法;第二部分對《三禮》漢讀中異文術語進
行釋例;第三部分是《三禮》漢讀中術語統計表;第四部分討論《三禮》漢
讀中異文所反映的古音系統,此部分列有《三禮》漢讀中異文聲類通轉
表;第五部分討論《三禮》漢讀中異文所反映的東漢方音問題,此部分還
討論了古濁母送气與否和複輔音的問題。虞先生的論文材料十分豐富,
分析也很細密,只是將漢讀與異文材料放在一起討論,在一定程度上泯滅
了材料的時代界限,所以列表雖然細密,但結論可靠性會受到一定的影
響,因爲把不同性質的材料混在一起,不好斷定哪些語音現象是屬於兩漢
的,哪些語音現象是屬於兩漢以前的,以及哪些語音現象是爲兩漢及兩漢
以前共有的。趙克剛先生在《〈經典釋文〉鄭玄音聲母系統研究》一文中,
一反"漢人不作音"之説,從《經典釋文》中鉤稽出鄭玄音 215 條(《周易》
音注材料 40 條,《尚書》音注材料 13 條,《毛詩》音注材料 117 條,《周禮》
音注材料 25 條,《禮記》音注材料 6 條,《論語》14 條),其中反切 133 條,
直音 79 條,讀若等 3 條,考訂出鄭玄音聲母系統爲 41 個：見溪群疑,影曉
匣于;端透定泥喻來,知徹澄娘;精清從心邪,莊初崇山;照穿牀審禪日;幫
滂並明,非敷奉微。趙氏認爲鄭玄音的聲母系統和他曾經整理過的孫炎
音的聲母系統均與《切韻》的聲母系統"實同",進而斷言："《切韻》音系保
存古音,在聲母方面可以上溯孫炎、鄭玄音。"從趙氏鉤稽出的鄭玄音,我
們沒有發現與 s-起首的複聲母有關的材料。值得注意的是,《經典釋文》

中不僅有鄭玄的反切,甚至還有《毛傳》的反切,如"施,毛以豉反;(《詩‧葛覃》53 下 23)潰,毛户對反;(《詩‧召旻》101 上 1)殄,毛徒典反,(《詩‧新臺》60 上 2)",這從另一個方面證明《經典釋文》中鄭玄反切也可能是後加上去的。不過這些反切可能反映鄭玄對某些字讀音的認識。裴宰奭先生的《服虔、應劭音切所反映的漢末語音》,全面地考察了服虔、應劭《漢書注》中的音切,其結論是:東漢末聲母輕重唇不分,舌頭和舌上不分,精系與莊系,端系與章系讀音相近,清音聲母與濁音聲母常有相混。楊蓉蓉的《高誘注所存古方音疏證》,重在疏證高誘在爲《戰國策》、《吕氏春秋》、《淮南子》等書作注時所表現出的各地方音狀況。

四、關於竹簡帛書中的通假材料研究情況

以竹簡帛書中的通假材料爲依據研究兩漢聲母系統的論著有很多,論文有周祖謨先生的《漢代竹書和帛書中的通假字與古音的考訂》、[1]趙誠先生的《臨沂漢簡中的通假字》、[2]劉寶俊先生的《秦漢帛書音系》、[3]張儒先生的《關於竹書、帛書通假字的考察》,[4]專著有李玉先生的《秦漢簡牘帛書音系研究》[5]和沈祖春先生的《〈馬王堆出土的帛書(壹)〉假借字研究》。[6]

周祖謨先生的《漢代竹書和帛書中的通假字與古音的考訂》,首次以長沙馬王堆的帛書和 1972 年山東臨沂銀雀山竹簡中的通假字爲材料,對其所反映的語音現象進行了概括性的描述。周先生選用《周易》、《老子》

---

〔1〕 該文爲周先生 1980 年在中國音韻學研究會第二屆年會上宣讀的論文,後收入中國音韻學研究會編《音韻學研究》(第一輯),中華書局 1984 年,第 78—91 頁。

〔2〕 該文爲趙先生 1982 年在中國音韻學研究會第二屆年會上宣讀的論文,後收入中國音韻學研究會編《音韻學研究》(第二輯),中華書局 1986 年,第 17—26 頁。

〔3〕 《秦漢帛書音系》爲劉寶俊先生在華中工學院攻讀碩士學位的論文(1985),後在《中南民族大學學報》1986 年第 1 期發表《〈秦漢帛書音系概述〉》一文,我們這裏就是依據《〈秦漢帛書音系概述〉》一文介紹的。

〔4〕 張儒:《關於竹書、帛書通假字的考察》,載《山西大學學報》(社科版)1988 年第 2 期。後收入《張儒語言文字論文集》,香港天馬出版有限公司 2005 年,第 1—14 頁。

〔5〕 李玉:《秦漢簡牘帛書音系研究》,當代中國出版社 1994 年。

〔6〕 沈祖春:《〈馬王堆出土的帛書(壹)〉假借字研究》,巴蜀書社 2008 年。

甲本、《老子》乙本、《法經》(包括《十六經》等)、《戰國縱橫家書》、《孫子
兵法》、《尉僚子》等七種材料作爲考察對象(其中《周易》、《老子》甲本、
《老子》乙本、《法經》(包括《十六經》等)、《戰國縱橫家書》爲長沙馬王堆
帛書,《孫子兵法》、《尉僚子》爲臨沂銀雀山出土的竹簡),周先生對這些
材料所反映的聲韻調特徵進行了概括説明。文中指出:"竹書和帛書中通
假字的聲母情況十分複雜,在聲母方面與《廣韻》比較,屬於相同的發音
部位而發音方法不同的居多,有些是送氣不送氣之分,⋯⋯有些是清濁之
分,⋯⋯除此而外,也有與《廣韻》讀音稍遠的,我們可以據此考訂竹書和
帛書所反映的古聲母的類別。"關於這些材料所反映的聲母情況,該文的
結論是:1. 唇音,輕重唇不分。2. 舌音,知徹澄讀如端透定。3. 周先生
將"照組三等"分爲 A、B、C 三類,A 類章母與端知定通假;[1]B 類是書母
跟端透定知徹澄章心曉幾母通假;C 類是禪母跟端透定知澄章船幾母通
假,還有少數跟群母發生關係。周先生把章組 A 類擬爲 *te-,把章組 B 類
與舌部塞音通假的擬爲 *stʈ-,把章組 B 類與摩擦音通假的擬爲 *ç-;周先
生把章組 C 類與端透透定知澄章船通假的擬爲 de;將 C 類與群母通假的
擬爲 g-。4. 關於"泥娘日"三母,周先生認爲娘母名稱後起,可以不論,日
母在漢代竹書帛書中歸泥讀 n,周先生把與日母通假的心母字擬爲 sn-。
5. 關於邪母,周先生認爲邪母與定母、澄母、從母、書母、余母這幾母均通
假,邪母在諧聲上與余母關係又最近,將邪母擬爲 zd-。6. 關於余母,周
先生將余母分成 A、B、C 三類,A 類是余母與舌音通假,B 類是余母與齒
音通假,C 類是余母與牙喉音通假。周先生説:"這些關係是錯綜的,推尋
余母古音,原先也許是由 sd-、sg-兩類複輔音來的。從竹簡、帛書通假字
的情形來看,A、B 兩類的讀音可能是 d' ,C 類的讀音可能是 g' 。"周先生
爲余母構擬的音值及演變公式爲:

$$* Sd \begin{cases} d' \to j \\ zd' \to z \end{cases}$$

---

〔1〕　章母原文作照母,爲了統一體例,凡是照系三等,全書一律稱章昌船書禪;照系二
等,全書一律稱莊初崇山俟,喻四,一律稱余母。引用他人論著時直接轉換。

$$^*Sd\!\!\!/ \nearrow \begin{array}{l} de\,\text{'} \to \varsigma \\ z \to \varsigma \end{array}$$

$$^*sg \nearrow \begin{array}{l} g\,\text{'} \to j \\ z \to z \end{array}$$

7. 關於照系二等字莊初崇山與精系精清從心的關係,周先生認爲莊初崇山讀近精清從心,擬作 $^*tsr$, $^*ts\,\text{'}r$, $^*dzr$, $^*sr$,後來變爲 ts,ʧ,ʻʤ,ʃ,發展爲 tʂ,tʂʻ,dʐ,ʂ。8. 關於匣母,周先生同意高本漢將匣母擬爲 $^*g$ 的做法,也就是將匣母并入群母,認爲喻母三等字是匣母的細音。9. 關於曉母,周先生認爲曉母與見溪關係較密,擬曉母古音爲 x,曉母跟明母相通的那部分應讀爲清鼻音 xm(ɱ)。10. 關於來母,周先生認爲來母同聲母的異文在帛書中的例證很多,屬於不同聲母的有 k:l;l:k;m:l;l:m;tʻ:l;l:tʻ;ɤj:l。周先生説:"從這些例子我們可以想到古代有以 l 爲第二成分的複輔音,如 kl,tl,ml,之類。"周先生總結出竹書帛書的單輔音聲母(31 個)和複輔音聲母(7 個)系統是:p-,pʻ-,b-,m-;pl,ml;t-,tʻ-,d-(tr-,tʻr-,dr-),n-,dʻ;tʻl;ʈ,ʈʻ,ɖ,ç;ts-,tsʻ-,dz-,s-(tsr-,tsʻr-,dsr-,sr),dz;sl,sn;k-,kʻ-,g-,ŋ-,x-;kl,xm,ʔ-。

趙誠先生的《臨沂漢簡中的通假字》,以 1972 年山東臨沂銀雀山出土的竹簡作爲考察對象,對這一方言區聲韻調特征進行了概括説明。關於這一方言的聲母情況,該文的結論是:1. 唇音:輕重唇不分,有一部分曉母字讀爲重唇。2. 舌音:只有一例是澄母讀爲透母,與古無舌上音規律相合。3. 泥日娘:泥娘日互通,泥娘日均有與心母通假的例證。4. 來母:自身通假的例證很多,也有來透、來云、來徹、來見通假的例證。5. 精系:精從與照二通假(精母與莊母通假,從母與初母通假),清母與照三通假(清母與章母通假),心母與山母、初母、書母、余母、泥母、日母通假,[1]邪母與澄母、定母通假。6. 照系:照二與精系(邪母除外)關係密切,爲

---

[1] 書母,原文作審三;余母,原文作"喻四"。本書中除非特別需要,所引相關論著中原文作"審三"的,一律轉引成"書母";原文稱作"以母"或"喻四"的,一律轉引成"余母"。

證明先秦古音照二歸精提供了證據;照三情況比較複雜,一類與端透定通假,這一類直接説明先秦古音照三系與端透定同;一類與知徹澄通假,這一類間接説明先秦古音照三系與端透定同。此外,書母與余母、心母、疑母、來母通假,章母與清母、穿母與疑母、禪母與匣母、船母與禪母通假的例證。7. 見溪群曉匣:見溪群曉匣關係較近,這一點和諧聲反映出來的情況一致。例外的情況是,見母與余母、影母,群母、曉母與清母,曉母與非母,匣母與端母、禪母均有通假的例證。8. 余母:余母通假字不多,值得注意的是,余母與見溪曉以及心母均有通假的例證。9. 清濁:臨沂漢簡通假字中清濁區分并不嚴格,與該文作者在整理商代音系時的發現一樣。臨沂漢簡通假字中有幫母與並母、非母與奉母、端母與定母、章母與禪母、見母與群母、精母與從母通假的例證。如精與從、非與奉有好幾例。

　　劉寶俊先生的《秦漢帛書音系》,認爲山東臨沂銀雀山、湖南長沙馬王堆、湖北雲夢睡虎地這幾批語音材料,在時代上較爲接近,但在地域上可能有一定的差異,如果把這些不同出土地點的材料放在一起使用,很可能會抹殺一些方言特征,影響研究的質量和效果。所以該文選擇字數較多的長沙馬王堆出土的帛書作爲研究對象。該文采用李方桂先生的《上古音研究》中的上古音和中古音體系作爲歷史發展中前後兩個支點,參考羅常培、周祖謨兩先生的《漢魏晉南北朝韻部演變研究》(第一分册)以及丁邦新等先生的研究成果,對湖南長沙馬王堆帛書中 1 300 餘對通假異文進行音類分析和音值構擬。全文分爲導言、聲類、韻類、調類四部分。在聲類部分,作者分單輔音聲母 26 個、複輔音聲母 19 個。作者認爲,單輔音聲母系統與上古其他文獻所反映的單輔音聲母系統基本相同。帛書音系中只有一套唇音聲母,中古的雙唇塞音在帛書中頻繁地接觸,而不與雙唇鼻音發生關係,與上古諧聲系統和其他文獻材料有較爲一致的表現,可構擬爲 *p-、*ph-、*b-、*m-;中古"端知章"三組塞音聲母在帛書音系中仍爲一組,尚未分化,可構擬爲 *t-、*th-、*d-;中古的"禪母"在帛書音系中與舌尖塞音關係密切,仍未分化,可構擬爲 *d-;中古的"余母"在帛書材料中有四分之三强與作者構擬爲 *d-的接觸,説明它當是一個濁的舌尖中音,結合上古聲訓、譯音和漢藏語系同源詞,可以看出"余母"在上古,包括帛書時代當是一個舌尖濁流音,構擬爲 *r-;中古的"邪母",與作者構擬的 *t-、*t'-,特別是 *d-、*r-有大量的接觸,證實了李方桂先生上古余邪同一聲母的設想,也構擬爲 *r-,中古泥娘日三母在帛書音系中也未分化,構擬爲 *n-;中古的"精莊"兩組聲母在帛書材料中渾然不分,可構擬爲舌尖前塞擦音和擦音 *ts-、*ts'-、*dz-、*s-。在帛書材料中存在兩套相對的舌根音和喉音聲母,可構擬爲 *k-、*k'-、*g-、*ŋ-、*h-、*ʔ-;*kʷ-、*k'ʷ-、*gʷ-、*ŋʷ-、*hʷ-、*ʔʷ-。中古的"章組"聲母在帛書材料中仍與舌根音聲母相通,所以在帛書音系中它們仍是舌根音。中古云匣兩母在帛書音系中是一個音位,與其他舌根音和喉音聲母關係十分密切,將云匣與群母一樣構擬爲 *g-。該文得出的結論是:"出土的帛書材料與傳世文獻材料得出的結果相當一致,可以互相印證,反映了上古漢語單輔音聲母系統所涵蓋的地域和時代是相當廣闊和長久的,具有較强的穩定性。"[1]至於帛書材料中的複輔音聲母系統,該文認爲較爲複雜,與諧聲系統相比,呈現出參差不齊的局面。諧聲系統所反映出的複輔音聲母,在帛書材料中都沒有出現,或雖出現也只有極少的例子,很不明顯。該文爲出土的帛書材料構擬的複輔音聲母有四種類型:(一)與邊音 *-L-構成的複輔音,(二)以邊音 *S-構成的複輔音,(三) *x-與鼻音構成的複輔音,(四)鼻冠塞音聲母。作者認爲帛書音系中的複輔音聲母系統正處於一個消失衰亡的過程之中。

　　該文構擬的 26 個單輔音聲母系統是:p-、p'-、b-、m-;t-、t'-、d-、n-、r-、l-;ts-、ts'-、dz-、s-;k-、*k'-、*g-、*ŋ-、*h-、*ʔ-;*kw-、*k'w-、*gw-、*ŋw-、*hw-、*ʔw-。19 個複輔音聲母是:ml-、t'l-、kl-、k'l-、gl-、gwl-、sl-、sn-、st-、st'-、sk-、skw-、sŋ-、xm-、xŋ-、nt'-、ŋk-、ŋk'-、ŋg-。[2]

　　張儒先生的《關於竹書、帛書通假字的考察》,選取《睡虎地秦墓竹簡》、銀雀山漢墓竹簡《孫子兵法》、《孫臏兵法》、《尉繚子》、《老子》甲本、

---

　　〔1〕 該文所説的"出土的帛書材料與傳世文獻材料得出的結果相當一致"主要是指與李方桂先生的上古單輔音聲母系統一致。

　　〔2〕 原文送氣輔音一律加[h]送氣符號,今按本書體例統一用〔'〕表示。

《老子》乙本、《相馬經》、《醫書》、《春秋事語》等十種古籍,將其中的通假字列成頻率統計表和幾率統計表。頻率統計表和幾率統計表各分爲二,共四張表格,分別展示聲母和韻部通假狀況。表一爲《聲母通假頻率統計表》,表三爲《聲母通假幾率統計表》。張先生根據《聲母通假幾率統計表》得出結論如下:1. 端組和章組通假頻繁,進一步證明錢大昕把照穿牀審禪三等歸入舌頭音是合理的;2. 未發現日母和章昌船書禪通假,但是日母和端組大量通假,日母和泥母通假 40 次,是幾遇相逢數 0.9 的 44.4 倍,這一事實進一步證明了章太炎娘日歸泥說的正確性;3. 精組和莊組通假頻繁,可見前輩把它們歸入同一大類十分合理;4. 曉匣和見組通假頻繁,可見黃侃、李新魁把曉匣跟見組劃歸一類十分合理;5. 邪母跟本組聲母通假只三次,未發現跟莊組通假,而跟端組、章組大量通假,這一事實證明,邪母在秦代和漢代初年屬於舌音;6. 其他聲母之間糾葛很多,如明母和曉母通假頻繁,喻母和影母通假頻繁,明母和曉母通假頻繁,心母既和精組、莊組通假頻繁,又和端組、章組通假頻繁等等,這些糾葛到底屬於什麼性質的問題,都有待於深入研究。此外,還有丁啟陣的《秦漢方言》,[1]利用揚雄《方言》的標音材料和秦漢經籍傳注材料對兩漢聲母狀況也進行了探討。其結論如下:1. 燕朝方言,從母讀舌葉及舌面清擦音,或從母歸入書母;章母讀歸舌頭濁塞音,或章母歸入定母;日母讀舌頭及舌葉全濁塞音,或日母歸入喻母,見母、精母(大致見組、精組)相近,或同歸一類。2. 趙魏方言,端母讀舌尖前不送氣全清塞擦音,或端母歸入精母;日母讀舌頭及舌葉全濁塞音,或日母歸入喻母。3. 海岱方言,心母讀舌尖前送氣全清塞擦音,或心母歸入清母;山母讀歸舌尖前不送氣全清擦音,或山母歸入心母。[2] 4. 周洛方言,山母讀舌葉及舌面清擦音,或山母歸入書母。5. 吳越方言,見母讀送氣清舌根音,或見母歸入溪母。6. 楚方言,昌母讀舌葉及舌面濁擦音,或昌母歸入禪母;從母讀舌頭全濁

---

〔1〕　丁啟陣:《秦漢方言》,東方出版社 1991 年。丁氏之書非常重視兩漢的方音狀況,把漢代的語音材料分爲燕朝、趙魏、海岱、周洛、吳越、荊楚、秦晉和蜀漢等八個方言區。
〔2〕　山母,原書作“生母”。本書所引相關論著原文作“生母”的一律轉引成“山母”。

塞音,或從母歸入定母;匣母讀舌頭及舌葉,或匣母歸入喻母;禪母讀舌頭全濁塞音,或禪母歸入定母;見母、精母(大致見組、精組)相近,或同歸一類。7. 秦晉方言,心母讀舌尖前偏後清擦音,或心母歸入山母;見母讀送氣清舌根音,或見母歸入溪母。[1] 另外,該書在《從傳注材料看秦漢方音》部分也討論了某些方音聲母特點:1. 齊魯豫司兗冀(今河北、山東一帶)舌尖前齒齦聲母讀舌面前硬顎聲母;2. 齊魯(今山東)舌尖前與舌尖後聲⺉不分,見群相混;3. 秦晉方言心山相混;4. 關東、楚方言澄清相混;5. 南方方言,舌頭舌上不分;6. 齊方言(今山東)從、清相混,曉心相混;7. 周秦(今陝西)章、船相混;8. 兗冀方言見、溪相混。[2]

　　李玉先生的《秦漢簡牘帛書音系研究》,采用《馬王堆漢墓帛書》、《睡虎地秦簡》、《銀雀山漢簡》、《武威漢簡》、《大通上孫家寨木簡》、《阜陽漢簡》、《江陵漢簡》、《包山楚簡》、《定縣漢簡》、《放馬灘秦簡》、《居延漢簡》、《敦煌漢簡》、《羅布泊漢簡》、《子彈庫楚帛書》等十四種材料,對戰國到兩漢的簡牘帛書的通假異文進行了幾乎窮盡式的統計分析,從中歸納出漢代的語音系統,并發現了歷時性的變遷,如西漢初年還有複輔音聲母,西漢中期以後漸趨消失。李氏的研究既重視材料的時代性,也重視材料的地域性,分析也比較深入。該書依據簡帛文書已有的釋文收集材料,所收通假字6 800餘對,以幾率統計法爲主,兼采歷史比較法、内部構擬和類型學擬測法,對秦漢時期的語音系統進行了較爲深入的研究。該書除緒論外,分爲四章,其中第一章討論單輔音聲母,第二章討論鼻音、清流音及複輔音聲母。關於單輔音聲母,中古唇音 $*p$-(幫), $*p'$-(滂),[3] $*b$-(並), $*m$-(明)各聲母,本母字相通假及相互之間的通假次數大於幾遇數;除明母與曉母,滂母與來母外,這組聲母與其他各組聲母的接觸都小於幾遇數(即小於一)。這四個聲母在秦漢時期屬於同類,是四個具有音位性質的聲母。中古舌音端組(端透定)、知組(知徹澄)、章組(章昌船書

---

〔1〕　詳情見該書第65—81頁。
〔2〕　詳情見該書第214—217頁。
〔3〕　原文送氣輔音一律加[h]送氣符號,今按本書體例統一用[']表示。

禪)三組秦漢時期均爲舌尖塞音。中古余母在秦漢時期與定母關係最近，但考慮到余母與透母關係也不遠，作者認爲余母是一個獨立的聲母。中古的"禪母"在秦漢時期歸入定母，中古來母在秦漢時期是一個獨立的音位。作者將秦漢時期舌尖塞音聲母構擬爲 *t-(端知章)，*t'-透(書甲)徹昌，*d-定(邪乙)澄(禪)，*r-余，*l-來。中古的齒頭音"精組"(精清從心邪)和正齒音莊組(莊初崇山俟)互相通假的頻率相當高，齒音應當是一組獨立的聲母。作者將齒頭音"精清從心"和正齒音"莊初崇山"構擬爲舌尖前塞擦音和擦音 *ts-，*ts'-，*dz-，*s-。認爲此組的"心母"和"邪母"在西漢早期的通假現象比較複雜。作者將心母一分爲二，分別稱之爲"心甲"和"心乙"。"心甲"指的是屬於精組聲母的舌尖清擦音那部分字，"心乙"屬清鼻音、清流音或複輔音聲母。至於中古的"邪母"，作者認爲它的來源相當複雜，并把邪母分成三部分，其中的大部分字，在秦漢時期自成一類，成爲一個獨立的聲母，作者稱之爲"邪甲"，從語言結構平衡、對稱、系統性以及漢語語音演變規律等角度考慮，將"邪甲"歸在精組，作爲與清擦音心母相對的濁擦音聲母。"邪母"有一部分與"余母"關係相當密切，有一部分與定母關係密切，作者將這一小部分邪母字稱爲"邪乙"，有小部分邪母字在西漢早期很可能是複輔音聲母。作者主張把與定母、澄母、余母常常通假的邪母一小部分字看成是 *ST-型的複輔音，作者稱這些字爲"邪丙"。并進一步認爲，中古的邪母很可能是一個後起的聲母。中古的俟母字秦漢簡牘帛書中實際通假 11 次，本母通假 4 次，與來母、余母、心母和邪母爲常常通假，俟母與"邪甲"同屬一個聲類。作者將齒頭音"精組"和正齒音"莊組"構擬爲舌尖前塞擦音、擦音 *ts-精莊，*ts'-清初，*dz-從崇，*s-(心甲)，*z-俟(邪甲)。中古見係牙喉音見、溪、群、疑、影、曉、匣、喻八個聲母，除了曉匣兩母外，主要與本係聲母通假。除了余母外，中古牙喉音在秦漢時期是一組獨立的舌根音聲母。關於匣母，作者認爲邵榮芬先生的"匣母字上古一分爲二"更接近事實。作者將匣母分爲二，即匣甲和匣乙。曾運乾所説的喻三歸匣，是指喻三即云母與匣乙合一，至於匣甲，則應并入群母。疑母與見母通假的較多，証之方言和親屬語言,作者認爲舌根塞音部分字和舌根鼻音部分字通假,構成 ŋk-類型複輔音,其餘的疑母字作者擬爲 *ŋ-。作者將秦漢時期的牙喉音擬爲 *k-見,*k'-溪,*g-群匣甲,*ʔ-影,*ŋ-疑,*h-曉,*ɣ 云匣乙。中古鼻音泥娘日三母在秦漢時期關係極爲密切,同屬舌尖鼻音 *n。作者總結出秦漢時期的單輔音聲母 22 個,唇音:*p-幫,*p'-滂,*b-並,*m-明;舌音:*t-端之章,*t'-透(書甲)徹昌,*d-定(邪乙)澄船禪,*n-泥娘日,*l-來,r-余;齒音:*ts-精莊,*ts'-清初,*dz-從崇,*s-(心甲)山,*z-俟(邪乙);牙音:*k-見,*k'-溪,*g-群,*ŋ-疑;喉音:*ʔ-影,*x-曉,*ɣ 云匣乙。[1] 另構擬有三個清鼻音聲母 *hm-、*hn-、*hŋ-和一個清流音聲母 *hl-。在該書第二章作者又構擬了"鼻-塞"(mp、ŋk)、"Pl-"、ml、kl、ST 等類型複輔音聲母。

沈祖春先生的《〈馬王堆漢墓帛書(壹)〉假借字研究》,主要以《馬王堆出土的帛書(壹)》中的假借字作爲字研究對象,在材料的選取上與劉寶俊先生的《秦漢帛書音系》一文的取材相似。全書共分三章,其中第三章爲"《〈帛書(壹)〉假借字所反映的上古聲母現象》"。作者認爲,唇音幫滂並互諧,明母自諧。齒音心母與山母、書母、日母、匣母、透母、定母、影母、精母、清母、從母互諧;齒音邪母與章組(船書禪)、定母、余母、曉母互諧,邪母大部分字歸入定母。舌音日母除與泥母、娘母通假互諧外,還與透母、余母、疑母、明母、影母、心母互諧。作者爲與來母相諧的那些字構擬了 *dl-、*kl-、*ml-、*gl-、*t'l-、*k'l-等複輔音。照系二等應歸精組,照系三等除了內部互諧外,還與端組和見組互諧。喉音匣母與見母相諧 15 例 47 次,與群母相諧 1 例 1 次,所以作者不同意邵榮芬先生的匣 1 歸群,匣 2 與云母合一的主張,而是同意李新魁先生的"匣母上古歸見溪群"的說法,但不同意李先生"曉母上古歸見溪群"的主張;喉音影母與見母、匣母、余母、滂母、明母相諧,作者同意王力先生影母與見系相通常見,與曉匣相通罕見的說法,不同意黄侃喻母并入影母的做法。關於余母,作者根據余母與舌音透母、定母、來母,與齒音

---

〔1〕 見該書第 34 頁。

心母、邪母，與舌上音書母、船母、日母，與牙喉音見母、曉母、影母均有互諧的例證，一方面承認曾運乾的喻四歸定說有一定的道理，同時也指出，喻四在上古是合并還是獨立，音值如何擬測還可以繼續討論下去。關於全濁聲母是否送氣，作者認爲，全濁聲母在上古也許没有送氣不送氣的對立。

五、關於梵漢對音材料的研究

對東漢翻譯佛經中的梵漢音譯詞的研究，成就最大的是俞敏先生，他的《後漢三國梵漢對音譜》收集了攝摩騰、竺法蘭、牟融、安世高、支讖、竺佛朔、安玄、嚴佛調、支曜、康巨、康孟祥、竺大力、曇果、康僧鎧、曇諦、帛延、康僧會、支謙、維祇難、竺律炎等譯經大師著作中近 600 個音節的對譯詞，從中歸納了東漢、三國時代的聲母、元音、韻尾的系統。韻尾輔音的對譯方式較複雜，最後歸納陰聲韻有收 d、b、g 的濁輔音，主張同一韻部有不同的元音。俞先生將後漢三國時代梵漢對音材料所反映的輔音系統分爲 8 組：1. k 組；2. c 組；3. t 組；4. ṭ 組；5. p 組；6. 半元音組；7. 擦音組；8. ks 組。所謂 k 組，包括 ka 姑，k'a 佉，[1] ga 伽、gam 含、g'伽、ñ:aṁ(g)鵞。俞先生認爲這組聲母包括等韻家叫見、溪、群、疑，再加"匣"的一部分。漢語没有送氣的 g'-，匣和群没有互補的關係，在漢語裏"匣"和"云"互補。[2] 所謂 c 組，包括 ca、c'a、ja、j'a、jña 五個音，可分爲五個小組。c 小組包括周、舟、㫃、招、遮、占、瞻、震、支、真這些章（原文作"照"）母字，另有不和章母同類的檐、坻、作、甾、沙、懿、闍。c'小組包括車、闡這些昌（原文作"穿"）母字，另有不和昌母同類的佉、秦、孫、先。j小組包括禪、涉、殊、逝這些禪母字，另有不和禪母同類的者、祇、嗜、茶、瞻、調、輻、旬、虵、越、炎、夷、耶、延、悦、閲、逸、闍。j'小組包括茶、耶。ñ小組包括若、然這些日母字，這個"若"字也用來對譯 nya 和 ṇya。關於 c

---

〔1〕 原文送氣輔音一律加[h]送氣符號，今按本書體例統一用['']表示。
〔2〕 云，原文作"于"。本書"喻三"除特殊情況外，一律作"云"。

組,俞先生的結論是:"從這些字看,可以作'正例'候選者在 C 裏(筆者按:指 c 小組)佔 10/17,C'裏(筆者按:指 c'小組)佔 1/3,j 裏(筆者按:指 j 小組)佔5/22。例外的字來得那麽雜亂,結論只可能有一個:漢末的漢話没有 c 組塞擦音。日母也不能單成一個音位。用了佉、耆、衹,只不過説明漢末人没有恰當字好用,與 whitney 提的 c 組歷史來源(顎化)没有關係。""陸(志韋)先生曾經主張過'禪'是塞擦音,應該和'船'之類掉一個過儿,前半句在漢末音裏得到證明了。"所謂 ṭ 組,包括 ṭa 羅,ṭ'a 兜,ḍa 羅,ḍ'a,ṇa 那。俞先生鑒於此組有兩個梵文字母底下只收了三個音節,認爲憑着零星的材料做結論太危險。俞先生在這裏只是把與 ṇ 有關字列出來和與 n 有關的字比較,看看有幾個字是和 n 底下的字用同樣的音節的:那、糯、遐、提、祁、泥、日、若、然。俞先生的結論是:"ṇ、n 分不開。"所謂 t 組,包括 ta 都,t'a 陀(佗),da 陀,na 那,就是等韻圖的"端透定泥"。俞先生從 tya 譯作"提遮閣",tyā 譯作"遮",tyāyan 譯作"斿延",tyu 譯作"舟",tye 譯作"支"等斷定,後漢時代"章昌禪"還歸"端透定";俞先生又從 tya 譯作"致"、"知"和"牴",和提(堤)、底、題雜用,到了唐代譯密咒裏的這個音節固定用底字,并爲底字注上丁里反,聲明他"同意舌音類隔之説不可信"即"古無舌上音"的主張。俞先生還從"尼"可以譯 ni、nī、ne、nai;"然"字可以譯 ntya(> nyaṁ)等斷定,章太炎"娘日二紐歸泥説"也適合漢末的語音情況。所謂 p 組:pa 波,p'al 潘,ban 槃,b'a 婆,ma-摩,就是幫滂並明。俞先生從用"分"譯 piṇ、pun,用"富"譯 pu,用"不、弗"譯 pūr,用"沸費"譯 puṣ,用"浮"、"符"譯 bu,用"佛"譯 bud,用"浮"、"負"譯 b'u,用"無"譯 ma,用"蕪"譯 mṛ(= p. ma),用"文"譯 māi、mun,用"勿"譯 mud,可以信"古無輕唇音"的話到三國時還合用。所謂半元音組,俞先生認爲梵文中的 y、r、l、v 四個半元音,就是漢語音韻學中所説的介音。俞先生認爲等韻學家把 y 用去分等,把 v 用去分圖或叫做"呼"去了,漢語中没有 r 介音,所以他重點討論了放在音節之首的 y、l、v(w)三個元音。關於 y,他説:與單用 y 有關的字 14 個:夜耶夷閲逸延鹽閻衍翼由渝喻踰,

24

另有四個例外字蛇、炎、術、郁。俞先生認爲“蛇”、“炎”、“術”這三個字都有法子解釋，真正例外的只有一個“郁”字。俞先生説這就是喻（余）在漢末時的真面目。在當時，它是ś的濁音。l，就是“來”母。關於 v，俞先生認爲就是一部分匣母字（如和、煦、桓、亙、[1]會、扈、還）和云母字（如于、越、域、云、洹、曰、衛、爲、位、韋、圍）的讀音，認爲這些字的開頭音值毫無疑問是[w]，并從藏語的狐貍讀 wa 來進行證明。這一類還有“惟”、“維”、“夷”、“隨”、“墮”等例外字。“惟”、“維”、“夷”均是余母字，“隨”是“邪母”，“墮”，俞先生認爲可能是“隳”字之誤。隳，曉母，與匣母關係很近。實際上，墮，定母，與“惟”、“維”、“夷”等“余母”關係很近。所謂擦音組，包括ś-書，[2]ṣ-山，s-心，h-曉四個輔音。ś-俞先生收的字包括尸、舍、釋、世、勢、睒、深、扇、式、濕、首、説、輸、奢、攝、葉，這些字都是後來的書類，俞先生認爲這類字是清音字，但它們不是禪類字的濁音，濁化的有邪、耶、翼、鹽、閲，是“余”之類的；[3]還有師、沙兩個字，是“山”之類的；另有斯、暹、薩、速、邀、修，是“心”之類的（因爲在 p. 型方言，ś、ṣ一律讀 s）。關於ṣ類，俞先生説它就是[ṣ]，在梵文中常是受前後 i 介音的同化而變爲 s 的。屬於這一組的例字有沙、師、色、裟、瑟、疏、駛、術、瘦，這是“山”之類；舍、睒、尸，這些字屬於“書”之類；另外還有讀成濁音的“翼”和“授”以及混進來的 s 類的“私”字。s，就是“心”之類；h，就是曉之類。所謂 kṣ 組，包括的例字有差、叉、察、刹、羼、嚦、儭、閦，即是“初”之類。俞先生認爲這個“初”之類的音值是[tṣ‘]。俞先生就此推論，有了初、山，“莊”和“崇”也就有了；[4]有了心，“精”、“清”、“從”大概也有；從ś濁化成邪、耶，s 濁化成育、夷，邪之類好像還没有。還從 upasika 譯成“優婆夷（夷，余母）”而不譯成“优婆兒（兒，邪母）”來推斷“邪母”當時還没有産生。

　　俞先生認爲後漢三國的聲母有 25 個，經他證明是 21，精清莊崇 4 個

---

〔1〕　亙，俞先生認爲此字是“桓”的簡字。
〔2〕　書，原文作“審”，下同。
〔3〕　余，原文作“喻”。
〔4〕　崇，原文作“牀”。

聲母是他推出來的。其特點是没有複輔音。俞先生開列的後漢三國的開頭輔音(即聲母)如下：k-見,k'-溪,[1]g-群、匣 1,ñ-疑；t-端,t'-透,d-定,n-泥；p-幫,[2]p'-滂,b-並,m-明；(ts-)精,(ts'-)清,(dz-)從,ṭṣ-精莊,*ṭṣ'-初,dẓ牀；y-喻；l-來,V-匣²,ś-書,[3]ṣ-山,s-心。

以上所述,就是兩漢聲母系統研究的主要成果,是我們進一步探討兩漢聲母系統的堅實基礎。反映西漢聲母系統的材料主要是簡帛材料,以往的研究,已把這些材料所反映出的西漢前期聲母特征的信息基本上揭示出交了。我們在本書中主要討論東漢時期的聲母系統。每章在討論東漢聲母系統之前,均用一節的篇幅把各家關於簡帛材料所反映的西漢聲母特點的相關的研究結論簡要列出,供讀者比較從西漢到東漢聲母系統的沿革情況。

---

〔1〕 送氣輔音,原文一律加[h]送氣符號,今按本書體例統一用[']表示。
〔2〕 幫,原文作"邦"。
〔3〕 書,原文作"審"。

第一章　論兩漢時代莊精兩組的關係

　　三十六字母中的正齒音"照穿牀審禪"，在《韻鏡》、《七音略》等早期韻圖中，分列在齒音二等、三等的位置上。列於二等位置的，人們稱爲"照系二等"，簡稱"照二"，用"莊初崇山"表示，因而也稱"莊組"；列於三等位置的，人們稱爲"照系三等"，簡稱"照三"，用"章昌船書禪"表示，因而也稱"章組"。據清代學者陳澧的《切韻考》研究表明，一直到《切韻》時代，"照系二等"和"照系三等"都是各自獨立的。後來，有的學者將照系二等歸入齒頭音精組，將照系三等歸入舌頭音端組，也有人認爲"照二"近"精"而不歸"精"，"照三"近"端"而不歸"端"。

　　照系二等即莊組聲母，在上古漢語中與精組聲母的關係，以黃侃先生爲代表的一些學者將照系二等歸入齒頭音精組，而以王力先生爲代表的一些學者則認爲"照二"近"精"而不歸"精"。黃侃先生在聲母研究方面屬於"考古派"，從訓詁學運用古音學這一工具的角度看，黃侃先生的結論自有其合理之處。王力先生受過系統的西方語言學理論訓練，對歷史比較語言學的理論知識比較熟悉。歷史比較語言學比較重視語言演變的條件，即在相同的條件下不應該有不同的演變。王先生說："語音的一切變化都是制約性變化，這就是說，必須在完全相同的條件下才能有同樣的發展，反過來說，在完全相同的條件下，不可能有不同的發展，也就是不可能有分化。……這是歷史比較法的一個最重要的原則,我們不應該違反這一個原則。"[1]黃侃先生主要是就語音材料立論,王力先生則除了依據語音材料之外,還考慮了歷史比較法的一些原則問題。黃侃分上古聲母爲十九個,王力分上古聲母爲三十二個,[2]主要的區別就在這裏,了解這一點,也就了解了黃、王兩先生在上古聲母研究結論上分歧的關鍵所在。下面我們就考察一下兩漢時代莊組與精組的關係,以便從兩漢的語音現象來反證上古時代莊組與精組的關係。

第一節　從簡帛通假字看西漢時代莊精兩組的關係

　　如前所述,反映西漢時期聲母系統的語音材料主要是竹簡帛書等通假異文材料。依據秦漢簡帛通假字立論,對西漢早期"莊初崇山"與"精清從心"的關係的看法可以分爲兩派,周祖謨、張儒兩先生認爲"莊初崇山"讀近"精清從心",趙誠、劉寶俊、李玉、沈祖春諸先生則認爲"莊初崇山"讀歸"精清從心"。周祖謨先生在《漢代竹書和帛書中的通假字與古音的考訂》中認爲莊初崇山讀近精清從心,擬作 *tsr、*ts'r、*dzr、*sr,並說 *tsr、*ts'r、*dzr、*sr 後來變爲 tʃ, tʃ', dʒ, ʒ,發展爲 tʂ, tʂ', dʐ, ʂ。周先生對"莊初崇山"與"精清從心"關係的認識與王力先生對"莊初崇山"與"精清從心"關係的認識相同,但對"莊初崇山"的擬音與王力先生稍有差別。[3]張儒先生在《關於竹書、帛書通假字的考察》中認爲,精組和莊組通假頻繁,可見前輩把它們歸入同一大類十分合理。

　　趙誠先生在《臨沂漢簡中的通假字》中認爲,精組的精從與照二通假

---

　　〔1〕　王力:《漢語史稿》(修訂版),中華書局 1980 年,第 69 頁。
　　〔2〕　王先生在《同源字典·古音說略》(1982)和《漢語語音史》(1985)中主張上古三十三個聲母,即在原三十二個聲母的基礎上增加一個"俟母"。
　　〔3〕　王力先生認爲"莊初崇山"讀近"精清從心",將"莊初崇山"從上古至中古均擬作 tʃ, tʃ', dʒ, ʃ,到近代才發展爲 tʂ, tʂ', dʐ, ʂ。見王力《漢語史稿》和《漢語語音史》。

(精母與莊母通假,從母與初母通假);清母與照三通假(清母與章母通假),心母與山母、初母、書母、余母、泥母、日母通假;[1]邪母與澄母、定母通假。照二與精系(邪母除外)關係密切,爲證明先秦古音照二歸精提供了證據。劉寶俊先生在《秦漢帛書音系》中認爲:中古的"精莊"兩組聲母在帛書材料中渾然不分,可構擬爲舌尖前塞擦音和擦音*ts-,*ts'-,*dz-,*s-。李玉先生在《秦漢簡牘帛書音系研究》中認爲,中古的齒頭音"精組"(精清從心邪)和正齒音莊組(莊初崇山俟)互相通假的頻率相當高,齒音應當是一組獨立的聲母。作者將齒頭音"精清從心"和正齒音"莊初崇山"構擬爲舌尖前塞擦音和擦音*ts-,*ts'-,*dz-,*s-。作者認爲此組的"心母"和"邪母"在西漢早期的通假現象比較複雜。作者將心母一分爲二,分別稱之爲"心甲"和"心乙"。"心甲"指的是屬於精組聲母的舌尖清擦音那部分字,"心乙"屬清鼻音、清流音或複輔音聲母。至於中古的"邪母",作者認爲它的來源相當複雜,并把邪母分成三部分,其中的大部分字,在秦漢時期自成一類,成爲一個獨立的聲母,作者稱之爲"邪甲",并從語言結構平衡、對稱、系統性以及漢語語音演變規律等角度考慮,將"邪甲"歸在精組,作爲與清擦音心母相對的濁擦音聲母。"邪母"有一部分與"余母"關係相當密切,有一部分與定母關係密切,作者將這一小部分邪母字稱爲"邪乙",并且有小部分邪母字在西漢早期很可能是複輔音聲母。作者主張把與定母、澄母、余母常常通假的邪母一小部分字看成是*ST-型的複輔音,作者稱這些字爲"邪丙"。作者進一步認爲,中古的邪母很可能是一個後起的聲母。中古的俟母字秦漢簡牘帛書中實際通假11次,本母通假4次,與來母、余母、心母和邪母爲常常通假,俟母與"邪甲"同屬一個聲類。作者將齒頭音"精清"和正齒音"莊組"構擬爲舌尖前塞擦音、擦音*ts-精莊,*ts'-清初,*dz-從崇,*s-(心甲),*z-俟(邪甲)。沈祖春先生的《〈馬王堆漢墓帛書(壹)〉假借字研究》認爲,照系二等歸精比較可信。該書所舉的例證有莊母與精清從互諧,初母與精清互

---

〔1〕 書母,原文作審三;余母,原文作喻四。

29

諧,莊母與精清從互諧,崇母與心母互諧,山母與心母互諧。齒音邪母與章組船書禪、余、定母、曉母互諧,邪母大部分字歸入定母。

第二節　東漢時代莊精兩母的關係

一、從聲訓材料看東漢時代莊精兩母的關係

《白虎通德論》中與精母有關的聲訓 22 條,精精構成的聲訓 5 條:《爵》:子者,孳也(子,精之;孳,精之);《五行》:子者,孳也(子,精之;孳,精之);《三綱六紀》:子者,孳也(子,精之;孳,精之);《三綱六紀》:姊者,恣也(姊,精脂;恣,精脂);《宗族》:宗者,尊也(宗,精冬;尊,精文)。與莊母有關的聲訓 0 條,莊精兩母構成的聲訓 0 條。

《白虎通德論》中雖然與精母有關的聲訓 22 條,但與莊母有關的聲訓 0 條,精莊兩母的關係不好確定,但從精母出現的較多,而與莊母有關的聲訓 0 條來看,班固時代的秦晉方言中精莊兩母應該是各自獨立的聲母。

《説文解字》中與精母有關的聲訓 202 條,[1]精精構成的聲訓 26 條:子滋(之之),旌精(耕耕),晶精(耕耕),醮焦(宵宵),璪藻(宵宵),遣進(真真),醉卒(物物),儹最(元月),嗞嗟(之歌),稷棯(職脂),且薦(魚文),蔣節(陽質),奏進(侯真),輵迹(東錫),糤酒(宵幽),燋焦(幽宵),灖酒(宵幽),宗尊(冬文),宗祖(冬魚),稹積(脂錫),秭稷(脂東),恣縱(脂東),尊酒(文幽),諮咨(歌脂),[2]纂組(元魚),嗺噍(緝幽)。與莊母有關的聲訓 55 條,莊莊構成的聲訓 7 條:昃側(職職),仄側(職職),斮斬(鐸談),齰齚(侯鐸),茦簀(脂錫),榛蓁(真侯),轃簀(真錫);莊精兩

---

　　〔1〕　以下所説《説文解字》聲訓材料,均是依崔樞華《説文解字聲訓研究》一書的材料進行整理分析的。聲訓和韻部名稱一律改用王力先生《漢語史稿》和《漢語語音史》使用的名稱。原書錯字,依《説文解字》大徐本改正。
　　〔2〕　咨,段本作"嗞"。

母構成的聲訓 3 條：樵早（莊精/屋幽），[1] 甃井（莊精/幽耕），趡側（精莊/錫職）。

從莊精兩母構成的聲訓僅 3 條來看，還不能説莊母與精母合一。

不過，還有精母與莊組其他聲母構成的聲訓 14 條，其中崇精兩母構成的聲訓 6 條（崇母字作被訓釋字的 4 條，精母字作被訓釋字的 2 條）：雛子（崇精/侯之），助左（崇精/魚歌），毚駿（崇精/談文），纔雀（崇精/談藥），宰事（精崇/之之），左助（精崇/歌魚）；精山兩母構成的聲訓 8 條（山母字作被訓釋字的 5 條，精母字作被訓釋字的 3 條）：生進（山精/耕真），疋足（山精/魚屋），疋足（山精/魚屋），[2] 衛將（山精/物陽），娍進（山精/文真），膌瘦（精山/錫幽），灗灑（精山/元歌），醶歆（精山/侵葉）。莊母與精組其他聲母構成的聲訓 25 條，其中莊清兩母構成的聲訓 8 條：菑菜（莊清/之之）；菹酢（莊清/魚鐸），樝酢（莊清/魚鐸），鯫鮰（莊清/侯幽），緅蹴（莊清/侯覺），禛真（莊清/真真），詮蹴（莊清/元覺），[3] 莝斬（清莊/歌談）；莊從兩母構成的聲訓 7 條：批捽（莊從/支物），嫧齊（莊從/錫脂），煑藏（莊從/歌陽），煑鈴（莊從/歌侵），戢藏（莊從/緝陽），奘壯（從莊/陽陽），薛齰（從莊/物鐸）；莊心兩母構成的聲訓 8 條：昔俎（心莊/鐸魚），嬐莊（心莊/談陽），戾西（莊心/職文），椒薪（莊心/侯痕），緅細（莊心/侯脂），樵小（莊心/屋幽），鬃喪（莊心/歌陽），譖愬（莊心/侵鐸）；莊邪兩母構成的聲訓 2 條：訟爭（邪莊/東耕），槎邪（莊邪/歌魚）。

在與莊母有關的僅僅 55 條聲訓中，莊母與精母及精組其他聲母構成的聲訓居然有 28 條之多，由此可以看出莊母與精組的關係是十分密切的。

《釋名》聲訓中，與精母有關的 55 條，其中精精構成的聲訓 29 條：《釋天》子孳（之之），《釋天》災栽（之之），《釋州國》晉進（真真），《釋形體》津進（真真），《釋形體》睫接（葉葉），《釋形體》脊積（錫錫），《釋姿容》姿資（脂脂），《釋形體》走奏（侯侯），《釋親屬》曾增（蒸蒸），《釋親屬》子

---

[1]　樵，通行作"穛"。
[2]　此條聲訓出自"旋"字下。
[3]　蹴，《唐韻》七宿切，清母覺韻；《廣韻》子六切，精母覺韻。

孳(之之),《釋言語》燥焦(宵宵),《釋言語》躁燥(宵宵),《釋言語》跡積(錫錫),《釋言語》詛阻(魚魚),《釋言語》佐左(歌歌),《釋言語》嗟左(歌歌),《釋飲食》漿將(陽陽),《釋飲食》齎濟(脂脂),《釋飲食》菹阻(魚魚),《釋首飾》簪兓(侵侵),《釋典藝》讚纂(元元),《釋用器》鐫鐯(文文),《釋兵》旌精(耕耕),《釋形體》髭姿(支脂),《釋親屬》姊積(脂錫),《釋飲食》酒踧(幽覚),《釋宮室》宗尊(冬文),《釋兵》箭進(真元),《釋兵》剗進(真元)。與莊母有關的 17 條,其中莊莊構成的聲訓 5 條:《釋道》莊裝(陽陽),《釋采帛》淄滓(之之),《釋宮室》笮迮(鐸鐸),《釋飲食》鮓菹(鐸魚),《釋書契》�櫛(月質);莊精兩母構成的聲訓 2 條:《釋書契》奏鄒(侯侯),《釋首飾》幘蹟(錫錫)。

精母與莊組其他聲母構成的聲訓 2 條,均是精初爲訓:《釋形體》睫插(葉葉),《釋宮室》柵蹟(錫錫)。莊母與精組其他聲母構成的聲訓 4 條,其中莊清兩母構成的聲訓 1 條:《釋形體》捉促(屋屋);莊從兩母構成的聲訓 3 條:《釋喪制》齋齊(脂脂),《釋天》剗截(月月),《釋喪制》斬暫(談談)。

通過以上分析我們可以看出,在《釋名》時代,莊母與精組聲母關係較近,但莊、精兩母尚未合一。

二、從《說文》讀若材料看東漢時代莊精兩母的關係

在《說文解字》讀若中,與精母有關的 27 條,[1]其中精精構成的讀若 14 條:璀津(12 下/8 下),[2]纘鑽(61 上/54 上),観載(963 下/56 上),聿津(65 下/58 上),雀爵(76 上/68 下),摯晉(78 上/71 上),膌纂(90 上/81 下),爝焦(208 下/201 上),蕝尊(231 上/221 上),瀄勦(236 上/224 下),賷資(241 下/229 上),姐左(259 下/242 上),[3]婕接(260 下/

---

〔1〕　另有嵏(日元/日獺),大、小徐本均作:"讀若奭(日元/日獺),一曰若僑(精文/精稕,67 上/60 上)。"

〔2〕　12 下/8 下,/前的屬於大徐本的頁碼,/後的屬於小徐本的頁碼。下皆仿此。

〔3〕　大徐本無讀若,此處依據小徐本。

243 上),〔1〕鑴灉(295 下/268 下)。與莊母有關的 10 條,其中莊莊構成的讀若 3 條:謯笮(54 上/46 下),抯樝(255 上/238 下),轃臻(303 上/274 上);精莊兩母構成的讀若爲 5 條(精母用作被注字的 2 條,用作注字的 3 條):綪旌(莊精,275 下/254 下),昭戢(精莊,49 下/42 下),〔2〕瓚纂(莊精,97 上/87 下),〔3〕騿莘(精莊,176 上/173 下),孨鬙(莊精,310 下/281 上)。從《説文解字》讀若材料看,東漢時代精莊兩母應該合一。

三、從其他音注通假材料看東漢時代莊精兩母的關係

在《三禮》漢讀中材料中,精精構成的音注 15 條:齋資(精精/脂脂,《周禮》卷二·30 上·3),〔4〕齋資(精精/脂脂,《周禮》卷二·36 上·7),齍粢(精精/脂脂,《周禮》卷五·90 下·11),晉薦(精精/真文,《周禮》卷五·98 上·4),齋粢(精精/脂脂,《周禮》卷五·94 上·14),踐餞(精精/元元,《周禮》卷五·95 下·13),齋粢(精精/脂脂,《周禮》卷六·122 上·14),齋資(精精/脂脂,《周禮》卷六·130 上·5),箭晉(精精/元真,《周禮》卷八·161 上·7),晉搢(精精/真真,《周禮》卷十二·223 上·11),綪精(精精/耕耕,《儀禮》卷十二·125 下·2),縱摠(精精/東東,《禮記》卷二·25 上·9),將牂(精精/陽陽,《禮記》卷八·88 上·17),進餕(精精/真文,《禮記》卷十四·144 下·15),載栽(精精/之之,《禮記》卷十六·163 上·14)。莊莊構成的音注 6 條:柳櫛(莊莊/質質,《周禮》卷十一·201 下·16),菑裁(莊莊/之之,《周禮》卷十一·203 下·13),蚤爪(莊莊/幽幽,《周禮》卷十一·203 下·9),蚤爪(莊莊/幽幽,《周禮》卷十

---

〔1〕 大徐本無讀若,此處依據小徐本。
〔2〕 大徐本作:"讀若戢,又讀若呶。"小徐本作:"讀若戢。一曰呶。"呶,泥幽/泥肴。
〔3〕 大徐本作:"瓚,讀若纂,一曰叢。"叢,從東/從東。
〔4〕 《周禮》卷二·30 上·3,此中"30 上",是指《四部叢刊》縮編本的頁碼,"3"是指該書證所在的行列。《儀禮》、《禮記》材料的體例與此相同。目前常見的上海書店出版社據《四部叢刊》本影印的《十三經》(1997 年第 1 版)在頁碼上是連續排列的,與《四部叢刊》縮編本頁碼的對應關係是:《四部叢刊》縮編本的頁碼加上 320,即是上海書店出版社影印的《十三經》中《周禮》的頁碼;《四部叢刊》縮編本的頁碼加上 552,即是上海書店出版社影印的《十三經》中《儀禮》的頁碼;《四部叢刊》縮編本的頁碼加上 738,即是上海書店出版社影印的《十三經》中《禮記》的頁碼。其行列數兩書一致。

一·206 下·4），蚤爪（莊莊/幽幽，《儀禮》卷十二·126 下·12），蚤爪（莊莊/幽幽，《禮記》卷一·15 上·3）。[1] 莊精構成的音注 1 條：葅菹（精莊/魚魚，《周禮》卷三·53 上·1）。從《三禮》漢讀中材料看，精莊兩母是各自獨立的，儘管也有 1 條精莊構成的音注。

據陸德明《經典釋文》，鄭玄還有精精構成的音注材料 9 條：從，子用反（《易·屯》20 上 6）；[2]子，將吏反（《書·益稷》39 上 21）；左，音佐（《詩·關雎》53 下 16）；載，讀爲菑（《詩·大田》85 上 5）；瘵，音際（《詩·菀柳》88 上 9）；臧，子郎反（《詩·隰桑》88 下 15）；嘒，子雷反（《詩·雲漢》98 上 18）；菹，將呂反（《周禮·地官·鄉師》115 上 6）；餕，音俊（《論語·爲政》345 下 17）。精莊兩母構成的音注 1 條：載，讀爲菑，音緇（《詩·大田》85 上 5）；莊禪兩母構成的音注 1 條：純，側基反（《論語·子罕》349 上 22）。

精精構成的音注 9 條，莊莊構成的音注 0 條，精莊兩母構成的音注 1 條，莊禪兩母構成的音注 1 條：這些材料不好斷定精莊一定合一，但可以看出精莊兩母關係的密切。

在東漢應劭、服虔《漢書注》中，與精母有關的音注材料 11 條，精精構成的音注 3 條：走，音奏（服虔，1/27/10）。[3] 走，精侯/精厚；奏，精侯/精候。祖，音罝（應劭，6/1616/9）。祖，精魚/精姥；罝，精魚/精麻。鰼鰡，音縱劬（服虔，9/2868/7）。鰼，精耕/精清；縱，精東/精鍾。與莊母有關的音注材料 1 條，是精莊兩母構成的：沮，音阻（服虔，7/2054/4）。沮，精魚/精魚；阻，莊魚/莊語。從東漢服虔的音注材料看，精莊兩母應該合一，只是由於莊母構成的音注太少，説服力不強。

屬於燕趙方言區高誘的《呂氏春秋注》、《淮南子注》等音注材料中，

---

〔1〕 蚤，《廣韻》子晧切，精母幽部；《集韻》側絞切，莊母幽部。
〔2〕 《通志堂》本原誤作"從，鄭黄于用反"，法偉堂本作"從，鄭黄乎用反"（35 上 14，盧據錢本校改）。另：20 上 6，"20 上"指的是指中華書局影印《通志堂》本《經典釋文》的頁面，"6"指的是該書證在該頁面上的行列，後皆仿此。
〔3〕 服虔，1/27/10，《漢書》應劭、服虔注分別標出。這裏的"1"指的是《漢書》的卷數，"27"指的是該書證在本書的頁數，"10"指的是該書證所在注節序號。後皆仿此。

與精母有關的音注材料 6 條,其中精精構成的音注 4 條:《淮南子·原道》:“雪霜滚瀁,浸潭苽蔣。”高注:“蔣,讀水漿之漿也。”(7/1/16/2)[1]蔣,精陽/精陽;漿,精養/精陽。《淮南子·天文》:“月死而嬴蛖朘。”高注:“朘,讀若物醮炒之醮也。”(7/3/36/3)朘,精宵/精宵;醮,精宵/精宵。《淮南子·説林》:“漁者走淵,木者走山。”高注:“走,讀奏記之奏。”(7/17/294/10)走,精侯/精厚;奏,精侯/精候。《淮南子·説林》:“室有美貌,繒爲之纂釋。”高誘注:“纂,讀曰綾釋纂之纂。”(7/17/303/4)纂,精元/精緩;纂,精元/精緩。與莊母有關的音注材料 2 條,其中莊莊構成的音注 0 條:莊精構成的音注 1 條:《淮南子·説山》:“死而棄其招簀。”高注:“簀,讀功績之績。”(7/17/283/2)簀,莊錫;績,精錫。莊清構成的音注 1 條:《淮南子·脩務》:“弗能爲美者,嫫毋呲㠺也。”高誘:“呲㠺,一説讀莊維也。”(7/19/336/7)呲,清支/清紙;莊,莊陽/莊陽。以上材料雖然不能證明精莊兩母合一,但可以看出精莊兩母的關係是十分密切的。

綜上所述,《白虎通德論》中雖然與精母有關的聲訓 22 條,但與莊母有關的聲訓 0 條,精莊兩母的關係不好確定,但從精母出現的較多,而與莊母有關的聲訓 0 條來看,班固時代的秦晉方言中精莊兩母應該是各自獨立的聲母。《説文解字》中精精構成的聲訓 26 條,莊莊構成的聲訓 7 條,莊精兩母構成的聲訓 3 條。從莊精兩母構成的聲訓僅 3 條來看,還不能説莊母與精母合一。不過,從與莊母有關的僅僅 55 條聲訓中,莊母與精母及精組其他聲母構成的聲訓居然有 28 條之多看,莊母與精組的關係是十分密切的。《釋名》聲訓的材料,證明莊母與精組聲母關係較近,但莊、精兩母尚未合一。在《三禮》漢讀中的材料中,精精構成的音注 15 條,

---

　　〔1〕　7/1/16/2,高誘音注材料主要在《呂氏春秋注》和《淮南子注》中,另外在《戰國策注》中也有一些。我們采取高誘《呂氏春秋注》和《淮南子注》材料時依據的是上海書店影印出版的《諸子集成》本(1987)。《呂氏春秋注》在《諸子集成》本第六册,《淮南子注》在《諸子集成》本第七册。起首標明“6”的指的是《諸子集成》本第六册,即《呂氏春秋注》;起首標明“7”的指的是在《諸子集成》本第七册,即《淮南子注》。後邊的數字依次標明的是書證所在的卷數、頁碼、行列。

莊莊構成的音注 6 條,莊精構成的音注 1 條,可見《三禮》漢讀中的精莊兩母是各自獨立的。東漢應劭、服虔《漢書注》和高誘的《呂氏春秋注》、《淮南子注》等音注材料,莊母均没有獨自構成的音注,但都有莊精構成的音注 1 條,由於材料太少,不好據此斷定精莊兩母合一,但可以看出精莊兩母的關係是十分密切的。

《説文解字》讀若材料比較特殊,在《説文解字》讀若中,與精母有關的 27 條,其中精精構成的讀若 14 條;與莊母有關的 10 條,其中莊莊構成的讀若 3 條;精莊兩母構成的讀若爲 5 條,這似乎應該看成精莊兩母合一。

第三節　東漢時代初清兩母的關係

一、從聲訓材料看東漢時代初清兩母的關係

在《白虎通德論》中,與清母有關的聲訓 9 條,其中清清構成的聲訓 2 條:《五行》:簇者,凑也(簇,清屋入;凑,清侯去);《嫁娶》:娶者,取也(娶,清侯去;取,清侯上)。與初母有關的聲訓 2 條,初初構成的聲訓 0 條,初清兩母構成的聲訓 1 條:《誅伐》:篡犹奪也,取也(篡,初元去;取,清侯上)。

《説文解字》中,與清母有關的聲訓 144 條,其中清清構成的聲訓 14 條:綪茜(清清/耕文),娶取(清清/侯侯),聰青(清清/東耕),總青(清清/東耕),妻齊(清清/脂脂),紃緝(清清/脂緝),切刌(清清/質文),竊淺(清清/質元),[1]翠青(清清/物耕),泚清(清清/支耕),刺束(清清/錫錫),鏒青(清清/侵耕),采取(清清/之侯),越淺(清清/支元)。與初母有關的聲訓 47 條,其中初初構成的聲訓 5 條:曹册(初初/錫錫),揯芻(初初/侯侯),鈔叉(初初/宵歌),羼廁(初初/元職),揣捶(初初/元歌)。初清兩母構成的聲訓 13 條(初母字作被訓釋字的 7 條,清母字作被訓釋字

---

[1]　此條聲訓出自"戲"字下。

的 6 條）：廁清（初清／之耕），萊莉（初清／錫德），齷酢（初清／魚鐸），拊造（初清／陽幽），甄瑳（初清／陽歌），叉錯（初清／歌鐸），插刺（初清／葉錫），恩囪（清初／東東），聰察（清初／東月），恩囪（清初／東東），聰察（清初／東月），齲差（清初／質歌），瞭察（清初／月月）。

清母與莊組其他聲母構成的聲訓 18 條,清莊兩母構成的聲訓 8 條（已見上）；清崇兩母構成的聲訓 4 條（崇母字作被訓釋字的 3 條,清母字作被訓釋字的 1 條）：纔淺（崇清／談元），籤刺（崇清／鐸錫），蠟胆（崇清／鐸魚）,[1]懆愁（清崇／宵幽）；清山兩母構成的聲訓 6 條（山母字作被訓釋字的 3 條,清母字作被訓釋字的 3 條）：摛蹴（山清／覺覺），搜求（山清／幽幽），縮蹴（山清／覺覺），青生（清山／耕耕），毳數（清山／月侯），晉曾（清山／侵蒸）。初母與精系其他聲母構成的聲訓 8 條,其中初從兩母構成的聲訓 7 條：初裁（初從／魚之），楚叢（初從／魚侯），屦前（初從／元元），鑹鏃（初從／元緝），釃酢（初從／談鐸），才初（從初／之魚），姓詷（從初／歌宵）；初心兩母構成的聲訓 1 條：銛鋪（心初／談葉）。[2]

通過以上分析可知,這一系列的數據應該證明東漢周洛方言清初是合一的聲母。

《釋名》聲訓中,與清母有關的 34 條,其中清清構成的聲訓 11 條：《釋天》秋縐（幽幽），《釋姿容》寢侵（侵侵），《釋言語》取趣（侯侯），《釋言語》清青（耕耕），《釋宮室》茨次（脂脂），《釋宮室》爨銓（元元），《釋宮室》圍清（耕耕），《釋用器》斨戕（陽陽），《釋兵》戚感（覺覺），《釋言語》粗錯（魚鐸），《釋衣服》齷措（魚鐸）。與初母有關的 17 條,其中初初構成的聲訓 3 條：《釋首飾》釵叉（歌歌），《釋用器》鋪插（葉葉），《釋姿容》擔叉（魚歌）。清初兩母構成的聲訓 4 條：《釋姿容》操鈔（宵宵），《釋親屬》親襯（真真），《釋疾病》創戕（陽陽），《釋宮室》窗聰（東東）。

清母與莊組其他聲母構成的聲訓 2 條：《釋形體》捉促（莊清／屋屋），

---

〔1〕 胆,即"蛆"字。
〔2〕 鋪,小徐本作"甛"。

《釋采帛》青生(清山/耕耕)。初母與精組其他聲母構成的聲訓 8 條,其中初精兩母構成的聲訓 2 條:《釋形體》睫插(葉葉),《釋宮室》栅蹟(/錫錫);初從兩母構成的聲訓 1 條:《釋宮室》厠杂(初從/職緝)。初心兩母構成的聲訓 5 條《釋姿容》笑鈔(心初/宵宵),《釋首飾》綃鈔(心初/宵宵),《釋典藝》讖纖(談談),《釋州國》楚辛(魚真),《釋長幼》齔洗(初心/真文)。

通過以上分析我們可以看出,在《釋名》聲訓中,與清母有關的 34 條,其中清清構成的聲訓 11 條;與初母有關的 17 條,其中初初構成的聲訓 3 條,清初兩母構成的聲訓 4 條。

從《釋名》的聲訓材料看,初母似乎應該與清母合一。

二、從《説文解字》讀若材料看東漢時代初清兩母的關係

在《説文解字》讀若中,與清母有關的 11 條,其中清清構成的讀若 8 條:㯥㯥(8 下/4 上),[1]璁葱(12 下/8 下),齰切(45 上/38 上),薼戚(102 上/92 下),柬刺(143 上/139 下),寁寁(151 下/150 上),慼毳(219 上/209 下),婜蹴(264 下/245 下)。與初母有關的 7 條,[2]初初構成的讀若 2 條:齱楚(45 下/38 下),刡創(106 上/97 上)。清初兩母構成的讀若爲 1 條:纂荃(211 上/202 下)。[3] 從《説文解字》讀若材料看,東漢時代清初兩母是各自獨立的聲母。

三、從其他音注通假材料看東漢時代初清兩母的關係

《三禮》漢讀中,清清構成的音注 11 條:漆桼(清清/質質,《周禮》卷四·61 上·6),竆脆(清清/月月,《周禮》卷五·91 下·15),采菜(清清/

---

〔1〕 此條大徐本作"讀若春麥爲㯥之㯥",小徐本作"讀若春麥爲毳之㯥"。陸志韋先生認爲"毳"字譌誤。

〔2〕 《説文·木部》:"㯱,木長貌,詩曰㯱差荇菜是也。"㯱,山侵/山侵;參,初侵/初侵。"㯱"字下大小徐本均無讀若。徐鍇認爲此處"當言讀若《詩》曰,無讀若字,寫失之"(119 上/111 下)。

〔3〕 大徐本作:"讀若以芥爲齏,名曰芥荃也。"小徐本作:"讀若以芥爲虀,名曰芥荃也。"

之之,《周禮》卷六·109 上·10),鼕戚(清清/覺覺,《周禮》卷六·112
上·5),措厝(清清/鐸鐸,《周禮》卷十二·221 上·8),庛刺(清清/支
錫,《周禮》卷十二·227 上·8),趨促(清清/侯屋,《禮記》卷十一·166
上·17),輴蕣(清清/真真,《禮記》卷十二·119 下·9),趨促(清清/侯
屋,《禮記》卷十四·138 下·7),漆切(清清/質質,《禮記》卷十四·138
下·11),輭柰(清清/脂質,《周禮》卷六·129 下·9);初初構成的音注
1 條:測惻(初初/職職,《周禮》卷十二·229 下·1);初清構成的音注
0 條。

據陸德明《經典釋文》,鄭玄除了《三禮》漢讀中材料外,還有與清清
構成的音注 4 條:錯,七各反(《易·離》24 下 10);造,七報反(《詩·酌》
104 上 8);將,七良反(《詩·丘中有麻》63 下 22);錯,且若反(《周禮·考
工記·弓人》141 上 17)。[1] 初初構成的音注 1 條:差,初佳反(《詩·東
門之枌》71 上 14)。清初構成的音注 0 條。

在東漢應劭、服虔《漢書注》中,與清母有關的音注材料 7 條,其中清
清構成的音注材料 2 條:瘆,音慘(服虔,2/365/10)。瘆,清元侵/清仙
感;慘,清侵/清感。蔡,音楚言蔡(服虔,9/2702/8)。蔡,清月/清泰;蔡,
清月/清泰。與初母有關的音注材料 0 條,初初構成的音注 0 條,初清兩
母構成的音注 0 條。

高誘《呂氏春秋注》、《淮南子注》,與清母有關的音注材料 5 條,其中
清清構成的音注 1 條:《淮南子·本經》:"衰絰苴杖。"高注:"衰,讀曰
崔。"(7/8/123/9)衰,清微/清微;崔,清微/清灰。清明構成的音注 1 條:
《淮南子·脩務》:"弗能爲美者,嫫毋佌倠也。"(7/19/336/6)高注:"佌,
讀人得瘋病之靡。"佌,清支/清紙;靡,明歌/明紙。清曉構成的音注 2 條:
《淮南子·脩務》:"参彈復徽,攓援摽拂。"(7/19/339/8)高注:"徽,讀繀
車之繀。"徽,曉微/曉微;繀,心清微/心清隊灰。《淮南子·主術》:"鄒忌

---

[1] 另有"趀,七私反"(《易·夬》26 下 23),有人認爲此條反切是鄭玄的,實是陸德明
的反切。

一徵,而威王終夕悲感於憂。"高注:"徵,讀紛麻繰車之繰。"(7/9/130/7)徵,曉微/曉微;繰,清微/清灰。與初母有關的音注材料1條,爲初初構成的音注:《淮南子·脩務》:"越人有重遲者而人謂之訬。"高注:"訬,讀燕人言趯操善趋者謂之訬同也。"(7/19/337/4)訬,初宵/初肴;訬,初宵/初肴。初清兩母構成的音注0條。

綜上所述,在《白虎通德論》中,與清母有關的聲訓9條,清清構成的聲訓2條;與初母有關的聲訓2條,初初構成的聲訓0條,初清兩母構成的聲訓1條。《説文解字》中,清清構成的聲訓14條,初初構成的聲訓5條,初清兩母構成的聲訓13條(初母字作被訓釋字的7條,清母字作被訓釋字的6條)。《釋名》聲訓中,清清構成的聲訓11條,初初構成的聲訓3條,初清兩母構成的聲訓4條。無論從《白虎通德論》的材料看,還是從《説文解字》、《釋名》的聲訓材料看,"初母"與"清母"的關係都十分密切,甚至可以説應該合一。尤其是《説文解字》的聲訓材料,初清兩母構成的聲訓是初初構成聲訓的2.6倍,更是顯示出初清兩母是合一的。

在《説文解字》讀若中,清清構成的讀若8條,初初構成的讀若2條,清初兩母構成的讀若爲1條。在《三禮》漢讀中,清清構成的音注11條,初初構成的音注1條,初清構成的音注0條。據陸德明《經典釋文》,鄭玄除了《三禮》漢讀中材料外,還有與清清構成的音注4條,初初構成的音注1條,初清兩母構成的音注0條。在應劭、服虔《漢書注》中,清清構成的音注材料2條;與初母有關的音注材料0條,初初構成的音注0條,初清兩母構成的音注0條。在高誘《吕氏春秋注》、《淮南子注》中,清清構成的音注1條,初清兩母構成的音注0條。從《説文解字》讀若和東漢其他的音注材料看,初清兩母在東漢時代是各自獨立的聲母。

如何看待兩漢聲訓和《説文解字》讀若、兩漢其他音注在初清兩母關係上的分歧呢,應該説聲訓的要求和音注的要求不一樣,音注要比聲訓更爲嚴格一些。

第四節　東漢時代崇從兩母的關係

一、從聲訓材料看東漢時代崇從母的關係

《白虎通德論》中,與從母有關的聲訓9條,從從構成的聲訓1條:《宗族》:族者,湊也,聚也(族,從屋入;聚,從侯上)。與崇母有關的聲訓2條,崇崇構成的聲訓1條:《爵》士者,事也(士,崇之上;事,崇之去)。從崇兩母構成的聲訓1條:《崩薨》贈者,助也(贈,從蒸去;助,崇魚去)。

在班固《白虎通德論》的聲訓材料中,與從崇兩母有關的聲訓材料不多,從從獨自構成的聲訓和崇崇獨自構成的聲訓各1條,從崇兩母構成的聲訓也有1條,雖然不好斷定此時秦晉方言中的從崇兩母應該合一,但從崇關係密切則是不爭的事實。

《説文解字》中,與從母有關的聲訓198條,從從構成的聲訓19條:在存(之文),靖婧(耕耕),妍靜(耕耕),怍慚(鐸談),叢叢(東東),叢聚(東侯),從从(東東),劑齊(脂脂),齎疾(脂質),尊叢(文東),僔聚(文侯),瘥殘(歌元),奴殘(元元),殘賊(元職),欑叢(元東),戔賊(元職),疌疾(葉質),䜛暫(談談),〔1〕鏨鑿(談鐸)。與崇母有關的聲訓47條,其中崇崇構成的聲訓4條:士事(之之),〔2〕士事(之之),柴柴(支支),〔3〕輚巢(宵宵)。崇從兩母構成的聲訓5條:耡耤(崇從/魚鐸),誚譙(崇從/鐸談),驟疾(崇從/侯質),荸叢(崇從/藥東),柞柴(從崇/文支)。

從母與莊組其他聲母構成的聲訓23條,莊從兩母構成的聲訓7條(莊母字作被訓釋字的6條,從母字作被訓釋字的1條):批捽(莊從/支物),嫧齊(莊從/錫脂),煮藏(莊從/歌陽),煮䰩(莊從/歌侵),戢藏(莊從/緝陽),奘壯(從莊/陽陽),辭齰(從莊/物鐸);初從兩母構成的聲訓7

---

〔1〕　暫,段改作"斬",桂説當作"槧"。
〔2〕　此條聲訓出自"壬"字下。
〔3〕　柴,大徐本作"紫",從小徐本及各家校作"柴"。

條(初母字作被訓釋字的 5 條,從母字作被訓釋字的 2 條):初裁(初從/魚之),楚叢(初從/魚侯),屢前(初從/元元),鏈鎌(初從/元緝),釀酢(初從/談鐸),才初(從初/之魚),娷莎(從初/歌宵);山從兩母構成的聲訓 9 條(山母字作被訓釋字的 5 條,從母字作被訓釋字的 4 條)稍漸(山從/宵談),篩粗(山從/歌魚),轏輇(山從/元元),翣捷(山從/葉葉),翣疾(山從/葉質),才生(從山/之耕),粗疏(從山/魚魚),吮欶(從山/文屋),禖幓(從山/幽元)。

崇母與精組其他聲母構成的聲訓 15 條,其中崇精兩母構成的聲訓 6 條(崇母字作被訓釋字的 4 條,精母字作被訓釋字的 2 條):雛子(崇精/侯之),助左(崇精/魚歌),巀駿(崇精/談文),纔雀(崇精/談藥),宰事(精崇/之之),左助(精崇/歌魚);崇清兩母構成的聲訓 4 條(崇母字作被訓釋字的 3 條,清母字作被訓釋字的 1 條):纔淺(崇清/談元),箝刺(崇清/鐸錫),蜡胆(崇清/鐸魚),懆愁(清崇/宵幽);心崇兩母構成的聲訓 5 條(心母字作被訓釋字的 1 條,崇母字作被訓釋字的 4 條):司事(心崇/之之),柴小(崇心/支宵),柴散(崇心/支元),潲小(崇心/藥宵),顨選(崇心/元元)。

從母與端系聲母構成的聲訓 32 條,從定兩母構成的聲訓 7 條(從母字作被訓釋字的 3 條,定字作被訓釋字的 4 條):崢亭(從定/耕耕),截斷(從定/月元),絶斷(從定/月元),馱疾(定從/質質),殄盡(定從/文真),躑踐(定從/元元),剗截(定從/元月);從泥兩母構成的聲訓 2 條(從母字作被訓釋字的 1 條,泥母字作被訓釋字的 1 條):欯惄(從泥/覺覺),[1]帤藏(泥從/魚陽);從徹兩母構成的聲訓 1 條:槽畜(從徹/幽覺);澄從兩母構成的聲訓 3 條:紵粗(澄從/魚魚),場田(澄從/陽陽),躔踐(澄從/元元);從娘兩母構成的聲訓 1 條:圹疾(娘從/質質);從來兩母構成的聲訓 4 條(來母字作被訓釋字的 2 條,從母字作被訓釋字的 2 條):仂財(來從/職之),摟聚(來從/侯侯),鈶利(從來/脂質),捷獵(從來/葉

---

〔1〕 欯,大徐本《說文解字》才六切。

真);從余兩母構成的聲訓 3 條(余母字作被訓釋字的 2 條,從母字作被訓釋字的 1 條):冀芌(余從/職之),酉就(余從/幽幽),鑡鰈(從余/緝葉);從昌兩母構成的聲訓 2 條:奴穿(從昌/元元),欑穿(從昌/元元);書從兩母構成的聲訓 5 條(書母字作被訓釋字的 2 條,從母字作被訓釋字的 3 條):屁暫(書從/談談),規暫(書從/談談),族束(從書/屋屋),槽獸(從書/幽幽),籍書(從書/鐸魚);〔1〕禪從兩母構成的聲訓 3 條(禪母字作被訓釋字的 1 條,從母字作被訓釋字的 2 條):睡坐(禪從/歌歌),諓善(從禪/元元),潛涉(從禪/侵葉);從日兩母構成的聲訓 1 條:蠶任(從日/侵侵)。

從母與見系聲母構成的聲訓 17 條,其中見從兩母構成的聲訓 2 條(見母字作被訓釋字的 1 條,從母字作被訓釋字的 1 條):畸殘(見從/歌元),从俱(從見/東侯);〔2〕溪從兩母構成的聲訓 2 條(溪母字作被訓釋字的 1 條,從母字作被訓釋字的 1 條):綹粗(溪從/鐸魚),醋客(從溪/鐸鐸);從群兩母構成的聲訓 1 條:奘強(從群/陽陽);從疑兩母構成的聲訓 4 條(疑母字作被訓釋字的 2 條,從母字作被訓釋字的 2 條):歺殘(疑從/月元),歺殘(疑從/月元),〔3〕悰樂(從疑/冬藥),泉原(從疑/元元);從曉兩母構成的聲訓 1 條:賄財(曉從/之之);從匣兩母構成的聲訓 4 條(匣母字作被訓釋字的 2 條,從母字作被訓釋字的 2 條):完全(匣從/元元),全完(從匣/元元),亼合(從匣/緝緝),雜會(從匣/緝月);從云兩母構成的聲訓 3 條(從母字作被訓釋字的 2 條,云母字作被訓釋字的 1 條):徂往(從云/魚陽),殂往(從云/魚陽),圓全(云從/文元)。

從母與幫系聲母構成的聲訓 10 條,從幫兩母構成的聲訓 4 條:戩盡(幫從/質真),遬前(幫從/月元),貝泉(幫從/月元),貝錢(幫從/月元);從並兩母構成的聲訓 2 條:籍簿(從並/鐸鐸),〔4〕自鼻(從並/質質);從

---

〔1〕　段本無“書”字。
〔2〕　出處“旅”字下。
〔3〕　此條聲訓出自“澬”字下。
〔4〕　簿,段校作“薄”字。

明兩母構成的聲訓 3 條（從母字作被訓釋字的 1 條，明母字作被訓釋字的 2 條）：鏖礣（從明／歌歌），菽叢（明從／侯東），面前（明從／元元）；從奉兩母構成的聲訓 1 條：舭臍（奉從／脂脂）。

崇母與見系聲母構成的聲訓 7 條，其中崇見兩母構成的聲訓 5 條（崇母字作被訓釋字的 2 條，見母字作被訓釋字的 3 條）：韓高（崇見／宵宵），纔甘（崇見／談談），钁鉏（見崇／鐸魚），緪牖（見崇／陽侯），高崇（見崇／宵冬）；影崇兩母構成的聲訓 2 條：欼愁（影崇／幽幽），憂愁（影崇／幽幽）。

崇母與端知章三組聲母構成的聲訓 7 條，其中崇定兩母構成的聲訓 2 條（崇母字作被訓釋字的 1 條，定母字作被訓釋字的 1 條）：竢待（崇定／之之），待竢（定崇／之之）；崇澄兩母構成的聲訓 1 條：牖長（崇澄／陽陽）；[1] 來崇兩母構成的聲訓 2 條（來母字作被訓釋字的 1 條，崇母字作被訓釋字的 1 條）：勱助（來崇／魚魚），[2] 華連（崇來／歌元）；崇母字作被訓釋字的 1 條：事職（崇章／之職）；崇母字作被訓釋字的 1 條：泚濡（崇日／屋侯）。崇母與幫系聲母構成的聲訓 1 條，屬於幫崇爲訓：誧助（幫崇／魚魚）。

《釋名》聲訓中，與從母有關的 43 條，其中從從構成的聲訓 11 條：《釋形體》臍劑（脂脂），《釋姿容》踐殘（元元），《釋姿容》踖藉（鐸鐸），《釋言語》慈字（之之），《釋言語》賤踐（元元），《釋言語》絶截（月月），《釋兵》鏃族（屋屋），《釋言語》疾截（質月），《釋飲食》咀藉（魚鐸），《釋飲食》餈漬（脂錫），《釋喪制》祖祚（魚鐸）。與崇母有關的 9 條，其中崇崇構成的聲訓 4 條：《釋言語》事倳（之之），《釋用器》鋤助（魚魚），《釋山》岑嶄（侵談），《釋言語》助乍（魚鐸）。從崇兩母構成的聲訓 1 條：《釋車》棧靖（元耕）。

《釋名》聲訓中，與從母有關的 43 條，其中從從構成的聲訓 11 條；與崇母有關的 9 條，其中崇崇構成的聲訓 4 條，從崇兩母構成的聲訓 1 條。

---

〔1〕 牖，通行作"牗"。93 下。
〔2〕 勱，通行作"勵"。292 上。

由此可見,從崇兩母關係很近,但是并未合一。

二、從《説文解字》讀若材料看東漢時代崇從兩母的關係

在《説文解字》讀若中,與從母有關的 17 條,用作被注字的 15 條,用作注字的 10 條,從從構成的讀若 10 條,萃瘁(23 上/19 下),趑匠(36 上/30 下),譙嚼(57 上/49 上),奴殘(84 下/77 上),箈錢(97 下/88 上),亼集(108 下/99 上),秨昨(145 上/142 上),悴萃(222 下/212 上),縩捷(273 上/253 上),鉊齊(299 上/270 下)。與崇母有關的 12 條,崇崇構成的讀若 5 條:齜柴(44 下/38 上),芈泥(58 下/50 上),牏牏(93 下/84 下),[1] 鄭讒(135 上/130 下),傼潺(162 下/161 下)。從崇兩母構成的讀若爲 1 條(從母用作被注字,崇母用作注字):鷺岑(62 下/54 下)。

從《説文解字》讀若材料看,東漢時代從崇兩母是各自獨立的聲母。

三、從其他音注通假材料看東漢時代崇從兩母的關係

《三禮》漢讀中,從從構成的音注 12 條:昨祚(從從/鐸鐸,《周禮》卷五·95 下·6),昨祚(從從/鐸鐸,《周禮》卷五·96 下·15),昨祚(從從/鐸鐸,《周禮》卷五·96 下·10),泉錢(從從/元元,《周禮·地官·序官》,叢刊本無,阮元校刻《十三經注疏》卷九 699 上·5),眥漬(從從/支錫,《周禮》卷七·144 下·5),齊齎(從從/脂脂,《禮記》卷九·94 下·15)。崇崇構成的音注 2 條:鋤助(崇崇/魚魚,《周禮》卷四·71 下·6);鋤助(崇崇/魚魚,《周禮》卷四·74 上·13),士仕(崇崇/之之。崇從構成的音注 2 條:鋤藉(崇從/魚鐸,《周禮》卷四·71 下·6);鋤藉(崇從/魚鐸,《周禮》卷四·74 上·12)。[2]

據陸德明《經典釋文》,鄭玄除了《三禮》音注材料外與崇從兩母有關

---

〔1〕 大徐本無讀若,小徐本"讀若租牏"。

〔2〕 柯蔚南在《東漢音注的聲母系統》一文中列出鄭玄一條從崇接觸的音注材料,《禮記·檀弓上》:"爾毋從從爾,爾毋扈扈爾。"原注:"音抱,高也,一音崇,又仕江反。"從,從東;崇,崇冬。此乃陸德明音注,非鄭玄音注。

的材料如下：造,徂早反(《易·乾》,19上18);接,音捷(《易·晉》,25下4)。均爲從從構成的音注,未見與崇母有關的音注材料。

在東漢應劭、服虔《漢書注》中,與從母有關的音注材料7條,其中從從構成的音注2條：澷,音若潛(應劭,1/196/3)。澷,從侵/從侵;潛,從侵/從鹽。酋,酋豪之酋(應劭,12/4229/19)。酋,從幽/從尤;酋,從幽/從尤。與崇母有關的音注材料1條,爲從崇構成的音注：屏,音踐(應劭,6/1595/2)。屏,崇元/從山;踐,從元/從獮。從知構成的音注1條：疐,音獻捷之捷(服虔,7/2183/2)。疐,知質/知至;捷,從葉/從葉。

高誘《呂氏春秋注》、《淮南子注》,與從母有關的音注材料7條,其中從從構成的音注5條：《呂氏春秋·孟春紀》：“揜骼霾髊。”高注：“髊,讀作水漬物之漬。”(6/1/3/6)髊,從支/從真;漬,從錫/從真。《淮南子·時則》：“乃命大酋。”高注：“酋,讀酋豪之酋。”(7/5/82/5)酋,從幽/從尤;酋,從幽/從尤。《淮南子·時則》：“秫稻必齊。”高注：“齊,讀齊和之齊。”(7/5/82/6)齊,從脂/從齊;齊,從脂/從齊。《淮南子·精神》：“日中有踆鳥。”高注：“踆,踆巍之踆,讀享薄之薄。”(7/7/100/8)踆,從文/從魂;踆,從文/從魂。《淮南子·氾論》：“槽矛無擊。”高注：“槽,讀領如螘蜻之蜻也。”(7/13/215/10)槽,從幽/從豪;蜻,從幽/從豪。高誘《呂氏春秋注》、《淮南子注》,與從母有關的音注材料7條,其中從從構成的音注5條;與崇母有關的音注1條：《淮南子·俶真》：“牛蹏之涔,無尺之鯉。”高注：“涔,讀延祜曷問,急氣閉口言也。”(7/2/27/10)涔,崇侵/崇侵。此處有誤字,不好斷定注字爲何。未見從崇兩母構成的音注。

綜上所述,在班固《白虎通德論》的聲訓材料中,與從崇兩母有關的聲訓材料不多,從從獨自構成的聲訓和崇崇獨自構成的聲訓各1條,從崇兩母構成的聲訓也有1條,雖然不好斷定此時秦晉方言中的從崇兩母應該合一,但從崇關係密切則是不爭的事實。《説文解字》中,從從構成的聲訓19條,崇崇構成的聲訓4條,崇從兩母構成的聲訓5條。從這個比例看,從崇似乎可以合一。《釋名》聲訓中,從從構成的聲訓11條,崇崇構成的聲訓4條,從崇兩母構成的聲訓1條。《釋名》的聲訓材料證明從崇兩母是各自獨立的聲母。在《説文解字》讀若中,從從構成的讀若 10條,崇崇構成的讀若 5 條,從崇兩母構成的讀若爲 1 條。從《説文解字》讀若材料看,東漢時代從崇兩母是各自獨立的聲母。在《三禮》漢讀中,從從構成的音注 12 條,崇崇構成的音注 2 條,崇從構成的音注 2 條。《經典釋文》中的鄭玄音注材料,均爲從從構成的音注,未見與崇母有關的音注材料。可見《三禮》漢讀及其他相關材料也應該是從崇各自獨立的。在東漢應劭、服虔《漢書注》中,從從構成的音注 2 條,與崇母有關的音注材料 1 條,爲從崇構成的音注。高誘《呂氏春秋注》、《淮南子注》,與從母有關的音注材料 7 條,其中從從構成的音注 5 條。與崇母有關的音注 1 條,該條有誤字,不好斷定注字爲何。未見從崇兩母構成的音注。通過以上分析,我們可以斷定東漢時代從崇兩母應該是各自獨立的聲母。

第五節 東漢時代山心兩母的關係

一、從聲訓材料看東漢時代山心兩母的關係

《白虎通德論》中,與心母有關的聲訓 16 條,其中心心構成的聲訓 2條:《五行》:洗者,鮮也(洗,心文上;鮮,心元平/上);《崩薨》:死之爲言澌精氣窮也(死,心脂上;澌,心支平)。與山母有關的聲訓 8 條,其中山山構成的聲訓 2 條:《禮樂》:笙者,太簇之氣象萬物之生(笙,山耕平;生,山耕平);《禮樂》:瑟者,嗇也,閉也(瑟,山頻入;嗇,山職入)。心山兩母構成的聲訓 3 條:《性情》:性者,生也(性,心耕去;生,山耕平);《四時》:朔之言蘇也(朔,山鐸入;蘇,心魚平);《姓名》:姓,生也,人所秉氣所生者也(姓,心耕去;生,山耕平)。

從《白虎通德論》的聲訓材料,可以斷定東漢時代秦晉方言區的心山兩母的關係非常密切,甚至可以説是合一的。

《説文解字》中,與心母有關的聲訓 229 條,其中心心構成的聲訓 37條:諰思(之之),玂司(之之),總絲(之之),篡塞(職職),斯析(支錫),錫

細(錫脂),腥星(耕耕),腥息(耕職),[1]湣浚(魚文),需竪(侯侯),筱小
(幽宵),削析(宵錫),霄霰(宵元),娋小(宵宵),莤秀(脂幽),死澌(脂
支),繐細(脂質),悉盡(質真),卹鮮(質元),牭四(質質),佪小(真宵),
恂信(真真),戌悉(物質),[2]顨異(文文),毨選(文元),霞小(文宵),黐
屑(歌質),歲宣(月元),褻私(月脂),祆籌(元元),霰雪(元月),霹小(元
宵),蠡新(元真),匵籔(元侯),糝三(侵侵),孅細(談脂),纖細(談脂)。
與山母有關的聲訓79條,山山構成的聲訓11條:嗇濇(職職),[3]眚生
(耕耕),笙生(耕耕),痚疏(魚魚),延疋(魚魚),疏疋(魚魚),瑟瑟(質
質),産生(元耕),潹猷(元葉),潹吮(元文),牲生(真耕)。心山兩母構
成的聲訓19條(心母字作被訓釋字的8條,山母字作被訓釋字的11條):
澌索(心山/支鐸),姓生(心山/耕山),湣茜(心山/魚覺),[4]嗾使(心山/
屋屋),緤生(心山/宵耕),籌數(心山/元魚),算數(心山/元魚),鐵山
(心山/談元),朔穌(山心/鐸魚),遳先(山心/物真),辥素(山心/物魚),
詵致(山心/文質),詵先(山心/文文),籭細(山心/歌脂),[5]沙散(山心/
歌元),灑汛(山心/歌真),山宣(山心/元元),山散(山心/元元),霜喪
(山心/陽陽)。

心母與精組其他聲母構成的聲訓77條,其中心精兩母構成的聲訓25
條(心母字作被訓釋字的14條,精母字作被訓釋字的11條):星精(心
精/耕耕),揖沮(心精/魚魚),嫂姊(心精/侯脂),顙足(心精/侯屋),麤跡
(心精/屋錫),夙早(心精/覺幽),郤卪(心精/質質),先進(心精/文真),
洗足(心精/文屋),孫子(心精/文之),霰稷(心精/元職),卌積(心精/緝
錫),崒卒(心精/物物),屖薦(心精/葉文),諎惜(精心/歌鐸),綬線(精
心/侵元),疌速(精心/葉屋),婓小(精心/支宵),獎嗾(精心/陽屋),菱細

（精心／東脂），醮小（精心／宵宵），雀小（精心／藥宵），瘁死（精心／脂脂），卪信（精心／質真），碎死（精心／物脂）；心清兩母構成的聲訓18條（已見前）；心邪兩母構成的聲訓9條（心母字作被訓釋字的4條，邪母字作被訓釋字的5條）：粟續（心邪／屋屋），肖似（心邪／宵之），厶邪（心邪／脂魚），悉詳（心邪／質陽），穗秀（邪心／質幽），禭死（邪心／物質），彗埽（邪心／月幽），緦細（邪心／月脂），薆薪（邪心／真真）。[1] 山母與莊組其他聲母構成的聲訓3條，其中山初兩母構成的聲訓1條：䪼窗（山初／魚陽）；山崇兩母構成的聲訓2條（山母字作被訓釋字的1條，崇母字作被訓釋字的1條）：史事（山崇／之之），嚛啐（崇山／談物）；山莊兩母構成的聲訓0條。

　　心母與莊組其他聲母構成的聲訓14條，其中心莊兩母構成的聲訓8條（心母字作被訓釋字的2條，莊母字作被訓釋字的6條）：昔俎（心莊／鐸魚），嬐莊（心莊／談陽），昃西（莊心／職文），楸薪（莊心／侯痕），緅細（莊心／侯脂），糕小（莊心／屋幽），[2]髽喪（莊心／歌陽），譖愬（莊心／侵鐸）；心初兩母構成的聲訓1條：銛銛（心初／談葉，銛小徐本作舌）；心崇兩母構成的聲訓5條（心母字作被訓釋字的1條，崇母字作被訓釋字的4條）：司事（心崇／之之），柴小（崇心／支宵），柴散（崇心／支元），潚小（崇心／藥宵），頗選（崇心／元元）。山母與精系其他聲母構成的聲訓24條，山精兩母構成的聲訓8條（山母字作被訓釋字的5條，精母字作被訓釋字的3條）：生進（山精／耕真），疋足（山精／魚屋），疋足（山精／魚屋），衛將（山精／物陽），銑進（山精／文真），膌瘦（精山／錫幽），虘灑（精山／元歌），醋歃（精山／侵葉）；山清兩母構成的聲訓6條（山母字作被訓釋字的3條，清母字作被訓釋字的3條）：摵蹴（山清／覺覺），搜求（山清／幽幽），縮蹴（山清／覺覺），青生（清山／耕耕），纍數（清山／月侯），晉曾（清山／侵蒸）；山母字作被訓釋字的9條（山母字作被訓釋字的5條，從母字作被訓釋字

---

〔1〕　薆，通行字爲"燼"。
〔2〕　糕，通行字"穛"。

的 4 條）：稍漸（山從/宵談），篩粗（山從/歌魚），轏桂（山從/元元），羹捷（山從/葉葉），羹疾（山從/葉質），才生（從山/之耕），粗疏（從山/魚魚），吮欶（從山/文屋），禭幓（從山/幽元）；山邪兩母構成的聲訓 1 條：鍛鈹（山邪/月歌）。[1]

此外山母與端知章三組聲母構成的聲訓 11 條，其中山端兩母構成的聲訓 3 條：鮏飪（山端/魚魚），霜喪（山端/陽陽），森多（山端/侵歌）；山知兩母構成的聲訓 1 條：删剟（山知/元月）；來山兩母構成的聲訓 3 條（來母字作被訓釋字的 2 條，山母字作被訓釋字的 1 條）：吏史（來山/之之），痲疝（來山/侵元），凍霜（山來/錫耕）；山章兩母構成的聲訓 2 條：箾帚（山章/宵幽），楮枝（山章/耕耕）；[2] 山昌兩母構成的聲訓 1 條：歃歠（山昌/葉月）；山日兩母構成的聲訓 1 條：蝨人（山日/真真）；山書兩母構成的聲訓 1 條：箑扇（山書/葉元）。山母與見系聲母構成的聲訓 5 條，其中山見兩母構成的聲訓 2 條：刷刮（山見/月月），史記（山見/之之）；溪山兩母構成的聲訓 1 條：踽疏（溪山/魚魚）；山匣兩母構成的聲訓 2 條：瑟弦（山匣/質真），羹俠（山匣/葉葉）。[3] 山母與幫系聲母構成的聲訓 5 條，其中山幫兩母構成的聲訓 2 條（山母字作被訓釋字的 1 條，幫母字作被訓釋字的 1 條）：幓帗（山幫/元月），博索（幫山/鐸鐸）；非山兩母構成的聲訓 1 條：畐嗇（非山/之職）；山明兩母構成的聲訓 2 條：茜茅（山明/幽幽），爽明（山明/陽陽）。

在《釋名》聲訓中，與心母有關的 71 條，其中心心構成的聲訓 41 條：《釋天》巽散（元元），《釋天》辛新（真真），《釋形體》鬚須（侯侯），《釋親屬》孫遜（文文），《釋親屬》嫂叟（幽幽），《釋言語》消削（宵宵），《釋言語》息塞（職職），《釋言語》思司（之之），《釋飲食》臘昔（鐸鐸），《釋采帛》緗桑（陽陽），《釋采帛》絮胥（魚魚），《釋衣服》舄臘（鐸鐸），《釋宮室》罳思（之之），《釋樂器》笋峻（文文），《釋兵》簫梢（宵宵），《釋兵》削陗（宵宵），

---

〔1〕 鈹，各家校作“鐔”。
〔2〕 枝，段改作“支”。
〔3〕 俠，段説當作“挾”。

《釋疾病》癬徙（元支），《釋喪制》繱絲（之之），《釋天》星散（耕元），《釋天》戌恤（物質），《釋天》雪綏（月微），《釋天》霾星（元耕），《釋山》嵩竦（冬東），《釋州國》宋送（冬東），《釋形體》囟峻（真文），《釋形體》鬢秀（侯幽），《釋形體》心纖（侵談），《釋親屬》叟縮（幽覚），《釋言語》私恤（脂質），《釋飲食》飧散（文元），《釋采帛》繡修（覚幽），《釋衣服》鞦速（鐸屋），《釋宮室》蕭肅（幽覚），《釋書契》璽徙（脂支），《釋典藝》索素（魚鐸），《釋用器》銷削（宵藥），《釋樂器》筍峻（文文），《釋樂器》簫肅（幽覚），《釋疾病》酸逡（文元），《釋疾病》癬徙（元支），《釋喪制》死澌（脂支）。與山母有關的 31 條，其中山山構成的聲訓 15 條：《釋天》眚省（耕耕），《釋山》山產（元元），《釋親屬》甥生（耕耕），《釋親屬》甥生（耕耕），《釋采帛》纚筳（支支），《釋首飾》梳疏（魚魚），《釋宮室》榱衰（微微），《釋樂器》笙生（耕耕），《釋姿容》數縮（屋覚），《釋言語》省瘦（耕幽），《釋首飾》敝帥（月物），《釋首飾》敝瑟（月質），《釋衣服》衫芟（侵談），《釋牀帳》溲數（幽侯），《釋疾病》瞍縮（幽覚）。心山兩母構成的聲訓 7 條：《釋兵》綏衰（心山/微微），《釋飲食》脩縮（心山/幽幽），《釋長幼》仙山（心山/元元），《釋姿容》姕殺（心山/歌月），《釋天》霜喪（山心/陽陽），《釋言語》疏索（山心/魚鐸），《釋天》朔蘇（山心/鐸魚）。心母與莊組其他聲母構成的聲訓 0 條。山母與精組其他聲母構成的聲訓 1 條：《釋采帛》青生（清山/耕耕）。

　　心母與精組其他聲母構成的聲訓 8 條，包括心精兩母構成的聲訓 2 條：《釋衣服》膲作（鐸鐸），《釋飲食》膹饙（文元）；心清兩母構成的聲訓 3 條：《釋飲食》噈促（心清/屋屋），《釋長幼》仙遷（心清/元元），《釋喪制》殺竄（月元）；心從兩母構成的聲訓 1 條：《釋飲食》嚼削（從心/藥藥）；心邪兩母構成的聲訓 2 條：《釋衣服》靸襲（緝緝），《釋山》夕西（鐸脂）。心母與莊組其他聲母構成的聲訓 0 條。山母與莊組其他聲母構成的聲訓 0 條。

　　從《釋名》聲訓材料看，心山兩母關係很近，但是并未合一。

51

二、從《說文解字》讀若材料看東漢時代山心兩母的關係

在《說文解字》讀若中,與心母有關的 27 條,其中心心構成的讀若 14 條:祘算(9 下/4 下),[1]珣宣(10 下/6 上),厶私(13 上/8 下),壻細(14 下/10 上),奞睢(77 上/70 上),膌遬(89 下/81 下),[2]觟觟(94 上/85 上),[3]算筭(99 上/89 下),宋送(151 下/150 上),[4]愢屑(163 下/162 下),[5]毨選(174 上/172 上),卸寫(187 上/182 下),戻梟(193/188 下),馺馺(200 下/195 上),魯寫(203 下/196 下),[6]慫悚(220 下/210 下),恖瑣(224 上/213 上),滇瑣(228 下/219 上),霹斯(241 下/229 上),繰梟(親小切/親小切),繻繻(274 上/254 上),离偯(308 上/278 上)。[7]與山母有關的讀若 15 條,[8]其中山山構成的讀若 9 條:崒厥(31 上/26 下),[9]毗疏(48 下/40 下),叕澮(75 下/68 上),[10]森參(126 下/121 上),疧所(131 上/127 下),桑莘(212 下/203 上),沊椴(235 下/224 上),[11]霋芟(241 下/229 上),扟莘(255 上/238 下)。山心構成的讀若 3 條(心母用作被注字的 1 條,用作注字的 2 條):幾殺(心山,159 上/157 下),[12]椊芟(心山,115 上/107 上),橾藪(山心,124 上/117 下)。

從《說文解字》讀若材料看,心山兩母相近而不合一。

---

〔1〕 大徐本作"讀若筭",小徐本作"讀若算"。

〔2〕 大徐本作"讀若遬",小徐本作"讀若選"。

〔3〕 大徐本無讀若二字,但引例與小徐本同。小徐本作:"讀若《詩》曰觟觟角弓。"

〔4〕 小徐本無讀若。

〔5〕 大徐本作"讀若屑",小徐本作"讀若屑"。

〔6〕 小徐本無讀若。

〔7〕 大徐本作"讀與偯同",小徐本作"讀若偯"。

〔8〕 其中"楂"(山耕/山耕)大徐本讀若驪駕。小徐本無讀若。徐鉉曰:"驪駕,未詳。"(122 上/115 上)。

〔9〕 大徐本作"讀若厥",小徐本作"讀若刷"。

〔10〕 大徐本作:"讀若澮,一曰俠也。"小徐本作:"讀若澀,一曰俠也。"俠,匣葉/匣帖;澀,山緝/山緝。

〔11〕 沊,大徐本"火活切",小徐本"歡括反"。《廣韻》呼括切,又許月切;《集韻》桑葛切。

〔12〕 幾,大徐本作"讀若末殺之殺",小徐本作"讀若椒椴之椴"。《廣韻》所八、蘇旰、昨干、即淺,則前五切。

三、從其他音注通假材料看東漢時代山心兩母的關係

《三禮》漢讀中,與心母有關的音注材料 80 條,其中心心構成的音注
31 條:胥諝(心心/魚魚,《周禮》卷一·2 下·10),腥星(心心/耕耕,《周
禮》卷一·18 上·9),思司(心心/之之,《周禮》卷四·66 下·8),肆鬄
(心心/質錫,《周禮》卷七·144 上·8),筍選(心心/真元,《周禮》卷六·
153 上·10),胥偦(心心/魚魚,《周禮》卷九·172 下·11),胥偦(心心/
魚魚,《周禮》卷十·185 上·7),胥諝(心心/魚魚,《周禮》卷十·190
上·11),性腥(心心/耕耕,《周禮》卷十·197 上·12),性腥(心心/耕耕,
《周禮》卷十·198 上·14),線綖(心心/元元,《周禮》卷十一·213 下·
11),筦筍(心心/真真,《周禮》卷十二·220 上·5),宵綃(心心/宵宵,《儀
禮》卷二·10 上·6),宿肅(心心/覺覺,《儀禮》卷十五·154 上·8),宿
肅(心心/覺覺,《儀禮》卷十六·166 上·9),錫鬄(心心/錫錫,《儀禮》卷
十六·168 下·15),繰綃(心心/宵宵,《禮記》卷二·20 上·9),數速(心
心屋屋,《禮記》卷六·62 下·16),腥星(心心/耕耕,《禮記》卷八·87
上·13),溲滫(心心/幽幽,《禮記》卷八·84 上·20),糔溲(心心/幽幽,
《禮記》卷八·88 上·18),繡綃(心心/幽宵,《禮記》卷八·79 上·3),省
獮(心心/脂脂,《禮記》卷九·93 上·19),省獮(心心/脂脂,《禮記》卷
九·97 下·20),數速(心心/屋屋,《禮記》卷十一·116 上·17),駟四
(心心/質質,《禮記》卷十一·117 上·15),宿肅(心心/覺覺,《禮記》卷
十四·144 上·13),素傃(心心/魚魚,《禮記》卷十六·157 下·21),素傃
(心心/魚魚,《禮記》卷十六·158 下·2),斯纚(心心/支支,《禮記》卷十
八·172 下·24),恂峻(心心/真文,《禮記》卷十九·181 下·23)。與山
母有關的音注材料 11 條,其中山山構成的音注 7 條:茜縮(山山/覺覺,
《周禮》卷一·19 上·4),疏沙(山山/魚歌,《周禮》卷五·99 上·8),帥
率(山山/物物,《周禮》卷六·108 下·11),洒灑(山山/脂支,《周禮》卷
八·153 上·10),挈蛸(山山/宵宵,《周禮》卷十一·203 下·2),梢蛸
(山山/宵宵,《周禮》卷十一·204 上·14),梢蛸(山山/宵宵,《周禮》卷

十二·226 上·10)。[1] 山心構成的音注 3 條：籤數（心山/侯侯，《儀禮》卷八·88 下·2），生性（山心/耕耕，《周禮》卷三·46 上·4），揟沙（心山/魚歌，《周禮》卷六·129 上·15）。

從《三禮》漢讀材料看，心山兩母是各自獨立的聲母。

據陸德明《經典釋文》，東漢時期海岱方言區學者鄭玄的音注材料還有，心心構成的音注 13 條：需，讀爲秀（《易·需》20 上 20）；犧，素何反（《詩·閟宮》105 下 8）；相，息亮反（《詩·械樸》91 下 3）；相，息亮反（《詩·雲漢》98 上 17）；孫，音遜（《詩·狼跋》，74 下 17）；孫，音遜（《詩·文王有聲》93 上 11）；思，息嗣反（《詩·出其東門》65 下 11）；鮮，音仙（《詩·北山》84 上 8）；齊，音資（《詩·楚茨》84 下 21）；斯，音賜（《詩·皇矣》92 下 2）；胥，思敘反（《詩·桑扈》86 上 6）；胥，思敘反（《周禮·冢宰》108 上 11）；犧，素河反（《禮記·明堂位》191 上 22）。山山構成的音注 2 條：殺，所戒反（《易·繫辭上》32 上 5）；數，山（世）主反（《論語·里仁》347 上 1）。未見心山兩母構成的音注。

東漢應劭、服虔《漢書注》，與心母有關的音注材料 7 條，其中心心構成的音注 2 條：虒，音斯（服虔，1/307/1）。虒，心支/心支；斯，心支/心支。虒，音斯（應劭，6/1599/5）。虒，心支/心支；斯，心支/心支。與山母有關的音注材料 4 條，其中山山構成的音注 3 條：狦，音若訕（應劭，1/271/1）。狦，山元/山删；訕，山元/山諫。騪，音搜狩之搜（服虔，3/731/3）。騪，山幽/山尤；搜，山幽/山尤。砂，音沙（應劭，7/2053/2）。砂，山歌/山麻；沙，山歌/山麻。心山構成的音注 1 條：選，音刷（應劭，10/3277/4）。選，心元/心元；刷，山月/山鎋。另有由心山兩母構成的聲訓 1 條："朔，蘇也。"（應劭，1/167/1）。朔，山鐸/山覺；蘇，心魚/心模。

在高誘《呂氏春秋注》、《淮南子注》中，與心母有關的音注材料 12 條，其中心心構成的音注 8 條：《呂氏春秋·孟冬紀》："固封璽。"（6/10/95/4）高注："璽，讀曰移徙之徙。"璽，心脂/心紙；徙，心支/心紙。《淮南

---

[1] 蛸，《廣韻》相邀切，心母宵韻，所交切，山母肴韻。

子·原道》：“上游於霄霓之野。”高注：“霄，讀紺綃。”(7/1/3/10)霄，心宵/心宵；綃，心宵/心宵。《淮南子·原道》：“則純白不粹。”高注：“粹，讀禍祟之祟。”(7/1/5/5)粹，心物/心至；祟，心物/心至。《淮南子·俶真》：“上游於霄霓之野。”高注：“霄，讀紺綃之綃。”(7/2/19/11)霄，心宵/心宵；綃，心宵/心宵。《淮南子·墜形》：“有娀在鴻洞之北。”高注：“娀，讀嵩高之嵩。”(7/4/63/14)娀，心冬/心東；嵩，心冬/心東。《淮南子·本經》：“公輸王爾，無所錯其剞劂削鋸。”高注：“削，讀綃頭之綃。”(7/8/114/10)削，心藥/心藥；綃，心宵/心宵。《淮南子·氾論》：“連弩以射，銷車以鬬。”高注：“銷，讀綏綃之綃也。”(7/13/215/11)銷，心宵/心宵；綃，心宵/心宵。《淮南子·原道》：“雪霜滾灖，浸潭苬蔣。”高注：“滾，讀維繩之維也。”(7/1/16/2)滾，心微/心微；維，心微/清灰。與山母有關的音注材料9條，其中山山構成的音注7條：《呂氏春秋·孝行覽·本味》：“有侁氏女子采桑。”高注：“侁，讀曰莘。”(6/14/139/10)侁，山文/山臻；莘，山真/山臻。《淮南子·俶真》：“萬物摻落。”高注：“摻，讀參星之參。”(7/2/19/12)摻，山侵/山咸；參，山侵/山侵。《淮南子·俶真》：“冬日之不用翣者，非簡之也。”高注：“翣，讀鷦鷯食唼喋之唼。”(7/2/30/8)翣，山葉/山狎；唼，山緝/山狎。《呂氏春秋·孝行覽·本味》：“有侁氏女子采桑。”高注：“侁，讀曰莘。”(6/14/139/10)侁，山文/山臻；莘，山真/山臻。《淮南子·俶真》：“萬物摻落。”高注：“摻，讀參星之參。”(7/2/19/12)摻，山侵/山咸；參，山侵/山侵。《淮南子·俶真》：“冬日之不用翣者，非簡之也。”高注：“翣，讀鷦鷯食唼喋之唼。”(7/2/30/8)翣，山葉/山狎；唼，山緝/山狎。《淮南子·説林》：“頭蝨與空木之瑟，名同而實異也。”高注：“頭中蝨，空木瑟，其音同，其實則異也。”(7/17/296/16)蝨，山質/山櫛；瑟，山質/山櫛。山心構成的音注2條：《淮南子·俶真》：“不與物相弊搬。”高注：“搬，讀楚人言殺。”(7/2/22/12)搬，心月/心曷；殺，山月/山黠。《淮南子·説林》：“㮂者扣舟。”高注：“㮂，讀沙糝。”(7/17/296/12)㮂，山侵/山沁，糝，心侵/心感。[1]

---

〔1〕　㮂，原作“颾”，依王念孫説改。王説見《讀書雜志·淮南内篇第十七》。

綜上所述,在《白虎通德論》中,心心構成的聲訓 2 條,山山構成的聲訓 2 條,心山兩母構成的聲訓 3 條。在《説文解字》中,心心構成的聲訓 37 條,山山構成的聲訓 11 條,心山兩母構成的聲訓 19 條。在《釋名》聲訓中,心心構成的聲訓 41 條;與山母有關的 31 條,山山構成的聲訓 15 條,心山兩母構成的聲訓 7 條。從東漢的三種主要聲訓材料看,心山兩母的關係極爲密切,尤其是《白虎通德論》和《説文解字》聲訓心山兩母的關係非常密切,甚至可以説是合一的。但從《釋名》聲訓材料看,心山兩母關係很近,但是并未合一。

在《説文解字》讀若中,與心母有關的 27 條,其中心心構成的讀若 14 條;與山母有關的讀若 15 條,[1]其中山山構成的讀若 9 條,山心構成的讀若 3 條(心母用作被注字的 1 條,用作注字的 2 條)。從《説文解字》讀若材料看,心山兩母相近而不合一。

《三禮》漢讀中,心心構成的音注 31 條,山山構成的音注 7 條,山心構成的音注 3 條。據陸德明《經典釋文》,東漢時期海岱方言區學者鄭玄的音注材料還有心心構成的材料 13 條,山山構成的材料 2 條,未見心山兩母構成的音注。應劭、服虔《漢書注》,心心構成的音注 2 條,山山構成的音注 3 條,心山構成的音注 1 條。在高誘《吕氏春秋注》、《淮南子注》中,心心構成的音注 8 條,山山構成的音注 7 條,山心構成的音注 2 條。從東漢音注材料看,東漢時期心山兩母雖然有關係,但并未合一。

通過以上四節(第二、第三、第四、第五節)篇幅的討論,我們可以看出,東漢時代莊組的"莊初崇山"與精組的"精清從心"關係密切,尤其是有些聲訓材料,甚至可以證明莊組應該和精組合一。但從許慎《説文解字》的讀若材料和東漢其他的音注看,只能説莊組的"莊初崇山"與精組的"精清從心"關係密切,但并不是合一的。

---

〔1〕 其中"楂"(山耕/山耕)大徐本讀若驪駕。小徐本無讀若。徐鉉曰:"驪駕,未詳。"(122 上/115 上)

第六節 東漢時代邪母的地位問題

前邊討論的是兩漢時代莊初崇山四母與精清從心四母的關係,接下來應該討論"俟母"與"邪母"的關係問題。關於俟母,如前所述,自從李榮先生在《切韻音系》中首先將其獨立,後來邵榮芬先生的《切韻研究》也將其作爲一個獨立的聲母。王力先生更是將這一結論推向上古,認爲"俟母"在上古也是一個獨立的聲母。[1] 王先生所説的上古音主要是指先秦古音,但他同時又認爲:"可以假定兩漢聲母與先秦一樣,或者説變化不大。"可以看出,王先生是主張在兩漢時代"俟母"也是一個獨立的聲母。根據王力《漢語語音史》,"俟母"只有兩個字:俟漦。就兩漢語音材料來説,與俟母有關的語音材料較少,不好論斷它與邪母的關係如何,只好假定它與邪母的關係和莊初崇山四母與精清從心四母的關係一致。下面我們要討論的是兩漢時代"邪母"的地位問題。

從章太炎開始,"邪母"的獨立地位就受到了質疑。章太炎分上古聲母爲 21 個,除了有名的"娘日二紐歸泥説"之外,還有將"喻母"并入"影母",將"精清從心邪"五母并入"照穿牀審禪",自然,就將"邪母"并入"禪母"了。章氏關於上古聲母研究最爲人們稱道的是"娘日二紐歸泥説",至於他的"喻母"并入"影母","精清從心邪"五母并入"照穿牀審禪"等一直爲後人詬病。後來,他的弟子黃侃分上古聲母爲十九個,將邪母與山母一道,并入心母。章太炎的另一位弟子錢玄同,曾作《古音無"邪紐"證》一文,專門討論上古時期"邪母"的地位問題。錢玄同分上古聲母爲十四個,將"定端澄知章船禪以(即余)邪"九紐合并在一起。錢氏説:"《説文解字》九千三百餘字中,徐鼎臣所附的《唐韻》的反切證邪紐的有一百零五字,連重文共一百三十四字。就其形聲字的聲母考察,應歸定紐者幾及十分之八,其他有應歸群紐者不及十分之二,有應歸從紐者不及十

分之一。"錢氏僅就諧聲字立論,又將"端澄知章船禪以(即余)"等與"定母"合一,所以有此結論。後來的李方桂先生和周法高先生都將"邪母"看成是與"余母"相近的音位,擬作 *rj-。下面我們就討論兩漢時代"邪母"的地位問題。

西漢早期邪母地位的問題,可以從出土的簡帛文獻中的通假字窺見一般。周祖謨先生在《漢代竹書和帛書中的通假字與古音的考訂》中認爲,邪母與定母、澄母、從母、書母、余母這幾母均通假,邪母在諧聲上與余母關係又最近,將邪母擬爲 zd-。趙誠先生在《臨沂漢簡中的通假字》中認爲邪母與澄母、定母通假。劉寶俊先生在《秦漢帛書音系》中,認爲中古的"邪母",與作者構擬的 *t-、*t'-,特別是 *d-、*r-有大量的接觸,證實了李方桂先生上古余邪同一聲母的設想,也構擬爲 *r-。張儒先生在《關於竹書、帛書通假字的考察》中根據邪母跟本組聲母通假只三次,未發現跟莊組通假,而跟端組、章組大量通假這一事實,證明邪母在秦代和漢代初年屬於舌音。李玉先生在《秦漢簡牘帛書音系研究》中認爲,中古的齒頭音"精組"(精清從心邪)和正齒音莊組(莊初崇山俟)互相通假的頻率相當高,齒音應當是一組獨立的聲母。作者將齒頭音"精清從心"和正齒音"莊初崇山"構擬爲舌尖前塞擦音和擦音 *ts-、*ts'-、*dz-、*s-。認爲"邪母"的來源相當複雜,并把邪母分成三部分,其中的大部分字,在秦漢時期自成一類,成爲一個獨立的聲母,稱之爲"邪甲",并從語言結構平衡、對稱、系統性以及漢語語音演變規律等角度考慮,將"邪甲"歸在精組,作爲與清擦音心母相對的濁擦音聲母。"邪母"有一部分與"余母"關係相當密切,有一部分與定母關係密切,作者將這一小部分邪母字稱爲"邪乙",把與定母、澄母、余母常常通假的邪母一小部分字看成是 *ST-型的複輔音,稱之爲"邪丙"。作者進一步認爲,中古的邪母很可能是一個後起的聲母。沈祖春先生在《〈馬王堆漢墓帛書(壹)〉假借字研究》中認爲,齒音邪母與章組船書禪、余、定母、曉母互諧,邪母大部分字歸入定母,照系二等應歸精組。

至於東漢時期邪母的地位,可以從東漢時期的聲訓材料、音注材料、

《説文解字》讀若材料以及梵漢對音材料考見一般。

一、從聲訓材料看東漢時代邪母的地位問題

　　《白虎通德論》中與邪母有關的聲訓5條,邪邪構成的聲訓1條:《巡狩》:巡者,循也。(巡,邪文平;循,邪文平)邪曉兩母構成的聲訓1條:《五行》:火之爲言委隨也(火,曉微上;隨,邪歌平)。邪余兩母構成的聲訓2條:《五行》:祝融者,屬續(融,余冬平;續,邪屋入);《崩薨》:襚之爲言遺也(襚,邪物入/邪至去;遺,余微平/去)。邪心兩母構成的聲訓1條:《四時》:歲者,遂也(歲,心月入/去;遂,邪物入/去)。

　　《説文解字》中,與邪母有關的聲訓58條,邪邪構成的聲訓7條:祠詞(邪邪/之之),似象(邪邪/之陽),[1]辭訟(邪邪/之東),像象(邪邪/陽陽),俗習(邪邪/屋緝),襚穗(邪邪/物質),扡衺(邪邪/歌真);心邪兩母構成的聲訓9條(心母字作被訓釋字的4條,邪母字作被訓釋字的5條):粟續(心邪/屋屋),肖似(心邪/宵之),厶邪(心邪/脂魚),悉詳(心邪/質陽),穗秀(邪心/質幽),襚死(邪心/物質),彗埽(邪心/月幽),繀細(邪心/月脂),衺薪(邪心/真真);邪精兩母構成的聲訓5條(邪母字作被訓釋字的1條,精母字作被訓釋字的4條):巳子(邪精/之之)出處包,薦蓆(精邪/文鐸),遵循(精邪/文文),祭祀(精邪/月之),桵續(精邪/葉屋);邪清兩母構成的聲訓3條:敘次(邪清/魚脂),兕青(邪清/脂耕),鰼鰌(邪清/緝幽);邪從兩母構成的聲訓8條(邪母字作被訓釋字的4條,從母字作被訓釋字的4條):席藉(邪從/鐸鐸),徇疾(邪從/真質),隨從(邪從/歌東),序牆(邪從/魚陽),從隨(從邪/東歌),齊穗(從邪/脂質),蕰彗(從邪/元月),趣進(從邪/談真);邪莊兩母構成的聲訓2條(邪母字作被訓釋字的1條,莊母字作被訓釋字的1條):訟爭(邪莊/東耕),槎邪(莊邪/歌魚);邪山兩母構成的聲訓1條:鍛鈠(山邪/月歌);[2]邪透兩母構

---

〔1〕　段本詞作辭。
〔2〕　鈠,各家校本作"鐔"。

成的聲訓 1 條：羨貪（邪透／元談）；邪徹兩母構成的聲訓 1 條：樘邪（徹邪／陽魚）；邪澄兩母構成的聲訓 1 條：象長（邪澄／陽陽）；邪余兩母構成的聲訓 8 條（余母字作被訓釋字的 3 條，邪母字作被訓釋字的 5 條）：豫象（余邪／魚陽），羊祥（余邪／陽陽），恓習（余邪／月月），祀已（邪余／之之），夕繹（邪余／鐸鐸）出處多，癢瘍（邪余／陽陽），庠養（邪余／陽談），夷余（邪余／真魚）；邪見兩母構成的聲訓 6 條（邪母字作被訓釋字的 3 條，見母字作被訓釋字的 3 條）：槢棺（邪見／月元），鐔劍（邪見／侵談），蓆廣（邪見／鐸陽），穀續（見邪／屋屋），奭習（見邪／魚魚），校囚（見邪／宵幽）；邪曉兩母構成的聲訓 2 條（邪母字作被訓釋字的 1 條，曉母字作被訓釋字的 1 條）：燧火（邪曉／物微），栩樣（曉邪／魚陽）；[1] 邪匣兩母構成的聲訓 1 條：狎習（匣邪／葉緝）；邪云兩母構成的聲訓 2 條：擐圜（邪云／元元），鏇圜（邪云／元元）；影邪兩母構成的聲訓 1 條：枉邪（影邪／陽魚）。

從邪邪構成的聲訓 7 條，邪心兩母構成的聲訓 9 條，邪余兩母構成的聲訓 8 條，邪見兩母構成的聲訓 6 條來看，邪母的地位確實很特殊，將它獨立還是無論歸入心母、余母抑或是見母都有困難。從它與精係其他聲母構成的聲訓 28 條例證來看，它還是屬於精係聲母，將其看成是一個與心母清濁對立的獨立聲母可能更合適一些。[2]

《釋名》聲訓中，與邪母有關的 19 條，其中邪邪構成的聲訓 6 條：《釋水》汜已（之之），《釋親屬》姒似（之之），《釋言語》翔佯（陽陽），《釋衣服》褶襲（緝緝），《釋宮室》寺嗣（之之）。邪母與精組其他聲母構成的聲訓 4 條，其中邪精兩母構成的聲訓 1 條：《釋形體》足續（屋屋）；邪從兩母構成的聲訓 1 條：《釋喪制》襲匝（緝緝）；邪心兩母構成的聲訓 2 條：《釋衣服》報襲（緝緝），《釋山》夕西（鐸脂）。邪母與章組聲母構成的聲訓 9 條，其中邪昌兩母構成的聲訓 1 條：《釋用器》耜齒（之之）；邪船兩母構成的聲訓 3 條：《釋言語》順循（文文），《釋飲食》吮循（文文），《釋船》船循

---

[1]《說文·木部》栩實，有人認爲是今"橡"字。

[2] 當然，邪母與精莊兩組之外聲母構成的特殊聲訓也可能是複輔音聲母的遺迹，本書第五章第四節還要涉及此問題。

（元文），邪書兩母構成的聲訓 3 條：《釋州國》徐舒（魚魚），《釋言語》序抒（魚魚），《釋牀帳》席釋（鐸鐸）；邪禪兩母構成的聲訓 2 條：《釋親屬》屬續（屋屋），《釋衣服》袖受（幽幽）。

通過以上分析可以看出，《釋名》聲訓中，與邪母有關的 19 條，邪邪獨自構成的聲訓以及與精組其他聲母構成的聲訓 10 條（其中邪邪構成的聲訓 6 條，邪母與精組其他聲母構成的聲訓 4 條），邪母與章組聲母構成的聲訓 9 條。由此可見，《釋名》中的邪母是一個獨立的聲母，不過，邪母與章組的關係很近。

二、從《說文解字》讀若材料看東漢時代邪母的地位問題

在《說文解字》讀若中，與邪母有關的 7 條，其中邪邪構成的讀若 3 條：趣紃（36 上/30 下），鐪彗（295 上/268 上），[1] 姁旬（262 下/244 下）；[2] 邪余兩母構成的讀若 2 條（邪母用作被注字的 1 條，用作注字的 1 條）：像養（167 下/166 上），勣演（292 下/266 上）；[3] 邪定兩母構成的讀若 2 條（邪母用作被注字）：潒蕩（229 上/219 下），斜荼（300 下/272 上）；邪影兩母構成的讀若 1 條（邪母用作注字）：郇泓（133 下/129 上）。

三、從其他東漢音注通假材料看東漢時代邪母的地位問題

在《三禮》漢讀中，邪邪構成的音注 10 條：隧燧（邪邪/物物，《周禮》卷十一·207 上·1），祀禩（邪邪/之之，《周禮》卷五·86 上·9），祀禩（邪邪/之之，《周禮》卷六·122 下·2），祀禩（邪邪/之之，《周禮》卷七·144 上·9），辭詞（邪邪/之之，《周禮》卷十·190 上·10），祠辭（邪邪/之

---

〔1〕　大徐本作"讀若彗"，小徐本作"讀若慧"。彗，邪月/邪祭；慧，匣月/匣霽。
〔2〕　姁，大徐本無讀若。大徐本居与切，小徐本堅鄰反。《廣韻》相倫切，又黃練切；《集韻》規倫切。
〔3〕　勣，大徐本無讀若。大徐本余兩切，小徐本以象反。《廣韻》徐兩切（邪陽），餘兩切（余陽）。

之,《周禮》卷六·119下·11),序徐(邪邪魚魚,《禮記》卷二十·189上·7),旬營(邪邪真真,《周禮》卷四·62下·9),襲習(邪邪/緝緝,《周禮》卷四·69上·5),毿尋(邪邪/談侵,《儀禮》卷十七·174上·8)。此外,精邪構成的音注1條:子祀(精邪/之之,《周禮》卷九·181下·11);從邪構成的音注2條:從松(從邪/東東,《禮記》卷十一·110上·22),藉席(邪從/鐸鐸,《儀禮》卷十四·146上·15);崇邪構成的音注1條:饌馴(崇邪/元文,《禮記》卷十·107上·6);定邪構成的音注3條:續讀(邪定/屋屋,《周禮》卷六·130上·12),堂序(定邪/陽魚,《儀禮》卷五·35上·3),奪隧(定邪/月物,《禮記》卷三·34上·7);澄邪構成的音注2條:熽腊(邪澄/談緝,《禮記》卷八·82下·9),熽腊(邪澄/談緝,《禮記》卷八·83上·22);船邪構成的音注4條:順循(船邪/文文,《儀禮》卷七·71上·8),術遂(船邪/物物,《禮記》卷五·47上·10),術遂(船邪/物物,《禮記》卷十八·108下·18),巡述(邪船/文物,《周禮》卷三·53下·7);禪邪構成的音注1條:常祥(禪邪/陽陽,《儀禮》卷十四·138上·17);見邪構成的音注1條:旬均(邪見/真真,《禮記》卷八·90上·11)。這些材料大都屬於異文,真正算得上漢讀的只有2條:子祀(精邪/之之,《周禮》卷九·181下·11),旬均(邪見/真真,《禮記》卷八·90上·11)。

據陸德明《經典釋文》,鄭玄音注材料與邪母有關的還有邪邪構成的音注1條:似,音巳午之巳(《詩·斯干》79下1);邪船構成的音注1條:食,音嗣(《詩·丘中有麻》63下23)。

應劭、服虔《漢書注》,與邪母有關的音注1條:眴,音旬日之旬(應劭,6/1616/10)。眴,心文/心諄;旬,邪真/邪諄。高誘《呂氏春秋注》、《淮南子注》,與邪母有關的音注1條,是邪邪構成的音注:《淮南子·說林》:"水火相憎,鐏在其間。"高注:"鐏,讀曰彗。"(7/17/290/16)鐏,邪月/邪月;彗,邪月/邪祭。

從應劭、服虔和高誘的音注材料看,邪母是精組中一個獨立的聲母,與心母相近。

　　關於東漢時代莊組和精組的音值,俞敏先生在《後漢三國梵漢對音譜》中作了推測。所謂擦音組,包括ś-書、[1] ṣ-山、s-心、h-曉四個輔音。ś-俞先生收的字包括尸、舍、釋、世、勢、睒、深、扇、式、濕、首、説、輸、奢、葉,這些字都是後來的書類,俞先生認爲這類字是清音字,但它們不是禪類字的濁音,濁化的有邪、耶、翼、鹽、閲,是"余"之類的;[2] 還有師、沙兩個字,是"山"之類的;另有斯、暹、薩、速、遬、修,是"心"之類的(因爲在 p.型方言ś、ṣ一律讀 s)。關於 ṣ 類,俞先生説它就是[ṣ],在梵文中常是受前後 i 介音的同化而變爲 s 的。屬於這一組的例字有沙、師、色、裟、瑟、疏、駛、術、瘦,這是"山"之類;舍、睒、尸,這些字屬於"書"之類;另外還有讀成濁音的"翼"和"授"以及混進來的 s 類的"私"字。s,就是"心"之類;h,就是曉之類。所謂 kṣ 組,包括的例字有差、叉、察、刹、羼、覗、儭、閔,即是"初"之類。俞先生認爲這個"初"之類的音值是[tʂʻ]。俞先生就此推論,有了"初"、"山","莊"和"崇"也就有了;[3] 有了"心","精"、"清"、"從"大概也有。

　　從ś濁化成"邪"、"耶",s 濁化成"育"、"夷",邪之類好像還没有。俞先生還從 upasika 譯成"優婆夷(夷,余母)"而不譯成"优婆兇(兇,邪母)"來推斷"邪母"當時還没有産生。

---

〔1〕　書,原文作"審",下同。
〔2〕　余,原文作"喻"。
〔3〕　崇,原文作"牀"。

第二章　論兩漢時代端知章
三組的關係

第一節　從簡帛通假字看西漢時代
端知章三組的關係

根據周祖謨先生《漢代竹書和帛書中的通假字與古音的考訂》的研究，長沙馬王堆帛書和山東臨沂銀雀山竹簡中的通假字中，舌上音知徹澄讀如舌頭音端透定。在該文中，周先生將"照組三等"分爲 A、B、C 三類，A 類章母與端知定通假；[1] B 類是書母跟端透定知徹澄章心曉幾母通假；C 類是禪母跟端透定知澄章船幾母通假，還有少數跟群母發生聯繫。周先生把章組 A 類擬爲 $^*\underline{t}$；把章組 B 類與舌部塞音通假的擬爲 $^*s\underline{t}^{\prime}-$，把章組 B 類與摩擦音通假的擬爲 $^*\varsigma-$；周先生把章組 C 類與端透透定知澄章船相通擬爲 $^*\underline{d}$，將章組 C 類與群母相通的擬爲 g-。

趙誠先生的《臨沂漢簡中的通假字》，發現舌音只有一例是澄母讀爲透母，與古無舌上音規律相合。至於照三，情況比較複雜，一類與端透定

---

〔1〕　章母原文作照母，爲了統一體例，凡是照系三等，全書一律稱章昌船書禪，照系二等，全書一律稱莊初崇山俟，喻四一律稱余母，引用他人論著時直接轉換。

通假,這一類直接説明先秦古音照三系與端透定同;一類與知徹澄通假,這一類間接説明先秦古音照三系與端透定同;此外,書母與余母、心母、疑母、來母通假,章母與清母、穿母與疑母、禪母與匣母、船母與禪母通假。

劉寶俊先生的《秦漢帛書音系》,認爲中古"端知章"三母在帛書音系中仍爲一組,尚未分化,可構擬爲 *t-、*t'-、*d-;中古的"禪母"在帛書音系中與舌尖塞音關係密切,仍未分化,可構擬爲 *d-;中古的"章組"聲母在帛書材料中仍與舌根音聲母相通,所以在帛書音系中它們仍是舌根音。張儒先生的《關於竹書、帛書通假字的考察》得出結論是:端組和章組通假頻繁,證明錢大昕把照穿牀審禪三等歸入舌頭音是合理的。

李玉先生的《秦漢簡牘帛書音系研究》,中古舌音端組(端透定)、知組(知徹澄)、章組(章昌船書禪)三組秦漢時期均爲舌尖塞音。中古余母在秦漢時期與定母關係最近,但考慮到余母與透母關係也不遠,作者認爲余母是一個獨立的聲母。中古的"禪母"在秦漢時期歸入定母,中古來母在秦漢時期是一個獨立的音位。作者將秦漢時期舌尖塞音聲母構擬爲 *t-(端知章)、*t'-透(書甲)徹昌、*d-定(邪乙)澄(禪)、*r-以、*l-來。

沈祖春先生的《〈馬王堆出土的帛書(壹)〉假借字研究》認爲,照系三等即章組與端組相近,另一部分與見組相諧;關於余母,作者根據余母與舌音透母、定母、來母,與齒音心母、邪母,與舌上書母、船母、日母,與牙喉音見母、曉母、影母均有互諧的例證,一方面承認曾運乾的喻四歸定説有一定的道理,同時也指出,喻四在上古是合并還是獨立,音值如何擬測還可以繼續討論下去。

第二節　東漢時代端知章三母的關係

一、從聲訓材料看東漢時代端知章三母的關係

《白虎通德論》中,與端母有關的聲訓 9 條,端端構成的聲訓 1 條:《號》:帝者,諦也(帝,端錫入/端霽去;諦,端錫入/端霽去)。與知母有關的聲訓 13 條,知知構成的聲訓 1 條:《性情》:智者,知也。獨見前聞,不

惑於事,見微知著也(智,知支;知,知支)。與章母有關的聲訓 21 條,章章構成的聲訓 3 條:《號》:顓者,專也(顓,章元平;專,章元平);《誅伐》:征犹正也,懲七正也(征,章耕平;正,章耕平/去);《文質》:贅者,質也(贅,章緝入/去;質,章質入)。章端兩母構成的聲訓 2 條:《五行》:冬之爲言終也(冬,端冬平;終,章冬平);《紼冕》:章甫者,尚未與極其本相當也(章,章陽平;當,端陽平)。知章兩母構成的聲訓 2 條:《禮樂》:徵者,止也(徵,知之上;止,章之上);《五行》:徵者,止也(徵,知之上;止,章之上)。

《説文解字》中,與端母有關的聲訓 131 條,端端構成的聲訓 13 條:悳得(端端/職職),帝諦(端端/錫錫),鐵椎(端端/文歌),趑頓(端端/真文),槙頂(端端/真耕),顛頂(端端/真耕),敦祗(端端/文脂),典帝(端端/文錫),蔕當(端端/月陽),竄短(端端/月元),亶多(端端/元歌),者點(端端/談談),錠鐙(端端/耕蒸)。與知母有關的聲訓 122 條,知知構成的聲訓 14 條:狄張(知知/錫陽),倬箸(知知/藥魚),夂至(知知/脂質),夂致(知知/脂質),襠裼(知知/脂脂),幬幬(知知/文魚),帳張(知知/陽陽),腄胝(知知/歌脂),笫箣(知知/歌歌),[1]晢知(知知/月支),叕綴(知知/月月),呹箣(知知/月魚),輾轉(知知/元元)。與章母有關的聲訓 222 條,章章構成的聲訓 28 條:止址(章章/之之),沚渚(章章/之魚),時址(章章/之之),支枝(章章/支支),稹止(章章/支之),沘止(章章/支之),征正(章章/耕耕),整正(章章/耕耕),政正(章章/耕耕),嗻遮(章章/魚魚),渚洲(章章/魚幽),彰章(章章/陽陽),佡衆(章章/東冬),鐘種(章章/東東),州周(章章/幽幽),楮砥(章章/脂脂),至止(章章/質之),[2]至止(章章/質之),[3]摯至(章章/質質),震振(章章/文文),贄質(章章/月質),墊箣(章章/月歌),瞳止(章章/元之),枕首(章章/侵侵),煩枕(章章/侵侵),掛勺(章章/侵藥),讋止(章章/葉之),眝張(知知/魚陽),制止(章章/月之)。端知兩母構成的聲訓 8 條(端母字作被訓

---

〔1〕　笫,通行作"樋"字。
〔2〕　此條聲訓出自"室"字下。
〔3〕　此條聲訓出自"屋"字下。

釋字的 2 條,知母字作被訓釋字的 6 條):哆張(端知/歌陽),陟登(知端/職蒸),啄鳥(知端/屋幽),涿滴(知端/屋錫),輊抵(知端/月脂),褺丹(知端/元元),㡓㠹(知端/葉元),椯劉(端知/元月)。端章兩母構成的聲訓 18 條(端母字作被訓釋字的 10 條,章母字作被訓釋字的 8 條):滴注(端章/錫侯),嫡孎(端章/錫屋),陼渚(端章/魚魚),湩汁(端章/東緝),弔終(端章/宵冬),到至(端章/宵質),氐至(端章/脂質),敱主(端章/文侯),椯箠(端章/元歌),褍正(端章/元耕),汝都(章端/支魚),主鐙(章端/侯蒸),衆多(章端/冬歌),隹多(章端/微歌),佳鳥(章端/微幽),溥等(章端/元蒸),戰鬥(章端/元侯),讘多(章端/葉歌)。知章兩母構成的聲訓 26 條(知母字作被訓釋字的 18 條,章母字作被訓釋字的 8 條):礩砧(知章/魚鐸),楮砧(知章/鐸鐸)、、止(知章/侯之),欘砧(知章/屋鐸),瘃腫(知章/屋東),中正(知章/冬耕),[1]斸砧(知章/屋鐸),捑砧(知章/屋鐸),稺止(知章/藥之),䟼箴(知章/脂侵),[2]摯至(知章/脂質),寔止(知章/質之),厔止(知章/質之),顡重(知章/質東),笰箠(知章/物歌),笰箴(知章/物侵),[3]泜箸(章知/支魚),坁箸(章知/支魚),掌中(章知/陽冬),踵追(章知/東微),紾轉(章知/文元船),箴綴(章知/侵月),主、(章知/侯侯)。

《釋名》聲訓中,與端母有關的 34 條,其中端端構成的聲訓有 10 條(聲韻均同的聲訓 8 條,聲同韻對轉的聲訓 2 條):《釋天》㨫東(端端/東東),《釋水》㠀鳥(端端/幽幽),《釋形體》蹄底(端端/支支),《釋言語》德得(端端/職職),《釋言語》斷段(端端/元元),《釋衣服》帶幭(端端/月月),《釋衣服》裆當(端端/陽陽),《釋兵》刀到(端端/宵宵),《釋水》㠀到(端端/幽宵),《釋船》貂短(端端/宵元)。與知母有關的 26 條,知知構成的聲訓 7 條(聲韻均同聲訓 5 條,聲同韻對轉的聲訓 2 條):《釋姿容》駐株(知知/侯侯),《釋言語》智知(知知/支支),《釋首飾》瑱鎮(知知/真

---

〔1〕　此條聲訓出自"史"字下。
〔2〕　箴,段校作"鍼"。
〔3〕　箴,段說當作"鍼"。

真),《釋牀帳》帳張(知知/陽陽),《釋樂器》筑竹(知知/覺覺),《釋喪制》誅株(知知/侯侯),《釋用器》斸誅(知知/屋侯)。與章母有關的 68 條,其中章章爲訓 28 條:《釋水》渚遮(章章/魚魚),《釋水》沚止(章章/之之),《釋丘》沚止(章章/之之),《釋形體》职枝(章章/支支),《釋形體》趾止(章章/之之),《釋形體》踵鍾(章章/東東),《釋姿容》支枝(章章/支支),《釋言語》識幟(章章/職職),《釋言語》政正(章章/耕耕),《釋首飾》脂砥(章章/脂脂),《釋衣服》褶屬(章章/屋屋),《釋牀帳》氈旃(章章/元元),《釋書契》紙砥(章章/支支),《釋典藝》诏照(章章/宵宵),《釋兵》旃戰(章章/元元),《釋船》舟周(章章/幽幽),《釋疾病》疹诊(章章/文文),《釋疾病》腫鍾(章章/東東),《釋喪制》冢腫(章章/東東);(以上 19 條聲韻均同)《釋天》震戰(章章/文元),《釋州國》州注(章章/幽侯),《釋親屬》章灼(章章/陽藥),《釋親屬》章公(章章/陽東),《釋親屬》章松(章章/陽東),《釋言語》祝屬(章章/觉屋),《釋车》軹指(章章/支脂),《釋疾病》贅屬(章章/月屋),《釋宮室》棟桴(章章/月侯)。(以上 9 條聲同韻不同)

端知爲訓 7 條:《釋州國》黨長(端知/陽陽),《釋姿容》嚏疐(端知/質質),《釋言語》笃築(端知/觉觉),《釋山》朝東(知端/宵東),《釋宮室》棟中(端知/東冬),《釋典藝》典镇(端知/文真),《釋船》舠貂(知端/幽宵);端章兩母構成的聲訓 2 條:《釋天》冬終(端章/冬冬),《釋首飾》旳灼(端章/藥藥);章知兩母構成的聲訓 3 條:《釋山》塚腫(知章/東東),《釋形體》肘注(知章/幽侯),《釋疾病》胗展(章知/文元)。

端母與知組其他聲母構成的聲訓 1 條,爲端徹兩母構成的聲訓:《釋疾病》妒褚(端徹/鐸魚)。端母與章組其他聲母構成的聲訓 3 條,其中端昌兩母構成的聲訓 1 條:《釋天》蜳啜(端昌/月月);端書兩母構成的聲訓 1 條:《釋姿容》登升(端書/蒸蒸);端日兩母構成的聲訓 1 條:《釋姿容》儋任(端日/談侵)。知母與端組其他聲母構成的聲訓還有 3 條,其中知透兩母構成的聲訓 1 條:《釋用器》錘鐵(知透/質質);知定兩母構成的聲訓 2 條:《釋言語》貞定(知定/耕耕),《釋樂器》牘築(定知/屋覺)。知母與章組其他聲母構成的聲訓 1 條,爲知書兩母構成的聲訓:《釋書契》書著

（書端／魚魚）。

　　章母與端組其他聲母構成的聲訓 5 條，其中章透兩母構成的聲訓 1 條：《釋形體》汴涕（緝脂）；章定兩母構成的聲訓 1 條：《釋形體》膞團（元元）；章澄兩母構成的聲訓 1 條：《釋飲食》諸儲（魚魚）；章來兩母構成的聲訓 2 條：《釋用器》錐利（微脂），《釋言語》旅衆（魚冬）。

二、從《説文解字》讀若材料看東漢時代端知章三母的關係

　　在《説文解字》讀若中，與端母有關的 41 條，用作被注字的 20 條，其中端端構成的讀若 15 條：趈顛（37 下／31 下），鴠雕（72 下／65 上），算鐙（102 下／93 下），管篤（111 下／102 上），楴滴（120 下／113 上），稵端（145 上／142 上），袡雕（173 上／171 下），鞁兜（178 下／176 上），島蔦（190 上／185 下），[1]炮駋（209 下／201 下），奆氐（213 下／204 上），抌抌（257 上／240 上），[2]撇蟎（253 上／237 下），埵朵（288 下／263 上），阣丁（306 上／276 上）。與知母有關的 14 條，其中知知構成的讀若 6 條，女嵡（114 上／104 下），疛紂（154 下／153 下），[3]幨屯（160 上／158 下），瞾輒（201 下／195 上），[4]沺窋（231 上／221 上），嬋嬋（262 上／244）。與章母有關的 26 條，其中章章構成的讀若 17 條：羒祝（35 下／30 上），趉燭（36 上／30 下），迣眞（41 下／35 上），礕憎（56 上／48 下），臨指（56 下／48 下），耑專（56 下／49 上），証正（52 下／45 下），[5]敊贅（64 下／57 上），牖摙（186 下／182 下），狅注（204 上／197 下），灶拙（207 下／200 上），鷥郅（199 上／193 下），[6]抧抵（253 下／237 下），[7]褺摯（262 下／244 上），埻準（287 下／

───────────────

〔１〕　大徐本作："讀若《詩》曰'蔦與女蘿'。"小徐本作："讀若搗，《詩》曰：'蔦與女蘿。'"搗，端幽／端晧。得早反／都皓切。
〔２〕　讀若告言不正曰抌，《漢語大字典》作："讀若告，言不正曰抌。"斷句誤。大徐本均竹甚切，小徐本均竹甚反，《廣韻》都感切。
〔３〕　大徐本無讀若。
〔４〕　大徐本作"讀若輒"，小徐本作"讀若輙"。"輒"與"輙"同。
〔５〕　証，小徐本"讀若正月"。大徐本無讀若。
〔６〕　小徐本無讀若。
〔７〕　大徐本作"讀若抵掌之抵"，小徐本作"讀若抵掌之抵"。抵，端脂／端紙；抵，章脂／章紙。

262 下），蟄至（298 上/270 上），軎捬（302 下/273 下）。[1]

　　端知兩母構成的讀若爲 1 條：罿到（77 上/69 下）。端章兩母構成的讀若爲 0 條。知章兩母構成的讀若爲 2 條：翥注（199 下/194 上），騅箠（200 上/194 上）。

三、從其他音注通假材料看東漢時代端知章三母的關係

　　《三禮》漢讀中，端端構成的音注 1 條：邸抵（端端/脂脂；《周禮》卷五·98 上·16）；知知構成的音注 4 條：鎮瑱（知知/真真，《周禮》卷五·97 上·15），鎮瑱（知知/真真，《周禮》卷五·98 上·4），珍鎮（知知/文真，《周禮》卷五·98 下·14），裯誅（知知/幽侯，《周禮》卷十六·123 下·7）；章章構成的音注 19 條：職橄（章章/職職，《周禮》卷三·59 上·5），職橄（章章/職職，《周禮》卷五·92 下·4），賙周（章章/幽幽，《周禮》卷三·53 下·12），章獐（章章/陽陽，《周禮》卷十一·215 上·7），政征（章章/耕耕，《周禮》卷三·52 上·9），政征（章章/耕耕，《周禮》卷三·57 上·4），政征（章章/耕耕，《周禮》卷四·62 下·5），政征（章章/耕耕，《周禮》卷四·71 下·6），政征（章章/耕耕，《周禮》卷四·75 下·9），正征（章章/耕耕，《周禮》卷四·69 下·14），政正（章章/耕耕，《周禮》卷二·24 下·8），舟周（章章/幽幽，《周禮》卷十一·201 上·3），掌主（章章/陽侯，《周禮》卷二·24 下·8），祝注（章章/覺侯，《周禮》卷二·22 上·7），屬注（章章/屋侯，《周禮》卷十一·212 下·16），屬注（章章/屋侯，《周禮》卷十二·226 上·8），軫袗（章章/文文，《禮記》卷五·55 下·3），振袗（章章/文文，《禮記》卷九·93 上·11）誌識（章章/之職，《禮記》卷十五·150 上·4）；端知構成的音注 2 條：陟德（知端/職職，《周禮》卷六·115 下·5），輟綴（端知/物月，《周禮》卷十一·207 上·12）；[2]端章構成的音注 1 條：雕舟（端章/幽幽，《周禮》卷十一·201 下·14）（9×

---

　　〔1〕　軎，《廣韻》蒸上聲（章蒸/章拯），又署陵切（禪蒸/禪蒸）；捬，《廣韻》蒸上。聲（章蒸/章拯），又識蒸切（書蒸/書蒸）。
　　〔2〕　另有注："南方謂都爲豬。"都豬（端知/魚魚，《禮記》卷三·35 下·19）。

9）；知章構成的音注 4 條：憓憒（知章/質質，《禮記》卷十九·182 上·23），徵證（知章/蒸蒸，《禮記》卷十六·162 上·9），徵證（知章/蒸蒸，《禮記》卷十六·162 上·13），致至（知章/質質，《禮記》卷十九·181 下·3）；定知構成的音注 2 條：襢展（定知/元元，《周禮》卷二·37 上·6），襢展（定知/元元，《禮記》卷十二·120 下·14）。

據陸德明《經典釋文》，鄭玄音注材料還有端端構成的音注 6 條：嚏，都麗反（《詩·終風》58 上 3）；單，音丹（《詩·天保》76 上 3）；敦，都回反（《詩·北門》59 下 7）；敦，都回反（《詩·閟宮》105 下 5）；氐，都履反（《詩·節南山》80 上 10）；闍，音都（《詩·出其東門》65 下 14）。知知構成的音注 3 條：宅，知嫁反（《禮記·王制》173 上 23）；知，音智（《論語·公冶長》327 上 23）；侏，陟留反（《論語·微子》354 下 23）。[1] 知徹構成的音注 1 條：絺，陟里反（《書·益稷》39 上 17）。章章構成的音注 3 條：遭，讀如明星晳晳（《易·大有》21 下 16）；祝，之又反（《周禮·冢宰》108 下 1）；政，音征（《周禮·小宰》109 上 20）。[2] 章書構成的音注 1 條：庶，止奢反（《易·晉》25 下 3）。知端構成的音注 1 條：中，丁仲反（《周禮·均人》59 下 7）。

在東漢應劭、服虔《漢書注》中，與端母有關的音注材料 4 條，其中端端構成的音注 2 條：儋，音負擔之擔（服虔，1/11/1）。儋，端談/端談；擔，端談/端談。砧，音反砧之砧（服虔，1/113/1）。砧，端談/端鹽；[3] 砧，端談/端桥。與知母有關的音注材料 3 條，其中知知構成的音注 0 條；與章母有關的音注材料 10 條，其中章章構成的音注 3 條：準，音拙（服虔，1/2/1）。準，章文/章準；拙，章物/章薛。浙，音折（應劭，7/1796/3）。浙，章

---

〔1〕 另有衷，竹隆反（《詩·關雎》53 下 8）；粻，音張（《論語·衛靈公》353 上 14）。有人認爲是鄭氏音切，見趙克剛《〈經典釋文〉鄭玄音聲母系統研究》（《古漢語有研究》1992 年第 4 期），實際上應該是陸德明音切。

〔2〕 另有眞，之鼓反（《詩·鹿鳴》75 上 3）。有人認爲是鄭氏音切，實際上應該是陸德明音切。

〔3〕 砧，《廣韻》余廉切，上古余母談部；《集韻》都念切，上古端母談部。這里依據《集韻》音。

月/章薛;折,章月/章薛。惴,章瑞反(服虔,7/1804/6)。惴,章歌/章寘;
章瑞,章歌/章寘。

端章構成的音注 1 條:抵,音紙(服虔,9/2684/7)。抵,端脂/端薺;
紙,章支/章紙。知章構成的音注 2 條:驁,音陟也(服虔,5/1316/7)。
驁,章職/章質;陟,知職/知職。貞,正也(應劭,12/4224/2);貞,知耕/知
清;正,章耕/知諍。[1]

在東漢時代燕趙方言區學者高誘《呂氏春秋注》、《淮南子注》中,與
端母有關的音注材料9條,其中端端構成的音注3條:《呂氏春秋·孟春
紀·重己》:"尾絶力勯。"高注:"勯,讀曰單。單,盡也。"(6/1/7/4)勯,端
元/端寒;單,端元/端寒。《呂氏春秋·孟春紀·重己》:"衣不煇熱。"高
注:"煇,讀爲亶。"(6/1/7/10)煇,端元/端旱;亶,端元/端旱。《淮南子·
俶真》:"設於無垓坫之宇。"高注:"坫,讀爲筅氏有反坫之坫。"(7/2/23/
16)坫,端談/端桥;坫,端談/端桥。與知母有關的音注材料7條,其中知
知構成的音注2條:《淮南子·原道》:"先者隃下,則後者屪之。"高注:
"屪,音展,非展也。"(7/1/9/9)屪,知元/知獮;展,知元/知獮。《淮南
子·墜形》:"夸父耴耳在其北方。"[2]高注:"耴,讀褶衣之褶。"(7/4/63/
11)耴,知葉/知葉;褶,知葉/知葉。[3]與章母有關的音注材料12條,其
中章章構成的音注5條:《呂氏春秋·孟夏紀·用衆》:"善學者若齊王之
食雞也,必食其跖,數千而後足。"高注:"跖,讀曰捃摭之摭。"(6/4/42/3)
跖,章鐸/章昔;摭,章鐸/章昔。《淮南子·原道》:"扶摇抮抱。"高注:
"抮,讀《左傳》憾而能胗者同也。"(7/1/3/3)抮,章曉文/章曉軫;胗,章
文/章軫。《淮南子·原道》:"獸蹠實而走。"高注:"蹠,讀曰捃摭之摭。"
(7/1/5/15)蹠,章鐸/章昔;摭,章鐸/章昔。《淮南子·本經》:"菱杼紾

---

[1] 此外,《史記·衛將軍驃騎列傳》:"將軍李息,鬱郅人。"服虔:"郅(章質),音室
(知質)。"

[2] 耴,原作"耽",據王念孫校改。

[3] 另有《呂氏春秋·士容論·審時》:"胕動蚼蛆而多疾。"高注:"胕,讀如府。"(6/
26/338/5)王念孫認爲"胕"當作"肘",肘,知幽/知有;府,知幽/知有。高亨先生認爲"府"乃
"府"字之誤。胕,奉侯/奉侯;府,奉侯/奉麌。(見高亨:《古字通假會典》,第368頁右)。

抱。"高注："紾，讀紾結之紾。"（7/8/121/8）紾，章文/章軫；紾，章文/章軫。《淮南子・本經》："菱杼紾抱。"高注："紾，讀紾結之紾。"（7/8/121/8）紾，章文/章軫；紾，章文/章軫。

　　端章構成的音注 1 條：《淮南子・原道》："非謂其底滯而不發。"高注："底，讀曰紙。"（7/1/9/14）底，端脂/端薺；紙，章支/章紙。知章構成的音注 1 條：《淮南子・脩務》："胡人有知利者，而人謂之駤。"高注："駤，讀似質，緩氣言之者，在舌頭乃得。"（7/19/337/4）駤，知質/知至；質，章質/章質。

　　綜上所述，在《白虎通德論》中，端端構成的聲訓 1 條，知知構成的聲訓 1 條，章章構成的聲訓 3 條，章端兩母構成的聲訓 2 條，知章兩母構成的聲訓 2 條。從《白虎通德論》的聲訓中我們可以看出，班固時代的秦晉方言中端知章三母的關係非常密切，至於是否合一，材料太少，不好斷定。《說文解字》中，端端構成的聲訓 13 條，知知構成的聲訓 14 條，章章構成的聲訓 28 條，端知兩母構成的聲訓 8 條，端章兩母構成的聲訓 18 條，知章兩母構成的聲訓 26 條。通過以上分析我們可以看出，就《說文》聲訓材料來說，端知兩組有分化的傾向。端知兩組的關係雖然很密切，但知章兩母的關係更爲密切一些，甚至端章兩母的關係比端知兩母的關係還密切一些。《釋名》聲訓中，端端構成的聲訓有 10 條，知知構成的聲訓 7 條，章章構成的聲訓 28 條，端知爲訓 7 條，端章兩母構成的聲訓 2 條，知章兩母構成的聲訓 3 條。通過以上分析我們可以看出，就《釋名》聲訓材料來說，端知兩組有分化的傾向，但端知兩組的關係還是很密切的，端知的關係比端章關係密切一些，知章關係比端章關係密切一些。

　　在《說文解字》讀若中，端端構成的讀若 15 條，知知構成的讀若 6 條，章章構成的讀若 17 條，端知兩母構成的讀若爲 1 條，端章兩母構成的讀若爲 0 條，知章兩母構成的讀若爲 2 條。《說文解字》讀若中的端知章三母是各自獨立的聲母，知章兩母的關係更近一些。《三禮》漢讀中端端構成的音注 1 條，知知構成的音注 4 條，章章構成的音注 19 條，端知構成的音注 2 條，知章構成的音注 4 條，定知構成的音注 3 條。據陸德明《經典釋文》,鄭玄音注材料還有端端構成的音注 6 條,知知構成的音注 3 條,章章構成的音注 3 條,知端構成的音注 1 條。這些音注材料都能看出知母具有很强的獨立性,甚至可以説是一個獨立的聲母。在東漢應劭、服虔《漢書注》中,端端構成的音注 2 條,知知構成的音注 0 條,章章構成的音注 3 條,端章構成的音注 1 條,知章構成的音注 2 條。在東漢時代燕趙方言區學者高誘《吕氏春秋注》、《淮南子注》中,端端構成的音注 3 條,知知構成的音注 2 條,章章構成的音注 5 條,端章構成的音注 1 條,知章構成的音注 1 條。從東漢這些音注材料看,端知章三母是各自獨立的聲母,但它們之間的關係也比較密切,尤其是知章兩母的關係更爲密切一些,這也可以算是知母從端母獨立出來的一個證據。

第三節　東漢時代透徹昌三母的關係

一、從聲訓材料看東漢時代透徹昌三母的關係

《白虎通德論》中,與透母有關的聲訓 7 條,透透構成的聲訓 1 條:《五行》:土之爲言吐也,土在中央者,主含萬物。土,透魚上;吐,透魚上/去(透透/魚魚)。與徹母有關的聲訓 1 條,徹徹構成的聲訓 0 條。與昌母有關的聲訓 7 條,昌昌構成的聲訓 1 條:《五行》:春之爲言觸偅偅動也(春,昌文平;偅,昌文上)。

　昌書兩母構成的聲訓 1 條:《號》:舜犹僻僻也(舜,書文去;僻,昌文上/去)。昌匣兩母構成的聲訓 1 條:《禮樂》:户者,人所出入,亦春萬物觸户而出也(户,匣魚上;出,昌物入)。昌微兩母構成的聲訓 1 條:《禮樂》:亡與昌正相迫,故謂之鎛(亡,明陽平;昌,昌陽平)。昌明兩母構成的聲訓 1 條:《五行》:木之爲言觸也(木,明屋入;觸,昌屋入)。昌影兩母構成的聲訓 1 條:《五行》:乙者,物蓄屬屈有節慾出(乙,影質入;屈,溪物入;出,昌物入)。昌從兩母構成的聲訓 1 條:《崩薨》:贈之爲言稱也(贈,從蒸去;稱,昌蒸平)。透徹兩母構成的聲訓 0 條,透昌兩母構成的聲訓 0 條,徹昌兩母構成的聲訓 0 條。

《説文解字》中與透母有關的聲訓 141 條,透透構成的聲訓 13 條:鬚鬍(透透/錫脂),[1]柊橐(透透/魚鐸),土吐(透透/魚魚),咅唾(透透/侯歌),俑痛(透透/東東),恫痛(透透/東東),饕貪(透透/宵侵),兔兔(透透/藥魚),糶糧(透透/藥藥),饕貪(透透/真侵),涒吐(透透/文魚),嘆吞(透透/元文),撢探(透透/侵侵)。與徹母有關的聲訓 63 條,徹徹構成的聲訓 4 條:眢眣(徹徹/幽質),抶笞(徹徹/質之),劈徹(徹徹/質質)劈撤,趏超(徹徹/月宵)。與昌母有關的聲訓 104 條,昌昌構成的聲訓 5 條:置輟(昌昌/東月),埱出(昌昌/幽物),川穿(昌昌/文元),吹出(昌昌/歌物),燀炊(昌昌/元歌)。

透徹兩母構成的聲訓 2 條:弒惕(徹透/職職),齝吐(徹透/之魚);透昌兩母構成的聲訓 12 條(昌母字作被訓釋字的 5 條,透母字作被訓釋字的 7 條):閶天(昌透/陽真),春推(昌透/文微),川通(昌透/文東),穿通(昌透/元東),衝通(昌透/東東),糶出(透昌/藥藥),驖赤(透昌/質鐸),塡充(透昌/脂冬),嘽喘(透昌/元元),話歠(透昌/緝月),丙舌(透昌/談月),栝炊(透昌/談歌);徹昌兩母構成的聲訓 3 條:中出(徹昌/質物),䑳出(徹昌/侵物),闖處(徹昌/侵沒)。

《釋名》聲訓中,與透母有關的 38 條,其中透透構成的聲訓 7 條:《釋天》土吐(透透/魚魚),《釋地》土吐(透透/魚魚),《釋言語》貪探(透透/侵侵),《釋首飾》鬀剔(透透/錫錫),《釋疾病》痛通(透透/東東),《釋天》天坦(透透/真元)方言,《釋天》慝態。與徹母有關的 11 條,其中徹徹爲訓 1 條:《釋書契》敕飭(徹徹/職職)。與昌母有關的 26 條,昌昌構成的聲訓 4 條:《釋天》春蠢(昌昌/文文),《釋言語》醜臭(昌昌/幽幽),《釋言語》啜惙(昌昌/月月),《釋水》川穿(昌昌/文元)。透徹爲訓 1 條:《釋姿容》抶鐵(徹透/質質)。透昌兩母構成的聲訓 4 條:《釋飲食》醘濂(透昌/侵侵),[2]《釋疾病》喘湍(昌透/元元),《釋言語》出推(昌透/物微),

---

〔1〕　鬚,通行作"剃"字。
〔2〕　醘,應作"醢"。

《釋樂器》吹推（昌透／歌微）。昌徹構成的聲訓 1 條：《釋姿容》蚩癡（昌徹／之之）。

透母與知組其他聲母構成的聲訓 4 條，其中透知兩母構成的聲訓 1 條：《釋用器》銍鐵（知透／質質）；透澄兩母構成的聲訓 3 條：《釋言語》退墜（透澄／物物），《釋州國》鄭酊（澄透／耕耕），《釋用器》椎推（澄透／微微）。透母與章組其他聲母構成的聲訓 2 條，其中透章兩母構成的聲訓 1 條：《釋形體》汁渧（章透／緝脂）；透禪兩母構成的聲訓 1 條：《釋言語》誰推（禪透／微微）。徹母與端組其他聲母構成的聲訓 3 條，徹定兩母構成的聲訓 2 條：《釋車》棠楻（定徹／陽陽），《釋言語》達徹（定徹／月月）；徹泥兩母構成的聲訓 1 條：《釋天》醜紐（徹泥／幽幽）。徹母章組其他聲母構成的聲訓 3 條，即徹澄兩母構成的聲訓 3 條：《釋形體》腸暢（澄徹／陽陽），《釋采帛》紬抽（澄徹／幽幽），《釋車》軸抽（澄徹／幽幽）。

昌母與端組其他聲母構成的聲訓 3 條，其中昌端兩母構成的聲訓 1 條：《釋天》蝃蝀（端昌／月月）；昌余兩母構成的聲訓 1 條：《釋疾病》痍侈（余昌／脂歌）；昌來兩母構成的聲訓 1 條：《釋車》路車（來昌／魚鐸）。

二、從《説文解字》讀若材料看東漢時代透徹昌三母的關係

在《説文解字》讀若中，與透母有關的 17 條，用作被注字的 12 條，用作注字的 13 條，透透構成的讀若 8 條：牧滔（29 下／25 下），屮撻（38 上／32 上），暢惕（86 下／78 下），貒湍（198 下／192 下），猶鰈（204 下／198 上），夲滔（215 上／206 上），繢聽（272 上／252 下）。[1] 與徹母有關的 16 條，徹徹構成的讀若 12 條：中徹（15 上／11 上），趨敕（37 上／31 上），逴棹（42 上／35 下），亍畜（43 下／37 上），輨騁（61 下／54 上），腞梛（178 上／175

---

〔1〕　繢，《廣韻》他丁切；《集韻》怡成切，余耕／余清。

下），欨中（180 下/177 上），〔1〕闟梆（249 上/235 上），緓梆（273 上/253 上），䖦騁（281 上/258 上），飭敕（292 下/266 下），辵辵（39 上/33 上）。〔2〕與昌母有關的 7 條，昌昌構成的讀若 2 條：矵侈（187 上/182 下），〔3〕姞占（261 下/243 下）。〔4〕透徹構成的讀若 0 條，透昌構成的讀若 0 條，徹昌構成的讀若 0 條。

三、從其他音注通假材料看東漢時代透徹昌三母的關係

《三禮》漢讀中透透構成的音注 0 條；徹徹構成的音注 0 條，昌昌構成的音注 1 條：春蠢（昌昌/文文，《周禮》卷十二·222 上·1）；透徹構成的音注 0 條；透昌構成的音注 0 條；徹昌構成的音注 0 條。

據陸德明《經典釋文》，鄭玄音注材料還有透透構成的音注 1 條：大，音泰（《詩·桑柔》97 下 22）。〔5〕《經典釋文》中另有 3 條昌昌構成的音切：紹，尺遥反（《詩·常武》100 上 15）；饎，尺志反（《詩·七月》73 上 10）；饎，尺志反（《詩·甫田》85 上 21）；饎，音熾，尺志反（《詩·大田》85 下 5）。有人認爲是鄭玄的音切，實際上此 3 條均不好斷定是鄭玄音切，應該是陸德明的音切。

在東漢應劭、服虔《漢書注》中，與透母有關的音注材料 0 條，透透構成的音注 0 條；與徹母有關的音注材料 2 條，〔6〕徹徹構成的音注 0 條；與

---

〔1〕　小徐本無讀若，大徐本作"讀若卉"。卉，當是"屮"之误。

〔2〕　另有"辵"字，大小徐本均作："讀若《春秋公羊傳》曰'辵階而走。'"徐鍇曰："今《公羊傳》'辵'作'躇'。"徹鐸/徹藥：辵，徹鐸/徹藥。躇，澄魚/澄魚（39 上/33 上）。

〔3〕　矵（昌歌/昌真），大徐本作"讀若侈（昌歌/昌紙）"，小徐本作"讀若移（余歌/余支）"。

〔4〕　另有"銤"字，大徐本作："讀若侈，一曰《詩云》哆兮侈兮。"小徐本作："讀若擿，一曰若《詩》曰：侈兮之侈同。"此處"捣"、"擿"音同。銤，昌歌/昌紙；捣，澄錫/澄昔；擿，澄錫/澄昔；侈，昌歌/昌紙（294 下/267）。

〔5〕　另有"褖，吐亂反（《詩·綠衣》57 下 6）；偷，他侯反（《詩·山有樞》68 上 3）；慝，他德反（《詩·賓之初筵》87 上 11）"3 條，有人認爲是鄭玄音切，不能斷定爲是鄭玄音切，實際上是陸德明音切。

〔6〕　均爲徹余構成的音注：1. 怵，音裔（服虔，1/175/4）。怵，徹物/徹術；裔，余月/余祭。顏師古認爲"怵"或體爲"詘"，音如"戌亥"之"戌"。詘，戌，心物/心術。2. 肝眙，音吁怡（應劭，6/1590/3）。眙，徹之/徹志；怡，余之/余之。另有臅，音六畜之畜（應劭，12/4206/6）。臅，曉幽/曉宥；畜，徹覺/徹屋。畜，《廣韻》丑六切，畜，徹覺/徹屋。許竹切，曉覺/曉屋。此條音注好像説明六畜之畜在東漢可能讀成曉母。

昌母有關的音注材料 2 條,均爲昌昌構成的音注:瘛,音瘈引之瘅(服虔,6/1778/5)。瘛,昌月/昌祭;瘅,昌月/昌祭。怊,音敞(服虔,11/3527/3)。怊,昌陽/昌養;敞,昌陽/昌養。透徹兩母構成的音注 0 條,透昌兩母構成的音注 0 條,徹昌兩母構成的音注 0 條。

　　東漢燕趙方言區學者高誘《呂氏春秋注》、《淮南子注》,與透母有關的音注材料 6 條,其中透透構成的音注 3 條(另有透定構成的音注 3 條,見第四章第三節):《淮南子·原道》:"柝八極。"高注:"柝,讀重門擊柝之柝也。"(7/1/1/3)柝,透鐸/透鐸;柝,透鐸/透鐸。《淮南子·本經》:"其行悅而順情。"高注:"悅,讀射悅取不悅之悅。"(7/8/113/7)悅,透月/透末;悅,透月/透末。《淮南子·主術》:"黊纊塞耳。"高注:"黊,讀而買黊蓋之黊也。"(7/9/127/10)黊,透侯/透厚;黊,透侯/透厚。與徹母有關的音注材料 5 條,[1]其中徹徹構成的音注 2 條:《呂氏春秋·季夏紀·音律》:"修法飭刑。"高注:"飭,讀如敕。"(6/6/57/12)飭,徹職/徹職;敕,徹職/徹職。《呂氏春秋·季夏紀·制樂》:"飭其辭令。"高注:"飭,讀如敕。"(6/6/60/15)飭,徹職/徹職;敕,徹職/徹職。與昌母有關的音注材料 9 條,其中昌昌構成的音注 5 條:《呂氏春秋·仲冬紀》:"湛饎必潔。"高注:"饎,讀熾火之熾。"(6/11/105/1)饎,昌之/昌志;熾,昌之/昌志。《淮南子·俶真》:"二者代謝舛馳。"高注:"舛,讀賣之舛。"(7/2/21/1)舛,昌文/昌獮;舛,昌文/昌獮。《淮南子·本經》:"淌游瀷淢。"高注:"淌,讀平敞之敞。"(7/8/121/8)淌,昌陽/昌漾;敞,昌陽/昌養。《淮南子·脩務》:"嗻朕哆噅,籧蒢戚施。"高注:"哆,讀大口之哆。"(7/19/336/6)哆,昌歌/昌馬;哆,昌歌/昌馬。《淮南子·時則》:"湛熺必潔。"高注:"熺,讀熾火之熾。"(7/5/82/6)熺,昌之/昌志;熾,昌之/昌志。知昌構成的音注 1 條:《淮南子·本經》:"愚夫惷婦,皆有流連之心。"高注:"惷,讀近貯益之胜戀,籠口言之也。"(7/8/123/16)惷,昌文/昌準;戀,知東/知絳。徹昌構成

---

　　〔1〕 另有《淮南子·説山》:"曾子攀柩車,引輴者爲之止也。"高注:"輴,讀若牛行輴輴之輴也。"(7/16/271/13)輴,通輇。(見《漢語大字典》縮印本,第 1477 頁中)。輴,徹文/徹諄;輇,禪元/禪仙。

78

的音注 1 條:《淮南子・本經》:"淌游灢减。"高注:"灢,讀燕人言强春言救之救。"(7/8/121/8)灢,昌職/昌職;救,徹職/徹職。[1]

綜上所述,《白虎通德論》中,透透構成的聲訓 1 條,徹徹構成的聲訓 0 條,昌昌構成的聲訓 1 條,透徹兩母構成的聲訓 0 條,透昌兩母構成的聲訓 0 條,徹昌兩母構成的聲訓 0 條。透徹昌三母各自獨立,只是材料太少,難以作出可信論斷。

《説文解字》中,透透構成的聲訓 13 條,徹徹構成的聲訓 4 條,昌昌構成的聲訓 5 條,透徹兩母構成的聲訓 2 條,透昌兩母構成的聲訓 12 條,徹昌兩母構成的聲訓 3 條。透徹兩母應該分立,同時,與端章關係更爲密切一樣,透昌的關係比透徹的關係更爲密切一些。

《釋名》聲訓中,透透構成的聲訓 7 條,徹徹爲訓 1 條,昌昌構成的聲訓 4 條,透徹構成的聲訓 1 條,透昌兩母構成的聲訓 4 條,昌徹構成的聲訓 1 條。就《釋名》聲訓材料來説,透徹昌三母各自具有一定的獨立性,但三母的關係是比較密切的。

在《説文解字》讀若中,透透構成的讀若 8 條,徹徹構成的讀若 12 條,昌昌構成的讀若 2 條,透徹構成的讀若 0 條,透昌構成的讀若 0 條,徹昌構成的讀若 0 條。《三禮》漢讀中透透構成的音注 0 條,徹徹構成的音注 0 條,昌昌構成的音注 1 條,透徹構成的音注 0 條,透昌構成的音注 0 條,徹昌構成的音注 0 條。據陸德明《經典釋文》,鄭玄音注材料還有透透構成的音注 1 條。

在東漢應劭、服虔《漢書注》中,透透構成的音注 0 條,徹徹構成的音注 0 條,昌昌構成的音注 2 條,透徹兩母構成的音注 0 條,透昌兩母構成的音注 0 條,徹昌兩母構成的音注 0 條。東漢燕趙方言區學者高誘《吕氏春秋注》、《淮南子注》,透透構成的音注 3 條,徹徹構成的音注 2 條,昌昌構成的音注 5 條,透徹構成的音注 0 條,透昌構成的音注 0 條,徹昌構成的音注 1 條。

---

[1]　灢,《廣韻》與職切,又昌力切。

通過以上分析可以看出,東漢時代,透徹昌三母是各自獨立的聲母,徹昌關係近於透徹和透昌的關係,這也可以看作徹母已從透母分化出來的佐證。

第四節　東漢時代定澄船三母的關係

定母的問題很特殊,它涉及幾個方面的問題,第一,定母作爲一個濁聲母,它在兩漢時代是一個送氣的聲母,還是一個不送氣的聲母呢?抑或是送氣不送氣沒有嚴格區別的聲母呢?第二,兩漢時代澄母是否已經從定母分化出來了,如果已經分化出來,是局部方言現象,還是東漢時代的普遍現象?第三,喻母四等字在兩漢時代是并入定母,與定母合一,還是一個獨立的聲母呢?關於第一個問題,我們將在第四章討論,本節重點討論第二、第三個問題。

一、從聲訓材料看東漢時代定澄船三母的關係

《白虎通德論》中與定母有關的聲訓 19 條,定定構成的聲訓 4 條:《爵》:大夫,大也(大,定月入/定泰去;大,定月入/定泰去/定箇去);《號》:唐,荡荡也(唐,定陽平;荡,定陽上);《三綱六紀》:弟,悌也(弟,定脂上;悌,定脂上);《嫁娶》:娣者何,女弟也(娣,定脂上;弟,定脂上)。與澄母有關的聲訓 5 條,澄澄構成的聲訓 0 條。與船母有關的聲訓 4 條,船船構成的聲訓 0 條。定澄兩母構成的聲訓 1 條:《巡狩》:瀆者,濁也(瀆,定屋入;濁,定屋入)。定船兩母構成的聲訓 0 條,澄船兩母構成的聲訓 0 條。

《說文解字》中與定母有關的聲訓 305 條,定定構成的聲訓 37 條:駘脫(定定/之月),㝅定(定定/耕耕),亭定(定定/耕耕),霆挺(定定/耕耕),杜棠(定定/魚陽),唐大(定定/陽月),簜大(定定/陽月),簜大(定定/陽月),盪滌(定定/陽覺),宕洞(定定/陽東),堂殿(定定/陽文),桓豆(定定/侯侯),迵迭(定定/東質),箭斷(定定/東元),駉洞(定定/東東),蓨苖(定定/幽覺),苵田(定定/幽真)苵蓧,迪道(定定/覺幽),道達(定

定/幽月),稻稌(定定/幽魚),笛筋(定定/覺東),橋短(定定/幽元),妯動(定定/覺東),甌田(定定/幽真),[1]鋼鈍(定定/幽文),疷動(定定/冬東),娣弟(定定/脂脂),隤隊(定定/微物),跌踢(定定/質陽),趹毒(定定/物覺),趹觸(定定/質屋),畋田(定定/真真),遁逃(定定/文宵),遯逃(定定/文宵),驛騷(定定/歌歌),大地(定定/月歌),揮提(定定/元支)。與澄母有關的聲訓179條,澄澄構成的聲訓19條:峙踦(澄澄/之魚),碏儲(澄澄/之之),躕住(澄澄/錫侯),[2]杅橦(澄澄/耕東),[3]艦宝(澄澄/魚魚),杼持(澄澄/魚魚),儲侇(澄澄/魚之),根杖(澄澄/陽陽),杖持(澄澄/陽之),場道(澄澄/陽之),種稙(澄澄/東東),憧遲(澄澄/東脂)憧重,詷訓(澄澄/幽幽),潮朝(澄澄/幽幽)朝用《廣韻》音,《唐韻》陟遙切,軸持(澄澄/覺之),酎重(澄澄/幽東),旐長(澄澄/宵陽),杖槌(澄澄/侵微)。與船母有關的聲訓61條,船船構成的聲訓6條:蝕食(船船/職職),舓舌(船船/錫月),舓食(船船/錫職),魁神(船船/真真),示神(船船/物物),葚實(船船/侵質)。澄定兩母構成的聲訓22條(澄母字作被訓釋字的8條,定母字作被訓釋字的14條):侍待(澄定/之之),褫奪(澄定/支月),除殿(澄定/魚文),籀讀(澄定/幽屋),艴弟(澄定/脂脂),墀地(澄定/脂歌),戴大(澄定/質月),髶隋(澄邪/歌歌),[4]馳大(澄定歌月),鴆毒(澄定/侵覺),騰傳(定澄/蒸元),廷朝(定澄/耕宵),[5]投摘(定澄/侯錫),翟雉(定澄/藥脂),翟長(定澄/藥陽),燿直(定澄/藥職),廙侍(定澄/真之),田陳(定澄/真真),地陳(定澄/歌真),段椎(定澄/元歌),壇場(定澄/元陽),褺重(定澄/緝東),禪除(定澄/侵魚),錟長(定澄/談陽);船定兩母構成的聲訓4條(船母字作被訓釋字的2條,定母字作被訓釋字的2條):脽臀(船定/微文),術道(船定/物幽),豆食(定船/

---

〔1〕　或説"甌"與"筱"同字。
〔2〕　住,用《廣韻》音,段注改"住"作"逗"。
〔3〕　橦,段校作"撞"。
〔4〕　隋,小徐本作"墮"。
〔5〕　朝,參用《廣韻》音。

侯職），啗食（定船／談談）；船澄兩母構成的聲訓4條：晨誰（澄船／幽微），酏醇（澄船／幽文），診視（澄船／文脂），芋繩（澄船／魚蒸）。

《説文解字》中與船母有關的聲訓61條，除了獨自構成的聲訓及船定、船澄兩母構成的聲訓共14條外，還有47條，包括船母與章組其他聲母構成的聲訓14條，其中船章兩母構成的聲訓5條（章母字作被訓釋字的4條，船母字作被訓釋字的1條）：芝神（章船／之真），舟船（章船／幽元），脤脣（章船／真文），顫視（章船／元脂），視瞻（船章／物談）；船書兩母構成的聲訓5條：賒貰（書船／魚月），室實（書船／質質），伸神（書船／真真），[1]頤視（書船／真脂），笘折（書船／談月）；禪船兩母構成的聲訓2條（禪母字作被訓釋字的1條，船母字作被訓釋字的1條）：膳食（禪船／元職），示垂（船禪／物物）；日船兩母構成的聲訓2條：日實（日船／質質），脣脣（日船／文文）。船母與端知兩組其他聲母構成的聲訓16條，其中船端兩母構成的聲訓3條（船母字作被訓釋字的1條，船母字作被訓釋字的2條）：敦誰（端船／文微），鉇短（船端／歌元），折斷（船端／月元）；船透兩母構成的聲訓4條（船母字作被訓釋字的2條，透母字作被訓釋字的2條）：神天（船透／真真），貰貸（船透／月職），頹視（透船／宵脂），拓拾（透船／鐸緝）；船知兩母構成的聲訓1條：佳視（知船／元脂）；船徹兩母構成的聲訓1條：跐述（徹船／月物）；船泥兩母構成的聲訓1條：射弩（船泥／鐸鐸）；船余兩母構成的聲訓6條（余母字作被訓釋字的4條，船母字作被訓釋字的2條）：宦食（余船／之職），惟射（余船／職鐸），睪視（余船／鐸脂），瘉瘳（余船／侯幽），神引（船余／真真），揲閱（船余／葉月）。船母與見系聲母構成的聲訓8條，其中船見兩母構成的聲訓2條（船母字作被訓釋字的1條，見母字作被訓釋字的1條）：舌干（船見／月元），莢實（見船／葉質）；船疑兩母構成的聲訓2條（船母字作被訓釋字的1條，疑母字作被訓釋字的1條）：舌言（船疑／月元），捐折（疑船／月月）；船曉兩母構成的聲訓1條：麝香（船曉／鐸陽）；船匣兩母構成的聲訓1條：互繩（匣船／魚蒸）；影船兩

---

[1] 神，段説當作"身"。

母構成的聲訓 2 條：倭順(影船/微文)，冤折(影船/元月)。船母與精系聲母構成的聲訓 8 條，其中船精兩母構成的聲訓 2 條(船母字作被訓釋字的 1 條，精母字作被訓釋字的 1 條)：謚迹(船精/錫錫)，載乘(精船/之蒸)；船清兩母構成的聲訓 1 條：剽折(清船/歌月)；心船兩母構成的聲訓 1 條：愻順(心船/文文)；船邪兩母構成的聲訓 4 條(邪母字作被訓釋字的 3 條，船母字作被訓釋字的 1 條)：巡視(邪船/文脂)，[1]循順(邪船/文文)，馴順(邪船/文文)，述循(船邪/物物)。此外，幫船兩母構成的聲訓 1 條：祕神(幫船/質真)。

《釋名》聲訓中，與定母有關的 74 條，其中定定構成的聲訓 35 條(聲韻均同的聲訓 25 條，聲同韻不同的聲訓 10 條)：《釋地》田塡(定定/真真)，《釋水》瀆獨(定定/屋屋)，《釋道》道蹈(定定/幽幽)，《釋形體》脰投(定定/侯侯)(方言)，《釋形體》臀殿(定定/文文)，《釋姿容》蹈道(定定/幽幽)，《釋親屬》娣弟(定定/脂脂)，《釋言語》道導(定定/幽幽)，《釋言語》悌弟(定定/脂脂)，《釋言語》導陶(定定/幽幽)，《釋言語》停定(定定/耕耕)，《釋言語》蕩盪(定定/陽陽)，《釋采帛》綈蜕(定定/脂脂)，《釋宮室》堞叠(定定/葉葉)，《釋宮室》廷停(定定/耕耕)，《釋宮室》亭停(定定/耕耕)，《釋首飾》黛代(定定/職職)，《釋宮室》囤屯(定定/文文)，《釋宮室》塗杜(定定/魚魚)，《釋牀帳》簟覃(定定/侵侵)，《釋用器》檀坦(定定/元元)，《釋兵》盾遁(定定/文文)，《釋兵》鐸度(定定/鐸鐸)，《釋船》艇挺(定定/耕耕)，《釋喪制》奠停(定定/耕耕)，《釋天》电殄(定定/真文)，《釋道》涂度(定定/魚鐸)，《釋形體》頭獨(定定/侯屋)，《釋姿容》提地(定定/支歌)，《釋長幼》悼逃(定定/宵藥)，《釋衣服》頭瀆(定定/侯屋)，《釋衣服》韠獨(定定/鐸屋)，《釋樂器》鼗導(定定/宵幽)《釋典藝》圖度(定定/魚鐸)，《釋喪制》禫澹(定定/侵談)。與澄母有關的 42 條，澄澄構成的聲訓 11 條：《釋水》坻遲(澄澄/脂脂)，《釋州國》趙朝(澄澄/宵宵)，《釋姿容》持跱(澄澄/之之)，《釋長幼》長萇(澄澄/陽陽)，《釋宮室》宅擇

---

[1] 原作"延行兒"，據段校改。

(澄澄／鐸鐸),《釋宮室》柱住(澄澄／侯侯),《釋宮室》椽傳(澄澄／元元),《釋宮室》寧佇(澄澄／魚魚),《釋兵》旐兆(澄澄／宵宵),《釋船》櫂濯(澄澄／藥藥),《釋言語》治值(澄澄／之職)。與船母有關的 19 條,船船構成的聲訓 0 條。定澄構成的聲訓 10 條:《釋形體》童重(定澄／東東),《釋親屬》姪迭(澄定／質質),《釋言語》濁瀆(澄定／屋屋),《釋宮室》臺持(定澄／之之),《釋牀帳》幢童(澄定／東東),《釋樂器》篪搋(澄定／支支),《釋樂器》篴滌(澄定／覺覺),《釋兵》幢童(澄定／東東),《釋言語》遲穉(澄定／脂微),《釋言語》沈澹(澄定／侵談);定船構成的聲訓 1 條:《釋州國》甸乘(定船／真蒸);澄船構成的聲訓 1 條:《釋疾病》痔食(澄船／之職)。

定母與知組其他聲母構成的聲訓還有 4 條,其中定知為訓表 2 條:《釋言語》貞定(知定／耕耕),《釋樂器》牘築(定知／屋覺);定徹兩母構成的聲訓 2 條:《釋言語》達徹(定徹／月月),《釋車》棠樘(定徹／陽陽)。定母與章組其他聲母構成的聲訓還有 2 條,其中定章兩母構成的聲訓 1 條:《釋形體》膞團(章定／元元);定禪兩母構成的聲訓 1 條:《釋宮室》圖團(禪定／元元)。

澄母與端組其他聲母構成的聲訓還有 5 條,其中澄透兩母構成的聲訓 3 條:《釋言語》退墜(透澄／物物),《釋用器》椎推(澄透／微微),《釋州國》鄭町(澄透／耕耕);澄余兩母構成的聲訓 1 條:《釋飲食》醳澤(余澄／鐸鐸);澄來兩母構成的聲訓 1 條:《釋飲食》酪澤(來澄／鐸鐸)。澄母與章組其他聲母構成的聲訓還有 3 條,其中澄章兩母構成的聲訓 1 條:《釋飲食》諸儲(章澄／魚魚);澄書兩母構成的聲訓 2 條:《釋樂器》舂撞(書澄／東東),《釋姿容》束持(書澄／屋之)。船母與端組其他聲母構成的聲訓 2 條,即船余兩母構成的聲訓 2 條:《釋形體》唇緣(船余／文元),《釋典藝》諡曳(船余／月錫)。

二、從《説文解字》讀若材料看東漢時代定澄船三母的關係

《説文解字》讀若中,與定母有關的 48 條,定定構成的讀若 20 條:𠵸

塗(29 上/25 上),嚞沓(57 下/49 下),敱杜(69 上/61 下),眔隶(72 上/64 下),[1]朕跌(88 下/80 下),甹亭(105 上/96 上),鋌昜(109 下/100 上),郤塗(135 上/131 上),卣調(143 上/139 上),倓談(162 上/161 下),隓墮(190 下/186 上),驔簟(199 下/194 上),慴疊(223 下/212 上),[2]讄沓(245 下/232 上),撣驔(252 上/237 上),揩眔(256 上/239 下),鉵同(296 上/269 上),隮瀆(305 下/275 下),[3]𢑴弟(197 上/191 下)。[4] 與澄母有關的 26 條,澄澄構成的讀若 9 條:趪秩(36 下/31 上),趍池(37 下/31 下),[5]偁遲(43 下/37 上),誀遲(51 下/47 下),[6]柔杼(116 上/108 上),戴戜(213 下/204 上),㶕䵡(231 下/221 上),雨𩃎(249 上/235 上),鼂朝(285 下/260 下)。與船母有關的 3 條,均爲船來構成的讀若:食粒(106 下/97 下)。[7] 畚,來侵/來寑,葚,船侵/船寑(210 下/202 上)。[8] 船船構成的讀若 0 條。定澄兩母構成的讀若爲 2 條:沖動(229 下/220 上),趍地(37 下/31 下)。[9] 定船兩母構成的讀若爲 0 條。澄船兩母構成的讀若爲 0 條。

三、從其他音注通假材料看東漢時代定澄船三母的關係

《三禮》漢讀中,定定構成的音注 16 條:屯殿(定定/文文,《周禮》卷三·53 下·8),道導(定定/幽幽,《周禮》卷六·104 下·12),動慟(定定/東東,《周禮》卷六·121 上·2),甸田(定定/真真,《周禮》卷五·91 下·3),奠定(定定/真耕,《周禮》卷四·66 上·6),奠定(定定/真耕,《周禮》卷六·125 下·16),條滌(定定/幽覺,《周禮》卷九·167 上·8),

〔1〕 大徐本無讀若。小徐本無"讀若隶",隶,《廣韻》徒耐切,與"逮"同音。
〔2〕 慴,《廣韻》之涉切(章葉),又徒協切(定葉)。
〔3〕 隮,定藥/定屋。大徐本"讀若瀆(定藥/定屋)",小徐本"讀若洞(定東/定送)"。
〔4〕 𢑴,《廣韻》羊至切(余脂/余至),又特計切(定脂/定齊)。
〔5〕 大徐本無讀若。
〔6〕 趍,大徐本"讀若池",小徐本"讀若地"。地,定歌/定至。
〔7〕 另有"几,讀若殊"。几,禪侯/禪虞;殊,禪侯/禪虞。大徐本市朱切,小徐本船區反(66 下/59 下)。
〔8〕 大徐本無讀若。
〔9〕 大徐本"讀若池",小徐本"讀若地"。池,澄歌/澄支。

壇憚(定定/元元,《周禮》卷七·137下·16),搏縛(定定/元元,《周禮》卷十一·213下·7),憚但(定定/元元,《周禮》卷十二·219上·10),彈但(定定/元元,《周禮》卷十二·222下·12),奠定(定定/真耕,《周禮》卷十二·229下·5),奠停(定定/真耕,《周禮》卷十二·226上·12),狄翟(定定/錫藥,《周禮》卷二·37上·6),填奠(定定/真真,《禮記》卷二·23下·24),奪兌(定定/月月,《禮記》卷三·34上·7)。澄澄構成的音注1條:犆直(澄澄/職職,《禮記》卷九·91下·13)。船船構成的音注1條:術述(船船/物物,《禮記》卷十四·143上·15)。

定澄構成的音注6條:甸賑(定澄/真真,《周禮》卷四·74下·15),滯瘴(澄定/月元,《周禮》卷四·69上·15),廛壇(澄定/元元,《周禮》卷四·60上·9),廛壇(澄定/元元,《周禮》卷三·42上·16),待持(定澄/之之,《周禮》卷七·148上·14),重童(澄定/東東,《禮記》卷三·33下·2)。

《周禮·地官·稍人》:"掌令丘乘之政令。"鄭玄:"上乘四丘爲甸。甸,讀與'維禹賑'之'賑'同。"甸,定真;賑,澄真。此條材料告訴我們,此時此地的定母字有讀成澄母的。而《詩經·小雅·常棣》:"每有良朋,烝也無戎。"《毛傳》:"烝,填;戎,相也。"《鄭箋》:"古聲寘、填、塵同也。"寘,章錫;填,定真;塵,澄真。此條音注告訴我們,更早的時候(古者)澄母是讀作定母的(章母的某些字也是如此),鄭玄時代則不同了。這兩條材料都可以作此時定澄兩母已經分化的解釋,尤其是後一條材料。

據陸德明《經典釋文》,鄭玄音注材料還有定定構成的音注1條,憚,徒旦反(《詩·雲漢》,98上22)。[1] 澄澄構成的音注2條:裯,直俱反(《詩·小星》,56下14);軸,直六反(《詩·考槃》61下13)。[2] 船船構成的音注1條:射,食夜反(《詩·思齊》91下20)。定澄構成的音注1

---

[1] 另有"扰,徒可反(《易·訟》20下14)"、"屯,徒門反(《詩·常武》100上19)",有人認爲是鄭玄音切,實際上應該是陸德明音切。

[2] 另有棖,丈庚反(《詩·丰》,65上17),有人認爲是鄭音玄切,實際上應該是陸德明音切。

條：純，徒尊反（《詩·野有死麕》，57 上 1）。定船構成的音注 2 條：甸，繩
證反（《詩·信南山》85 上 1）；甸，繩證反（《詩·韓奕》99 上 16）。[1]

　　在東漢應劭、服虔《漢書注》中，與定母有關的音注材料 13 條，其中定
定構成的音注 7 條：喋，音蹀躠履之蹀（服虔，1/106/2）。喋，定葉/定帖；
蹀，定葉/定帖。踶，音蹄（應劭，3/729/6）。踶，定支/定齊；蹄，定支/定
齊。啿，音湛湛露斯（服虔，3/1055/6）。啿，定侵/定感；湛，定侵/定賺。
駣，音逃（應劭，6/1565/15）。駣，定宵/定豪；逃，定宵/定豪。郯，音談（應
劭，6/1588/2）。郯，定談/定談；談，定談/定談。墊，音徒浹反（應劭，6/
1597/1）。墊，定侵/定霰；徒浹反，定葉/定洽。墊，音墊陁之墊（服虔，9/
3031/2）。墊，定侵/定霰；墊，定侵/定霰。與澄母有關的音注材料 6 條，
其中澄澄構成的音注 2 條：腄，音甀（應劭，4/1250/5）。腄，澄歌/澄支；
甀，澄歌/澄支。魋，音椎（服虔，7/2111/2）。魋，澄脂/澄脂；椎，澄微/澄
脂。與船母有關的音注材料 1 條，船船構成的音注 0 條。

　　定澄兩母構成的音注 2 條：沓，音長答反（應劭，6/1626/6）。沓，定
緝/定合；長答，澄緝/澄合。咷，音滌濯之濯（服虔，10/3215/10）。咷，定
宵/定豪；濯，澄藥/澄覺。定船兩母構成的音注 0 條，船澄兩母構成的音
注 0 條。

　　東漢高誘《呂氏春秋注》、《淮南子注》，與定母有關的音注材料 31
條，其中定定構成的音注 13 條：《呂氏春秋·仲夏紀·大樂》："渾渾沌
沌。"高注："沌，讀近屯。"（6/5/46/6）沌，定文/定混；屯，定文/定魂。《呂
氏春秋·仲秋紀·簡選》："鉏櫌白梃，可以勝人長銚利兵。"高注："銚，讀
曰葦苕之苕。"（6/8/79/4）銚，定宵/定蕭；苕，定宵/定蕭。《淮南子·原
道》："與天降鴻洞。"高注："洞，讀同異之同。"（7/1/10/13）洞，定東/定
送；同，定東/定東。《淮南子·原道》："故雖游於江潯海裔。"高注："潯，
讀葛覃之覃也。"（7/1/15/11）潯，定侵/定覃；覃，定侵/定覃。《淮南子·
天文》："天墜未形，馮馮翼翼，洞洞灟灟。"高注："洞，讀挺挏之挏。"（7/3/

---

〔1〕　甸之，《經典釋文》毛徒遍反，治也。鄭繩證反，或云："鄭亦徒遍反。"

35/4）洞，定東/定送；恫，定東/定董。《淮南子·天文》："火上蕁。"高注："蕁，讀葛覃之覃。"（7/3/36/3）蕁，定侵/定覃；覃，定侵/定覃。《淮南子·墬形》："介潭生先龍。"高注："潭，讀譚國之譚。"（7/4/65/6）潭，定侵/定覃；譚，定侵/定覃。《淮南子·精神》："澒蒙鴻洞。"高注："洞，讀同游之同。"（7/7/99/4）洞，定東/定送；同，定東/定東。《淮南子·本經》："甬道相連。"高注："道，讀道布之道。"（7/8/122/1）道，定幽/定晧；道，定幽/定晧。《淮南子·本經》："甬道相連。"高注："道，讀道布之道。"（7/8/122/1）道，定幽/定晧；道，定幽/定晧。《淮南子·氾論》："洞洞屬屬，而將不能。"高注："洞，讀挺恫之恫。"（7/13/214/4）洞，定東/定送；恫，定東/定董。《淮南子·氾論》："出百死而紿一生。"高注："紿，讀仍代之代。"（7/13/219/7）紿，定之/定海；代，定之/定代。《淮南子·説林》："蕑苗類絮，而不可爲絮。"高注："蕑，讀敵戰之敵。"（7/17/293/8）蕑，定錫/定錫；敵，定錫/定錫。[1] 與澄母有關的音注材料12條，其中澄澄構成的音注3條：《淮南子·俶真》："茫茫沈沈。"高注："茫，讀王莽之莽。"（7/2/21/11）沈，澄侵/澄侵；沈，澄侵/澄侵。《淮南子·時則》："調竽簾。"高注："簾，讀池澤之池。"（7/5/74/10）簾，澄支/澄支；池，澄歌/澄支。《淮南子·本經》："闢伊闕，倒廛澗。"高注："廛，讀裹纏之纏。"（7/8/118/12）廛，澄元/澄仙；纏，澄元/澄仙。與船母有關的音注材料2條（均爲船余構成的音注），船船構成的音注0條。

與定母有關的音注材料31條，其中定定構成的音注13條；與澄母有關的音注材料12條，其中澄澄構成的音注3條。定澄構成的音注2條：《淮南子·原道》："上游於霄雿之野。"高注："雿，讀翟氏之翟。"（7/1/3/10）雿，定宵/定笑；翟，澄藥/澄陌。《淮南子·俶真》："蕭條霄雿。"高注："雿，讀翟氏之翟。"（7/2/19/11）雿，定宵/定笑；翟，澄藥/澄陌。定船兩母構成的音注0條，船澄兩母構成的音注0條。

---

〔1〕 另有《吕氏春秋·士容論·任地》："又無螟蜮。"高注："蜮，或作螣。兖州謂蜮爲螣，音相近也。"（6/26/334/3）高亨認爲"蜮"是"蟘"之誤。蟘，定職/定德；螣，定職/定德。蜮，云職/云職。

綜上所述,《白虎通德論》中,定定構成的聲訓 4 條,澄澄構成的聲訓 0 條。與船母有關的聲訓 4 條,船船構成的聲訓 0 條。定澄兩母構成的聲訓 1 條,定船兩母構成的聲訓 0 條,澄船兩母構成的聲訓 0 條。《説文解字》中,定定構成的聲訓 37 條,澄澄構成的聲訓 19 條,船船構成的聲訓 6 條,澄定兩母構成的聲訓 22 條,船定兩母構成的聲訓 4 條,船澄兩母構成的聲訓 4 條。《釋名》聲訓中,定定構成的聲訓 35 條,澄澄構成的聲訓 11 條,船船構成的聲訓 0 條,定澄構成的聲訓 10 條,定船構成的聲訓 1 條,澄船構成的聲訓 1 條。

《白虎通德論》的聲訓材料太少,不易説明問題,但可看出定澄關係的密切。《説文解字》和《釋名》的聲訓材料,雖然都能看出定澄兩母各自很强的獨立性,但也能看出它們的密切關係,説其分説其合,都有難度。至於船母,《白虎通德論》的聲訓材料太少,不能作出判斷;《説文解字》和《釋名》的聲訓材料,都能看出它和定澄兩母的密切關係。

《説文解字》讀若中,定定構成的讀若 20 條,澄澄構成的讀若 9 條,船船構成的讀若 0 條,定澄兩母構成的讀若爲 2 條,定船兩母構成的讀若爲 0 條,澄船兩母構成的讀若爲 0 條。《三禮》漢讀中,定定構成的音注 16 條,澄澄構成的音注 1 條,船船構成的音注 1 條,定澄構成的音注 6 條。據陸德明《經典釋文》,鄭玄音注材料還有定定構成的音注 1 條,澄澄構成的音注 2 條,船船構成的音注 1 條,定澄構成的音注 1 條,定船構成的音注 2 條。在應劭、服虔《漢書注》中,定定構成的音注 7 條,澄澄構成的音注 2 條,船船構成的音注 0 條,定澄兩母構成的音注 2 條,定船兩母構成的音注 0 條,船澄兩母構成的音注 0 條。高誘《吕氏春秋注》、《淮南子注》、《戰國策注》,定定構成的音注 13 條,澄澄構成的音注 3 條,船船構成的音注 0 條,定澄構成的音注 2 條,定船兩母構成的音注 0 條,船澄兩母構成的音注 0 條。

從《説文解字》讀若,應劭、服虔《漢書注》和高誘《吕氏春秋注》、《淮南子注》等材料看,此時的定澄兩母應該是各自獨立的聲母,儘管它們的關係很密切。《三禮》漢讀的材料特殊一些,定澄兩母構成的音注是澄澄構成的音注的 6 倍,顯然定澄兩母是應該合一的。不過,有些音注材料換一個角度看,可以有另外的解釋。如《周禮·地官·稍人》:"掌令丘乘之政令。"鄭玄:"上乘四丘爲甸。甸,讀與'維禹敶'之'敶'同。"甸,定真;敶,澄真。此條材料告訴我們,此時此地的定母字有讀成澄母的。而《詩經·小雅·常棣》:"每有良朋,烝也無戎。"《毛傳》:"烝,填;戎,相也。"《鄭箋》:"古聲寘、填、塵同也。"寘,章錫;填,定真;塵,澄真。此條音注告訴我們,更早的時候(古者)澄母是讀作定母的(章母的某些字也是如此),鄭玄時代則不同了。這兩條材料都可以作此時定澄兩母已經分化的解釋,尤其是後一條材料。

第五節　東漢時代余定兩母的關係

自從曾運乾先生提出喻三歸匣、喻四歸定後,喻母四等即余母(或稱"以母")的地位就成了上古聲母問題討論的焦點之一,有人認爲喻母四等即余母應該并入定母,以黄侃先生爲代表,後來章黄學派的學者大多信奉此説;有人認爲喻母四等即余母應該是一個獨立的聲母,以王力先生爲代表,後來大陸的大部分學者以及出版的各種相關的工具書大多遵從此説。認爲余母應該獨立的學者,在余母的擬音問題上,不同的學者也會有所不同,如王力先生和李方桂先生對余母的擬音就不相同;甚至同一學者對余母擬音,前後也會有所不同,如王力先生在《同源字典·古音説略》(1982)、《漢語語音史》(1985)中對余母的擬音就和他《漢語史稿》(1956、1958、1980)、《漢語音韻》(1963、1980)中的擬音就不一樣。

一、從聲訓材料看東漢時代余定兩母的關係

《白虎通德論》中與定母有關的聲訓 19 條,定定構成的聲訓 4 條,定澄兩母構成的聲訓 1 條(詳情已見於上節)。《白虎通德論》中與余母有關的聲訓 12 條,余余兩母構成的聲訓 1 條:《五行》寅者,演也(寅,余真平;演,余元上)。余定兩母構成的聲訓 2 條:《禮樂》:狄者,易也(狄,定

錫入；易，余錫入/余真去）；《天地》：地者，易也（地，定歌去；易，余錫入/
去）。此外，余母與其他聲母構成的聲訓9條：其中余來兩母構成的聲訓
1條：《五行》：酉者，老也，萬物收斂（酉，余幽上；老，來幽上）。余船兩母
構成的聲訓1條：《謐》：謐之爲言引也；（謐，船錫入；引，余真上）余書兩
母構成的聲訓2條：《五行》：夷，傷也（夷，余脂平；傷，書陽平）；《五行》：
酉者，萬物收斂（酉，余幽上；收，書幽平）。余見兩母構成的聲訓2條：
《禮樂》：宮者，容也（宮，見冬平；容，余東平）；《五行》：角者，氣動耀也
（角，見屋入；耀，余藥去）。余邪兩母構成的聲訓2條：《五行》：祝融者，
屬續（融，余冬平；續，邪屋入）；《崩薨》：襚之爲言遺也（襚，邪物入；遺，余
微去）。余明兩母構成的聲訓1條：《號》：陽者，陽猶明也。（陽，余陽
平；明，明陽平）

　　《説文解字》中，與定母有關的聲訓305條，定定構成的聲訓37條，澄
定兩母構成的聲訓22條（已見上節）。與余母有關的聲訓256條，余余構
成的聲訓33條：台説（余余/之月），[1] 宧養（余余/之陽），㗴頤（余余/之
之），以用（余余/之東），敡易（余余/錫錫），贏餘（余余/耕魚）餘，繁體，與
予（余余/魚魚），睪引（余余/鐸真），易揚（余余/陽陽），颺揚（余余/陽
陽），劬繇（余余/陽宵），窬空（余余侯陽），鯢欲（余余/侯屋），揄引（余
余/侯真），儥賣（余余/屋屋），螫腴（余余/屋侯），庸用（余余/東東），奡用
（余余/東東），[2] 鎔冶（余余/東魚），鍪遺（余余幽微），歐卣（余余/幽
幽），緒育（余余/覺覺），[3] 育養（余余/覺陽），趣踊（余余/藥東）踊，小徐
作躍，徲易（余余/脂錫），靮引（余余/真真），丿抴（余余/月月），丿引（余
余/月真），沿緣（余余/元元），掾緣（余余/元元），淫逸（余余/侵質），篥簫
（余余/葉藥），剡銳（余余/談月）。

　　余定構成的聲訓29條（余母字作被訓釋字的17條，定母字作被訓釋
字的12條）：匜田（余定/職真），礜毒（余定/魚覺），怣憛（余定/魚侵），

---

〔1〕　台，今"怡"字。
〔2〕　奡，即"庸"字。
〔3〕　育，當作"淯"，備考。

奕大(余定/鐸月),鉛銅(余定/屋東),踴跳(余定/宵東月),搯動(余定/東東),柚條(余定/幽幽),曳條(余定幽幽)曳由,蹂跳(余定/宵月),舎徒(余定/宵余),樤動(余定/宵東),搖動(余定/宵東),姨弟(余定/脂脂),訑弟(余定/歌脂),酏甜(余定/歌歌),挩捘(余定/月魚),騰迻(定余/蒸歌),滕涌(定余/蒸東),遞易(定余/支錫),捘引(定余/魚脂),毀繇(定余/侯宵),[1]郊引(定余/幽文),跳躍(定余/宵藥),誂誘(定余/宵幽),掉搖(定余/藥宵),疣瘍(定余/月陽),兌說(定余/月月),澹搖(定余/談宵)。澄余構成的聲訓23條(澄母字作被訓釋字的9條,余母字作被訓釋字的14條):胄胤(澄余/幽真),宙興(澄余幽魚),沖湧(澄余/冬東),旎游(澄余/宵幽),擢引(澄余/藥真),塵揚(澄余/真揚),篆引(澄余/元真),柱楹(澄余/侯耕),沖搖(澄余/冬宵),譯傳(余澄/鐸元),易長(余澄/陽陽),兼長(余澄/陽陽),傭直(余澄/東職),酉酗(余澄/幽幽),橾長(余澄/宵陽),藥治(余澄/藥之),又長(余澄/真陽),演長(余澄/真陽),戭長(余澄/真陽),尹治(余澄/文之),訑重(余澄/歌東),延長(余澄/元陽),豔長(余澄/談陽)。

余母與端知章三組其他聲母構成的聲訓95條,包括余母與端組其他聲母構成的聲訓22條,其中余端兩母構成的聲訓3條(端母字作被訓釋字的2條,余母字作被訓釋字的1條):邪庚(端余/侯侯),[2]煆冶(端余/元之),與黨(余端/魚陽);余透兩母構成的聲訓11條(余母字作被訓釋字的3條,透母字作被訓釋字的8條):予推(余透/魚微),欲貪(余透/屋侵),黂惕(余透/真錫),胎孕(透余/之蒸),悐說(透余/幽月),佻愉(透余/宵侯),唾液(透余/歌鐸),扡曳(透余/歌月),[3]貪欲(透余/侵屋),歆欲(透余/談屋),橖夜(透余/鐸鐸);余泥兩母構成的聲訓1條:姚嬈(余泥/宵宵);來余兩母構成的聲訓7條(來母字作被訓釋字的2條,余母字作被訓釋字的5條):孿銳(來余/元月),鍊冶(來余/元之),篡籥

---

〔1〕 毀,即"投";繇,段説即"遥"字。
〔2〕 庚,段説當作"渡"。
〔3〕 扡,即"拖"字。

（余來/耕耕），櫋燎（余來/幽幽），旐流（余來/幽幽），[1]遊流（余來/幽幽），剡利（余來/談質）。余母與知組其他聲母構成的聲訓 5 條，均是余徹爲訓（余母字作被訓釋字的 3 條，徹母字作被訓釋字的 2 條）：佁癡（余徹/之之），繹抽（余徹/鐸幽），諛諂（余徹/侯談），鬯秬（徹余/陽魚），抽引（徹余/幽真）。余母與章組其他聲母構成的聲訓 68 條，其中余章兩母構成的聲訓 11 條（余母字作被訓釋字的 7 條，章母字作被訓釋字的 4 條）：饖繳（余章/職藥），煬炙（余章/陽鐸），鏞鐘（余章/東東），燿照（余章/藥宵），歋觶（余章/質元），喬錐（余章/物微），預正（余章/文耕），樴弋（章余/職職），錐銳（章余/微月），汁液（章余/緝鐸），桑葉（章余/葉葉）；余昌兩母構成的聲訓 9 條（余母字作被訓釋字的 6 條，昌母字作被訓釋字的 3 條）：譽誦（余昌/魚蒸）；[2]窬穿（余昌/侯元），牖穿（余昌/幽元），喬穿（余昌/物元），喬出（余昌/物月），軼出（余昌/質物），偁揚（昌余/蒸陽），車輿（昌余/魚月），斟易（昌余/屋錫）；余船兩母構成的聲訓 6 條（余母字作被訓釋字的 4 條，船母字作被訓釋字的 2 條）：宦食（余船/之職），饖射（余船/職鐸），睪視（余船/鐸脂），瘉瘳（余船/侯幽），神引（船余/真真），揲閱（船余/葉月）；余書兩母構成的聲訓 25 條（余母字作被訓釋字的 17 條，書母字作被訓釋字的 8 條）：謍聲（余書/耕耕），余舒（余書/魚魚），浴身（余書/屋真），用施（余書/東歌），夅手（余書/覺幽），覞深（余書/幽侵），籥笘（余書/藥談），痍傷（余書/脂陽），弟豕（余書/脂微），逸失（余書/質質），夜舍（余書/鐸魚），勻少（余書/真宵），酌少（余書/真宵），聿書（余書/物魚），酏黍（余書/歌魚），叡深（余書/月侵），舀抒（余書/幽魚），[3]試用（書余/職東），翅翼（書余/支職），舒予（書余/魚魚），矢夷（書余/脂脂），戞引（書余/真真），[4]瞚搖（書余/真宵），挺延（書余/元元），攝引（書余/葉真）；余禪構成的聲訓 14 條（余母字作被訓釋字的 7

---

〔1〕　旐，段説是"遊"之異體。
〔2〕　誦，即"偁"字。
〔3〕　抒，大徐本引《唐韻》神與切，屬船母，此處依《廣韻》傷魚切，書母。
〔4〕　戞，疑爲今"抻"字。

條,禪母字作被訓釋字的 7 條):羑善(余禪/之元),溶盛(余禪/東耕),溶盛(余禪/東耕),彝常(余禪/脂陽),胤承(余禪/真蒸),阢石(余禪/文鐸),緣純(余禪/元文),丞翊(禪余/蒸蒸)(段説翊當作翼),成容(禪余/耕東),鱔揚(禪余/陽陽),授予(禪余/幽魚),筮易(禪余/月錫),歆引(禪余/元真),墠野(禪余/元魚);余日兩母構成的聲訓 3 條:餘饒(余日/魚宵),楢柔(余日/幽幽),楢宎(余日/幽元)。余母與其他聲母構成的聲訓 75 條,包括余母與幫組聲母構成的聲訓 14 條,其中幫余兩母構成的聲訓 3 條:俾益(幫余/支錫),靶轡(幫余/魚質),[1]貶迻(幫余/歌歌);余非兩母構成的聲訓 1 條:聿弗(余非/物物);滂余兩母構成的聲訓 1 條:胚孕(滂余/之蒸);余敷兩母構成的聲訓 1 條:賸副(余敷/蒸職);余並兩母構成的聲訓 3 條(並余兩母構成的聲訓 2 條,余並兩母構成的聲訓 1 條):羑卉(並余屋屋),僕羑(並余屋屋),寅髕(余並/真真);余奉兩母構成的聲訓 1 條:夏道(奉余;精/幽幽;幽);[2]明余兩母構成的聲訓 3 條(明母字作被訓釋字的 2 條,余母字作被訓釋字的 1 條):脢孕(明余/之蒸),癑㾕(明余/蒸物)153 下,陽明(余明/陽陽);余微兩母構成的聲訓 1 條:念忘(余微/魚陽)。

余母與見係聲母構成的聲訓 35 條,其中余見兩母構成的聲訓 9 條(余母字作被訓釋字的 5 條,見母字作被訓釋字的 4 條):异舉(余見/魚魚),舉舉(余見/魚魚),揚舉(余見/陽魚),鉛句(余見/屋侯),葯縞(余見/藥宵),怪異(見余/職職),稼野(見余/魚魚),胳亦(見余/鐸鐸),[3]互銳(見余/月月);余溪兩母構成的聲訓 6 條(余母字作被訓釋字的 4 條,溪母字作被訓釋字的 2 條):詒欺(余溪/之之);傷輕(余溪/錫耕),俞空(余溪/侯東),裕饒(余溪/屋宵),胅亦(溪余/魚鐸),羌羊(溪余/陽陽);余羣兩母構成的聲訓 1 條:易彊(余群/陽陽);余疑兩母構成的聲訓 2 條(余母字作被訓釋字的 1 條,疑母字作被訓釋字的 1 條):龠樂(余疑/藥

---

[1] 轡,黄侃歸物部。
[2] 夏,即"复"字,非繁體"復"字。
[3] 亦,即"腋"字。下"胅亦"條同。

藥),敖游(疑余／宵幽);余影兩母構成的聲訓 3 條(余母字作被訓釋字的
1 條,影母字作被訓釋字的 2 條):悠憂(余影／幽幽),雅鶵(影余／魚魚),
伊尹(影余／脂真);余曉兩母構成的聲訓 3 條(余母字作被訓釋字的 1 條,
曉母字作被訓釋字的 2 條):麿朽(余曉／幽幽),敻營(曉余／耕耕),洶湧
(曉余／東東);余匣兩母構成的聲訓 4 條(余母字作被訓釋字的 1 條,匣母
字作被訓釋字的 3 條):鹽鹹(余匣／談侵),乎餘(匣余／魚魚),葟榮(匣
余／陽耕),荷葉(匣余／歌葉);余云兩母構成的聲訓 7 條(余母字作被訓
釋字的 1 條,云母字作被訓釋字的 6 條):欥曰(余云／月月),矣已(云余／
之之),尤異(云余／之職),禜營(云余／耕耕),瑗引(云余／元真),爰引
(云余／元真),援引(云余／元真)。余母與見係聲母構成的聲訓 26 條,其
中余精兩母構成的聲訓 10 條(余母字作被訓釋字的 5 條,精母字作被訓
釋字的 5 條):贖增(余精／蒸蒸),孕子(余精／蒸之),酉酒(余精幽幽),
窲竈(余精／宵覺),蕭爵(余精／藥藥),矰雉(精余／蒸職),齎遺(精余／脂
微),屼節(精余／質微),厜銳(精余／侵月),酒酉(精余／幽幽);余清兩母
構成的聲訓 2 條:蒩艸(余清／幽幽),迻遷(余清／歌元);余從兩母構成
的聲訓 3 條(余母字作被訓釋字的 2 條,從母字作被訓釋字的 1 條):
薁芋(余從／職之),酉就(余從／幽幽),鐮鏶(從余／緝葉);余心兩母構成
的聲訓 3 條(余母字作被訓釋字的 1 條,心母字作被訓釋字的 2 條):
徙移(心余／歌歌),雪説(心余／月月),輻小(余心／宵宵);余邪兩母構成
的聲訓 8 條(余母字作被訓釋字的 3 條,邪母字作被訓釋字的 5 條):豫
象(余邪／魚陽),羊祥(余邪／陽陽),愧習(余邪／月月),祀已(邪余／之
之),夕繹(邪余／鐸鐸),[1]癢瘍(邪余／陽陽),庠養(邪余／陽談),夔餘
(邪余／真魚)。[2]

　　《釋名》聲訓中與定母有關的 74 條,其中定定構成的聲訓 35 條;與澄
母有關的 42 條,澄澄構成的聲訓 11 條,定澄構成的聲訓 10 條。如果按

---

〔1〕　此條出自"多"字下。
〔2〕　夔,即"爐"字。

95

照定澄合一的説法,那么與定母有關的則爲 106 條,定定構成的聲訓則是 56 條。《釋名》聲訓中,與余母有關的 57 條,其中余余兩母構成的聲訓 25 條:《釋天》曜燿(藥藥),《釋天》陽揚(陽陽),《釋形體》遺潰(微微),《釋形體》腋繹(鐸鐸),《釋姿容》容用(東東),《釋姿容》引演(真真),《釋姿容》羊陽(陽陽),《釋言語》演延(元元),《釋言語》頌容(東東),《釋言語》勇踴(東東),《釋飲食》餳洋(陽陽),《釋飲食》飴怡(之之),《釋牀帳》筵衍(元元),《釋樂器》籥躍(藥藥),《釋兵》鋋延(元元),《釋兵》旗譽(魚魚),《釋車》靷引(真真),《釋疾病》癢揚(陽陽),《釋宮室》墉容(東東),《釋天》寅演(真元),《釋宮室》頤養(之陽),《釋長幼》頤養(之陽),《釋衣服》褕裕(侯屋),《釋宮室》宧養(之陽),《釋宮室》庾裕(侯屋);定余兩母構成的聲訓 5 條:《釋天》兌説(月月),《釋宮室》楹亭(耕耕),《釋飲食》醳澤(鐸鐸),《釋親屬》姨弟(脂脂),《釋兵》鋋達(月元);澄余兩母構成的聲訓 1 條:《釋飲食》醳澤(余澄/鐸鐸)。

　　余母與其他聲母構成的聲訓 26 條,包括與唇音聲母構成的聲訓 2 條,均是余明爲訓:《釋丘》明陽,《釋丘》融明。與舌音其他聲母構成的聲訓 9 條,其中余昌兩母構成的聲訓 1 條:《釋疾病》痍侈(脂歌);余船兩母構成的聲訓 2 條:《釋宮室》唇緣(文元),《釋典藝》謚曳(月錫);余禪兩母構成的聲訓 6 條:《釋親屬》媵承(蒸蒸),《釋書契》署予(魚魚),《釋車》輻遥(宵宵),《釋形體》腎引(真真),《釋言語》善演(元元),《釋兵》夷常(脂陽)。與齒音聲母構成的聲訓 10 條,其中余精兩母構成的聲訓 4 條:《釋飲食》酒西,《釋言語》進引,《釋言語》淫浸,《釋宮室》簀接;余清兩母構成的聲訓 2 條:《釋疾病》創瘍,《釋衣服》襈緣;余心兩母構成的聲訓 4 條:《釋天》西秀,《釋言語》扡泄,《釋形體》髓遺,《釋喪制》錫易。與喉牙音聲母爲訓 5 條,其中余見兩母構成的聲訓 1 條:《釋車》輿舉;余曉兩母構成的聲訓 1 條:《釋言語》畜養;余匣兩母構成的聲訓 2 條:《釋兵》鐏滑,《釋車》遥遠;余影兩母構成的聲訓 1 條:《釋喪制》殪翳。

　　定母與其他聲母構成的聲訓還有 27 條,包括與端知章三組聲母構成的聲訓21條,其中定端爲訓的5條:《釋兵》鏑敵(端定/錫錫),《釋親屬》嫡敵(端定/錫錫),《釋書契》題諦(定端/支錫),《釋地》地底(定端/歌脂),《釋地》地諦(定端/歌錫);定知爲訓的2條:《釋言語》貞定(知定/耕耕),《釋樂器》牘築(定知/屋覺);定透兩母構成的聲訓9條:《釋親屬》醹投(透定/侯侯),《釋言語》通洞(透定/東東),《釋形體》體第(透定/脂脂),《釋姿容》跳條(透定/宵幽),《釋姿容》蹋楈(定透/葉葉),《釋長幼》耋鐵(定透/質質),《釋衣服》襢坦(定透/元元),《釋姿容》跳條(透定/宵幽),《釋船》柂拕(定透/歌歌);定徹兩母構成的聲訓2條:《釋言語》達徹(定徹/月月),《釋車》棠樘(定徹/陽陽);定余爲訓的4條:《釋天》兌說(定余/月月),《釋宮室》楹亭(余定/耕耕),《釋親屬》姨弟(余定/脂脂),《釋兵》鋌達(余定/月元);定章兩母構成的聲訓1條:《釋形體》膞團(章定/元元);定禪兩母構成的聲訓1條:《釋宮室》圌團(禪定/元元)。定母與其他聲母構成的聲訓6條,包括定邪兩母構成的聲訓1條:《釋兵》鐔尋(定邪/侵侵);定幫兩母構成的聲訓2條:《釋車》柏大(幫定/鐸月),《釋疾病》疼痹(定幫/冬質);定明兩母構成的聲訓1條:《釋書契》牘睦(定明/屋覺);定影兩母構成的聲訓1條:《釋兵》翳陶(影定/脂幽);定疑兩母構成的聲訓1條:《釋長幼》乂治(疑澄/月之)。

　　澄母與其他聲母構成的聲訓還有16條,包括與端知章三組聲母構成的聲訓12條,其中澄透兩母構成的聲訓3條:《釋言語》退墜(透澄/物物),《釋用器》椎推(澄透/微微),《釋州國》鄭町(澄透/耕耕);澄知爲訓表2條:《釋親屬》仲中(澄知/冬冬),《釋書契》傳轉(澄知/元元);澄徹兩母構成的聲訓3條:《釋形體》腸暢(澄徹/陽陽),《釋采帛》紬抽(澄徹/幽幽),《釋車》軸抽(澄徹/幽幽);澄章兩母構成的聲訓1條:《釋飲食》諸儲(章澄/魚魚);澄書兩母構成的聲訓2條:《釋樂器》舂撞(書澄/東東),《釋姿容》束持(書澄/屋之);澄來兩母構成的聲訓1條:《釋飲食》酪澤(來澄/鐸鐸)。澄母與其他聲母構成的聲訓4條,其中澄莊兩母構成的聲訓1條:《釋船》欚劙(澄莊/藥月);澄邪兩母構成的聲訓2條:

《釋地》隰蟄(邪澄/緝緝),《釋典藝》敘杼(邪澄/魚魚);[1]澄幫兩母構成的聲訓 1 條:《釋首飾》鬏紩(幫澄/月質)。

二、從《説文解字》讀若材料看東漢時代定余兩母的關係

在《説文解字》讀若中,與余母有關的 40 條,余余構成的讀若 28 條:珽貽(12 下/8 下),瑌維(13 上/8 下),莜酉(15 下/12 上),粂余(28 下/24 上),[2]兮兗(35 上/29 下),[3]舁余(59 下/52 上),攺巳(69 下/61 下),[4]敆侖(84 下/76 下),迶攸(100 下/91 下),薈庸(111 下/102 上),圛驛(129 上/125 上),鄅淫(136 下/132 上),晲酏(138 上/133 下),牏俞(143 下/140 上),[5]苽庚(149 下/148 上),覨攸(178 上/175 下),歈酉(180 上/176 下),庆移(180 下/177 下),籲籥(184 上/179),[6]尸躍(194 上/188 下),慷移(218 上/211 下),旭燿(214 上/205 下),[7]乁移(265 下/246 下),嬩余(260 下/243 上),[8]鉛浴(295 上/268 上),銳允(297 下/269 下),[9]棟引(311 下/282 下),[10]勆演,以象反(292 下/266 上)。余定構成的讀若 1 條:栜導(115 下/107 上)。[11]

三、從其他音注通假材料看東漢時代定余兩母的關係

《三禮》漢讀中定定構成的音注 16 條(已見上節)。余余構成的音注

---

〔1〕　杼,一説通"抒"。抒,書母。
〔2〕　此條讀若出自"余"字下。
〔3〕　大徐本讀若沇州之沇,以轉切;小徐本讀若兗州之兗,與件反。兮沇兗音同(余元/余獮)。
〔4〕　攺,大徐本作"讀若巳",古亥切;小徐本作"讀若目",古亥反。此字與攺字異,大、小徐本的反切均誤。攺、巳、目,均同音(余之/余止)。陸志韋先生認爲"攺"、"巳"均讀邪母。
〔5〕　牏,大徐本作:"讀若俞,一曰若紐。度侯切。"小徐本作:"讀若俞,一曰紐也。特婁反。"《廣韻》羊朱、度侯、持遇三切。紐,娘幽侯/娘有。
〔6〕　小徐本無讀若。
〔7〕　大徐本作"讀若燿",小徐本作"讀若曜"。"燿"、"曜"音同(余藥/余笑)。
〔8〕　大徐本作"讀若余",小徐本作"讀若予"。"嬩"、"余"、"予"三字音同(余魚/余魚)。
〔9〕　小徐本無讀若。
〔10〕　大徐本無讀若。
〔11〕　另有"弟",大、小徐本均"讀若弟",大徐本"羊至切",小徐本"羊媚反"(197 上/191 下)。《廣韻》羊至切,又特計切。弟,定脂/定薺。

24 條(異文材料不在統計之内):斿游(余余/幽幽,《周禮》卷一·9 上·
13),猶揺(余余/幽宵,《禮記》卷三·31 下·1),以已(余余/之之,《周
禮》卷三·33 上·17),遊猶(余余/幽幽,《周禮》卷四·63 上·13),余餘
(余余/魚魚,《周禮》卷四·75 上·16),厭淫(余余/侵侵,《周禮》卷五·
102 上·5),衍延(余余/元元,《周禮》卷六·120 下·7),衍延(余余/元
元,《周禮》卷六·124 上·13),厭淫(余余/侵侵,《周禮》卷八·154 下·
4),佚逸(余余/質質,《周禮》卷八·160 上·9),弋杙(余余/職職,《周
禮》卷十二·223 下·5),淫厭(余余/侵侵,《周禮》卷十二·226 上·
16),液醳(余余/鐸鐸,《周禮》卷十二·229 下·4),夷彝(余余/脂脂,《禮
記》卷九·98 上·19),揄揺(余余/侯宵,《禮記》卷九·94 上·13),迆移
(余余/歌歌,《周禮》卷十一·202 上·15),迆移(余余/歌歌,《周禮》卷
十二·228 下·4),膝揚(余余/蒸陽,《儀禮》卷六·51 上·3),鹽豔(余
余/談談,《禮記》卷八·79 下·17),揚陽(余余/陽陽,《禮記》卷九·96
下·3),猶由(余余/幽幽,《禮記》卷十二·123 下·24),陽暘(余余/陽
陽,《禮記》卷十四·139 下·13),猶由(余余/幽幽,《禮記》卷十二·124
上·6),牖墉(余余/幽東,《禮記》卷十三·129 下·7)。余定構成的音注
4 條:騰朕(定余/蒸蒸,《儀禮》卷九·102 下·5),兑説(定余/月月,《禮
記》卷六·67 上·23),兑説(定余/月月,《禮記》卷十一·108 下·10),
兑説(定余/月月,《禮記》卷十七·169 下·16)。[1]

　　據陸德明《經典釋文》,鄭玄材料還有余余構成的音注 6 條:易,音亦
(《易·大壯》25 上 22);射,音亦(《易·井》28 上 2);异,音異(《書·堯
典》37 上 21);易,音亦(《詩·板》96 上 9);予,羊吕反(《詩·大明》90 下
7);易,以豉反(《論語·泰伯》349 上 10)。[2]

------

〔1〕　另有揚騰(余定/陽蒸,《禮記》卷二十·186 下·1),揚騰(余定/陽蒸,《禮記》卷
二十·189 上·7)。揚,今《禮》皆作騰。
〔2〕　另有"瘉,羊主反(《詩·鼓鐘》84 下 2)",趙克剛先生認爲是鄭玄音切,實際上應
該是陸德明音切。還有"瘉,羊主反(《詩·斯干》79 下 1)",體例與之類似,也應該是陸德明
音切。

99

在東漢應劭、服虔《漢書注》中,與定母有關的音注材料 13 條,其中定定構成的音注 7 條;與澄母有關的音注材料 6 條,其中澄澄構成的音注 2 條,定澄兩母構成的音注 2 條(已見上節)。與余母有關的音注材料 14 條,其中余余構成的音注 10 條:杝,音移(應劭,1/173/8)。杝,余月/余實;移,余歌/余支。輈,音輶(服虔,1/355/2)。輈,余宵/余宵;輶,余宵/余宵。閻,音檐(應劭,2/365/9)。閻,余談/余鹽;檐,余談/余鹽。輿,音豫(應劭,6/1562/1)。輿,余魚/余魚;豫,余魚/余遇。繹,音亦(應劭,6/1577/1)。繹,余鐸/余昔;亦,余鐸/余昔。允吾,音鉛牙(應劭,6/1602/2)。允,余文/余準;鉛,余元/余仙。暆,音移(應劭,6/1627/7)。暆,余歌/余支;移,余歌/余支。嶧,音驛(應劭,6/1638/4)。嶧,余鐸/余昔;驛,余鐸/余昔。圯,音頤(服虔,7/2024/1)。圯,余之/余之;頤,余之/余之。票姚,音飄搖(服虔,8/2478/1)。姚,余宵/余宵;搖,余宵/余宵。未見余定構成的音注。

東漢高誘《呂氏春秋注》、《淮南子注》、《戰國策注》,與定母有關的音注材料 31 條,其中定定構成的音注 13 條;與澄母有關的音注材料 12 條,其中澄澄構成的音注 3 條,定澄構成的音注 2 條(已見上節)。與余母有關的音注材料 19 條,其中余余構成的音注 12 條:《呂氏春秋·季夏紀·明理》:"農夫知其田之易也。"高注:"易,讀如易綱之易也。"(6/26/335/15)易,余錫/余昔;易,余錫/余昔。《呂氏春秋·仲冬紀·忠廉》:"衛懿公有臣曰弘演。"高注:"演,讀如胤子之胤。"(6/11/109/8)演,余元/余獮;胤,余真/余震。《淮南子·俶真》:"抱德煬和,而萬物雜累焉。"高注:"煬,讀供養之養。"(7/2/22/1)煬,余陽/余陽;養,余陽/余養。《淮南子·俶真》:"施及周室之衰。"高注:"施,讀難易之易也。"(7/2/28/11)施,余歌/余寘;易,余錫/余寘。《淮南子·墜形》:"九州之外,乃有八殥。"高注:"殥,讀允嗣之允。"(7/4/57/13)殥,余真/余真;允,余文/余準。《淮南子·覽冥》:"猿狖顛蹶而失木枝。"高注:"狖,讀中山人相遺物之遺。"(7/6/93/6)狖,余幽/余宥;遺,余微/余至。《淮南子·精神》:"抱德煬和,以順於天。"高注:"煬,讀供養之養。"(7/7/103/9)煬,余陽/余陽;養,余陽/余養。《淮南子·本經》:"猰㺄鑿齒。"高注:"㺄,讀疾除瘉之瘉。"(7/8/118/1)㺄,余侯/余麌;瘉,余侯/余虞。《淮南子·本經》:"甬道相連。"高注:"甬,讀踊躍之踊。"(7/8/122/1)甬,余東/余腫;踊,余東/余腫。《淮南子·氾論》:"而悔不殺文王於羑里。"高注:"羑,古牖字。"(7/13/221/5)羑,余之/余有;牖,余幽/余有。《淮南子·説山》:"揲挺其土而不益厚。"高注:"揲,讀揲脈之揲。"(7/16/275/10)揲,余葉/余葉;揲,余葉/余葉。[1]《淮南子·脩務》:"雖鳴廉脩營。"高注:"營,讀營正急之營也。"(7/19/343/14)營,余耕/余清;營,余耕/余清。余定構成的音注 1 條:《戰國策·齊策一》:"身體昳麗。"高注:"昳,讀曰逸。"昳,定質/定屑;逸,余質/余質。余澄構成的音注 1 條:《戰國策·秦策四》:"以同言郢威王於側紂之間。"高注:"紂,當爲牖,聲之誤也。"紂,澄幽/澄有;牖,余幽/余有。

　　《白虎通德論》中與定母有關的聲訓 19 條,定定構成的聲訓 4 條,定澄兩母構成的聲訓 1 條。《白虎通德論》中與余母有關的聲訓 12 條,余余兩母構成的聲訓 1 條。通過以上分析我們可以看出,余定兩母構成的聲訓雖然有 2 條,但余書兩母構成的聲訓、余見兩母構成的聲訓、余邪兩母構成的聲訓也是各自 2 條。從中可以看出,班固時代的秦晉方言中余定兩母的關係雖然很密切,但是很難説它們是合一的。《説文解字》中,定定構成的聲訓 37 條,澄定兩母構成的聲訓 22 條;余余構成的聲訓 33 條,余定構成的聲訓 29 條,澄余構成的聲訓 23 條。《説文解字》中的聲訓材料雖然余定、余澄兩母構成的聲訓都不少,但《説文解字》的讀若材料説明余母是一個獨立的聲母。還有一點,就是和余母構成的聲訓聲母特別廣泛,這一點和來母差不多,所以有人把它和來母都看成是舌尖流音,并且把它們與複輔音聲母聯繫起來。關於舌尖流音與複輔音聲母的關係,我們在第五章中還要討論到。《釋名》聲訓中,定定構成的聲訓 58 條,余余兩母構成的聲訓 25 條,定余兩母構成的聲訓 5 條。如果定澄合一的

---

〔1〕　揲,《廣韻》食列切(船葉/船薛),徒協切(定葉/定帖),與涉切(余葉/余薛)。

話,余定兩母構成的聲訓也只有 6 條。由此可見,《釋名》聲訓中余母是一個獨立的聲母。

在《説文解字》讀若中,與余母有關的 40 條,余余構成的讀若 28 條,余定構成的讀若 1 條。《三禮》漢讀中定定構成的音注 16 條,余余構成的音注 24 條,余定構成的音注 4 條。據陸德明《經典釋文》,鄭玄材料中還有余余構成的音注 6 條。在應劭、服虔《漢書注》中,余余構成的音注 10 條,未見余定構成的音注。高誘《吕氏春秋注》、《淮南子注》、《戰國策注》,定定構成的音注 13 條,澄澄構成的音注 3 條,定澄構成的音注 2 條;余余構成的音注 12 條,余定構成的音注 1 條,余澄構成的音注 1 條。通過以上分析可見,余母與定母在東漢時代是各自獨立的聲母。

第六節　東漢時代船禪兩母的關係

自從黄侃先生提出"定澄船禪"合一後,[1]關於船禪兩母的分合關係開始受到人們的關注,有人認爲船禪兩母應該合并,有人主張應該分立。邵榮芬先生搜羅大量證據,作《試論上古的常船兩聲母》一文,論證船禪兩母的關係,認爲船禪兩母分立更符合事實。邵先生的論証材料豐富,分析深入細緻,不足之處是把先秦兩漢的語音材料籠統地放在一起使用,并把難以斷定是先秦材料還是兩漢材料的一些異文材料也都網羅殆盡,使讀者很難看清兩漢時代船禪兩母的真實面貌。下面我們就專從兩漢語音材料入手,來考察兩漢時代船禪兩母的關係。考察時屬於異文材料基本不用,因爲有許多異文材料我們無法弄清它所形成的年代,因而也就無法確指它們反映的語音的具體時代。

一、從聲訓材料看東漢時代船禪兩母的關係

《白虎通德論》中與船母有關的聲訓 4 條,其中船章兩母構成的聲訓

---

〔1〕　據钱玄同《文字學·音篇》,船母,黄氏稱爲"神母"。

1 條,《五行》:射者,終也(射,船鐸入;終,章冬平);船日兩母構成的聲訓 1 條:《日月》:日之爲言實也(日,日質入;實,船質入)。船余兩母構成的聲訓 1 條:《謐》:謐之爲言引也(謐,船錫入;引,余真上);船精兩母構成的聲訓 1 條:《號》:謐者,行之跡也(謐,船錫入;跡,精錫入)。船船構成的聲訓 0 條。與禪母有關的聲訓 13 條,其中禪章兩母構成的聲訓 6 條:《五行》:辰,震也(辰,禪文平;震,章文去);《五行》:祝融者,屬續(祝,章覚入;屬,禪屋入);《衣裳》:裳者,鄣也(裳,禪陽平;鄣,章陽平);《三綱六紀》:臣者,繵堅也(臣,禪真平;堅,見真平);《四時》:時者,期也,陰陽消息之期也(時,禪之平;期,羣之平);《性情》:腎之爲言寫也(腎,禪真上;寫,心魚上)。禪澄兩母構成的聲訓 1 條:《封禪》:言禪者,明成功相傳也(禪,禪元去;傳,定元平)。見禪兩母構成的聲訓 1 條:《五經》:經,常也(經,見耕平;常,禪陽平)。羣禪兩母構成的聲訓 1 條:《喪服》:期者,復其時也(期,羣之平;時,禪之平)。匣禪兩母構成的聲訓 1 條:《巡狩》:恒者,常也,萬物伏藏於北方有常也(恒,匣蒸平;常,禪陽平)。禪精兩母構成的聲訓 1 條:《四時》:載之爲言成也(載,精之上;成,禪耕平)。禪清兩母構成的聲訓 1 條:《五行》:秋之爲言愁亡也(秋,清幽平;愁,禪幽平)。禪心兩母構成的聲訓 1 條:《性情》信者,誠也(信,心真去;誠,禪耕平)。禪禪構成的聲訓 0 條。

《說文解字》中與船母有關的聲訓 61 條,船船構成的聲訓 6 條:蝕食(船船/職職),舐舌(船船/錫月),舐食(船船/錫職),魃神(船船/真真),示神(船船/物物),甚實(船船/侵質)。與禪母有關的聲訓 142 條,禪禪構成的聲訓 19 條:侍承(禪禪/之蒸),丞承(禪禪/蒸蒸),承受(禪禪/蒸幽),酛酎(禪禪/支侯),戓受(禪禪/耕幽),城盛(禪禪/耕耕),城成(禪禪/耕耕),殳柗(禪禪/侯侯),殳殊(禪禪/侯侯),樹植(禪禪/侯職),袒豎(禪禪/侯侯),尗逯(禪禪/侯質),澍時(禪禪/侯之),授受(禪禪/幽幽),祳脤(禪禪/文文),晨辰(禪禪/文文),韋埶(禪禪/文屋),篅盛(禪禪/元耕),忱誠(禪禪/侵耕)。禪船兩母構成的聲訓 2 條(禪船兩母構成的聲訓 1 條,船禪兩母構成的聲訓 1 條):膳食(禪船/元職),示垂(船禪/

物物)。

《説文解字》中與船母有關的聲訓 61 條,除了獨自構成的聲訓及船禪兩母構成的聲訓共 8 條外,還有 53 條,包括船母與章組其他聲母構成的聲訓 12 條,其中船章兩母構成的聲訓 5 條(章母字作被訓釋字的 4 條,船母字作被訓釋字的 1 條):芝神(章船/之真),舟船(章船/幽元),朕脣(章船/真文),顀視(章船/元脂),視瞻(船章/物談);船書兩母構成的聲訓 5 條:賒貰(書船/魚月),室實(書船/質質),傄神(書船/真真),[1]頤視(書船/真脂),笘折(書船/談月);日船兩母構成的聲訓 2 條:日實(日船/質質),犉脣(日船/文文)。船母與端知兩組聲母構成的聲訓 24 條,其中船端兩母構成的聲訓 3 條(船母字作被訓釋字的 1 條,船母字作被訓釋字的 2 條):敦誰(端船/文微),鉈短(船端/歌元),折斷(船端/月元);船透兩母構成的聲訓 4 條(船母字作被訓釋字的 2 條,透母字作被訓釋字的 2 條):神天(船透/真真),貰貸(船透/月職),顩視(透船/宵脂),拓拾(透船/鐸緝);船定兩母構成的聲訓 4 條(船母字作被訓釋字的 2 條,定母字作被訓釋字的 2 條):脽臀(船定/微文),術道(船定/物幽),豆食(定船/侯職),啗食(定船/談談);船知兩母構成的聲訓 1 條:跮視(知船/元脂);船徹兩母構成的聲訓 1 條:跐述(徹船/月物);澄船兩母構成的聲訓 4 條:晨誰(澄船/幽微),酎醇(澄船/幽文),诊視(澄船/文脂),苧繩(澄船/魚蒸);船泥兩母構成的聲訓 1 條:射弩(船泥/鐸鐸);船余兩母構成的聲訓的聲訓 6 條(余母字作被訓釋字的 4 條,船母字作被訓釋字的 2 條):宦食(余船/之職),誰射(余船/職鐸),睪視(余船/鐸脂),瘉瘳(余船/侯幽),神引(船余/真真),揲閱(船余/葉月)。船母與見系聲母構成的聲訓 8 條,其中船見兩母構成的聲訓 2 條(船母字作被訓釋字的 1 條,見母字作被訓釋字的 1 條):舌干(船見/月元),莢實(見船/葉質);船疑兩母構成的聲訓 2 條(船母字作被訓釋字的 1 條,疑母字作被訓釋字的 1 條):舌言(船疑/月元),掜折(疑船/月月);船曉兩母構成的聲訓 1 條:麝香

---

[1] 神,段説當作"身"。

（船曉／鐸陽）；船匣兩母構成的聲訓 1 條：互繩（匣船／魚蒸）；影船兩母構成的聲訓 2 條：倭順（影船／微文），冤折（影船／元月）。船母與精系聲母構成的聲訓 8 條，其中船精兩母構成的聲訓 2 條（船母字作被訓釋字的 1 條，精母字作被訓釋字的 1 條）：謚迹（船精／錫錫），載乘（精船／之蒸）；船清兩母構成的聲訓 1 條：剚折（清船／歌月）；心船兩母構成的聲訓 1 條：瑟順（心船／文文）；船邪兩母構成的聲訓 4 條（邪母字作被訓釋字的 3 條，船母字作被訓釋字的 1 條）：巡視（邪船／文脂），[1]循順（邪船／文文），馴順（邪船／文文），述循（船邪／物物）。此外，幫船兩母構成的聲訓 1 條：祕神（幫船／質真）。

　　禪母與端知章三組其他聲母構成的聲訓 98 條，包括與章組其他聲母構成的聲訓 34 條，其中禪章兩母構成的聲訓 19 條（禪母字作被訓釋字的 14 條，章母字作被訓釋字的 5 條）：市之（禪章／之之），稙穜（禪章／職東），寔正（禪章／支耕），[2]祐主（禪章／鐸侯），瘇腫（禪章／東東），酬主（禪章／幽侯），妁酌（禪章／藥藥），臣牽（禪章／真真），韋鷙（禪章／文覺），欣指（禪章／文脂），辰震（禪章／文文），辰振（禪章／文文），滜止（禪章／月之），擅專（禪章／元元），烝上（章禪／蒸陽），抍上（章禪／蒸陽），正是（章禪／耕支），宝祐（章禪／侯鐸），諄孰（章禪／文覺）；昌禪兩母構成的聲訓 7 條：熾盛（昌禪／職耕），歊盛（昌禪／屋耕），俶善（昌禪／幽元），鴟雔（昌禪／脂歌），炒盛（昌禪／歌耕），垼恃（昌禪／歌之），啜嘗（昌禪／月陽）；書禪兩母構成的聲訓 11 條（書母字作被訓釋字的 7 條，禪母字作被訓釋字的 4 條）：識常（書禪／職陽），爽盛（書禪／職青），啻諟（書禪／錫支），殇成（書禪／陽耕），叔拾（書禪／覺緝），蛻蟬（書禪／月元），偏盛（書禪／元耕），豉卡（禪書／支覺），潃水（禪書／文微），誓束（禪書／月屋），筮著（禪書／月脂）；禪日兩母構成的聲訓 4 條（禪母字作被訓釋字的 1 條，日母字作被訓釋字的 3 條）：桓襦（禪日／侯侯），縈垂（日禪／微歌），蕤垂（日禪／微歌），稔孰

---

〔1〕　原作“巡，延行皃”。據段校改。
〔2〕　正，原作止，段校改從。

（日禪/侵覺）。泥禪兩母構成的聲訓 1 條：年埶（泥禪/真覺）。

　　端禪兩母構成的聲訓 14 條（端母字作被訓釋字的 7 條，禪母字作被訓釋字的 7 條）：登上（端禪/蒸陽），稛垂（端禪/元歌），禪重（端禪/元東），耽垂（端禪/侵歌），阽垂（端禪/談歌），瞻垂（端禪/談歌），鐵垂（端禪/文歌），[1]疊登（禪端/蒸蒸），湜底（禪端/支脂），媞諦（禪端/支錫），兀短（禪端/侯元），襡短（禪端/屋元），拾掇（禪端/緝月）；禪透兩母構成的聲訓 3 條（禪母字作被訓釋字的 1 條，透母字作被訓釋字的 2 條）：它垂（透禪/歌歌），[2]黮甚（透禪/侵侵），禪天（禪透/元真）；禪定兩母構成的聲訓 16 條（禪母字作被訓釋字的 8 條，定母字作被訓釋字的 8 條）：社地（禪定/魚歌），碩大（禪定/鐸月），碩頭（禪定/鐸侯），晨田（禪定/文真），奄大（禪定/文月），辰田（禪定/文真），[3]噬啗（禪定/月談），涉徒（禪定/葉魚），鯄受（定禪/侯幽），蜩蟬（定禪/幽元），糴市（定禪/藥之），嗔盛（定禪/真更），闐盛（定禪/真耕），笪篸（定禪/文元），襡禪（定禪/葉元），[4]堞城（定禪/葉耕）；余禪兩母構成的聲訓 14 條（余母字作被訓釋字的 7 條，禪母字作被訓釋字的 7 條）：羨善（余禪/之元），溶盛（余禪/東耕），溶盛（余禪/東耕），彝常（余禪/脂陽），胤承（余禪/真蒸），阬石（余禪/文鐸），緣純（余禪/元文），丞翊（禪余/蒸蒸），[5]宬容（禪余/耕東），鱓揚（禪余/陽陽），授予（禪余/幽魚），籨易（禪余/月錫），歕引（禪余/元真），墠野（禪余/元魚）；知禪兩母構成的聲訓 2 條：毛垂（知禪/鐸歌），耴垂（知禪/葉歌）；澄禪兩母構成的聲訓 5 條（澄母字作被訓釋字的 1 條，禪母字作被訓釋字的 4 條）：是直（禪澄/支職），淑湛（禪澄/幽侵），彘雉（禪澄/文脂），嬗傳（禪澄/元元），晨辰（澄禪/文文）。

　　禪母與見系聲母構成的聲訓 12 條，其中禪見兩母構成的聲訓 6 條

---

〔1〕　鐵，唐作藩歸"文部"，郭錫良歸"物部"。
〔2〕　它，蛇本字。
〔3〕　此條聲訓出自"辱"字下。
〔4〕　襡，段注改作"褉"
〔5〕　翊，段説當作"翼"。

（禪母字作被訓釋字的 3 條，見母字作被訓釋字的 3 條）：卲高（禪見／宵宵），汋激（禪見／藥藥），甚甘（禪見／侵談），丞承（見禪／蒸蒸），婐媞（見禪／支支），價善（見禪／月元）；群禪兩母構成的聲訓 2 條：仇讎（群禪／幽幽），劼慎（群禪／質真）；疑禪兩母構成的聲訓 1 條：齧噬（疑禪／月月）；禪云兩母構成的聲訓 2 條：垂遠（禪云／歌元），篅圜（禪云／元元）；禪匣兩母構成的聲訓 1 條：嬗緩（禪匣／元元）（或説緩當爲媛）。禪母與精系聲母構成的聲訓 8 條，其中精禪兩母構成的聲訓 3 條：姐社（精禪／魚魚），齏蟬（精禪／月元），鬌垂（精禪／元歌）；禪清兩母構成的聲訓 2 條（禪母字作被訓釋字的 1 條，清母字作被訓釋字的 1 條）：湜清（禪清／支耕），秋孰（清禪／幽覺）；禪從兩母構成的聲訓 3 條（禪從兩母構成的聲訓 1 條，從禪兩母構成的聲訓 2 條）：睡坐（禪從／歌歌），諓善（從禪／元元），潛涉（從禪／侵葉）。禪母與幫系聲母構成的聲訓 5 條，其中禪幫兩母構成的聲訓 3 條（禪母字作被訓釋字的 2 條，幫母字作被訓釋字的 1 條）：垂邊（禪幫／歌元），[1]垂邊（禪幫／歌元），邊陲（幫禪／元歌）；禪並兩母構成的聲訓 1 條：旆垂（並禪／月歌）；明禪兩母構成的聲訓 1 條：蟊上（明禪／鐸陽）。

《釋名》聲訓中，與船母有關的 19 條，船船構成的聲訓 0 條；與禪母有關的 33 條，其中禪禪構成的聲訓 9 條：《釋言語》侍時（之之），《釋言語》成盛（耕耕），《釋飲食》豉嗜（脂脂），《釋宮室》城盛（耕耕），《釋典藝》尚上（陽陽），《釋兵》殳殊（侯侯），《釋姿容》視是（脂支），《釋言語》視是（脂支），《釋言語》是嗜（支脂）。禪船構成的聲訓 1 條：《釋飲食》食殖（職職）。

船母與章組其他聲母構成的聲訓 6 條，其中船章兩母構成的聲訓 1 條：《釋喪制》経實（質質）；船書兩母構成的聲訓 3 條：《釋姿容》乘升（蒸蒸），《釋天》説述（月物），《釋宮室》室實（質質）；船禪兩母構成的聲訓 1 條：《釋飲食》食殖（職職）；船日兩母構成的聲訓 1 條：《釋天》日實（質質）。船母與端組聲母構成的聲訓 4 條，其中船定兩母構成的聲訓 2 條：

---

〔1〕 此條聲訓出自“郵”字下。

《釋州國》甸乘（真蒸），《釋疾病》痔食（之職）；船余兩母構成的聲訓 2 條：《釋宮室》唇緣（文元），《釋典藝》謚曳（月錫）。船母與精組聲母構成的聲訓 4 條，其中船邪兩母構成的聲訓 3 條：《釋飲食》吮循（文文），《釋言語》順循（文文），《釋船》船循（元文）；船心兩母構成的聲訓 1 條：《釋形體》舌泄（月月）。船母與見組聲母構成的聲訓 4 條，其中船見兩母構成的聲訓 3 條：《釋言語》吉實（質質），《釋山》岨吮（元文），《釋水》潏術（質物）；船溪兩母構成的聲訓 1 條：《釋地》坤順（文文）。另有幫船兩母構成的聲訓 1 條：《釋書契》筆述（物物）。

禪母與章組其他聲母構成的聲訓 6 條，其中禪章兩母構成的聲訓 4 條：《釋地》埴職（職職），《釋衣服》裳障（陽陽），《釋親屬》孰祝（覺覺），《釋言語》誓制（月月）；禪書兩母構成的聲訓 2 條：《釋天》辰伸（文真），《釋天》晨伸（禪書／文真）。禪母與端組聲母構成的聲訓 8 條，其中禪透構成的聲訓 1 條：《釋言語》谁推（禪透／微微）；禪定兩母構成的聲訓 1 條：《釋宮室》圖團（元元）；禪余兩母構成的聲訓 6 條：《釋親屬》媵承（蒸蒸），《釋書契》署予（魚魚），《釋車》軺遥（宵宵），《釋形體》腎引（真真），《釋言語》善演（禪余／元元），《釋兵》夷常（余禪／脂陽）。禪母與見係聲母構成的聲訓 6 條，其中禪見構成的聲訓 2 條：《釋山》石格（禪見／鐸鐸），《釋喪制》壽久（禪見／幽之）；禪溪構成的聲訓 1 條：《釋喪制》考成（溪禪／幽耕）；禪群構成的聲訓 2 條：《釋用器》仇讐（群禪／幽幽），《釋天》時期（禪群／之之）；禪影構成的聲訓 1 條：《釋長幼》嬰是（影禪／脂支）。禪母與精係聲母構成的聲訓 3 條，禪邪構成的聲訓 2 條：《釋親屬》屬續（禪邪／屋屋），《釋衣服》袖受（邪禪／幽幽）；禪莊構成的聲訓 1 條：《釋形體》爪紹（莊禪／幽宵）。

通過以上分析可以看出，《釋名》時代海岱方言區中的船禪兩母是各自獨立的聲母。

二、從《說文解字》讀若材料看東漢時代船禪兩母的關係

在《說文解字》讀若中，與船母有關的讀若 2 條，船船構成的讀若 0

條,船來構成的讀若 2 條:食粒(106 下/97 下),[1]齰甚(210 下/202
上)。[2] 與禪母有關的讀若 18 條,其中禪禪構成的讀若 11 條:璹淑(11
下/7 下),几殊(66 下/59 下),雠酬(79 上/71 下),韋純(111 上/101 下),
侸樹(164 下/163 下),襡蜀(172 上/170 下),豺樹(173 下/172 上),歈輇
(179 下/176 下),欨廛(180 上/177 上),奄鵪(213 下/204 下),鏊誓(298
上/270 上);章禪構成的讀若 1 條:胥丞(88 下/80 下);知禪構成的讀若
2 條:濤酬(54 下/47 上),尌駐(102 上/92 下);透禪構成的讀若 1 條:丙
誓(50 上/42 下);崇禪構成的讀若 1 條:輇饌(303 上/274 上);禪見構成
的讀若 1 條:鼓屬(69 上/61 下);[3]幫禪構成的讀若 1 條:迚拾(42 上/
35 下)。[4]

三、從其他音注通假材料看東漢時代船禪兩母的關係

《三禮》漢讀中禪禪構成的音注 15 條:眂視(禪禪/脂脂,《周禮》卷
一・18 上・10),受授(禪禪/幽幽,《周禮》卷二・30 下・6),授受(禪禪/
幽幽,《周禮》卷二・36 上・10),受授(禪禪/幽幽,《周禮》卷三・49 上・
6),淳純(禪禪/文文,《周禮》卷四・67 下・14),受授(禪禪/幽幽,《周
禮》卷四・78 下・5),慎麎(禪禪/真文,《周禮》卷七・141 下・6),晨廛
(禪禪/文文,《周禮》卷十・186 下・5),授受(禪禪/幽幽,《周禮》卷十・
193 下・3),膞輇(禪禪/元元,《周禮》卷十二・219 下・16),磬韶(禪禪/
宵宵,《周禮》卷六・107 上・3),拾涉(禪禪/緝葉,《禮記》卷一・8 上・
10),折提(禪禪/月支,《禮記》卷二・25 上・10),輴輇(禪禪/元元,《禮
記》卷十二・119 下・20),輇廛(禪禪/元文,《禮記》卷十二・119 下・
20)。船船構成的音注 1 條:術述(船船/物物,《禮記》卷十四・143
上・15)。

---

〔1〕　大徐本無讀若。
〔2〕　另有"几,讀若殊"(66 下/59 下),大徐本"市朱切",禪母;小徐本"船區反",船母。
〔3〕　大徐本無讀若。
〔4〕　二徐本均作:"賈侍中説。一曰讀若拾。又若郅。"

　　船禪構成的音注 1 條：視示（禪船/脂脂，《禮記》卷一·7 下·5）；禪章構成的音注 3 條：汋酌（禪章/藥藥，《周禮》卷九·172 下·16），振慎（章禪/文真，《周禮》卷六·120 上·16），肫純（章禪/文文，《禮記》卷十六·162 下·15）。

　　據陸德明《經典釋文》，鄭玄音注材料還有禪禪構成的音切材料 6 條：盛，音成（《易·說卦》33 下 16）；嫥，市戀反（《易·說卦》33 下 22）；讎，音疇（《書·微子》44 上 15）；讎，市又反（《詩·蕩》，96 下 23）；壽，音受（《詩·祈父》，79 上 10）；眂，常至反（《周禮·宗伯》，118 下 18）。[1]

　　在東漢應劭、服虔《漢書注》中，與船母有關的音注材料 1 條：酈食其，音歷異基（服虔，1/18/2）。食，船職/船職；異，余職/余志。船船構成的音注 0 條。與禪母有關的音注材料 8 條，其中禪禪構成的音注 3 條：丞，承也；相，助也（應劭，3/723/1）。丞，禪蒸/禪蒸；承，禪蒸/禪蒸。酬，音壽（應劭，6/1598/4）。酬，禪幽/禪尤；壽，禪幽/禪宥。嬋，音如蟬（服虔，8/2227/3）。嬋，禪元；蟬，禪元。章禪構成的音注 4 條：證（應劭，6/1589/11）。承，禪蒸/禪蒸；證，章蒸/章證。氏，音支（應劭，6/1616/11）。氏，禪支/禪紙；支，章支/章支。閼氏，音焉支（服虔，1/267/4）。氏，禪支/禪紙；支，章支/章支。汁，音十（應劭，6/1597/2）。汁，章緝/章緝；十，禪緝/禪緝。

　　在東漢高誘《呂氏春秋注》、《淮南子注》中，與船母有關的音注材料 2 條，余船構成的音注 2 條：《呂氏春秋·孟春紀·重己》：“其爲飲食酏醴也，足以適味充虛而已矣。”高注：“酏，讀如《詩》酏酏碩言之她。”（6/1/7/16）酏，余歌/余紙；她，船歌/船麻。《淮南子·俶真》：“引楯萬物，群美萌生。”高注：“楯，讀允恭之允。”（7/2/23/14）楯，船文/船準；允，余文/余準。船船構成的音注 0 條。與禪母有關的音注材料 6 條，其中禪禪構成的音注 1 條：《淮南子·說山》：“社何愛速死，吾必悲哭社。”高注：“社，讀

---

　　〔1〕　另有 3 條：麎，音辰（《詩·吉日》78 下 8）；寔，市力反（《詩·韓奕》98 上 17）；植，時職反（《詩·那》106 上 8）。趙克剛先生認爲是鄭玄音切，實際上應是陸德明音切，不好斷定爲鄭玄音切。

雖家謂公爲阿社之社也。"（7/16/279/11）社，禪魚/禪馬；社，禪魚/禪馬。〔1〕章禪構成的音注 2 條：《淮南子·精神》："守其篝笡。"高注："篝，讀顓頊之顓也。"（7/7/109/1）篝，禪元/禪仙；顓，章元/章仙。《淮南子·說山》："人不愛倕之手而愛己之指。"高注："倕，讀《詩》惴惴其慄之惴。"（7/16/278/7）倕，禪歌/禪支；惴，章歌/章寘。澄禪構成的音注 3 條：《呂氏春秋·孟春紀》："蟄蟲始振。"高注："蟄，讀如《詩·文王之什》。"（6/1/1/8）蟄，澄緝/澄緝；什，禪緝/禪緝。《呂氏春秋·季夏紀·音律》："蟄蟲入穴。"高注："蟄，讀如《詩·文王之什》。"（6/6/57/13）澄緝/澄緝；什，禪緝/禪緝。《淮南子·原道》："昆蟲蟄藏。"高注："蟄，讀如什伍之什。"（7/1/6/3）蟄，澄緝/澄緝；什，禪緝/禪緝。〔2〕船禪構成的音注 0 條。

　　綜上所述，《白虎通德論》中與船母有關的聲訓 4 條，船船構成的聲訓 0 條；與禪母有關的聲訓 13 條，禪禪構成的聲訓 0 條，船禪兩母構成的聲訓 0 條。從《白虎通德論》中的聲訓材料，不好斷定船禪兩母的分合。《說文解字》中與船母有關的聲訓 61 條，船船構成的聲訓 6 條；與禪母有關的聲訓 142 條，禪禪構成的聲訓 19 條，禪船兩母構成的聲訓 2 條。可見，《說文解字》聲訓中的船禪兩母是各自獨立的聲母。《釋名》聲訓中，與船母有關的 19 條，船船構成的聲訓 0 條；與禪母有關的 33 條，其中禪禪構成的聲訓 9 條，禪船構成的聲訓 1 條。在《說文解字》讀若中，與船母有關的讀若 2 條，船船構成的讀若 0 條；與禪母有關的讀若 18 條，其中禪禪構成的讀若 11 條，船禪構成的讀若 0 條。可見，《說文解字》讀若中的船禪兩母是各自獨立的聲母。《三禮》漢讀中，禪禪構成的音注 15 條，船船構成的音注 1 條，船禪構成的音注 1 條，禪章構成的音注 3 條。據陸德

---

　　〔1〕　邵文列舉 2 條：《淮南子·齊俗訓》："鱣鮪入口。"高誘注："鱣，音善。"鱣，禪元；善，禪元。《諸子集成》本《淮南子·齊俗訓》（7/184/16）無高誘音注。《淮南子·兵略訓》："鼓錞相望。"高誘注："錞，音淳。"錞，禪文；錞，禪文。《諸子集成》本《淮南子·兵略訓》（7/255/4）無高誘音注。

　　〔2〕　另有《淮南子·說山》："曾子攀柩車，引輴者爲之止也。"高注："輴，讀若牛行輴輴之輴也。"（7/16/271/13）輴，通輇（見《漢語大字典》縮印本，第 1477 頁中）。輴，徹文/徹諄；輇，禪元/禪仙。

明《經典釋文》,鄭玄音注材料還有禪禪構成的音切材料 6 條。在東漢應 劭、服虔《漢書注》中,與船母有關的音注材料 1 條,船船構成的音注 0 條, 禪禪構成的音注 3 條,章禪構成的音注 4 條,船禪構成的音注 4 條。在東 漢高誘《呂氏春秋注》《淮南子注》中,船船構成的音注 0 條,禪禪構成的 音注 1 條,船禪構成的音注 0 條。以上各種材料都顯示出東漢時代的船 禪兩母不是合一的。

第七節　東漢時代泥娘日三母的關係

清代學者錢大昕提出"舌音類隔之説不可信",即"古無舌上音"。不 過,錢氏只論證了三十六字母中的"知徹澄"在上古分別歸入舌頭音"端 透定",至於三十六字母中的"娘母"在上古與"泥母"的關係如何,錢氏并 未論及。清鄒漢勛於道光十九年(1839)作成的《五均論·廿聲卌論》,有 "泥娘日一聲"一條,但他沒有作進一步論証。同時,鄒氏又主張將"泥 母"并入"來母",將"娘日禪"三母并入"審母"。[1] 章太炎作"娘日二紐 歸泥説",認爲三十六字母中的"娘"、"日"二母,在上古與"泥母"合一。 "娘"與"泥"合一,得到了學者們的普遍認可;而"日"與"泥"合一,贊成的 人有不少,反對的人也很多。再者,"娘"與"泥"合一,主要是指上古時期, 至於《切韻》時代,大多説人主張"娘"與"泥"合一,但也有學者主張娘母獨 立。[2] 那麼,兩漢時代泥娘日三母的關係如何呢? 下面我們加以討論。

一、從聲訓材料看東漢時代泥娘日三母的關係

《白虎通德論》中,與泥母有關的聲訓 5 條,泥泥構成的聲訓 0 條;與

---

〔1〕　周祖謨:《鄒漢勛〈五均論〉辨惑》,載《問學集》上册,1966 年 1 月;周祖庠:《"娘 日歸泥"新證》(《篆隸萬象名義》音論之一),中國音韻學研究會第十四屆學術討論會暨漢語 音韻學第九屆國際學術討論會(2006 年 8 月,南京)交流論文。曹述敬主編的《音韻學辭典》 "五均論"條也説該書有"泥娘日一聲"。
〔2〕　見邵榮芬:《切韻研究》(修訂本),中華書局 2008 年,第 35—43 頁;周祖庠《"娘日 歸泥"新證》以《篆隸萬象名義》爲主要材料論証"娘日歸泥"的問題。

娘母有關的聲訓 2 條,娘娘構成的聲訓 0 條;與日母有關的聲訓 14 條,日日構成的聲訓 1 條:《性情》仁者,不忍也(仁,日真平;忍,日真上)。泥日兩母構成的聲訓 5 條:《爵》:男者任也(男,泥侵平;任,日侵去);《禮樂》:男之爲言任也(男,泥侵平;任,日侵去);《五行》:南方者,任養之方,萬物懷任也(南,泥侵平;任,日侵去);《五行》:南者,任也(南,泥侵平;任,日侵去);《嫁娶》:男者,任也,任功業也(男,泥侵平;任,日侵去)。娘日兩母構成的聲訓 1 條:《嫁娶》:女者,如也,從如人也(女,娘魚上;如,日魚平);泥娘兩母構成的聲訓 0 條。泥母與其他的聲母構成的聲訓 0 條。娘母與其他的聲母構成的聲訓 1 條,是娘徹爲訓:《五行》:丑者,紐也(丑,透幽上;紐,泥幽上)。日母與其他的聲母構成的聲訓 7 條,其中日船兩母構成的聲訓 1 條:《日月》:日之爲言實也(日,日質入;實,船質入);日書兩母構成的聲訓 1 條:《五行》:蓐收者,縮也(收,書幽;縮,山覺入);日心兩母構成的聲訓 1 條:《性情》:心之爲言任也(心,心侵平;任,日侵平);日山兩母構成的聲訓 1 條:《五行》:蓐收者,縮也(蓐,日屋入;山覺入);日匣兩母構成的聲訓 2 條:《五行》:蕤者,下也(蕤,日微平;下,匣魚上/去);《五行》:皞者,大起萬物擾也(皞,匣幽上;擾,日幽上);日影兩母構成的聲訓 1 條:《五行》:壬者,陰也(壬,日侵平;陰,影侵平)。

　　《説文解字》中與泥母有關的聲訓 55 條,泥泥構成的聲訓 5 條:乃難(泥泥/之元),軜内(泥泥/緝物),獿怒(泥泥/侯魚),淖泥(泥泥/藥脂),訥難(泥泥/物元)。與娘母有關的聲訓 18 條,娘娘構成的聲訓 1 條:肉訥(娘娘/物物)。與日母有關的聲訓 117 條,日日構成的聲訓 22 條:珥耳(日日/之之),刵耳(日日/之之),兒孺(日日/支侯),儒柔(日日/侯幽),懦弱(日日/侯藥),乳人(日日/侯真),擩染(日日/侯談),鞣鞇(日日/幽元),鞣柔(日日/幽幽),楺柔(日日/幽幽),鍒鞇(日日/幽元),鍒柔(日日/幽幽),衵日(日日/質質),人仁(日日/真真),[1]人人(日日/真

〔1〕　人,《説文解字》古文奇字,即"儿"字。

真),汭入(日日/物緝),毳柔(日日/元幽),橪染(日日/元元),戻柔(日日/元幽),棻弱(日日/侵藥),妊壬(日日/侵侵),壬任(日日/侵侵)。泥娘兩母構成的聲訓1條:黏黏(泥娘/質談);泥日兩母構成的聲訓12條(泥母字作被訓釋字的6條,日母字作被訓釋字的6條):撓擾(泥日/宵幽),嬈擾(泥日/宵幽),嬭姌(泥日/藥談),偄弱(泥日/元藥),撚揉(泥日/元幽),南任(泥日/侵侵),孺臑(日泥/侯元),懦駑(日泥/侯魚),[1]孺乳(日泥/侯侯),汭內(日泥/物物),忍能(日泥/文之),入內(日泥/緝元);娘日兩母構成的聲訓3條(娘母字作被訓釋字的2條,日母字作被訓釋字的1條):女二(娘日/魚脂),[2]娘擾(娘日/陽幽),弱橈(日娘/藥宵)。

泥母與其他聲母構成的聲訓37條,包括與端知章三組其他聲母構成的聲訓27條,其中泥端兩母構成的聲訓1條:抓拈(端泥/葉談);泥透兩母構成的聲訓7條(泥母字作被訓釋字的5條,透母字作被訓釋字的2條):嬰貪(泥透/幽侵),癑痛(泥透/冬東),捼推(泥透/微微)(各家説"推"當作"摧"),渜湯(泥透/元陽),嬸貪(泥透/侵侵),橐囊(透泥/鐸陽),挑撓(透泥/宵宵);泥定兩母構成的聲訓6條(定母字作被訓釋字的3條,泥母字作被訓釋字的3條):腦頭(泥定/宵侯),嬈燿(泥定/宵藥),稌稻(泥定/元幽),滕囊(定泥/蒸陽),燿嬈(定泥/藥宵),憚難(定泥/元元);泥知兩母構成的聲訓2條:中內(知泥/冬物),屯難(知泥元/文元);泥徹兩母構成的聲訓1條:侫諂(泥徹/真談);泥章兩母構成的聲訓3條(章母字作被訓釋字的1條,章母字作被訓釋字的2條):撚執(泥章/元緝),舓撚(章泥/元元),執卒(章泥/緝緝);[3]泥船兩母構成的聲訓1條:射弩(船泥/鐸鐸);泥書兩母構成的聲訓2條:嬰獸(泥書/幽幽),疕水(泥書/脂微);泥禪兩母構成的聲訓1條:年孰(泥禪/真覺);泥來兩母構成的聲訓2條:親內(來泥/之物),裏內(來泥/之物);泥余兩母構成的聲訓1條:姚嬈(余泥/宵宵)。與見係聲母構成的聲訓5條,其中泥見兩

---

[1] 駑,從《廣韻》音。

[2] 此條聲訓出"包"字下。

[3] 卒,訛作"幸";執,本作"埶"。

母構成的聲訓 1 條：餧飢(泥見/微脂)；[1]泥云兩母構成的聲訓 1 條：能熊(泥云/之蒸)；泥影兩母構成的聲訓 3 條(泥母字作被訓釋字的 1 條，影母字作被訓釋字的 2 條)：怒憂(泥影/幽幽)，頟內(影泥/物物)，喝澳(影泥/元元)。與精係聲母構成的聲訓 4 條，其中泥清兩母構成的聲訓 1 條：昇畾(清泥/緝葉)；泥從兩母構成的聲訓 2 條(從母字作被訓釋字的 1 條，泥母字作被訓釋字的 1 條)：欼怒(從泥/覺覺)，帑藏(泥從/魚陽)；泥心兩母構成的聲訓 1 條：南三(泥心/侵侵)。[2] 此外，泥明兩母構成的聲訓 1 條：獳毛(泥明/冬宵)。

娘母與其他聲母構成的聲訓 13 條，包括與端知章三組其他聲母構成的聲訓 8 條，其中娘端兩母構成的聲訓 1 條：濃多(娘端/冬歌)；娘定兩母構成的聲訓 1 條：柮斷(娘定/物元)；娘知兩母構成的聲訓 1 條：娷諉(知娘/歌微)；娘徹兩母構成的聲訓 2 條：鬯醸(徹娘/陽陽)，醜紐(徹娘/幽幽)；娘澄兩母構成的聲訓 1 條：挐持(娘澄/魚之)；娘來兩母構成的聲訓 2 條(來娘兩母構成的聲訓 1 條，來娘兩母構成的聲訓 1 條)：稬黏(來娘/談談)，柅梨(娘來/脂脂)。另有娘幫兩母構成的聲訓 1 條：豝拏(幫娘/魚魚)；娘奉兩母構成的聲訓 1 條：膩肥(娘奉/脂微)；娘群兩母構成的聲訓 1 條：尼近(娘群/脂文)；娘從兩母構成的聲訓 1 條：疒疾(娘從/質質)；娘心兩母構成的聲訓 1 條：絮絮(娘心/魚魚)。

日母與其他聲母構成的聲訓 80 條，包括與端知章三組其他聲母構成的聲訓 52 條，其中日章兩母構成的聲訓 3 條：靻柔(章日/月幽)，州繞(章日/幽宵)，炙肉(章日/鐸覺)；日船兩母構成的聲訓 2 條：日實(日船/質質)，脣唇(日船/文文)；日書兩母構成的聲訓 9 條(書母字作被訓釋字的 5 條，日母字作被訓釋字的 4 條)：勝任(書日/蒸侵)，暑熱(書日/魚月)，恕仁(書日/魚真)，身人(書日/真真)，痁熱(書日/談月)，瀼餉(日書/陽陽)，仞伸(日書/文真)，蓺燒(日書/月宵)，然燒(日書/元宵)；日禪

〔1〕　餧，即"餒"字。
〔2〕　此條聲訓出自"包"字下。

115

兩母構成的聲訓 4 條（禪母字作被訓釋字的 1 條,日母字作被訓釋字的 3 條）：䄡襦（禪日/侯侯）,蘂垂（日禪/微歌）,蕤垂（日禪/微歌）,稔孰（日禪/侵覺）；日端兩母構成的聲訓 6 條（端母字作被訓釋字的 1 條,日母字作被訓釋字的 5 條）：渜乳（端日/東侯）,襦短（日端/侯元）,乳鳥（日端/侯幽）,揣擣（日端/東幽）,至到（日端/質宵）,訒頓（日端/文文）；日透兩母構成的聲訓 5 條（透母字作被訓釋字的 2 條,日母字作被訓釋字的 3 條）：湯熱（透日/陽月）,忝辱（透日/談屋）,攘推（日透/陽微）,揣推（日透/東微）,人天（日透/真真）；日定兩母構成的聲訓 6 條（定母字作被訓釋字的 3 條,日母字作被訓釋字的 3 條）：豆肉（定日/侯覺）,大人（定日/月真）,燀熱（定日/侵月）,瞤動（日定/真東）,人地（日定/真歌）,蝡動（日定/元東）；日知兩母構成的聲訓 1 條：霑燅（知日/談談）；[1]日徹兩母構成的聲訓 2 條：塓入（徹日/緝緝）,恥辱（徹日/之屋）；日澄兩母構成的聲訓 5 條（澄母字作被訓釋字的 2 條,日母字作被訓釋字的 3 條）：澤潤（澄日/鐸真）,纏繞（澄日/元宵）,若擇（日澄/鐸鐸）,鑲腸（日澄/陽陽）,馹傳（日澄/質元）；日來兩母構成的聲訓 6 條（來母字作被訓釋字的 4 條,來母字作被訓釋字的 2 條）：露潤（來日/鐸真）,㐭入（來日/侵緝）,藍染（來日/談談）,㷿二（來日/脂脂）,胹爛（日來/之元）,聑亂（日來/東元）；日余兩母構成的聲訓 3 條：餘饒（余日/魚宵）,楢柔（余日/幽幽）,楢㪜（余日/幽元）。

日母與精系聲母構成的聲訓 11 條,其中日精兩母構成的聲訓 1 條：鮞子（日精/之之）；日清兩母構成的聲訓 2 條：仁親（日清/真真）,㷋臕（日清/元月）；日從兩母構成的聲訓 1 條：蠶任（從日/侵侵）；日心兩母構成的聲訓 6 條（心母字作被訓釋字的 3 條,日母字作被訓釋字的 3 條）：嫣弱（心日/侯鐸）,騷擾（心日/幽幽）,譟擾（心日/宵幽）,樲酸（日心/脂元）,馹驛（日心/質鐸）,橤酸（日心/元元）；日山兩母構成的聲訓 1 條：蟲人（山日/真真）。

日母與幫組聲母構成的聲訓6條,其中日非兩母構成的聲訓1條:鮒付(日非/東侯);日並兩母構成的聲訓1條:鞄柔(並日/幽幽);日奉兩母構成的聲訓3條(日母字作被訓釋字的1條,奉母字作被訓釋字的2條):徠復(日奉/幽覺),煩熱(奉日/元月),燔爇(奉日/元月);日微兩母構成的聲訓1條:蚋紋(日微/物文)。

日母與見係聲母構成的聲訓11條,其中日見兩母構成的聲訓4條(見母字作被訓釋字的3條,日母字作被訓釋字的1條):穀乳(見日/侯侯),捄擾(見日/幽幽),職耳(見日/職之),衽袷(日見/侵侵);日溪兩母構成的聲訓1條:狀犬(日溪/元元);日群兩母構成的聲訓2條(日母字作被訓釋字的1條,群母字作被訓釋字的1條):邇近(日群/脂文),魃兒(群日/支支);日曉兩母構成的聲訓1條(曉母字作被訓釋字的1條,日母字作被訓釋字的1條):栩柔(曉日/魚幽);[1]日匣兩母構成的聲訓1條:嚅厚(日匣/侯侯);日影兩母構成的聲訓1條:鹹熱(影日/月月)。

《釋名》聲訓中,與泥母有關的聲訓11條,其中泥泥構成的聲訓2條:《釋用器》耨薅(泥泥/屋屋),《釋兵》弩怒(泥泥/魚魚)。與娘母有關的聲訓14條,其中娘娘構成的聲訓2條:《釋形體》膿醲(娘娘/冬冬),《釋姿容》拈黏(娘娘/談談)。與日母有關的聲訓34條,其中日日構成的聲訓16條:《釋天》熱爇(月月),《釋天》壬妊(侵侵),《釋天》珥耳(之之),《釋地》壤瀼(陽陽),《釋形體》人仁(真真),《釋形體》耳䎶(之之),《釋形體》髯冉(談談),《釋長幼》孺濡(侯侯),《釋飲食》餌而(之之),《釋牀帳》褥辱(屋屋),《釋牀帳》褥辱(屋屋),《釋兵》綏緌(微微),《釋喪制》軶耳(之之),《釋喪制》衽任(侵侵),《釋形體》肉柔(覺幽),《釋言語》仁忍(真文)。

泥娘兩母構成的聲訓2條:《釋言語》念黏(泥泥/侵談),《釋飲食》饡昵(泥泥/歌脂);[2]泥日兩母構成的聲訓5條:《釋宮室》泥邇(泥日/

---

[1]　原作"栩",柔也;柔,讀若杼。

[2]　饡,《廣韻》奴低、諾何、人兮三切。

脂脂），《釋長幼》男任（泥日／侵侵），《釋喪制》溺弱（泥日／藥藥），《釋言語》入內（緝物），《釋衣服》襦煖（日泥／侯元）；娘日兩母構成的聲訓 4 條：《釋長幼》女如（娘日／魚魚），《釋典藝》爾昵（日娘／脂脂），《釋言語》弱衂（日娘／藥覺），《釋言語》辱衂（屋覺）。

二、從《説文解字》讀若材料看東漢時代泥娘日三母的關係

在《説文解字》讀若中，與泥母有關的 13 條，用作被注字的 7 條，用作注字的 7 條，泥泥構成的讀若 6 條：邥寧（132 下／128 下），髵髵（185 下／181 下），魑儺（188 下／184 下），獶楺（204 下／198 上），惕怒（222 下／212 下），幔羉（160 上／158 下）[1]；此外，矘偄（202 下／196 上）。[2] 與娘母有關的 9 條，用作被注字的 6 條，用作注字的 8 條，娘娘構成的讀若 2 條：囝聶（129 下／125 上），[3] 卒爾（214 上／205）。[4] 與日母有關的讀若 14 條，用作被注字的 13 條，用作注字的 13 條，日日構成的讀若 9 條：蘭芮（22 上／18 下），芮汭（23 上／19 上），臑襦（87 下／79 下），狀然（90 下／82 上），杒仍（116 下／108 下），腝柔（184 上／180 上），奭偄（215 下／207 上），鯏而（242 下／229 下），毲奭（67 上／60 上）。[5] 泥娘兩母構成的讀若爲 1 條（泥母用作被注字，娘用作注字）：樧柅（泥娘 123 上／116 上）；泥日兩母構成的讀若爲 3 條（日母用作被注字，泥用作注字）：瓊柔（泥日，10 上／5 下），羊能（泥日，50 上／42），[6] 矘偄（泥日，202 下／196 上）；娘日兩母構成的讀若爲 1 條（娘母用作被注字，日用作注字）：毀襄（35 下／30 上）。[7]

---

〔1〕 幔，原作“幒”，依段校改。

〔2〕 偄，《廣韻》而兗切，又奴亂切。

〔3〕 囝（娘葉／娘葉）大徐本作“讀若聶（娘葉／娘葉）”，小徐本作“讀若爾字（娘葉／娘葉）”。

〔4〕 大小徐本均作：“一曰讀若瓠。一曰俗語以盜不止爲卒。卒，讀若爾。”

〔5〕 毲（日元／日獮），大小徐本均作：“讀若奭（日元／日獮），一曰若偄（精文／精寢）。”偄，《廣韻》而兗、人朱、子峻三切。

〔6〕 羊（日侵／日侵），大徐本讀若能（泥之／泥登），如審切；小徐本作讀若餁（日侵／日寢），而沈反。

〔7〕 毀（娘陽／娘庚），大徐本“讀若襄（日陽／日陽）”，小徐本“讀若穰（日陽／日陽）”。

118

三、從其他音注通假材料看東漢時代泥娘日三母的關係

《三禮》漢讀中泥泥構成的音注 2 條：納內（泥泥／緝物，《周禮》卷六·113 上·5），難儺（泥泥／元歌，《周禮》卷六·118 下·8）；娘娘構成的音注 1 條：帑絮（娘心／魚魚，《周禮》卷十二·230 上·2）；日日構成的音注 15 條：如若（日日／魚鐸，《儀禮》卷四·27 上·6），而若（日日／之鐸，《周禮》卷四·74 下·5），珥餌（日日／之之，《周禮》卷五·92 上·14），珥衈（日日／之之，《周禮》卷五·92 上·14），擩芮（日日／月月，《周禮》卷六·120 下·1），襦繻（日日／侯侯，《周禮》卷七·148 下·8），珥衈（日日／之之，《周禮》卷七·144 上·10），珥衈（日日／之之，《周禮》卷九·173 下·1），珥衈（日日／之之，《周禮》卷九·178 下·6），珥衈（日日／之之，《周禮》卷九·179 下·16），攘讓（日日／陽陽，《禮記》卷一·13 下·9），綏蕤（日日／微微，《禮記》卷九·98 上·10），綏蕤（日日／微微，《禮記》卷十二·119 下·6），綏蕤（日日／微微，《禮記》卷十三·135 上·10），二貳（日日／脂脂，《禮記》卷十五·155 下·4）；日泥構成的音注 1 條：仍乃（日泥／蒸之，《周禮》卷五·97 上·7）。

據陸德明《經典釋文》，鄭玄音注材料還有泥泥構成的音注 1 條：能，奴代反（《詩·民勞》95 下 13）；娘娘構成的音注 0 條；日日構成的音注 4 條：日，人實反（《易·大畜》23 下 21）；任，而鴆反（《詩·燕燕》57 下 19）；女，音汝（《詩·綠衣》57 下 10）；擾，而昭反（《周禮·大宰》108 下 6）；泥日構成的音注 1 條：而，讀曰能（《易·屯》19 下 21）。

在東漢應劭、服虔《漢書注》中，與泥母有關的音注 5 條，泥泥構成的音注 4 條：耐，音若能（應劭，1/64/1）。耐，泥之／泥代；能，泥之／泥咍登。笯，音奴，又乃互反（應劭，5/1464/3）。笯，泥魚／泥姥；奴，泥魚／泥模；乃互反，泥暮。涅，音乃結反（應劭，6/1564/5）。涅，泥質／泥屑；乃結反，泥質／泥屑。臑，奴溝反，又音奴皋反（服虔，10/3324/5）。臑，泥侯／泥虞；奴溝，泥侯／泥侯；奴皋，泥幽／泥豪。與娘母有關的音注材料 1 條，是娘娘構成的音注：朒，音忸怩之怩（服虔，5/1506/3）。朒，娘屋／娘沃；怩，娘脂／

娘脂。與日母有關的音注材料 3 條,日日構成的音注 0 條;泥日構成的音注 1 條:壬人,佞人也(服虔,1/167/1)。壬,日侵/日侵;佞,泥耕/泥徑。

在高誘《吕氏春秋注》、《淮南子注》中,與泥母有關的音注材料 7 條,其中泥泥構成的音注 4 條:《吕氏春秋・仲冬紀・至忠》:"非怒王,則疾不可治。"高注:"怒,讀如强弩之弩。"(6/11/107/6)怒,泥魚/泥暮;弩,泥魚/泥姥。《吕氏春秋・離俗覽》:"飛兔要褭,古之駿馬也。"高注:"褭,讀屈撓之撓。"(6/19/237/8)褭,泥宵/泥篠;撓,泥宵/泥巧。《淮南子・時則》:"天子乃儺。"高注:"儺,躁難之難。"(7/5/78/5)儺,泥歌/泥歌;難,泥元/泥諫。《淮南子・説林》:"兔齧爲螚。"(7/17/299/5)高注:"螚,讀能。"螚,泥之/泥代;能,泥之/泥咍。與娘母有關的音注材料 2 條,娘娘構成的音注 0 條。與日母有關的音注材料 13 條,其中日日構成的音注 8 條:《淮南子・脩務》:"齧缺卷銋。"高注:"銋,讀豐年之稔。"(7/19/343/11)銋,日侵/日沁;稔,日侵/日寢。《淮南子・原道》:"蚑蟯貞蟲。"高注:"蟯,讀饒。"(7/1/17/5)蟯,日宵/日宵;饒,日宵/日宵。《淮南子・覽冥》:"軵車奉饟。"高注:"軵,讀若揖拊之拊也。"(7/6/97/6)軵,日侯/日遇;[1]拊,滂侯/滂麌。《淮南子・主術》:"夫七尺之橈。"高注:"橈,讀煩嬈之嬈也。"(7/9/145/8)橈,日宵/日宵;嬈,日宵/日宵。《淮南子・氾論》:"太祖軵其肘。"高注:"軵,讀近茸,緩氣言之。"[2](7/13/232/1)軵,日東/日冬;茸,日東/日東。《淮南子・主術》:"夫七尺之橈。"高注:"橈,讀煩嬈之嬈也。"(7/9/145/8)橈,日宵/日宵;嬈,日宵/日宵。《淮南子・氾論》:"太祖軵其肘。"高注:"軵,讀近茸,緩氣言之。"(7/13/232/1)軵,日東/日冬;茸,日東/日東。《淮南子・脩務》:"蚑行蟯動之蟲。"高注:"蟯,讀饒多之饒。"(7/19/338/8)蟯,日宵/日宵;饒,日宵/日宵。泥日構成的音注 1 條:《淮南子・原道》:"馳要褭,建翠蓋。"高注:"褭,橈弱之弱。"(7/1/15/11)褭,泥宵/泥篠;弱,日藥/日藥。娘日兩母構成的音注 2

---

〔1〕　軵,《廣韻》而隴切,日侯/日遇;《廣韻》而隴切,日侯/日奉遇。符遇切,奉侯/奉遇。

〔2〕　氣,《諸子集成》本原作"察",誤。

條:《淮南子・本經》:"繁紛挐。"高注:"挐,讀上谷茹縣之茹。"(7/8/114/8)挐,娘魚/娘魚;茹,日魚/日魚。《淮南子・本經》:"巧僞紛挐。"高注:"挐,讀人性紛挐之挐。"(7/8/121/9)挐,娘魚/娘魚;挐,日魚/日魚。

　　《白虎通德論》中,與泥母有關的聲訓 5 條,泥泥構成的聲訓 0 條;與娘母有關的聲訓 2 條,娘娘構成的聲訓 0 條;與日母有關的聲訓 14 條,日日構成的聲訓 1 條。泥日兩母構成的聲訓 5 條,娘日兩母構成的聲訓 1 條,泥娘兩母構成的聲訓 0 條。《説文解字》中,與泥母有關的聲訓 55 條,泥泥構成的聲訓 5 條;與娘母有關的聲訓 18 條,娘娘構成的聲訓 1 條;與日母有關的聲訓 117 條,日日構成的聲訓 22 條。泥娘兩母構成的聲訓 1 條,泥日兩母構成的聲訓 12 條,娘日兩母構成的聲訓 3 條。《釋名》聲訓中,與泥母有關的聲訓 11 條,泥泥構成的聲訓 2 條;與娘母有關的聲訓 14 條,娘娘構成的聲訓 2 條;與日母有關的 34 條,日日構成的聲訓 16 條。泥娘兩母構成的聲訓 2 條,泥日構成的聲訓 5 條;娘日兩母構成的聲訓 4 條。

　　在《説文解字》讀若中,與泥母有關的 13 條,泥泥構成的讀若 6 條;與娘母有關的 9 條,娘娘構成的讀若 2 條;與日母有關的讀若 12 條,日日構成的讀若 9 條。泥娘兩母構成的讀若爲 1 條,泥日兩母構成的讀若爲 3 條,娘日兩母構成的讀若爲 1 條。《三禮》漢讀中泥泥構成的音注 2 條,娘娘構成的音注 1 條,日日構成的音注 15 條。泥日構成的音注 1 條,泥娘構成的音注 0 條,娘日構成的音注 0 條。據陸德明《經典釋文》,鄭玄音注材料還有泥泥構成的音注 1 條,娘娘構成的音注 0 條,日日構成的音注 4 條。泥日構成的音注 1 條。在東漢應劭、服虔《漢書注》中,泥泥構成的音注 4 條,娘娘構成的音注,日日構成的音注 2 條。泥日構成的音注 1 條,泥娘構成的音注 0 條,娘日構成的音注 0 條。在高誘《吕氏春秋注》、《淮南子注》中,與泥母有關的音注材料 7 條,其中泥泥構成的音注 4 條;與娘母有關的音注材料 2 條,娘娘構成的音注 0 條;與日母有關的音注材料 13 條,其中日日構成的音注 8 條。泥日構成的音注 1 條,泥娘構成的音注 0 條,娘日構成的音注 0 條。

　　從《白虎通德論》、《説文解字》和《釋名》的聲訓材料看,東漢時代的泥娘日三母似乎應該合一。但從《説文解字》讀若和東漢其他的音注材料看,泥日兩母是應該各自獨立的。至於娘母,由於材料太少,不好斷定。

第三章　兩漢時代曉匣影與
見溪群關係討論

　　見溪群與影曉匣的關係十分密切,學者們早已注意到了。高本漢在他的《分析字典》中認爲,匣母應該歸到群母中去,董同龢先生的《上古音韻表稿》對此提出了質疑。李新魁先生作《上古音曉匣兩紐讀歸見溪群紐》一文,系統闡述上古音"曉匣"兩紐與"見溪群"三紐的關係。李先生説:"在魏晉以前,後代(如《切韻》時代)屬曉匣紐的字并不念爲[x]、[ɣ](或[h]、[ɦ])的音,而是念成[k]、[k']、[g]的音,與見溪群紐没有區別。曉系字念[x]和[ɣ],是魏晉以後的變化,後代念[x]、[ɣ]的曉匣紐字是從上古見溪群紐字分化出來的。"李先生的《上古音曉匣兩紐讀歸見溪群紐》共分三部分,第一部分論證"上古音見系和曉系不分",第二部分論證"上古音曉系聲母讀歸見系聲母",第三部分討論"曉系從見系分化出來的時間和條件"。該文第一部分是從諧聲系統、形聲字聲旁的變換、漢字假借(筆者按:指六書中"本無其字"的假借)、古書通假、經籍異文、漢字又音、經籍注音和古籍聲訓等八個方面來論證上古音見曉兩系是合而不分的。接着作者又從一般音變規律、古今字音演變、現代漢語方言讀音等三個方面來論證上古音曉系聲母是歸見系聲母的。在第三部分中作者認爲"曉系從見系分化出來的時間"是"大約是在東漢末年到西晉末年之間,即公元 200 年至 300 年之間”，“曉系從見系分化出來的條件”是“後代的匣[ɤ]紐字大部分是從上古的群[g]紐字演化而來的……具體的情况是：上古音中群紐在一二等字和純四等（獨立四等）字中全部變爲匣紐，在三等（包括假四等）字中保持念[g]不變。在《切韻》時代以前，這個變化已經完成”，“見紐與匣紐的關係極端密切，溪紐則與曉紐的關係極端密切”。

李方桂先生在他的《上古音研究》中認爲，中古的見 k-、溪 k‘-、群 g-與曉 x-、匣 ɤ-、影 ˙-大致可以互諧，但開口多和開口互諧，合口多和合口互諧，雖然稍有例外，但是大體如此。李先生認爲上古時代似乎有一套圓唇舌根音 kʷ-、溪 k‘ʷ-、群 gʷ-與曉 xʷ-、匣 ɤʷ-、影 ˙ʷ-。并説這些聲母也就是中古合口音的來源。邵榮芬先生先後作《匣母字上古一分爲二試析》和《匣母字上古一分爲二再證》，[1]對匣母字在上古與見系群的關係進行了深入的討論。

邵先生在《匣母字上古一分爲二試析》中首先將以往關於匣云兩母在上古關係的學説分爲六種，認爲其中第六種説法即將匣母一分爲二，與見 k-、溪 k‘-諧聲和互諧的同群母，讀濁塞音，與曉 x-諧聲的同云母，讀濁擦音的説法最爲可取。這一説法是由李方桂先生早年的非正式説法，後由羅常培先生表出并予以認可的一種説法，不過李方桂先生後來卻主張將匣云群三母合一，讀 g-和（中古開口）gʷ-（中古合口）。邵先生主張將匣母字在上古一分爲二。邵先生將與匣母有關的諧聲字分爲三類：1. 凡與見 k-(溪 k‘、群 g-)諧聲的歸匣 1，讀 g-；2. 凡與見 k-類沒有諧聲關係的歸匣 2，假定與云母相同，讀 ɤ-；3. 凡與見 k-類及云母都有諧聲關係的，其歸類以造成較少例外爲原則。邵先生在該文中從諧聲、方言和梵漢對音來論證匣母字在上古應一分爲二。該文分三部分，第一部分是論文主題部分，將《説文解字》中與匣母有關的全部諧聲字，按羅常培、周祖謨上古 31 個韻部的次序逐部分析討論；論文的第二部分

---

〔1〕 《匣母字上古一分爲二試析》原載《語言研究》1991 年第 1 期，《匣母字上古一分爲二再證》原載《中國語言學報》1995 年第 7 期，後均收入《邵榮芬音韻學論集》，首都師範大學出版社 1997 年。

主要是從閩語廈門話和吳語溫州話中列舉不少例證來證明己説（方言材料主要來自北京大學中文系編製的《漢語方音字匯》和羅常培先生的《廈門音系》）；論文的第三部分主要是從梵漢對音材料中列舉豐富的例證來證明己説（梵漢對音材料主要來自柯蔚南的《東漢音注手册》中的對音材料）。作者在文章最後指出："從以上的分析和論證看，匣母字上古一分爲二應該説是可行的。不過，由於方言和文獻所能印證的字不是很多，而諧聲的根據又有一定的彈性，上邊對匣母字的分類雖然大致不差，但并不能説已經達到了完美無誤的程度，個別字的歸類不妥當是完全可能的。"《匣母字上古一分爲二再證》是《匣母字上古一分爲二試析》的續篇，主要是從通假、異文和《説文解字》讀若材料三個方面來進一步論證匣母字上古應一分爲二。關於通假異文材料，邵先生主要是對高亨先生纂著、董治安先生整理的《古字通假會典》中的相關材料進行了窮盡式的整理，除去重複的還有 2 738 條，《説文解字》讀若材料共計 102 條。該文也是分爲三部分，第一部分又分爲甲、乙兩部分，甲部分是與匣母字有關的通假、異文材料分類表，乙部分是與匣母字有關的《説文解字》讀若材料分類表；第二部分是對通假、異文材料進行討論；第三部分是對《説文解字》讀若材料進行討論。此外，筆者也曾作《論上古漢語中的匣母字》一文，討論上古漢語中的匣母字的問題。全文分爲三部分，第一部分"上古漢語中匣母與見母的關係"，第二部分"對曾運乾喻三歸匣學説的再認識"，第三部分"關於上古聲母研究的幾個問題"。在"上古漢語中匣母與見母的關係"這一部分中，筆者將《説文解字》中 470 餘個匣母字根據諧聲偏旁、古文獻中的通假異文、古代反切以及現代方言，認爲有一部分匣母字（如古、艮、咼、工、果、官、干、告、圭、亘、甘、光、瓜、鬼、各、高、皋、同、厷、皆、今、見、解、巠、兼、介、交、閒、佳、軍、戒、加、开、夾、吉、甲、鬲、昆、夅等）在上古是應該讀歸見母的。在"對曾運乾喻三歸匣學説的再認識"這一部分中，筆者將《説文解字》中的 150 餘個云母字根據諧聲偏旁分爲四類：1. 與見、匣、云均有關係的聲符，如有、或、軍、亘、厷、完、盍、果等；2. 只與見、云有關係的聲符,如戈、爲、禹、匀、曰等;3. 與匣、云有關係的聲符,如云、爰、榮、韋、華等;4. 不與見、匣發生關係的聲符,如永、袁、羽、員、右、尤、于等。筆者認爲1、2兩組聲符構成的云母字在上古也都歸見母;第4組聲符構成的云母字在上古應該是一組獨立的聲符,即云母;所謂喻三歸匣,實際上只是第三組聲符所構成的喻母三等字。[1]

第一節　從簡帛通假字看西漢時代曉匣影和見溪群的關係

周祖謨先生在《漢代竹書和帛書中的通假字與古音的考訂》中將余母分成A、B、C三類,A類是余母與舌音通假,B類是余母與齒音通假,C類是余母與牙喉音通假。周先生説:"這些關係是錯綜的,推尋余母古音,原先也許是由sd-、sg-兩類複輔音來的。從竹簡、帛書通假字的情形來看,A、B兩類的讀音可能是d',C類的讀音可能是g'。"周先生爲余母構擬音值及演變公式爲:

$$^*Sd \diagup \begin{matrix} d' \to j \\ zd' \to z \end{matrix}$$

$$^*S\d{d} \diagup \begin{matrix} \d{d} \to \c{c} \\ z \to \c{c} \end{matrix}$$

$$^*sg \diagup \begin{matrix} g' \to j \\ z \to z \end{matrix}$$

關於匣母,周先生同意高本漢將匣母擬爲*g的做法,也就是將匣母并入群母,認爲喻母三等字是匣母的細音。關於曉母,周先生認爲曉母與見溪關係較密,擬曉母古音爲x,曉母跟明母相通的那部分應讀爲清鼻音xm(m̥)。

趙誠先生在《臨沂漢簡中的通假字》中認爲,見溪群曉匣關係較近,

---

〔1〕　載《錦州師範學院學報》1996年第1期。

這一點和諧聲反映出來的情況一致。例外的情況是，見母與余母、影母、群母、曉母與清母，曉母與非母，匣母與端母、禪母均有通假的例證。劉寶俊先生在《秦漢帛書音系》中認爲，李方桂先生所説的上古存在的開合兩套舌根音和喉音，在帛書材料中也存在兩套相對的舌根音和喉音聲母，主張擬爲 $*k-$、$*kh-$、$*g-$、$*ŋ-$、$*h-$、$*ʔ-$；$*kw-$、$*k'w-$、$*gw-$、$*ŋw-$、$*hw-$、$*ʔw-$。中古的"章組"聲母在帛書材料中仍與舌根音聲母相通，所以在帛書音系中它們仍是舌根音。中古云匣兩母在帛書音系中是一個音位，與其他舌根音和喉音聲母關係十分密切，將云匣與群母一樣構擬爲 $*g-$。張儒先生在《關於竹書、帛書通假字的考察》中認爲，曉匣和見組通假頻繁，可見黃侃、李新魁把曉匣跟見組劃歸一類十分合理；其他聲母之間糾葛很多，如明母和曉母通假頻繁，喻母和影母通假頻繁，明母和曉母通假頻繁。李玉先生在《秦漢簡牘帛書音系研究》中認爲，中古見係牙喉音見、溪、群、疑、影、曉、匣、喻八個聲母，除了曉匣兩母外，主要與本係聲母通假。除了喻四外，中古牙喉音在秦漢時期是一組獨立的舌根音聲母。關於匣母，作者認爲邵榮芬先生的"匣母字上古一分爲二"更接近事實。作者將匣母分爲二，匣甲和匣乙。曾運乾所説的喻三歸匣，是指喻三即云母與匣乙合一，至於匣甲，則應并入群母。疑母與見母通假的較多，証之方言和親屬語言，作者認爲舌根塞音部分字和舌根鼻音部分字通假，構成 ŋk-類型複輔音，其餘的疑母字作者擬爲 $*ŋ-$。作者將秦漢時期的牙喉音擬爲 $*k-$見，$*k'-$溪，$*g-$群匣甲，$*ʔ-$影，$*ŋ-$疑，$*h-$曉，$*ɣ$ 云匣乙。沈祖春先生在《〈馬王堆出土的帛書（壹）〉假借字研究》中認爲，喉音匣母與見母相諧 15 例 47 次，與群母相諧 1 例 1 次，所以作者不同意邵榮芬先生的匣 1 歸群、匣 2 與云母合一的主張，而是同意李新魁先生"匣母上古歸見溪群"的説法，但不同意李先生"曉母上古歸見溪群"的主張；喉音影母與見母、匣母、余母、滂母、明母相諧，作者同意王力先生影母與見系相通常見、與曉匣相通罕見的説法，不同意黃侃喻母并入影母的做法。

第二節　東漢時代云匣兩母的關係

一、從聲訓材料看東漢時代云匣兩母的關係

《白虎通德論》中與匣母有關的聲訓 22 條，匣匣構成的聲訓 3 條：《爵》：侯者候也（侯，匣侯平；候，匣侯去）；《號》：皇，煌煌人莫違也（皇，匣陽平；煌，匣陽平）；《文質》：璜者，橫也，橫之爲言光也，陽光所及，莫不動也（璜，匣陽平；橫，匣陽平）。與云母有關的聲訓 7 條，云云構成的聲訓 2 條：《號》：王者，往也（王，匣陽平；往，匣陽上）；《三綱六紀》：友者，有也（友，匣之上；有，匣之上）。匣云兩母構成的聲訓 1 條：《性情》：魂者，芸也（魂，匣文平；芸，匣文平）。

《說文解字》中與匣母有關的聲訓 361 條，其中匣匣構成的聲訓 80 條：脛胻（匣匣/耕耕），扈夏（匣匣/魚魚），扈鄂（匣匣/魚魚），騢鰕（匣匣/魚魚），[1] 珩行（匣匣/陽陽），衡橫（匣匣/陽陽），旱厚（匣匣/侯侯），洐行（匣匣/陽陽），訌讚（匣匣/東東），洪洚（匣匣/東東），詪很（匣匣/文文），渾混（匣匣/文文），觟䠠（匣匣/歌歌），瓛桓（匣匣/元元），皖完（匣匣/元元），祫合（匣匣/緝緝），慈弦（匣匣/真真），琀含（匣匣/侵侵），鹹銜（匣匣/侵侵），马函（匣匣/談談），函马（匣匣/談談），束马（匣匣/談談），陷臽（匣匣/談談），蘸黃（匣匣/支陽），貉胡（匣匣/鐸魚），户護（匣匣/魚鐸），苄黃（匣匣/魚陽），翌羽（匣匣/陽魚），葟華（匣匣/陽魚），禍害（匣匣/歌月），崔嵬（匣匣/元歌），曷何（匣匣/月歌），坬和（匣匣/元歌），骸脛（匣匣/之耕），閎巷（匣匣/蒸東），替惑（匣匣/耕職），悭恨（匣匣/耕文），婞很（匣匣/耕文），胡頤（匣匣/魚談），暇閒（匣匣/魚元），鑊鑴（匣匣/鐸支），胻脛（匣匣/陽耕），齰和（匣匣/脂歌），諧諧（匣匣/脂緝），懷俠（匣匣/微葉），[2] 騅和（匣匣/脂歌），頡項（匣匣/質東），泫很（匣匣/真文），

---

〔1〕　鰕，通行用"蝦"字。
〔2〕　俠，當作"夾"。

128

含嗛(匣匣/侵談),紇下(匣匣/物魚),齞胡(匣匣/文魚),焜煌(匣匣/文陽),渾下(匣匣/文魚),話合(匣匣/月緝),幻惑(匣匣/元職),梡楎(匣匣/元文),䡇豪(匣匣/元宵),愱恨(匣匣/元文),頷頤(匣匣/緝談),諴和(匣匣/侵歌),頷黃(匣匣/侵陽),顡黃(匣匣/侵陽),衡行(匣匣/侵陽),陷下(匣匣/談魚),緦和(匣匣/葉歌),協和(匣匣/葉歌),涵寒(匣匣/談元),邢懷(匣匣/耕微),話會(匣匣/月月),繪會(匣匣/月月),會合(匣匣/月緝),[1]觿解(匣匣/支錫),[2]泽下(見匣/冬魚),[3]酣甘(匣匣/談談),[4]雇候(匣匣/魚侯),[5]雇扈(見匣/魚魚),諕號(匣匣/宵宵),[6]鷎鰕(匣匣/宵魚)。[7] 丸圜(匣匣/元元),壺圜(匣匣/魚元)。[8] 與云母有關的聲訓103條,云云構成的聲訓16條:雩雨(云云/魚魚),霣雲(云云/文文),王往(云云/陽陽),迋往(云云/陽陽),蘁衛(云云/月月),蝯援(云云/元元),媛援(云云/元元),緯緯(云云/文微),[9]粵于(云云/月魚),雨雲(云云/魚文),霣雨(云云/文魚),霝雨(云云/魚魚),院垣(云云/元元),囿垣(云云/之元),鄖妘(云云/魚文)。

匣云兩母構成的聲訓19條(匣母字作被訓釋字的5條,云母字作被訓釋字的14條):韓垣(匣云/元元),迥遠(匣云/耕元),華榮(匣云/魚耕),玄遠(匣云/真元),旱雨(匣云/元魚),泳行(云匣/陽陽),口回(云匣/微微),潿回(云匣/微微),憓慧(云匣/月月),竽簧(云匣/魚陽),圓回(云匣/文微),郵行(云匣/之陽),蜮狐(云匣/職魚),緯橫(云匣/微陽),蜮害(云匣/職月),芋駭(云匣/魚之),爲猴(云匣/歌侯),鞾華(云匣/葉魚),圓圜(云匣/文元)。

---

〔1〕 會,《唐韻》黃外切,《廣韻》黃外切、古外二切,《集韻》黃外、古外、戶栝三切。

〔2〕 解,《唐韻》佳買切,《廣韻》佳買、古隘、胡買、胡懈四切。

〔3〕 泽,《廣韻》古巷、户公、户冬、下江四切,《集韻》古巷、胡公、户攻、胡江、胡貢五切。

〔4〕 甘,《唐韻》、《廣韻》古三切,《集韻》沽三、古暗、胡甘三切。

〔5〕 雇,《廣韻》古慕切,《唐韻》侯古切,《集韻》古慕、後五二切。

〔6〕 諕,《廣韻》虎伯切,《唐韻》乎刀切,《玉篇》火宅二切,《集韻》虛訝、霍虢二切。

〔7〕 鷎,《唐韻》、《廣韻》胡老切;《集韻》下老切,又古老切。

〔8〕 圜,《唐韻》王權切,《廣韻》戶關切。

〔9〕 緯,《廣韻》古本、胡本、王問三切,此處音王問切。

《説文解字》聲訓中,只與云匣兩母有關的聲訓 115 條,各自獨立兩母構成的聲訓 96 條,約佔 83.48% ；云匣兩母構成的聲訓 19 條,約佔 16.52% 。這個比例似乎可以判斷此時云匣已經分立,即喻母三等已經從匣母中分化出來。但是,就云母本身來説,獨自構成的聲訓 15 條,與匣母構成的聲訓 19 條。可見,云母雖然具有一定的獨立性,但是還沒有完全從匣母中分化出來。

《釋名》聲訓中,與匣母有關的 87 條,匣匣構成的聲訓 40 條,其中聲韻均同的聲訓 29 條:《釋天》寒扞(元元),《釋天》昊顥(宵宵),《釋天》亥核(職職),《釋山》嶨學(覺覺),《釋山》岵怙(魚魚),《釋水》澮會(月月),《釋道》蹊徯(支支),《釋州國》縣懸(元元),《釋形體》汗浯(元元),《釋形體》頷含(侵侵),《釋形體》胡互(魚魚),《釋形體》脅挾(葉葉),《釋姿容》懷回(微微),《釋親屬》後後(侯侯),《釋言語》厚後(侯侯),《釋言語》緩浣(元元),《釋言語》厚後(侯侯),《釋飲食》膾會(見匣/月月),《釋飲食》脂衔(談談),《釋飲食》餱候(侯侯),《釋采帛》繢會(質質),《釋采帛》紈煥(元元),《釋首飾》胡䘏(魚魚),《釋衣服》系繫(月月),《釋采帛》黄晃(陽陽),《釋樂器》篌侯(侯侯),《釋樂器》簧橫(陽陽),《釋兵》校號(宵宵),《釋車》衡橫(陽陽),《釋車》轄害(月月);聲同韻不同聲訓的 11 條:《釋天》玄縣(真元),《釋水》河下(歌魚),《釋形體》項確(東屋),《釋形體》踝確(歌屋),《釋親屬》玄縣(真元),《釋言語》候護(侯魚),《釋飲食》含合(侵緝),《釋飲食》衔合(談緝),《釋宮室》户護(魚鐸),《釋書契》畫繪(錫月),《釋疾病》眩縣(真元)。與云母有關的 18 條,云云構成的聲訓 12 條,其中聲韻均同聲訓 11 條:《釋天》雨羽(魚魚),《釋天》雲云(文文),《釋天》雲運(文文),《釋親屬》王旺(陽陽),《釋言語》友有(之之),《釋宮室》宇羽(魚魚),《釋宮室》垣援(元元),《釋牀帳》帷圍(微微),《釋典藝》緯圍(微微),《釋樂器》竽汙(魚魚),《釋車》轅援(元元);聲同韻不同但屬對轉關係的聲訓 1 條:《釋形體》胃圍(微物)。云匣兩母構成的聲訓 3 條,其中聲韻均同聲訓 2 條:《釋水》淮圍(匣云/微微),《釋言語》榮熒(云匣/耕耕);聲同韻不同聲訓 1 條:《釋天》運行(云匣/文陽)。

《釋名》聲訓中,只與云匣兩母有關的聲訓 61 條,各自獨立兩母構成的聲訓 58 條,約佔 95.1%;云匣兩母構成的聲訓 3 條,約佔 4.9%。這個比例完全可以判斷爲此時云匣已經分立,即喻母三等已經從匣母中分化出來了。不只如此,《釋名》聲訓中,見匣兩母構成的聲訓 27 條:《釋天》艮限(見匣/文文),《釋兵》栝會(見匣/月月),《釋宮室》桷確(見匣/屋屋),《釋言語》教效(見匣/宵宵),《釋形體》骨滑(見匣/物物),《釋兵》骨滑(見匣/物物),《釋疾病》疥齘(見匣/月月),《釋姿容》觀翰(見匣/元元),《釋形體》頰挾(見匣/葉葉),《釋形體》甲闔(見匣/葉葉),《釋親屬》寡踝(見匣/魚歌),《釋言語》甘含(見匣/談侵),《釋采帛》紺含(見匣/談侵),《釋兵》甲函(見匣/葉談),《釋喪制》緘函(見匣/侵談),《釋天》夏假(匣見/魚魚),《釋天》虹攻(匣見/東東),《釋書契》檄激(匣見/藥藥),《釋姿容》懷歸(匣見/微微),《釋疾病》痕根(匣見/文文),《釋天》害割(匣見/月月),《釋形體》挾夾(匣見/葉葉),《釋天》扞格(匣見/元鐸),《釋天》暈捲(匣見/文元),《釋采帛》紅絳(匣見/東冬),《釋衣服》侯解(匣見/侯錫),《釋車》輨縣(見匣/元元);見云兩母構成的聲訓 1 條:《釋天》暈捲(云見/文元);溪匣兩母構成的聲訓 5 條:《釋姿容》牽弦(溪匣/真真),《釋形體》髖緩(溪匣/元元),《釋形體》怯脅(溪匣/葉葉),《釋用器》鏵剞(匣溪/魚魚),《釋姿容》行抗(匣溪/陽陽);溪云兩母構成的聲訓 1 條:《釋疾病》肬丘(匣溪/之之)。

從見匣兩母構成的聲訓 27 條,見云兩母構成的聲訓僅有 1 條和溪匣兩母構成的聲訓 5 條,溪云兩母構成的聲訓僅有 1 條來看,這也足以説明云母即喻母三等已經從匣母中分化出來了。

二、從《説文》讀若材料看東漢時代云匣兩母的關係

在《説文解字》讀若中,與匣母有關的 57 條,用作被注字的 43 條,用作注字的 51 條,其中匣匣構成的讀若 37 條:瑎諧(9 上/13 上),薤壞(18 下/22 上),犟賢(29 下/25 下),趑孩(36 下/31 上),魆踝(63 下/56 上),睔縣(64 上/56 下),胳陷(90 下/82 上),觳斛(94 下/85 下),楎渾(122

上/115 上），〔1〕桻鴻（123 下/117 上），〔2〕郎奚（134 上/130 上），頯袮（183 下/179 下，胡計切/異契反），顑戀（183 下/179 下），戏環（192 下/187 下），齢含（206 下/199 下），榦浣（213 上/203 下），慐朕（221 下/211 上），槩學（232 下/222 上），涸貃（235 上/223 下），匚㑇（235 上/223 下），魂潰（278 下/256 下），龢和（48 下/41 上），讗畫（55 上/47 下），〔3〕㘸皇（75 下/68 上），萑和（77 下/70 上），贅迴（104 上/95 上），〔4〕楛華（117 上/108 下），獥桓（197 上/191 下），馬弦（199 上/193 下），〔5〕緕畫（275 上/254 下），璜鎬（12 下/8 下），瑝曷（12 下/8 下），逢害（39 上/33 下），麿函（100 上/90 下），〔6〕號鎬（103 上/94 上），雞皇（113 上/104 上），㘸皇（127 上/122 上），弓含（142 下/138 下），㱚瑕（197 下/192 上），馬環（199 上/193 下），莧丸（203 下/197 上），綷陘（272 上/252 下）。

與云母有關的 16 條，用作被注字的 14 條，用作注字的 11 條，云云構成的讀若 9 條：赵又（36 下/31 上），〔7〕韗運（60 下/53 上），圓員（129 上/124 下），貦郎（129 下/125 下），〔8〕覞運（177 下/175 上），顝阽（182 上/178 下），憂祐（222 下/211 下），霌禹（241 下/229 上），〔9〕婑祐（262 下/244 下）。〔10〕匣云兩母構成的讀若 1 條：沄混（230 上/220 上）。

可見，《説文解字》讀若中的云匣兩母是各自獨立的聲母。

三、從其他音注通假材料看東漢時代云匣兩母的關係

《三禮》漢讀中匣匣構成的音注 15 條：猱奚（匣匣/支支，《周禮》卷八·162 上·4），竑紘（匣匣/蒸蒸，《周禮》卷十一·205 上·2），咸函（匣

---

〔1〕 此條讀若小徐本作："讀若緯，或如渾天之渾。"
〔2〕 小徐本"桻"字下無讀若。
〔3〕 讗，大徐本作"呼麥切"，小徐本作"麾獲反"。應是曉母字。
〔4〕 迴，小徐本作"回"。
〔5〕 此條讀若大徐本作："讀若弦，一曰若環。"小徐本作："讀若紘，一曰環。"
〔6〕 麿，大徐本作"古三切"，小徐本作"庚堪反"。
〔7〕 赵，大徐本作原作"子救切"，應是"于救切"之誤；小徐本作"延救反"，余母字。
〔8〕 貦，徐鍇曰："即今紛紜字。"
〔9〕 小徐本作"讀若瑀"。
〔10〕 婑，小徐本作"讀若佑，延救反"。

匣/侵談,《周禮》卷十·187 上·13),函含(匣匣/侵侵,《周禮》卷十一·
200 下·3),垸丸(匣匣/元元,《周禮》卷十一·210 上·10),衡橫(匣匣/
陽陽,《周禮》卷十二·217 下·8),觳斛(匣匣/屋屋,《周禮》卷十二·219
下·9),宏紘(匣匣/蒸蒸,《周禮》卷十二·220 下·5),環轅(匣匣/元元,
《周禮》卷十二·225 上·1),合洽(匣匣/緝緝,《周禮》卷十二·229 下·
8),衡橫(匣匣/陽陽,《禮記》卷二·22 上·4),衡橫(匣匣/陽陽,《禮記》
卷二·27 下·16),衡橫(匣匣/陽陽,《禮記》卷二·27 下·6),閎紘(匣
匣/蒸蒸,《禮記》卷五·52 下·7),衡桁(匣匣/陽陽,《禮記》卷十二·122
上·13);云云構成的音注材料 8 條:右佑(云云/之之,《周禮》卷六·121
上·12),右佑(云云/之之,《周禮》卷六·121 上·6),韗運(云云/文文,
《周禮》卷十一·201 下·15),萬禹(云云/魚魚,《周禮》卷十一·205
下·9),有又(云云/之之,《周禮》卷十二·231 上·13),于爲(云云/魚
歌,《儀禮》卷八·96 下·15),又宥(云云/之之,《禮記》卷四·43 上·
9),有又(云云/之之,《禮記》卷八·88 上·7);云匣兩母構成的音注 2
條:圜員(匣云/元文,《周禮》卷十一·203 上·15),皇往(匣匣/陽陽,
《禮記》卷十·105 下·23)。

　　據陸德明《經典釋文》,鄭玄還有匣匣構成的音注 10 條:號,音号
(《易·夬》26 下 20);號,户羔反(《易·萃》27 上 19);降,户江反(《書·
禹貢》40 下 22);涵,音咸(《詩·巧言》82 下 3);害,音曷(《詩·二子乘
舟》60 上 6);行,胡郎反(《詩·鹿鳴》75 上 3);行,音衡(《詩·東山》74 下
17);虹,户江反(《詩·抑》97 上 8);荄,户卯反(《周禮·考工記》111 下
9);獲,橫霸反(《禮記·曲禮》164 上 8)。[1] 云云構成的音注 2 條:員,
音云(《詩·玄鳥》106 下 14);右,音佑(《詩·關雎》53 上 16)。[2] 云匣
構成的音注 1 條:援,胡唤反(《詩·皇矣》92 上 22)。

---

〔1〕　另有"繪,胡對反(《書·益稷》39 上 16);袷,户夾反(《詩·玄鳥》106 下 3)",有人
認爲是鄭玄音切,實際上應是陸德明音切。
〔2〕　另有"睢,于況反(《詩·泮水》105 上 9);彙,音謂(《詩·召旻》101 上 1)",有人認
爲是鄭玄音切,實際上應是陸德明音切。

在東漢應劭、服虔《漢書注》中,與匣母有關的音注材料 14 條,其中匣匣構成的音注材料 7 條:陘,音刑(應劭,6/1576/6)。陘,匣耕/匣青;刑,匣耕/匣青。獂,音完(應劭,6/1612/7)。獂,匣元/匣桓;完,匣元/匣桓。陘,音邢(應劭,6/1632/4)。陘,匣耕/匣青;邢,匣耕/匣青。湟,音皇(服虔,9/2778/1)。湟,匣陽/匣唐;皇,匣陽/匣唐。唅,音含(服虔,9/2823/2)。唅,匣曉侵/匣曉覃;含,匣侵/匣覃。眩,音州縣之縣(服虔,11/3773/6)。眩,匣真/匣霰;縣,匣元/匣先。閈,音扞(應劭,12/4246/4)。閈,匣元/匣翰;扞,匣元/匣翰。與云母有關的音注材料 6 條,其中云云構成的音注材料 3 條:爲,音無爲之爲(應劭,1/35/5)。爲,云歌/云支;爲,云歌/云支。槥,音衛(服虔,1/65/2)。槥,云月/云祭;衛,云月/云祭。佑,讀若佑(應劭,11/3478/13)。佑,云之/云宥;佑,云之/云宥。匣云構成的音注材料 0 條。

在東漢高誘《呂氏春秋注》、《淮南子注》中,與匣母有關的音注材料 25 條,其中匣匣構成的音注 7 條:《呂氏春秋・慎大覽・下賢》:"鶻乎其羞用智慮也。"高注:"鶻,讀如'浩浩昊天'之浩。"(6/15/166/1)鶻,匣覺/匣沃;浩,匣幽/匣晧。《呂氏春秋・慎行論》:"崔杼之子相與私閧。"高注:"閧,讀近鴻,緩氣言之。"(6/22/286/11)閧,匣東/匣送;鴻,匣東/匣東。《淮南子・俶真》:"萑蘧炫煌。"高注:"蘧,讀曰扈。"(7/2/19/13)蘧,匣魚/匣姥;扈,匣魚/匣扈。《淮南子・俶真》:"甘暝于溷澖之域。"高注:"澖,讀閑放之閑。"(7/2/27/14)澖,匣元/匣山;閑,匣元/匣山。《淮南子・時則》:"案銰豢。"高注:"豢,讀宦學之宦。"(7/5/78/5)豢,匣元/匣諫;宦,匣元/匣寒。《淮南子・精神》:"澒蒙鴻洞。"高注:"澒,讀項羽之項。"(7/7/99/5)澒,匣東/匣董;項,匣東/匣講。《淮南子・氾論》:"生於牛頜之下。"高注:"頜,讀合索之合。"(7/13/227/4)頜,匣侵/匣感;合,匣緝/匣合。與云母有關的音注材料 6 條,其中云云構成的音注 3 條:《呂氏春秋・季夏紀・音初》:"王及蔡公扤於漢中。"高注:"扤墜,音曰顛隕之隕。"(6/6/58/13)扤,云文/云吻;隕,云文/云軫。《呂氏春秋・先識覽・樂成》:"投之無郵。"高注:"郵字與尤同。"(6/16/188/16)郵,云之/

云尤;尤,云之/云尤。《淮南子·覽冥》:"晝隨灰而月運闕。"高注:"運,
讀運圍之圍。"(7/6/90/12)運,云文/云問;圍,云微/云微。[1]

匣云構成的音注1條:《淮南子·原道》:"今人之所以眭然能視,瞥
然能聽。"高注:"瞥,讀疾瞽之瞽。"(7/1/17/7)瞥,匣耕/匣青;瞽,云耕/
云映。

通過以上分析我們可以看出,東漢時代除了《説文解字》聲訓的材料
外,其他材料都能證明東漢時代云匣兩母是各自的聲母。

第三節　東漢時代曉匣與見溪群的關係

一、從聲訓材料看東漢時代曉匣與見溪群的關係

《白虎通德論》中,與見母有關的聲訓42條,聲韻均同的見見構成的
聲訓15條:《爵》:公之爲言公正無私(公,見東平;公,見東平);《禮樂》:
九之爲言究也(九,見幽上;究,見幽去);《五行》:金之爲言禁也(金,見侵
平;禁,見侵去);《五行》:夾者,孚甲也(夾,見葉入;甲,見葉入);《五
行》:姑者,故也(姑,見魚平;故,見魚去);《五行》:庚者,物更也(庚,見
陽平;更,見陽平);《諫爭》:庚者,更也(庚,見陽平;更,見陽平/去);《諫
爭》:諫,間也、因也、更也(諫,見元去;間,見元平/去);《三綱六紀》:姑
者,故也(姑,見魚平;故,見魚去);《蓍龜》:龜之爲言久也(龜,見之平;
久,見之上);《宗族》:九之爲言究也,親疏恩愛究竟也(九,見幽上;究,見
幽去);《性情》:肝之爲言幹也(肝,見元平;幹,見元平);《商賈》:賈之爲
言固,固有其用物以得民來,以求其利者也(賈,見魚上;固,見魚去);《嫁
娶》:嫁者,家也,婦人外成,以出適人爲嫁(嫁,見魚去;家,見魚平)。另
有2條,聲母雖然相同,但韻部相去甚遠:《蓍龜》:必以荆者,取其究音也
(荆,見耕平;究,見幽去);《文質》:珪之言潔也(珪,見支平;潔,見月
入)。與溪母有關的聲訓6條,溪溪構成的聲訓0條。與群母有關的聲訓

---

13 條,群群構成的聲訓 1 條:《三綱六紀》:舅者,舊也(舅,群幽上;舊,群之上)。與曉母有關的聲訓 11 條,曉曉構成的聲訓 4 條:《禮樂》:壎之爲言勳也(壎,曉文平;勳,曉文平);《五行》:火之爲言化也(火,曉微上;化,曉歌去);《三綱六紀》:兄者,況也,況父法也(兄,曉陽平;況,曉陽去);《嫁娶》:婚者,昏時行禮,故謂之婚也(婚,曉文平;昏,曉文平)。與匣母有關的聲訓 22 條,匣匣構成的聲訓 3 條:《爵》:侯者候也(侯,匣侯平;候,匣侯去);《號》:皇,煌煌人莫違也(皇,匣陽平;煌,匣陽平);《文質》:璜者,橫也,橫之爲言光也,陽光所及,莫不動也(璜,匣陽平;橫,匣陽平)。與云母有關的聲訓 7 條,云云構成的聲訓 2 條:《號》:王者,往也(王,匣陽平;往,匣陽上);《三綱六紀》:友者,有也(友,匣之上;有,匣之上)。

見匣兩母構成的聲訓 4 條:《五行》:萬物醶與所堅之也,猶五味得醶乃堅也(醶,匣元平;堅,見真平);《三教》:教者,效也(教,見宵平/去;效,匣宵去);《文質》:璜者,橫也,橫之爲言光也,陽光所及,莫不動也(璜,匣陽平;橫,匣陽平;光,見陽平);《辟雍》:學之爲言覺也(學,匣覺入;覺,見覺入)。見云兩母構成的聲訓 1 條:《號》:王者,京也(王,匣陽平;京,見陽平)。未發現云匣與溪群兩母構成的聲訓例證。可見《白虎通德論》中,云匣兩母與見母的關係較爲密切。

在《說文解字》中,與匣母有關的聲訓 361 條,其中匣匣構成的聲訓 82 條;與云母有關的聲訓 103 條,云云構成的聲訓 16 條(均已見上節)。與曉母有關的聲訓 144 條,其中曉曉構成的聲訓 23 條:憙喜(曉曉/之之),琥虎(曉曉/魚魚),唬虎(曉曉/魚魚),謼評(曉曉/魚魚),虍虎(曉曉/魚魚),臽香(曉曉/陽陽),饗鄉(曉曉/陽陽),闤響(曉曉/陽陽),[1] 玧朽(曉曉/之幽),誨曉(曉曉/之宵),灰火(曉曉/之微),黑火(曉曉/職微),黑熏(曉曉/職文),儇惛(曉曉/蒸文),虖哮(曉曉/魚幽),歔歊(曉曉/魚微),盍血(曉曉/陽質),臽馨(曉曉/陽耕),享獻(曉曉/陽元),穌虛(曉曉/陽魚),香馨(曉曉/陽耕),頏化(曉曉/東歌),枵虛(曉曉/宵魚)。

---

〔1〕 段說"響"爲"朝向"之"向"。

與見母有關的聲訓 744 條，見見構成的聲訓 189 條：丌基（見見/之之），
辺記（見見/之之），辺丌（見見/之之），久灸（見見/之之），閨圭（見見/支
支），鼜擊（見見/錫錫），鼜瞉（見見/錫錫），警敬（見見/耕耕），頸莖（見
見/耕耕），憼敬（見見/耕耕），古故（見見/魚魚），詁故（見見/魚魚），鼓鼓
（見見/魚魚），瞿眮（見見/魚魚），稼家（見見/魚魚），家居（見見/魚魚），
眔眢（見見/魚魚），畍眮（見見/魚魚），[１]梛章（見見/鐸鐸）[２]，庚更（見
見/陽陽），[３]京光（見見/陽陽），洸光（見見/陽陽），眿境（見見/陽陽），
鏡景（見見/陽陽），拘句（見見/侯侯），笱句（見見/侯侯），鉤句（見見/侯
侯），雊句（見見/侯侯），考垢（見見/侯侯），貢功（見見/東東），功工（見
見/東東），芥丩（見見/幽幽），誥告（見見/覺覺），九究（見見/幽幽），蹻高
（見見/宵宵），苷甘（見見/談談），驕高（見見/宵宵），烄交（見見/宵宵），
較鉤（見見/宵宵），[４]餽鬼（見見/微微），鬼歸（見見/微微），禨鬼（見見/
微微），姁鈞（見見/真真），均徧（見見/真真），均匀（見見/真真），概柉
（見見/物物），夬決（見見/月月），羯犗（見見/月月），𦬊蔡（見見/月月），
扴刮（見見/月月），裸灌（見見/元元），棺關（見見/元元），毌貫（見見/元
元），冠絭（見見/元元），豣肩（見見/元元），奸干（見見/元元），𢇍貫（見
見/元元），彶急（見見/緝緝），汲及（見見/緝緝），緊監（見見/侵侵），[５]
襜建（見見/月元），麙甘（見見/談談），蠸攫（見見/魚鐸），卂據（見見/鐸
魚），郭居（見見/鐸魚），挌擊（見見/鐸錫），卿莒（見見/陽魚），釭瞉（見
見/東屋），覬欽（見見/微物），痂疥（見見/歌月），眏涓（見見/月元），[６]
弇蓋（見見/談月），梜檢（見見/葉談），荄根（見見/之文），改更（見見/之
陽），笿蟻（見見/之微），陔階（見見/之脂），革更（見見/職陽），鞭急（見
見/職緝），諽更（見見/職陽），悈謹（見見/職文），亘竟（見見/蒸陽），兢兢

---

〔１〕　畍，即"瞿"字。

〔２〕　章，即"郭"字。

〔３〕　此條聲訓出自"庚"字下。

〔４〕　鈎，原作銅。

〔５〕　監，段改作"堅"。

〔６〕　涓，段説當作"削"。

(見見/蒸陽),兢敬(見見/蒸耕),揯急(見見/蒸緝),縆急(見見/蒸緝),砮謹(見見/蒸文),𠆤角(見見/支屋),[1]𠆤角(見見/支屋),警戒(見見/耕職),坰界(見見/耕月),儆戒(見見/耕職),熲光(見見/耕陽),烱光(見見/耕陽),扃關(見見/耕元),耿熲(見見/耕葉),耿光(見見/耕陽),絅急(見見/支緝),茄莖(見見/魚耕),咼幾(見見/魚脂),畀驚(見見/魚耕),脚脛(見見/鐸耕),哽介(見見/陽月),䩗乖(見見/陽支),京高(見見/陽宵),岡骨(見見/陽物),亢頸(見見/陽耕),憬覺(見見/陽覺),鯁骨(見見/陽屋),魧膏(見見/陽宵),綆汲(見見/陽緝),畺界(見見/陽月),冓交(見見/侯宵),構蓋(見見/侯月),梟舉(見見/屋魚),[2]挶戟(見見/屋鐸),講解(見見/東錫),龔給(見見/東緝),攻擊(見見/東錫),舩舉(見見/東魚),供給(見見/東緝),扛舉(見見/東魚),項頸(見見/東耕),輂駕(見見/東魚),䓘葛(見見/幽月),邀恭(見見/幽東),邀謹(見見/幽文),䚯高(見見/幽宵),樛句(見見/幽侯),丩高(見見/幽宵),晷景(見見/幽陽),韭久(見見/幽之),宄姦(見見/幽元),茭乾(見見/宵元),敫繫(見見/宵錫),郊國(見見/宵職),稿稈(見見/宵元),撟舉(見見/宵魚),敫歌(見見/藥歌),歸嫁(見見/微魚),𣂪頪(見見/微葉),稽稾(見見/脂宵),稾稿,幾踞(見見/脂魚),[3]緊急(見見/真緝),堅剛(見見/真陽),鑒剛(見見/真陽),鈞斤(見見/真文),吃蹇(見見/物元),劌刮(見見/物月),溉灌(見見/物元),淈渮(見見/物歌),堇甘(見見/文談),衮卷(見見/文元),頣頪(見見/文葉),冎骨(見見/歌屋),戈戟(見見/歌鐸),蹶僵(見見/月陽),訐告(見見/月覺),㪽堅(見見/月真),朅舉(見見/月魚),髺結(見見/月質),膾槁(見見/月宵),括絜(見見/月真),戛戟(見見/月鐸),乚鉤(見見/月侯),盼境(見見/月陽),鞬弓(見見/元蒸),眷顧(見見/元魚),獧急(見見/元緝),懁急(見見/元緝),澗夾(見見/元葉),摜習(見見/元緝),埍居(見見/元魚),官君(見見/元文),敆會(見見/緝月),

〔1〕 此條聲訓出自"萑"字下。

〔2〕 梟,段校作"椇"。

〔3〕 踞,段注以爲當爲"居處"之"居"。

鴿鳩(見見/緝幽),韐榼(見見/緝葉),韐缺(見見/緝月);見曉兩母構成的聲訓26條(見母字作被訓釋字的19條,曉母字作被訓釋字的7條):穀擊(見曉/錫錫),垝毁(見曉/微微),媧化(見曉/歌歌),劫脅(見曉/葉葉),毌貨(見曉/元歌),貫貨(見曉/元歌),〔1〕騧喙(見曉/歌月),玖黑(見曉/之職),畦劃(見曉/支錫),歉虚(見曉/陽魚),詔呼(見曉/幽魚),叫嘑(見曉/宵魚),訆呼(見曉/宵魚),梟孝(見曉/宵幽),噭呼(見曉/藥魚),罽兄(見曉/文陽),刉劃(見曉/月錫),爟火(見曉/元微),懽喜(見曉/元之),巟廣(曉見/陽陽),詗告(曉見/耕覺),籲驚(曉見/魚耕),訏詭(曉見/魚微),壑溝(曉見/鐸侯),哮驚(曉見/幽耕),熯乾(曉見/元元);見匣兩母構成的聲訓91條(見母字作被訓釋字的40條,匣母字作被訓釋字的51條):佸會(見匣/月月),稟芣(見匣/魚魚),斠斛(見匣/屋屋),教效(見匣/幽幽),棬環(見匣/元元),佮合(見匣/緝緝),艮很(見匣/文文),襘會(見匣/月月),髗會(見匣/月月),繯繯(見匣/元元),艧環(見匣/月元),掛畫(見匣/支錫),欯幸(見匣/物耕),秅秳(見匣/物月),驚駭(見匣/耕之),顧還(見匣/魚元),玃猴(見匣/鐸侯),羹盉(見匣/陽歌),玨合(見匣/屋緝),講和(見匣/東歌),糾合(見匣/幽緝),这會(見匣/宵月),湝寒(見匣/脂元),蛫蟹(見匣/微錫),計會(見匣/物月),骨覈(見匣/物錫),稍莖(見匣/元耕),闗户(見匣/元魚),敆合(見匣/緝文),蒹萑(見匣/談元),甘含(見匣/談侵),監下(見匣/談魚),磨和(見匣/談歌),介畫(見匣/月錫),鴶鶡(見匣/月侯),契畫(見匣/月錫),駱系(見匣/月錫),稈莖(見匣/元耕),降下(見匣/冬魚),骹脛(見匣/宵耕),亥荄(匣見/之之),弘弓(匣見/蒸蒸),擐貫(匣見/元元),銒頸(匣見/耕耕),罜罟(匣見/魚魚),斻亢(匣見/陽陽),斆覺(匣見/覺覺),爻交(匣見/宵宵),佼交(匣見/宵宵),齰骨(匣見/物物),搰骨(匣見/物物),禾嘉(匣見/歌歌),晛見(匣見/元元),穫穀(匣見/鐸屋),翮莖(匣見/錫耕),系繫(匣見/支錫),隺高(匣見/藥宵),硆榦(匣見/侵元),咸皆(匣見/侵脂),械梏

〔1〕 此條聲訓出自“實”字下。

（匣見／職覺），紘卷（匣見／蒸寒），觿結（匣見／支質），兮稽（匣見／支脂），係絜（匣見／支月），蠵蝸（匣見／支之），畫界（匣見／錫陽），焭光（匣見／耕陽），幸吉（匣見／耕質），䰄寄（匣見／魚歌），狐鬼（匣見／魚微），護救（匣見／鐸幽），垎乾（匣見／鐸元），垎堅（匣見／鐸真），餀乾（匣見／侯元），后繼（匣見／侯質），后君（匣見／侯文），縠觥（匣見／屋陽），昊夰（匣見／幽宵），浩澆（匣見／幽宵），滈久（匣見／宵之），纈囊（匣見／脂幽），黠堅（匣見／質真），趫疾（匣見／真緝），惢急（匣見／真緝），弦弓（匣見／真東），甤堅（匣見／物真），禾穀（匣見／歌屋），稞穀（匣見／歌屋），龣韭（匣見／月幽），縣繫（匣見／元錫），戌綱（匣見／元陽）。刑劐（匣見／耕耕）；見云兩母構成的聲訓 16 條（見母字作被訓釋字的 8 條，云母字作被訓釋字的 8 條）：莒芋（見云／魚魚），傀偉（見云／微微），軍圍（見云／文微），疾痏（見云／月月），脘胃（見云／元物），叚遠（見云／魚元），軍圜（見云／文元），歌詠（見云／歌陽），圜果（云見／元元），樟屈（云見／微物），蔑乾（云見／月元），韋叚（云見／微魚），胃穀（云見／微之），詠歌（云見／陽歌），院堅（云見／元真），曄光（云見／葉陽）。

與溪母有關的聲訓 198 條，溪溪構成的聲訓 26 條：諆欺（溪溪／之之），克刻（溪溪／職職），傾頃（溪溪／耕耕），褧縶（溪溪／耕耕），殂枯（溪溪／魚魚），隙㞐（溪溪／鐸鐸），訕扣（溪溪／侯侯），訕口（溪溪／侯侯），釦口（溪溪／侯侯），攱頃（溪溪／支耕），麯去（溪溪／鐸魚），欵氣（溪溪／之物），[1] 迟曲（溪溪／錫屋），謦欬（溪溪／耕之），虛丘（溪溪／魚之），隙孔（溪溪／鐸東），哮泣（溪溪／陽緝），庼闊（溪溪／陽月），庼寬（溪溪／陽元），悝狂（溪溪／陽葉），摳繑（溪溪／侯宵），[2] 扣牽（溪溪／侯元），攷敏（溪溪／幽侯），趫輕（溪溪／宵耕），磽磬（溪溪／宵錫），繑綺（溪溪／宵魚）；溪匣兩母構成的聲訓 15 條（溪母字作被訓釋字的 7 條，匣母字作被訓釋字的 8 條）：誇諏（溪匣／魚談），袪裹（溪匣／魚微），抗扞（溪匣／陽元），烠旱（溪

---

〔1〕 《説文·欠部》：“欬，逆氣也。”
〔2〕 繑，段注認爲是“矯”字之訛。

匣/覺元),酷厚(溪匣/覺侯),敲横(溪匣/宵陽),搐搚(匣溪/月月),狟犬(匣溪/元元),齟齘(匣溪/錫支),嗛銜(匣溪/談緝),涸渴(匣溪/鐸月),[1]惶恐(匣溪/陽東),賀慶(匣溪/歌陽),械器(匣溪/職質);溪云兩母構成的聲訓4條(溪母字作被訓釋字的1條,云母字作被訓釋字的3條):去違(溪云/魚微),宥寬(云溪/之元),云氣(云溪/文物),痯胃(云溪/歌歌);溪曉兩母構成的聲訓5條(溪母字作被訓釋字的2條,曉母字作被訓釋字的3條):漮虚(溪曉/陽魚),歑虚(溪曉/陽魚),兇恐(曉溪/東東),興起(曉溪/蒸之),憿起(曉溪/覺之)。

　　與群母有關的聲訓191條,群群構成的聲訓31條:旗期(群群/之之),騏綦(群群/之之),[2]痙彊(群群/耕耕),誩競(群群/陽陽),競彊(群群/陽陽),倞彊(群群/陽陽),弜彊(群群/陽陽),痙彊(群群/耕耕),慫仇(群群/幽幽),戟群(群群/文文),群窘(群群/文文),齨臼(群群/幽幽),惟彊(群群/陽陽),領跼(群群/屋屋),苿裘(群群/幽幽),楬桀(群群/月月),朞忌(群群/之之),幾近(群群/微文),坤堅(群群/質真),具共(群群/侯東),窮極(群群/冬職),祈求(群群/文幽),旂旗(群群/微之),芹葵(群群/文脂),遽寁(群群/魚文),强靳(群群/陽微),遽寁(群群/魚文),局棋(群群/屋之),脉臞(群群/幽魚),頯權(群群/幽元),跽跪(群群/之微);[3]群匣兩母構成的聲訓17條(群母字作被訓釋字的12條,匣母字作被訓釋字的5條):鍵轄(群匣/元月),圈閑(群匣/元元),榮回(群匣/耕微),其莖(群匣/之耕),期會(群匣/之月),釀會(群匣/魚月),洎灌(群匣/質元),[4]郡縣(群匣/文元),梐限(群匣/元文),鍵鉉(群匣/元真),越行(群匣/支陽),跂行(群匣/支陽),豢圈(匣群/元元),羣鍵(匣群/月元),轄鍵(匣群/月元),檻圈(匣群/談元),捐掘(匣群/物物);群云兩母構成的聲訓4條(群母字作被訓釋字的2條,云母字作被訓釋字

---

〔1〕　渴,竭之本字,段讀羣母。

〔2〕　綦,段注改作"綦"。

〔3〕　跪,《廣韻》去委、渠委二切。

〔4〕　洎坰,黄侃入物部。

的 2 條）：睪往（群云／陽陽），摅援（群云／元元），偉奇（云群／微歌），鄆饋（云群／文物）；群曉兩母構成的聲訓 5 條（群母字作被訓釋字的 3 條，曉母字作被訓釋字的 2 條）：拑脅（群曉／談葉），譏魕（群曉／微物），[1]莁蒿（群曉／文宵），悅狂（曉群／陽陽），[2]曉懼（曉群／宵魚）。

通過以上分析可以看出，《說文解字》中與見母有關的聲訓 744 條，見見構成的聲訓 189 條；與曉母有關的聲訓 144 條，其中曉曉構成的聲訓 23 條，見曉兩母構成的聲訓 26 條（見母字作被訓釋字的 19 條，曉母字作被訓釋字的 7 條）。與匣母有關的聲訓 361 條，匣匣構成的聲訓 82 條，見匣兩母構成的聲訓 91 條（見母字作被訓釋字的 40 條，匣母字作被訓釋字的 51 條）。與云母有關的聲訓 103 條，云云構成的聲訓 16 條，見云兩母構成的聲訓 16 條（見母字作被訓釋字的 8 條，云母字作被訓釋字的 8 條）。

見曉兩母構成的聲訓（26）約佔見曉兩母總數（744、144）的 2.93%；在只與見曉兩母有關的聲訓中，見曉兩母構成的聲訓（26）與見曉兩母構成的聲訓總數（189、23）比是 12.26%。見匣兩母構成的聲訓（91）約佔見匣兩母總數（744、361）的 8.24%；在只與見匣兩母有關的聲訓中，見匣兩母構成的聲訓（91）與見匣兩母構成的聲訓總數（189、82）比約是 33.58%。見云兩母構成的聲訓（16）約佔見云兩母總數（744、103）的 1.89%；在只與見云兩母有關的聲訓中，見云兩母構成的聲訓（16）與見云兩母構成的聲訓總數（189、16）比約是 7.8%。

與溪母有關的聲訓 198 條，溪溪構成的聲訓 26 條，溪曉兩母構成的聲訓 5 條（溪母字作被訓釋字的 2 條，曉母字作被訓釋字的 3 條），溪匣兩母構成的聲訓 15 條（溪母字作被訓釋字的 7 條，匣母字作被訓釋字的 8 條），溪云兩母構成的聲訓 4 條（溪母字作被訓釋字的 1 條，云母字作被訓釋字的 3 條）。

---

〔1〕 魕，段校作"汔"。
〔2〕 或說"狂"當是"怹"。

溪曉兩母構成的聲訓(5)約佔溪曉兩母總數(198、144)的 1.46% ;在只與溪曉兩母有關的聲訓中,溪曉兩母構成的聲訓(5)與溪曉兩母構成的聲訓總數(26、23)比是 10.2% 。溪匣兩母構成的聲訓(15)約佔溪匣兩母總數(198、361)的 2.68% ;在只與溪匣兩母有關的聲訓中,溪匣兩母構成的聲訓(15)與溪匣兩母構成的聲訓總數(26、82)比約是 13.89% 。溪云兩母構成的聲訓(4)約佔溪云兩母總數(198、103)的 1.33% ;在只與溪云兩母有關的聲訓中,溪云兩母構成的聲訓(4)與溪云兩母構成的聲訓總數(26、16)比約是 9.52% 。

與群母有關的聲訓 191 條,群群構成的聲訓 31 條;群曉兩母構成的聲訓 5 條(群母字作被訓釋字的 3 條,曉母字作被訓釋字的 2 條),群匣兩母構成的聲訓 17 條(群母字作被訓釋字的 12 條,匣母字作被訓釋字的 5 條),群云兩母構成的聲訓 4 條(群母字作被訓釋字的 2 條,云母字作被訓釋字的 2 條)。

群曉兩母構成的聲訓(5)約佔群曉兩母總數(191、144)的 1.49% ;在只與群曉兩母有關的聲訓中,群曉兩母構成的聲訓(5)與群曉兩母構成的聲訓總數(31、23)比是 9.26% ,群匣兩母構成的聲訓(17)約佔群匣兩母總數(191、361)的 3.08% ;在只與群匣兩母有關的聲訓中,群匣兩母構成的聲訓(17)與群匣兩母構成的聲訓總數(31、82)比約是 15.04% 。群云兩母構成的聲訓(4)約佔群云兩母總數(191、103)的 1.36% ;在只與群云兩母有關的聲訓中,群云兩母構成的聲訓(4)與群云兩母構成的聲訓總數(31、16)比約是 8.51% 。

通過以上分析我們可以看出,東漢時代匣母與見母關係最近,與群母關係次之,與溪母關係最遠;但匣母與見溪群的關係普遍比曉云與見溪群關係要近一些。曉母與見母關係最近,與溪母關係次之,與群母關溪最遠;云母與溪母關係最近,與群母關溪次之,與見母關係最遠。從中也可以看出云匣兩母的不同。

在《釋名》聲訓中,與曉母有關的 40 條,其中曉曉構成的聲訓 20 條:《釋天》晦灰(之之),《釋天》火毀(微微),《釋水》海晦(之之),《釋州國》鄉向(陽陽),《釋形體》胸哐(東東),《釋親屬》兄荒(陽陽),《釋親屬》婚昏(文文),《釋言語》孝好(幽幽),《釋飲食》醯醢(之之),《釋首飾》斫幠(魚魚),《釋衣服》褘翬(微微),《釋書契》笏忽(物物),《釋車》轞憲(元元),《釋天》火化(微歌),《釋形體》血滅(質月),《釋言語》孝畜(幽覺),《釋采帛》黑晦(職之),《釋樂器》塤喧(文元),《釋疾病》瞎迄(月物),《釋車》轈經(元耕)。與匣母有關的 87 條,匣匣構成的聲訓 40 條,其中聲韻均同的聲訓 29 條:《釋天》寒扞(匣匣/元元),《釋天》昊顥(匣匣/宵宵),《釋天》亥核(匣匣/職職),《釋山》礐學(匣匣/覺覺),《釋山》岵怙(匣匣/魚魚),《釋水》澮會(匣匣/月月),《釋道》蹊徯(匣匣/支支),《釋州國》縣懸(匣匣/元元),《釋形體》汗浯(匣匣/元元),《釋形體》頷含(匣匣/侵侵),《釋形體》胡互(匣匣/魚魚),《釋形體》脅挾(匣匣/葉葉),《釋姿容》懷回(匣匣/微微),《釋親屬》後後(匣匣/侯侯),《釋言語》厚後(匣匣/侯侯),《釋言語》緩浣(匣匣/元元),《釋言語》厚後(匣匣/侯侯),《釋飲食》膾會(見匣/月月),《釋飲食》脂衒(匣匣/談談),《釋飲食》餱候(匣匣/侯侯),《釋采帛》繢會(匣匣/質質),《釋采帛》紈煥(匣匣/元元),《釋首飾》胡餬(匣匣/魚魚),《釋衣服》系繫(匣匣/月月),《釋采帛》黃晃(匣匣/陽陽),《釋樂器》篌侯(匣匣/侯侯),《釋樂器》簧橫(匣匣/陽陽),《釋兵》校號(匣匣/宵宵),《釋車》衡橫(匣匣/陽陽),《釋車》轄害(匣匣/月月);聲同韻不同的聲訓 11 條:《釋天》玄縣(匣匣/真元),《釋水》河下(匣匣/歌魚),《釋形體》項確(匣匣/東屋),《釋形體》踝確(匣匣/歌屋),《釋親屬》玄縣(匣匣/真元),《釋言語》候護(匣匣/侯魚),《釋飲食》含合(匣匣/侵緝),《釋飲食》銜合(匣匣/談緝),《釋宮室》戶護(匣匣/魚鐸),《釋書契》畫繪(匣匣/錫月),《釋疾病》眩縣(匣匣/真元)。與云母有關的 18 條,云云構成的聲訓 12 條,其中聲韻均同的聲訓 11 條:《釋天》雨羽(云云/魚魚),《釋天》雲云(云云/文文),《釋天》雲運(云云/文文),《釋親屬》王旺(云云/陽陽),《釋言語》友有(云云/之之),《釋宮室》宇羽(云云/魚魚),《釋宮室》垣援(云云/元元),《釋牀帳》幃圍(云云/微微),《釋典

藝》緯圍（云云／微微），《釋樂器》竽汙（云云／魚魚），《釋車》轅援（云
云／元元）；聲同韻不同但屬對轉關係的聲訓 1 條：《釋形體》胃圍（云云／
微物）。

　　《釋名》聲訓中，與見母有關的 182 條，其中見見構成的聲訓 102 條：
《釋天》光廣（陽陽），《釋天》景竟（陽陽），《釋天》金禁（侵侵），《釋天》
己紀（之之），《釋天》庚更（陽陽），《釋水》江公（東東），《釋水》澗間（元
元），《釋水》氿軌（幽幽），《釋水》涇徑（耕耕），《釋水》溝搆（侯侯），《釋
道》徑經（耕耕），《釋州國》荊警（耕耕），《釋形體》筋靳（文文），《釋形
體》頰夾（葉葉），《釋形體》頸徑（耕耕），《釋形體》肝幹（元元），《釋形
體》胱廣（陽陽），《釋形體》股固（魚魚），《釋形體》脛莖（耕耕），《釋形
體》跟根（文文），《釋姿容》僵畺（陽陽），《釋姿容》據居（魚魚），《釋姿
容》卦掛（支支），《釋姿容》覺告（覺覺），《釋長幼》耇垢（侯侯），《釋親
屬》高皋（宵宵），《釋親屬》姑故（魚魚），《釋親屬》鰥昆（文文），《釋親
屬》孤顧（魚魚），《釋言語》恭拱（東東），《釋言語》敬警（耕耕），《釋言
語》紀記（之之），《釋言語》功攻（東東），《釋親屬》姑故（魚魚），《釋言
語》艱根（文文），《釋言語》狡交（宵宵），《釋言語》夬決（月月），《釋言
語》姦奸（元元），《釋言語》間簡（元元），《釋采帛》縑兼（談談），《釋采
帛》錦金（侵侵），《釋采帛》絓掛（支支），《釋首飾》冠貫（元元），《釋首
飾》巾謹（文文），《釋首飾》鏡景（陽陽），《釋衣服》襟禁（侵侵），《釋衣
服》裾倨（魚魚），《釋衣服》裾踞（魚魚），《釋衣服》褲溝（侯侯），《釋衣
服》袿圭（支支），《釋衣服》屨拘（侯侯），《釋衣服》屩蹻（藥藥），《釋宮
室》椐居（魚魚），《釋宮室》庪匬（幽幽），《釋書契》簡間（元元），《釋書
契》告覺（覺覺），《釋典藝》經徑（耕耕），《釋用器》枷加（歌歌），《釋用
器》枷羅（歌歌），《釋用器》鉤溝（侯侯），《釋用器》斤謹（文文），《釋用
器》鋸居（魚魚），《釋兵》戟格（鐸鐸），《釋兵》戈過（歌歌），《釋兵》劍
檢（談談），《釋兵》金禁（侵侵），《釋典藝》記紀（之之），《釋樂器》歌柯
（歌歌），《釋兵》鞬建（元元），《釋車》車居（魚魚），《釋車》轂埖（溪／屋
屋），《釋車》鐧間（元元），《釋車》輠裹（歌歌），《釋車》杠公（東東），《釋

疾病》疚久(之之),《釋疾病》瞽鼓(魚魚),《釋疾病》懈解(錫錫),《釋喪制》絞交(宵宵),《釋喪制》衿禁(侵侵),《釋喪制》棺關(元元),《釋天》暑規(幽支),《釋水》溝谷(侯屋),《釋形體》肌懭(脂微),《釋形體》肩堅(真元),《釋親屬》季癸(質脂),《釋言語》基據(之侯),《釋言語》貴歸(微物),《釋言語》蓋加(月歌),《釋言語》宄佹(幽歌),《釋言語》公廣(東陽),《釋采帛》絳工(冬東),《釋采帛》絹絓(元真),《釋首飾》笄係(脂錫),《釋首飾》袞卷(文元),《釋衣服》褌貫(文元),《釋書契》檢禁(侵談),《釋樂器》鼓郭(魚鐸),《釋車》釭銃(東宵),《釋兵》甲介(葉月),《釋車》鞙檢(歌談),《釋疾病》尰久(幽之),《釋喪制》柩究(幽之);見曉兩母構成的聲訓3條:《釋天》光晃(陽陽),《釋飲食》麴杚(覺幽),《釋車》轘經(元耕);見匣兩母構成的聲訓27條:《釋天》艮限(見匣/文文),《釋兵》栝會(見匣/月月),《釋宮室》桷確(見匣/屋屋),《釋言語》教效(見匣/宵宵),《釋形體》骨滑(見匣/物物),《釋兵》骨滑(見匣/物物),《釋疾病》疥齘(見匣/月月),《釋姿容》觀翰(見匣/元元),《釋形體》頰挾(見匣/葉葉),《釋形體》甲闔(見匣/葉葉),《釋親屬》寡踝(見匣/魚歌),《釋言語》甘含(見匣/談侵),《釋采帛》紺含(見匣/談侵),《釋兵》甲函(見匣/葉談),《釋喪制》緘函(見匣/侵談),《釋天》夏假(匣見/魚魚),《釋天》虹攻(匣見/東東),《釋書契》檄激(匣見/藥藥),《釋姿容》懷歸(匣見/微微),《釋疾病》痕根(匣見/文文),《釋天》害割(匣見/月月),《釋形體》挾夾(匣見/葉葉),《釋天》扞格(匣見/元鐸),《釋天》暈捲(匣見/文元),《釋采帛》紅絳(匣見/東冬),《釋衣服》侯解(匣見/侯錫),《釋車》鞙縣(見匣/元元);見云兩母構成的聲訓1條:《釋天》暈捲(云見/文元)。

與溪母有關的64條,其中溪溪構成的聲訓24條:《釋天》氣愾(物物),《釋山》屺圮(之之),《釋言語》巧攷(幽幽),《釋言語》克刻(職職),《釋飲食》麩麷(魚魚),《釋采帛》綺攲(歌歌),《釋衣服》綺跨(魚魚),《釋形體》軀區(侯侯),《釋書契》券綣(元元),《釋典藝》科課(歌歌),《釋樂器》磬罄(耕耕),《釋樂器》箜空(東東),《釋疾病》瀸渴(月月),《釋疾病》欬刻(職職),《釋喪制》壙曠(陽陽),《釋形體》口空(侯東),《釋姿容》企啟(支脂),《釋姿容》啟開(脂微),《釋姿容》欠欽(談侵),《釋言語》起啟(之脂),《釋飲食》糗齲(幽魚),《釋首飾》頦傾(支耕),《釋書契》契刻(月職),《釋典藝》丘區(侯幽);溪曉兩母構成的聲訓 7 條:《釋言語》好巧(曉溪/幽幽),《釋言語》凶空(曉溪/東東),《釋衣服》鞾跨(曉溪/魚魚),《釋天》坎險(溪曉/談談),《釋衣服》袪虛(溪曉/魚魚),《釋疾病》齲朽(溪曉/魚幽),《釋飲食》膮蒿(溪曉/宵藥);溪匣兩母構成的聲訓 5 條:《釋姿容》;牽弦(溪匣/真真),《釋形體》髖緩(溪匣/元元),《釋形體》;怯脇(溪匣/葉葉),《釋用器》鏵剗(匣溪/魚魚),《釋姿容》行抗(匣溪/陽陽);溪云兩母構成的聲訓 1 條:《釋疾病》肒丘(匣溪/之之)。

　　與群母有關的 32 條,其中群群構成的聲訓 10 條:《釋天》乾健(元元),《釋山》喬橋(宵宵),《釋道》衢欋(魚魚),《釋州國》郡群(文文),《釋形體》距矩(魚魚),《釋姿容》跽忌(之之),《釋言語》劇巨(魚魚),《釋衣服》裙群(文文),《釋兵》旗期(之之),《釋姿容》窭局(侯屋)。群曉兩母構成的聲訓 0 條,群匣兩母構成的聲訓 0 條,群云兩母構成的聲訓 0 條。

　　《釋名》聲訓中,與見母有關的 182 條,其中見見構成的聲訓 102 條,見母與喉牙系其他聲母構成的聲訓 67 條,見母與其他聲母構成的聲訓 13 條;與溪母有關的 65 條,其中溪溪構成的聲訓 24 條,溪母與喉牙系其他聲母構成的聲訓 31 條,溪母與其他聲母構成的聲訓 9 條;與群母有關的 32 條,其中群群構成的聲訓 10 條,群母與喉牙系其他聲母構成的聲訓 16 條,群母與其他聲母構成的聲訓 9 條;與疑母有關的 47 條,其中疑疑構成的聲訓 32 條,疑母與喉牙系其他聲母構成的聲訓 6 條;與曉母有關的 36 條,其中曉曉構成的聲訓 21 條,曉母與喉牙系其他聲母構成的聲訓 11 條,曉母與其他聲母構成的聲訓 6 條;疑母與其他聲母構成的聲訓 9 條;與匣母有關的 106 條,其中匣匣構成的聲訓 58 條,匣母與喉牙系其他聲母構成的聲訓 44 條,匣母與其他聲母構成的聲訓 4 條;與影母有關的 70

條,其中影影構成的聲訓 53 條,影母與喉牙系其他聲母構成的聲訓 8 條,影母與其他聲母構成的聲訓 9 條。

只與見曉兩母有關的聲訓 123 條(見見構成的聲訓 102 條,曉曉構成的聲訓 21 條),見曉兩母構成的聲訓 0 條;只與見匣兩母有關的聲訓 169 條(見見構成的聲訓 102 條,匣匣構成的聲訓 40 條),見匣兩母構成的聲訓 27 條,約佔 15.98%;只與見云兩母有關的聲訓 115 條(見見構成的聲訓 102 條,云云構成的聲訓 12 條),見云兩母構成的聲訓 1 條,約佔 0.8%。

只與溪曉兩母有關的聲訓 52 條(溪溪構成的聲訓 24 條,曉曉構成的聲訓 21 條),溪曉兩母構成的聲訓 7 條,約佔 13.46%;只與溪匣兩母有關的聲訓 69 條(溪溪構成的聲訓 24 條,匣匣構成的聲訓 40 條),溪匣兩母構成的聲訓 5 條,約佔 7.25%;只與溪云兩母有關的聲訓 37 條(溪溪構成的聲訓 24 條,云云構成的聲訓 12 條),溪云兩母構成的聲訓 1 條,約佔 2.7%。

只與群曉兩母有關的聲訓 31 條(群群構成的聲訓 10 條,曉曉構成的聲訓 21 條),群曉兩母構成的聲訓 0 條;只與群匣兩母有關的聲訓 50 條(群群構成的聲訓 10 條,匣匣構成的聲訓 40 條),群匣兩母構成的聲訓 0 條;只與群云兩母有關的聲訓 22 條(群群構成的聲訓 10 條,云云構成的聲訓 12 條),群云兩母構成的聲訓 0 條。

見母與匣母的關係較近,溪母與曉母的關係較近;群母與曉母、匣母、云母的關係較遠。

二、從《說文解字》讀若看東漢時代曉匣與見溪群的關係

在《說文解字》讀若中,與曉母有關的 42 條,曉曉構成的讀若 32 條:珛畜(10 下/6 上),叩謹(35 下/30 上),趘謹(37 上/31 上),囂謹(49 下/42 下),夐颬(70 下/63 下),眓瀎(71 下/64 下),鼼畜(74 下/67 上),鬸炟(74 下/67 上),瞎禧(71 上/64 上),敘郝(84 下/77 上),脙休(88 下/80 上),蘿繘(93 下/84 下),舿謹(94 下/85 上),己呵(101 上/91 下),卢卢

（103 上/94 上）,[1]盡憘（105 上/96 上）,[2]自香（106 下/97 上）,[3]鄲許（133 下/129 下）,旭晶（138 上/133 下）,昕忻（139 下/134 下）,痎欸（156 上/154 下）,痕㳠（154 下/153 上）,帆荒（158 下/157 下）,[4]霅歡（178 下/176）,[5]歇歇（179 下/176）,[6]欸忽（179 下/176 下）,㢩歡（193 上/188 上）,蠡沈（213 下/204 上）,忓吁（223 上/212 上）,嫿陸（263 下/245 上）,鎮熏（294 上/267 下）,[7]馨馨（50 上/42 下）。[8]與匣母有關的 57 條,匣匣構成的讀若 47 條：瓏鎬（12 下/8 下）,瑋曷（12 下/8 下）,瑎諧（13 上/9 上）,蘁壞（22 上/18 下）,睪賢（29 下/25 下）,趌孩（36 下/31 上）,遑害（39 上/33 下）,穌和（48 下/41 上）,譇畫（55 上/47 下）,[9]瓩踝（63 下/56 上）,閡縣（64 上/56 下）,骭汗（74 下/67 上）,[10]盰攜（71 下/64 下）,[11]坓皇（75 下/68 上）,萑和（77 下/70 上）,胎陷（90 下/82 上）,穀斛（94 下/85 下）,麿函（100 上/90 下）,[12]號鎬（103 上/94 上）,贙迴（104 上/95 上）,[13]雝皇（113 上/104 上）,樗華（117 上/108 下）,揮渾（122 上/115 上）,[14]桿鴻（123 下/117 上）,[15]坒皇（127 上/122 上）,郣奚（134 上/130 上）,马含（142 下/138 下）,[16]仜紅（163 上/162 上）,頺襫（183 下/179 下,胡計切/異契反）,顅戀（183 下/179 下）,戉環（192 下/

---

［1］　大徐本無讀若。

［2］　大徐本無讀若。

［3］　自,大徐本、小徐本均作"皮及切",《廣韻》居力、許良、彼及三切。

［4］　小徐本無讀若。

［5］　小徐本無讀若。

［6］　大徐本無讀若。

［7］　鎮,大徐本作"讀若熏",小徐本作"讀若訓",《廣韻》符文切（奉文）,又許運切（曉文）。

［8］　大徐本作"讀若聲",呼形切；小徐本"讀若馨",顯丁反。陸志韋先生説："小徐本作'讀若馨'是也。"

［9］　譇,大徐本作"呼麥切",小徐本作"麾獲反"。應是曉母字。

［10］　《廣韻》：骭,許干切（曉元/曉寒）,又侯旰切（匣元/匣翰）。

［11］　·盰,大徐本苦兮切,小徐本起迷反,《廣韻》户圭切。

［12］　麿,大徐本作"古三切",小徐本作"庚堪反"。

［13］　大徐本作"讀若迴",小徐本作"讀若回"。

［14］　此條讀若小徐本作："讀若緯,或如渾天之渾。"

［15］　小徐本"桿"字下無讀若。

［16］　小徐本"马"字下無讀若。

187 下），貗桓（197 上/191 下），馬弦（199 上/193 下），[1]癹瑕（197 下/192 上），馬環（199 上/193 下），莧丸（203 下/197 上），獩檻（204 上/197 下），黔含（206 下/199 下），翰浣（213 上/203 下），憿朕（221 下/211 上），槉學（232 下/222 上），涸貃（235 上/223 下），[2]匚俣（235 上/223 下），鱫瓠（243 下/230 上），[3]綷陘（272 上/252 下），繣畫（275 上/254 下），[4]蟈潰（278 下/256 下）。與云母有關的讀若 16 條，云云構成的讀若 9 條。趄又（36 下/31 上），[5]鞞運（60 下/53 上），圓員（129 上/124 下），貦郞（129 下/125 下），[6]覰運（177 下/175 上），顳隕（182 上/178 下），憂祐（222 下/211 下），雩禹（241 下/229 上），[7]姷祐（262 下/244 下）。[8]云曉構成的讀若 1 條：湲撪（云曉/元歌，123/116 上）。

與見母有關的 95 條，見見構成的讀若 72 條：玖句（12 下/8 下），[9]玽苟（12 下/8 下），芨急（17 上/13 上），哽綆（33 上/28 上），唊莢（33 下/28 上），嗑甲（33 下/28 下），趌結（36 下/30 下），譑九（39 下/33 下），适括（40 上/34 上），迂干（42 上/35 上），諴戒（57 上/49 上），該詃（57 下/49 下），莽卷（59 上/51 上），鵑媯（62 上/54 下），酐過（62 下/54 下），鬮糾（63 下/56 上），蛆誑（66 上/58 下），敽矯（68 上/61 上），卟稽（69 下/62 上），乢戟（63 上/56 上），[10]罱卷（74 上/66 上），个乖（77 下/70 上），矍穬（79 上/71 下），眀拘（73 下/66 上），[11]敠概（84 下/77 上），夰介（93 上/84 上），肷決（88 上/80 上），丌箕（99 下/89 下），迈記（99 下/89 下），

---

〔1〕 此條讀若大徐本作："讀若弦，一曰若環。"小徐本作："讀若紘，一曰環。"

〔2〕 涸（匣鐸/匣鐸），大徐本作"讀若狐貃之貃（匣鐸/匣鐸）"，小徐本作"讀若狐貉之貃（匣鐸/匣鐸）"。

〔3〕 大徐本無讀若。

〔4〕 大、小徐本（都是大徐本）讀若畫，或讀若維。繣，《廣韻》姊規切、胡圭切、胡卦切、以睡切。

〔5〕 趄，大徐本作原作"子救切"，應是"于救切"之誤；小徐本作"延救反"。余母字。

〔6〕 貦，徐鍇曰："即今紛紜字。"

〔7〕 小徐本作"讀若瑀"。

〔8〕 姷，小徐本作："讀若佑，延救反。"

〔9〕 大、小徐本均作："讀若芑（溪之/見止），或曰若人句瘠之句（見侯/見侯）"。

〔10〕 大徐本作"讀若戟"，小徐本作"讀若截也"。戟、截音同。

〔11〕 二徐本均作："讀若拘，又若良士瞿瞿。"瞿，群魚/群虞。

䰙隔（103 下/94 下），箇箇（97 上/88 上），[1]椵賈（116 下/108 下），极急（124 上/117 下），檛過（124 上/117 下），杲槀（119 下/112 上），[2]鄒蓟（132 上/128 上），葉繭（128 下/124 上），賜貴（130 上/126 上），[3]囧獷（142 上/137 下），[4]毌冠（142 下/138 下），宄軌（151 下/150 上），[5]帔蛤（160 上/158 下），皛皎（161 上/159 下），裾居（171 上/170 上），歖叫（180 上/176 下），[6]競矜（177 上/174 下），[7]㚅鳩（188 上/183 下），蘇規（182 下/178 下），[8]曆軌（193 下/188 下），磺穬（194 下/189 上），彑罽（197 下/191 下），縠構（206 上/198 下），敫狡（208 上/200 下），夰蓋（213 下/204 上），懁絹（219 下/210 上），篋簡（222 上/211 下），渮哥（236 下/224 下），[9]兆瞽（177 上/174 下），巜儈（239 上/226 下），[10]嬀糾（261 下/243 下），乾棘（266 上/247 上），[11]嫛癸（262 上/244 上），戼厥（266 上/247 上），戛棘（266 上/247 上），彉郭（270 上/251 上），乑乖（258 上/240 下），[12]絇鳩（276 上/254 下），蚰昆（283 下/259 上），埂綆（288 下/263 下），鋏莢（294 上/267 下），鈷刧（298 上/270 上），卺几（309 上/279 下）；[13]曉見兩母構成的讀若爲 3 條：唬嗃（見曉，35 上/29 下），[14]埍敻

---

〔1〕 大徐本無讀若。

〔2〕 大徐本無讀若。

〔3〕 小徐本無讀若。

〔4〕 大徐本作："讀若獷，賈侍中説'讀與明同'。"小徐本作："讀若獷，賈侍中讀與朙同。"朙，同"明"。

〔5〕 小徐本無讀若。

〔6〕 大徐本作"讀若叫呼之叫"，小徐本作"讀若嗷呼"。嗷，見宵/見嘯。

〔7〕 大、小徐本均作："讀若矜。一曰競，敬也。"

〔8〕 小徐本無讀若。

〔9〕 大徐本作"讀若哥（見歌/見歌）"，小徐本作"讀若柯（見歌/見歌）"。

〔10〕 大徐本無讀若。

〔11〕 小徐本無讀若。

〔12〕 大徐本無讀若。

〔13〕 卺（見蒸/見隱），大徐本作："讀若《詩》云'赤舃己己'（見之/見止）。"小徐本作："讀若《詩》曰'赤舃几几'（見脂/見旨）。"

〔14〕 嗃《廣韻》，古老切。《集韻》嗃，下老切。

（見曉，289 下/263 下），〔1〕鉍毀（見曉，296 上/268 下）；〔2〕匣見兩母構成的讀若爲 5 條：捖患（見匣，89 下/81 上），磿函（100 上/90 下），楷皓（見匣，115 上/107 上），瓳皓（見匣，128 上/123 下），輨浣（見匣，213 上/203 下），㝐子（匣見，213 下/204 下），䴚岡（匣見，245 上/231 上）；云見兩母構成的讀若 4 條：鷤運（見云，80 上/72 下），郿㮙（云見，135 上/131 上），〔3〕籰闌（云見，197 下/192 上），霣昆（云見，241 上/228 下）。〔4〕

與溪母有關的 30 條，溪溪構成的讀若 17 條：噲快（30 下/26 下），趡薊（36 上/30 下），趏愆（37 下/31 下），趌趌（37 下/31 下），辛愆（58 下/50 上），𡊎鏗（65 下/58 下），敂扣（69 上/61 下），鑿庫（112 上/103 上），栞刊（118 下/110 下），欪坎（180 上/177 上），顝魁（182 下/178 下），泃齲（216 上/207 上），挳鏗（257 上/240 上），掔掔（254 上/238 上），圣窟（288 上/263 上），鑿鼜（297 上/269 下），輷鏗（303 上/273 下）；〔5〕曉溪兩母構成的讀若爲 1 條：邧區（曉溪，133 上/129 上）；匣溪兩母構成的讀若爲 2 條（溪母用作被注字，匣用作注字）：靬穹（匣溪，61 上/53 下），頯禊（溪匣，183 下/179 下）月/溪霽，睪賢（溪匣，29 下/25 下）；云溪兩母構成的讀若爲 0 條。

與群母有關的 40 條，群群構成的讀若 18 條：趲劬（36 下/31 上），趜巏（36 下/31 上），鷬權（44 下/38 上），跱逑（47 下/40 上），誩競（58 上/49 下），弆逑（59 上/51 上），鈘琴（69 上/61 下），夏齧（70 下/63 下），朡畿（87 上/79 上），肌舊（89 下/81 下），虔矜（103 上/94 上），㸌悸（153 下/152 下），〔6〕㝢紟（194 上/188 下），妓跂（262 下/244 下），亅㯻（267 上/248 上），坥梟（288 上/263 上），鞏鮝（302 上/273 上），軒狂（303 下/274

〔1〕 大徐本無讀若。
〔2〕 鉍（見歌/見紙），大徐本作"讀若跛行（幫歌/幫果）"，小徐本作"讀若毀行（曉微/曉紙）"。
〔3〕 大徐本作"讀若規榘之㮙（見魚/見麌）"，小徐本作"讀若規矩（見魚/見麌）"。
〔4〕 大徐本無讀若。
〔5〕 二徐本均作："讀若《論語》'鏗爾舍瑟而作'，一曰讀若掔（溪真/溪先）。"
〔6〕 小徐本無讀若。

152

上），訄求(57 下/49 下）；[1]曉群兩母構成的讀若爲 1 條(群母用作被注字,曉作注字)：暴唅(曉群,139 上/134 下）；匣群兩母構成的讀若爲 0 條；云群兩母構成的讀若爲 2 條(云母用作被注字的 1 條,用作注字的 1 條)。

通過以上分析可以看出,在《說文解字》讀若中,匣母、云母與見母的關係較近,溪母與曉母的關係較近；曉母與群母的關係較遠,匣母、云母與群母的關係更遠。

三、從其他音注通假材料看東漢時代曉匣與見溪群的關係

《三禮》漢讀中,匣匣構成的音注 15 條(已見上節)：曉曉構成的音注材料 17 條：釁徽(曉曉/文微,《周禮》卷五‧94 下‧7）,釁徽(曉曉/文微,《周禮》卷五‧95 上‧2）,獻犧(曉曉/元歌,《周禮》卷五‧95 下‧7）,釁徽(曉曉/文微,《周禮》卷五‧97 下‧6）,勳勛(曉曉/文文,《周禮》卷七‧133 下‧11）,烜煗(曉曉/元微,《周禮》卷九‧167 上‧6）,薧秏(曉曉/宵宵,《周禮》卷十一‧204 上‧2）,休煦(曉曉/幽侯,《周禮》卷十二‧228 下‧14）,膴肨(曉曉/魚魚,《儀禮》卷十七‧176 下‧1）,顯韅(曉曉/元元,《禮記》卷三‧29 下‧2）,興釁(曉曉/蒸文,《禮記》卷六‧64 下‧21）,軒憲(曉曉/元元,《禮記》卷八‧86 下‧14）,褘翚(曉曉/微微,《禮記》卷九‧94 上‧13）,膴肨(曉曉/魚魚,《禮記》卷十‧107 上‧9）,憲軒(曉曉元元,《禮記》卷十一‧116 下‧22）,釁衈(曉曉/文文,《禮記》卷十一‧117 下‧5）,讙歡(曉曉/元元,《禮記》卷十五‧154 下‧3）。

見見構成的音注 52 條：句絇(見見/侯侯,《周禮》卷二‧39 上‧8）,梗更(見見/陽陽,《周禮》卷二‧35 下‧15）,梗亢(見見/陽陽,《周禮》卷二‧35 下‧15）,膏藁(見見/宵幽,《周禮》卷三‧46 上‧6）,屨鞻(見見/侯侯,《周禮》卷五‧83 下‧6）,果裸(見見/歌元,《周禮》卷五‧89 下‧14）,果裸(見見/歌元,《周禮》卷五‧90 下‧13）,觡斝(見見/魚魚,《周禮》卷五‧94 上‧6）,觡稼(見見/魚魚,《周禮》卷五‧95 下‧9）,工功

(見見/東東,《周禮》卷五·93 上·14),瞽鼓(見見/魚魚,《周禮》卷六·108 下·3),皋告(見見/幽覺,《周禮》卷六·108 下·3),硍袞(見見/文文,《周禮》卷六·112 上·13),械陔(見見/之之,《周禮》卷六·113 上·5),誥告(見見/覺覺,《周禮》卷六·120 上·3),誥告(見見/覺覺,《周禮》卷六·120 上·3),九軌(見見/幽幽,《周禮》卷六·126 上·3),簋九(見見/幽幽,《周禮》卷六·126 上·3),鉤拘(見見/侯侯,《周禮》卷六·128 上·15),爟觀(見見/元元,《周禮》卷七·134 上·4),槀槀(見見/宵宵,《周禮》卷七·135 下·11),綱亢(見見/陽陽,《周禮》卷七·143 上·14),舉瑕(見見/魚魚,《周禮》卷七·144 上·4),夾甲(見見/葉葉,《周禮》卷七·148 下·4),幾庪(見見/微脂,《周禮》卷九·179 下·15),幾刏(見見/微物,《周禮》卷九·179 下·16),蠲圭(見見/元支,《周禮》卷十·183 下·7),裸觀(見見/元元,《周禮》卷十·188 下·15),苛槀(見見/歌宵,《周禮》卷十一·201 上·15),髻刮(見見/月月,《周禮》卷十二·219 下·13),苛槀(見見/歌宵,《周禮》卷十二·219 上·5),個榦(見見/歌元,《周禮》卷十二·221 下·7),校絞(見見/宵宵,《周禮》卷十二·223 上·2),簡擱(見見/元元,《周禮》卷十二·229 上·14),茭激(見見/宵藥,《周禮》卷十二·230 下·1),校絞(見見/宵宵,《周禮》卷十二·230 下·2),久灸(見見/之之,《儀禮》卷十二·127 下·11),久灸(見見/之之,《儀禮》卷十三·137 下·16),居姬(見見/魚之,《禮記》卷二·18 下·7),縠告(見見/屋覺,《禮記》卷三·29 上·11),卷袞(見見/元文,《禮記》卷四·38 下·23),假瑕(見見/魚魚,《禮記》卷六·62 上·4),告鞠(見見/覺覺,《禮記》卷六·66 上·15),居姬(見見/魚之,《禮記》卷八·79 上·20),接捷(見見/葉葉,《禮記》卷八·89 上·9),卷袞(見見/元文,《禮記》卷九·91 上·5),見覸(見見/元元,《禮記》卷十四·140 上·16),其基(見見/之之,《禮記》卷十五·152 上·16),告誥(見見/覺覺,《禮記》卷十七·168 下·16),吉告(見見/質覺,《禮記》卷十七·168 下·16),寡顧(見見/魚魚,《禮記》卷十七·170 下·9),雞笄(見見/支脂,《禮記》卷十八·172 下·24);見曉兩母構成的音注 2 條:

郊蒿（見曉/宵宵,《周禮》卷四·60 上·13），既餼（見曉/物物,《禮記》卷十六·160 下·4）；見匣兩母構成的音注 8 條：皐嗥（見匣/幽幽,《周禮》卷六·121 上·13），襘潰（見匣/月物,《周禮》卷六·132 下·11），襘潰（見匣/月物,《周禮》卷十·185 下·3），恒絙（匣見/蒸蒸,《周禮》卷十二·230 上·11），恒柜（匣見/蒸蒸,《周禮》卷十二·230 上·11），干豻（見匣/元元,《儀禮》卷七·59 上·16），蓋盍（見匣/月葉,《禮記》卷二·20 上·12），咸緘（匣見/侵侵,《禮記》卷十三·135 上·21）；見云兩母構成的音注 2 條：國蟈（見云/職職,《周禮》卷九·167 下·14），運煇（云見/文文,《周禮》卷六·115 下·8）。

　　溪溪構成的音注材料 8 條：抗亢（溪溪/陽陽,《周禮》卷七·148 上·12），穹空（溪溪/蒸東,《周禮》卷十一·214 上·14），輕鬝（溪溪/耕元,《周禮》卷十二·220 下·11），缺頯（溪溪/月支,《儀禮》卷一·2 下·7），康亢（溪溪/陽陽,《禮記》卷九·98 上·3），磬罄（溪溪/耕耕,《禮記》卷十一·116 下·8），謙慊（溪溪/談談,《禮記》卷十九·181 下·13），頃跬（溪溪/耕支,《禮記》卷十四·142 上·4）；[1]溪曉兩母構成的音注 2 條：華觚（曉溪/魚魚,《周禮》卷八·163 下·15），餼氣（曉溪/物物,《周禮》卷十二·218 上·15）；溪匣兩母構成的音注 1 條：髡完（溪匣/文元,《周禮》卷九·181 上·8）。

　　群群構成的音注材料 4 條：瑅綦（群群/之之,《周禮》卷·八·153 下·16），拒距（群群/魚魚,《儀禮》卷十六·168 下·3），近沂（群群/文微,《禮記》卷十四·136 上·11），畿近（群群/微文,《周禮》卷七·138 下·5）；群曉兩母構成的音注 0 條；群匣兩母構成的音注 2 條：互巨（匣群/魚魚,《周禮》卷二·30 上·15），互巨（匣群/魚魚,《周禮》卷十·185 上·7）。

　　由此可見,見匣兩母的關係最近,見曉兩母的關係略遠一些；溪曉兩

---

[1]　另有 1 條溪溪構成的音注。《周禮》卷二·37 上·6:"屈者音聲與闋相似。"闋屈（溪溪/月物）。

母的關係近些,溪匣兩母的關係遠些;群母與匣母的關係近些,群母與曉母的關係遠些。

據陸德明《經典釋文》,鄭玄還有曉曉構成的音注 5 條:亨,户兩反(《易·升》27 上 4);畜,許六反(《易·小畜》21 上 2);赫,許嫁反(《詩·桑柔》98 上 1);好,呼報反(《詩·關雎》53 下 13);鑴,許規反(《周禮·眂祲》123 下 3)。[1] 見見構成的音注 15 條:介,古八反(《易·豫》22 下 5);暌,音圭(《易·暌》26 上 1);假,古雅反(《詩·雲漢》98 下 7);共,音恭(《詩·韓奕》99 上 17);訌,音工(《詩·召旻》100 下 18);喬,居橋反(《詩·清人》64 下 5);假,音格(《詩·噫嘻》102 上 16);假,音格(《詩·列祖》106 上 20);瑕,古雅反(《詩·思齊》91 下 22);貫,古患反(《詩·猗嗟》67 上 6);共,音拱(《詩·長發》107 上 5);酤,音顧,又音沽(《詩·伐木》75 下 21);极,音棘(《詩·菀柳》88 上 9);賈,音古(《周禮·冢宰》108 上 14);絞,古卯反(《論語·陽貨》354 下 5)。[2] 溪溪構成的音注 3 條:詰,起一反(《易·姤》27 上 7);荒,讀爲康(《易·泰》21 下 18);稽,音啟(《周禮·邦國》108 下 9)。[3] 群群構成的音注 4 條:狂,求方反(《詩·桑柔》97 下 20);屈,其物反(《詩·泮水》105 上 6);耆,巨移反(《詩·武》103 上 8);楗,音倦(《周禮·輈人》137 下 13)。[4] 見匣構成的音注 1 條:假,音暇(《詩·長發》107 上 1)。

在東漢應劭、服虔《漢書注》中,與曉母有關的音注材料 10 條,其中曉曉構成的音注 5 條:盰眙,音吁怡(應劭,6/1590/3)。盰,曉魚/曉虞;吁,曉魚/曉虞。昫,音煦(應劭,6/1617/4)。昫,曉侯/曉遇;煦,曉侯/曉遇。栩,音詡(服虔,6/1752/4)。栩,曉魚/曉麌;詡,曉魚/曉麌。葷,音薰(服虔,8/2487/1)。葷,曉文/曉文;薰,曉文/曉文。虓,音哮(服虔,11/3547/

---

[1] 另有"嫵,火無反(《詩·斯干》79 下 4)",不好斷定是鄭玄的音切。
[2] 另有"拱,俱勇反(《論語·爲政》345 下 13)",不好斷定是鄭玄的音切。
[3] 另有"悾,音空(《論語·子罕》349 下 4)",不好斷定是鄭玄的音切。
[4] 另有"姑,其吉反(《詩·都人士》88 上 18)"、"饋,其貴反(《論語·微子》354 下 11)",不好斷定是鄭玄的音切。

12）。虓,曉幽/曉肴;哮,曉幽/曉肴。與匣母有關的音注材料 14 條,其中匣匣構成的音注 7 條。與云母有關的音注材料 6 條,其中云云構成的音注 3 條(已見上節)。

與見母有關的音注材料 24 條,其中見見構成的音注 10 條:垓,音該(應劭,1/51/1)。垓,見之/見哈;該,見之/見哈。鉤,音《左傳》射兩鉤之鉤(服虔,1/224/1)。鉤,見侯/見侯;鉤,見侯/見侯。拘,音矩(應劭,6/1574/9)。拘,見侯/見虞;矩,見魚/見語。菅,音姦(應劭,6/1581/2)。菅,見元/見刪;姦,見元/見刪。葭明,音家盲(應劭,6/1597/5)。葭,見魚/見麻;家,見魚/見麻。獷,音鞏(服虔,6/1624/2)。獷,見陽/見養;鞏,見東/見腫。更,音工衡反(應劭,7/1941/30)。更,見耕/見庚;工衡,見陽/見庚。筦,音管(服虔,9/2868/4)。筦,見元/見緩;管,見元/見緩。句,音鉤(服虔,9/2909/9)。句,見侯/見遇;鉤,見侯/見侯。觀,見也(應劭,12/4224/2)。觀,見元/見桓;見,見元/見霰。曉見構成的音注 1 條:眭,音桂(應劭,10/3153/1)。眭,曉支/曉支;桂,見支/見支。匣見構成的音注材料 4 條:告,音嚤呼之嚤(服虔,1/6/1)。告,見覺/見号;嚤,匣幽/匣豪。夏,音賈(應劭,6/1636/3)。夏,匣魚/匣馬;賈,見魚/見馬。汗,音干(應劭,6/1593/3)。汗,匣元/匣翰;干,見元/見寒。咸,音減損之減(服虔,7/2197/3)。咸,匣侵/匣咸;減,見侵/見豏。見云構成的音注 1 條:迋,音君狂反(應劭,5/1469/6)。迋,云陽/云漾;君狂反,見陽/見陽。

與溪母有關的音注材料 12 條,溪溪構成的音注 5 條:寇,音彄(應劭,6/1576/5)。寇,溪侯/溪候;彄,溪侯/溪侯。愜,音篋(應劭,1/111/1)。愜,溪葉/溪帖;篋,溪葉/溪帖。壙,音曠(應劭,1/286/2)。壙,溪陽/溪蕩;曠,溪陽/溪宕。窾,音款(服虔,9/2909/9)。窾,溪元/溪緩;款,溪元/溪緩。蟵,音窟。(服虔,11/3564/9)蟵,溪物;窟,溪物。溪曉構成的音注 0 條,溪匣構成的音注 0 條,溪云構成的音注 0 條。

與群母有關的音注材料 6 條,其中群群構成的音注 5 條:巨,音渠

(服虔,1/25/9)。巨,群魚/群語;渠,群魚/群魚。[1] 朐,音劬(服虔,10/3324/5)。朐,群侯/群虞;劬,群侯/群虞。衿,音衿係之衿(應劭,11/3518/1)。衿,群真/群真;衿,群真/群真。轎,音橋梁(服虔,9/2780/4)。轎,群宵/群笑;橋,群宵/群宵。鼱鼩,音縱劬(服虔,9/2868/7)。鼩,群侯/群虞;劬,群侯/群虞。群曉構成的音注0條,群匣構成的音注0條,群云構成的音注0條。

從應劭、服虔的音注材料看,東漢時代,曉匣云與見母關係近一些,與溪群關係遠一些。

在東漢高誘《吕氏春秋注》、《淮南子注》中,與曉母有關的音注材料23條,其中曉曉構成的音注9條:《淮南子·原道》:"而隤蹈於污壑穽陷之中。"高注:"壑,讀赫赫明明之赫。"(7/1/18/2)壑,曉鐸/曉鐸;赫,曉鐸/曉陌。《淮南子·原道》:"漠睧於勢利。"高注:"壑,讀赫赫明明之赫。"(7/1/18/4)涽,曉文/曉魂;涽,曉文/曉魂。《淮南子·俶真》:"陰陽所呴。"高注:"呴,讀以口相吁之吁。"(7/2/24/3)呴,曉侯/曉麌;吁,曉魚/曉虞。《淮南子·俶真》:"百圍之木,斬而爲犧尊。"高注:"犧,讀曰希。"(7/2/26/8)犧,曉歌/曉支;希,曉微/曉微。《淮南子·精神》:"開閉張歙。"高注:"歙,讀脅也。"(7/7/100/3)歙,曉緝/曉緝;脅,曉葉/曉葉。《淮南子·本經》:"開闔張歙。"高注:"歙,讀曰脅。"(7/8/119/16)歙,曉緝/曉緝;脅,曉葉/曉葉。《淮南子·主術》:"索鐵歙金。"高注:"歙,讀協。"(7/9/132/1)歙,曉緝/曉緝;協,曉葉/曉葉。《淮南子·兵略》:"爲之以歙。"高注:"歙,讀如脅。"(7/15/264/13)歙,曉緝/曉緝;脅,曉葉/曉葉。《淮南子·脩務》:"弗能爲美者,嫫毋仳倠也。"高注:"倠,讀近虺。"(7/19/336/6)倠,曉微/曉脂;虺,曉微/曉尾。與匣母有關的音注材料25條,其中匣匣構成的音注7條。與云母有關的音注材料6條,其中云云構成的音注3條(已見上節)。

與見母有關的音注材料41條,其中見見構成的音注20條:《戰國

[1] 顏師古説:"服説非也,巨讀曰詎。"

策・秦策一》："狀有歸色。"高注："歸,當爲愧,音相近,故作歸耳。"歸,見微/見微;愧,見微/見至。《呂氏春秋・仲春紀》："以太牢祀於高禖。"高注："《周禮》:'媒氏以仲春之月合男女,於時也奔則不禁,因祭其神於郊,謂之郊禖。'郊音與高相近,故或言高禖。"(6/2/2/14786 右)郊,見宵/見看;高,見宵/見豪。《淮南子・原道》："甚淖而涺。"(7/1/1/12)高注:"涺,讀謳謞之謞。"涺,見歌/見歌;謞,見歌/見歌。《淮南子・原道》:"角觡生也。"(7/1/2/6)高注:"觡,讀曰格。"觡,見鐸/見陌;格,見鐸/見陌。《淮南子・原道》:"蛟龍水居。"(7/1/5/15)高注:"蛟,讀人情性交易之交,緩氣言乃得耳。"蛟,見宵/見看;交,見宵/見看。《淮南子・原道》:"施四海,一之解。"高注:"解,讀解故之解也。"(7/1/12/2)解,見錫/見蟹;解,見錫/見蟹。《淮南子・原道》:"雪霜滾灖,浸潭苽蔣。"高注:"苽,讀觚哉之觚也。"(7/1/16/2)苽,見魚/見模;觚,見魚/見苽。《淮南子・俶真》:"設於無垓坫之宇。"高注:"垓,讀人飲食太多以思下垓。"(7/2/23/16)垓,見之/見咍;垓,見之/見咍。《淮南子・墬形》:"東南方曰具區,曰元澤。"高注:"元,讀常山人謂伯爲宂之宂也。"(7/4/57/14)[1]《淮南子・墬形》:"句嬰民。"(7/4/63/4)高注:"句嬰,讀爲九嬰。"句,見侯/見遇;九,見幽/見有。《淮南子・精神》:"而堯樸桷不斲,素題不枅。"高注:"枅,讀雞。枅,或作刮也。"(7/7/104/2)枅,見脂/見齊;雞,見支/見齊。《淮南子・精神》:"膝上叩頭。"高注:"叩,或作跔,跔讀車軥之軥。"(7/7/109/9)跔,見侯/見虞;軥,見侯/見侯。《淮南子・本經》:"公輸王爾,無所錯其剞剧削鋸。"高注:"剧,讀《詩》蹶角之蹶。"(7/8/114/9)剧,見物/見物;蹶,見月/見薛。《淮南子・主術》:"短者以爲侏儒枅櫨。"高注:"枅,讀曰雞也。"(7/9/139/6)枅,見脂/見齊;雞,見支/見齊。《淮南子・氾論》:"木鉤而樵。"高注:"鉤,讀濟陰句陽之句。"(7/13/211/14)鉤,見侯/見侯;句,見侯/見遇。《淮南子・氾論》:"乾鵠知來而不知往。"高注:"乾,讀乾燥之乾。"(7/13/223/9)乾,見元/見寒;乾,見元/見寒。

---

〔1〕　王念孫認爲"元"和"宂"均爲亢字之誤。亢,見陽/見唐。

《淮南子・説林》:"則推車至今無蟬匷。"高注:"匷,讀孔子射於矍相之矍。"(7/17/292/16)匷,見藥/見藥;矍,見鐸/見藥。《淮南子・説林》:"子子爲蠚。"(7/17/299/5)高注:"子,讀廉絜。"子,見月/見薛;絜,見月/見屑。《淮南子・脩務》:"以身解於陽旴之河。"高注:"解,讀解除之解。"(7/19/332/11)解,見錫/見蟹;解,見錫/見蟹。《淮南子・脩務》:"參彈復徽,攪援摽拂。"高注:"攪,讀曲直木令句欲句此木之句。"(7/19/339/8)攪,見鐸/見藥;句,見侯/見遇。《淮南子・脩務》:"故弓待檠而後能調。"高注:"檠,讀曰敬。"(7/19/339/10)檠,見耕/見庚;敬,見耕/見映。見曉構成的音注2條:《淮南子・原道》:"今人之所以眭然能視,䚩然能聽。"高注:"眭,讀曰桂。"(7/1/17/7)眭,曉支/曉支;桂,見支/見霽。《淮南子・覽冥》:"卧偊偊,興眄眄。"高注:"偊,讀虛田之虛。"(7/6/95/10)。偊,見魚/見御;虛,曉魚/曉魚。見匣構成的音注8條:《呂氏春秋・仲夏紀・大樂》:"渾渾沌沌。"高注:"渾,讀如衮冕之衮。"(6/5/46/6)渾,匣文/匣魂;衮,見文/見混。《淮南子・原道》:"混混滑滑。"(7/1/1/6)高注:"滑,讀曰骨也。"滑,匣物/匣黠;骨,見物/見黠。《淮南子・原道》:"横四維而含陰陽。"高注:"横,讀車枑之枑。"(7/1/1/10)横,匣陽/匣庚;枑,見陽/匣唐。《淮南子・俶真》:"以天下之大,易骭之一毛。"高注:"骭,讀閈收之閈也。"(7/2/23/1)骭,見元/見翰;閈,匣元/匣翰。《淮南子・時則》:"虎始交。"高注:"交,讀將校之校。"(7/5/81/16)交,見宵/見肴;校,匣宵/匣效。《淮南子・精神》:"頹蒙鴻洞。"高注:"鴻,讀子贛之贛。"(7/7/99/5)鴻,匣東/匣送;贛,見冬/匣送。《淮南子・本經》:"驅人之牛馬,僇人之妻子。"高注:"僇,繫囚之繫,讀曰雞。"(7/8/124/12)僇,匣支/匣齊;雞,見支/見齊。《淮南子・氾論》:"乾鵠知來而不知往。"高注:"鵠,讀告退之告。"(7/13/223/9)鵠,匣覺/匣沃;告,見覺/見覺。見云構成的音注1條:《呂氏春秋・季夏紀・明理》:"有暈珥。"高注:"暈,讀'君國子民'之君。"(6/6/62/16)暈,云文/云問;君,見文/見文。與溪母有關的音注材料16條,其中溪溪構成的音注8條:《呂氏春秋・恃君

覽·觀表》：“許鄙相朒。”高注：“朒，讀如窮穷之穷。”〔1〕（6/20/274/2）
朒，溪幽/溪豪；穷，溪蒸/溪東。《淮南子·原道》：“寁者主浮。”高注：
“寁，讀科條之科也。”（7/1/6/1）寁，溪元/溪緩；科，溪歌/溪戈。《淮南
子·原道》：“昔舜耕於歷山。期年而田者争處境垺者。”（7/1/7/14）高
注：“境垺，讀人相境橡之境。”境，溪宵/溪肴；境，溪宵/溪肴。《淮南子·
原道》：“不以康爲樂，不以慊爲悲。”高注：“朗，讀汝南朗陵之朗。”（7/1/
16/16）慊，溪談/溪忝；慊，溪談/溪忝。《淮南子·原道》：“形體能抗。”高
注：“抗讀扣耳之扣也。”（7/1/17/7）抗，溪陽/溪宕；扣，溪侯/溪候。《淮
南子·俶真》：“蠉飛蝡動，蚑行噲息。”（7/2/19/13）高注：“噲，讀不悦懌
外之噲切摩也。”噲，溪月/溪夬；噲，溪月/溪夬。《淮南子·時則》：“腐草
化爲蚈。”高注：“蚈，讀奚徑之徑。”〔2〕（7/5/75/12）蚈，溪元/溪先；奚，匣
支/匣齊。《淮南子·説山》：“見寁木浮而知爲舟。”高注：“寁，穴，讀曰科
也。”（7/16/279/13）寁，溪元/溪緩；科，溪歌/溪戈。溪匣構成的音注2
條：《吕氏春秋·季夏紀》：“腐草化爲蚈。”高注：“蚈，讀如蹊徑之蹊。”
（6/6/54/7）蚈，溪元/溪先；蹊，匣支/匣齊。《淮南子·説林》：“善用人
者，若蚈之足，衆而不相害。”高注：“蚈，讀傒徑之傒也。”（7/17/298/11）
蚈，溪元/溪先；傒，匣支/匣齊。與群母有關的音注材料17條，其中群群
構成的音注10條：《吕氏春秋·孟秋紀·振亂》：“所以蘄有道行有義者，
爲其賞也。”高注：“蘄，讀曰祈，或作勤。”（6/7/70/3）蘄，群文/群文；祈，
群文/群文。《吕氏春秋·季秋紀》：“民多鼽窒。”高注：“鼽，讀曰仇怨之
仇。”（6/9/86/2）鼽，群幽/群尤；仇，群幽/群尤。《淮南子·原道》：“雖有
鉤箴芒距。”高注：“距，讀守距之距也。”（7/1/4/9）距，群魚/群語；距，群
魚/群語。《淮南子·原道》：“蝡動蚑作。”高注：“蚑，讀鳥跂步之跂也。”
（7/1/17/5）蚑，群支/群支；跂，群支/群支。《淮南子·俶真》：“蠉飛蝡

<hr>

〔1〕　朒，即“尻”字。
〔2〕　應作“讀蹊徑之蹊”，如《吕氏春秋·季夏紀》：“腐草化爲蚈。”高注：“蚈，讀如蹊徑
之蹊。”（6/6/54/7）或作《蚈，讀傒徑之傒》，如《淮南子·説林》：“善用人者，若蚈之足，衆而不
相害。”高注：“蚈，讀傒徑之傒也。”（7/17/298/11）

動,蚑行噲息。"(7/2/19/13)高注:"蚑,讀車蚑轍之蚑。"蚑,群支/群支;蚑,群支/群支。《淮南子·時則》:"民多鼽窒。"高注:"鼽,讀曰仇怨之仇。"(7/5/80/4)鼽,群幽/群尤;仇,群幽/群尤。《淮南子·精神》:"夫仇由貪其國家。"高注:"仇,讀仇餘之仇。"(7/7/111/11)仇,群幽/群尤;仇,群幽/群尤。《淮南子·脩務》:"啳睽哆噅,籧蒢戚施"。高注:"啳,讀權衡之權,急氣言之。"(7/19/336/6)啳,群元/群仙;權,群元/群仙。《淮南子·脩務》:"啳睽哆噅,籧蒢戚施"。高注:"睽,讀夔。"(7/19/336/6)睽,群脂/群脂;夔,群脂/群脂。《淮南子·脩務》:"蚑行蟯動之蟲"高注:"蚑,讀車跂之跂。"(7/19/338/8)蚑,群支/群支;跂,群支/群支。群匣構成的音注1條:《呂氏春秋·孟冬紀·節喪》:"葬淺則狐貍抇之。"高注:"抇,讀曰掘。"(6/10/96/14)抇,匣物/群術;掘,群物/群物。

總之,在高誘《淮南子注》《呂氏春秋注》中,與匣母有關的音注材料25條,其中匣匣構成的音注7條;與云母有關的音注材料6條,其中云云構成的音注3條;與見母有關的音注材料41條,見見構成的音注20條,見曉構成的音注2條,見匣構成的音注8條,見云構成的音注1條;與溪母有關的音注材料16條,其中溪溪構成的音注8條,溪匣構成的音注2條;與群母有關的音注材料17條,其中群群構成的音注10條,群匣構成的音注1條,群曉構成的音注0條,群云構成的音注0條,溪曉構成的音注0條,溪云構成的音注0條。

可見見匣兩母的關係最爲密切,見云、溪匣、群匣也有一定的聯繫。

第四節　東漢時代影母的音值問題

一、從聲訓材料看東漢時代影母的音值

《白虎通德論》中與影母有關的聲訓14條,影影構成的聲訓4條:《禮樂》:音者,飲也(音,影侵平;飲,影侵上);《辟雍》:雍之爲言壅也(雍,影東平;壅,影東平);《衣裳》:衣者,隱也(衣,影微平;隱,影文上);《嫁娶》:姻,婦人因夫而成,故曰姻也(姻,影真平;因,影真平)。影云兩

母構成的聲訓 1 條:《禮樂》:羽者,紆也(羽,匣魚上;紆,影魚平)。影曉兩母構成的聲訓 2 條:《五行》:火之爲言委隨也(火,曉微上;委,影微上;隨,邪歌平);《崩甍》:甍之言奄也(甍,曉蒸平;奄,影談上)。影見兩母構成的聲訓 2 條:《諫争》:諫,間也、因也、更也(諫,見元去;間,見元平/去;因,影真平);《姓名》:季者,幼也(季,見質入/去;幼,影幽去)。影溪兩母構成的聲訓 1 條:《五行》:乙者,物蕃屈有節欲出(乙,影質入;屈,溪物入;出,昌物入)。影昌兩母構成的聲訓 1 條:《五行》:乙者,物蕃屈有節慾出(乙,影質入;出,昌物入)。影日兩母構成的聲訓 1 條:《五行》:壬者,陰也(壬,日侵平;陰,影侵平)。影心兩母構成的聲訓 1 條:《五行》:辛者,陰始成時爲秋也(辛,心真平;陰,影侵平)。影明兩母構成的聲訓 1 條:《禮樂》:言貉舉惡也(貉,明鐸入;惡,影鐸入/影鐸入/影暮去)。

《説文解字》中與影母有關的聲訓 272 條,影影構成的聲訓 68 條:厄隘(影影/錫錫),乚隱(影影/文文),洿窊(影影/魚魚),[1]抉鞅(影影/陽陽),幽丝(影影/幽幽),怮憂(影影/幽幽),衣依(影影/微微),姻因(影影/真真),袁温(影影/文文),齸突(影影/月月),宴安(影影/元元),侒宴(影影/元元),捐援(影影/元元),嫛婉(影影/元元),晏安(影影/元元),蔭陰(影影/侵侵),陰闇(影影/侵侵),奄欠(影影/談談),歍惡(影影/魚鐸),晳依(影影/文微),億安(影影/職元),窫窊(影影/支魚),廮安(影影/支元),裺褗(影影/談元),呝喔(影影/錫屋),唉膺(影影/之蒸,膺,應),懕安(影影/談元),菸鬱(影影/魚物),菸矮(影影/魚歌),汙薉(影影/魚月),紆縈(影影/魚耕),泱瀴(影影/陽東),絉纓(影影/陽耕),块埃(影影/陽之),醞宴(影影/侯元),醞飲(影影/侯侵),握搤(影影/屋錫),甕罌(影影/東耕),幽隱(影影/幽文),奥宛(影影/幽元),隩隈(影影/幽微),餕燕(影影/宵元),畏惡(影影/微鐸),尉案(影影/微元),慰安(影影/微元),緊衣(影影/脂微),暗陰(影影/質侵),抑按(影影/質元),乙冤(影影/質元),咽嗌(影影/真錫),欧嘤(影影/真幽),歕咽(影影/物真),

〔1〕　窊,原作"窳",誤。

嗢咽(影影/文真),煴煙(影影/文真),倚依(影影/歌微),閼擁(影影/月東),蔫菸(影影/元魚),詧尉(影影/元物),削窪(影影/元支),餇猒(影影/元談),悁憂(影影/元幽),怨恚(影影/元支),腕握(影影/元屋),綰惡(影影/元鐸),輐壓(影影/元葉),叏捾(影影/月月),[1]擫按(影影/葉元),瘞幽(影影/葉幽)。

影母與其他喉牙音聲母構成的聲訓123條,其中曉影兩母構成的聲訓19條(曉母字作被訓釋字的6條,影母字作被訓釋字的13條):姁嫗(曉影/侯侯),口歐(曉影/屋侯),歔温(曉影/魚文),忓憂(曉影/魚幽),荒奄(曉影/陽譚),兇惡(曉影/東鐸),煨火(影曉/微微),癰胷(影曉/蒸東),膺胸,胷匈,娃好(影曉/支幽),諲毁(影曉/魚微),烏孝(影曉/魚幽),玡鄉(影曉/魚陽),[2]鴎鴞(影曉/侯宵),皛顯(影曉/宵元),覬好(影曉/微幽),黳黑(影曉/脂職),嬽好(影曉/元幽),罨罕(影曉/談元),煙火(影曉/文歌);匣影兩母構成的聲訓33條(匣母字作被訓釋字的12條,影母字作被訓釋字的21條):豫怨(匣影/元元),胎猒(匣影/談談),趞意(匣影/之職),狐祅(匣影/魚宵),喉咽(匣影/侯真),郈温(匣影/侯文),玄幽(匣影/真幽),恨怨(匣影/文元),渾洿(匣影/文魚),餓惡(匣影/歌鐸),戌屋(匣影/元屋),患憂(匣影/元幽),窊下(影匣/魚魚),洿下(影匣/魚魚),英黄(影匣/陽陽),閹奄(影匣/談談),厭合(影匣/談緝),壓壞(影匣/談微),炁惠(影匣/物質)炁愛,柙檻(影匣/葉談),纓系(影匣/耕錫),憂和(影匣/幽歌),恩惠(影匣/真月),淵回(影匣/真微),惲厚(影匣/文侯),鳻丸(影匣/歌元),頞莖(影匣/月耕),鳦玄(影匣/月真),鴳雇(影匣/元魚),[3] 燕玄(影匣/元真),恚恨(影匣/支文),擭握(匣影/鐸屋),焉黄(影匣/元陽);影云兩母構成的聲訓6條(影母字作被訓釋字的3條,云母字作被訓釋字的3條):英榮(影云/陽耕),曣雲(影云/

[1] 捾,黄侃歸元部。
[2] 鄉,今"向"字。
[3] 雇,《唐韻》侯古切,匣母,《廣韻》古暮切,見母。此處依《唐韻》。
[4] 𥐻,即"碗"字。

元文),于於(云影/魚魚),縜縗(云影/文月),[1]惆憂(云影/文幽);見影兩母構成的聲訓40條(見母字作被訓釋字的10條,影母字作被訓釋字的30條):楬柂(見影/錫錫),[2]鞏擁(見影/東東),繯綰(見影/元元),梜柙(見影/葉葉),澆沃(見影/宵藥),兆鷹(見影/魚東),骾咽(見影/陽真),棺掩(見影/元談),悥憂(見影/元幽),蛤燕(見影/緝元),忌謹(影見/文文),娿加(影見/歌歌),藹蓋(影見/月月),[3]窾抉(影見/月月),彎關(影見/元元),猒甘(影見/談談),䁊頸(影見/耕耕),癭頸(影見/耕耕),汪廣(影見/陽陽),嬰頸(影見/支耕),猗犗(影見/歌月),妜間(影見/月元),昂歸(影見/微文),冤屈(影見/元物),[4]禋潔(影見/真月),[5]邑國(影見/緝職),盦蓋(影見/侵月),暗光(影見/侵陽),夭屈(影見/宵物),娛戲(影見/之歌),縊經(影見/錫耕),鼴栝(影見/文月),竭急(影見/月緝),案幾(影見/元脂),幾簡體,惡過(影見/鐸歌),殃咎(影見/陽幽),[6]宛屈(影見/元物),謳歌(影見/侯歌),漚久(影見/侯之),屋居(影見/屋魚);溪影兩母構成的聲訓10條(溪母字作被訓釋字的1條,影母字作被訓釋字的9條):哭哀(溪影/屋微)喝澌(影溪/月月),[7]暗泣(影溪/侵緝),紆詘(影溪/魚物),枉曲(影溪/陽屋),九曲(影溪/陽屋),芺苦(影溪/宵魚),妖巧(影溪/宵幽),闋傾(影溪/歌耕),煙氣(影溪/文文);群影兩母構成的聲訓5條(群母字作被訓釋字的4條):蚔畫(群影/支支),驧曲(群影/幽鐸),谷阿(群影/鐸歌),忌惡(群影/之鐸);疑影兩母構成的聲訓11條:妍安(疑影/元元),隉安(疑影/月元),宜安(疑影/歌元),厬惡(疑影/支鐸),月陰(疑影/月侵),翫猒(疑影/元談),鄥宜(影疑/元歌),夗臥(影疑/元歌),妜我(疑影/陽歌),噁悟

---

〔1〕　縜,即"秐"字,縗、薉,段注作"薉"。

〔2〕　柂,段校作"軶"。

〔3〕　藹,即"藹"字。

〔4〕　屈,《唐韻》九勿切,《廣韻》區勿切。此處依《唐韻》。

〔5〕　潔,段校作"絜"。

〔6〕　咎,段校作"凶"。

〔7〕　澌,即"渴"。

(影疑/月魚),喑言(影疑/侵元)。

　　影母與其他聲母構成的聲訓 81 條,其中精影兩母構成的聲訓 2 條
(精母字作被訓釋字的 1 條,影母字作被訓釋字的 1 條):坐安(精影/歌
元),檼梓(影精/職之);清影兩母構成的聲訓 3 條(清母字作被訓釋字的
1 條,影母字作被訓釋字的 2 條):慽憂(清影/幽幽),窅清(影清/支耕);
欻蹴(影清/幽覺);影心兩母構成的聲訓 7 條:印信(影心/真真),音心
(影心/侵侵),蔈小(影心/宵宵),妖笑(影心/宵宵),葯小(影心/藥宵),
噫息(影心/職蒸),窔籔(影心/幽侯);影邪兩母構成的聲訓 1 條:枉邪
(影邪/陽魚);莊影兩母構成的聲訓 2 條:捉握(莊影/屋屋),絣縈(莊影/
耕耕);初影兩母構成的聲訓 1 條:窗屋(初影/東屋);影崇兩母構成的聲
訓 2 條:欯愁(影崇/幽幽),憂愁(影崇/幽幽);透影兩母構成的聲訓 2
條:態意(透影/之職),坦安(透影/元元);定影兩母構成的聲訓 6 條(定
影兩母構成的聲訓 1 條,影定兩母構成的聲訓 5 條):彴約(定影/藥藥),
枵塗(影定/魚魚),蔥度(影定/鐸鐸),福頭(影定/侯侯),奰大(影定/元
月),鰻鮀(影定/元歌);泥影兩母構成的聲訓 3 條(泥母字作被訓釋字的
1 條,影母字作被訓釋字的 2 條):愵憂(泥影/幽幽),頞內(影泥/物物),
唈澳(影泥/元元);余影兩母構成的聲訓 3 條(余母字作被訓釋字的 1 條,
影母字作被訓釋字的 2 條):悠憂(余影/幽幽),雅鴉(影余/魚魚),伊尹
(影余/脂真);來影兩母構成的聲訓 3 條(來母字作被訓釋字的 1 條,影母
字作被訓釋字的 2 條):履依(來影/脂微),掩斂(影來/談談),傴僂(影
來/侯侯);知影兩母構成的聲訓 3 條(知母字作被訓釋字的 1 條,影母字
作被訓釋字的 2 條):鎮壓(知影/真葉),噎室(影知/質質),夗轉(影知/
元元);徹影兩母構成的聲訓 2 條:阽弒(徹影/元元),延安(徹影/元元);
澄影兩母構成的聲訓 3 條(澄母字作被訓釋字的 2 條,影母字作被訓釋字
的 1 條):沈陰(澄影/侵侵),霪陰(澄影/侵侵),醫治(影澄/之之);影娘
兩母構成的聲訓 1 條:軋輆(影娘/月元);[1]章影兩母構成的聲訓 5 條

---

〔1〕　輆,即"碾"字。

(影母字作被訓釋字的 3 條,章母字作被訓釋字的 2 條):志意(章影/之職),腫瘻(章影/東東),隖障(影章/魚陽),雝腫(影章/東東),冤折(影章/元月);影昌兩母構成的聲訓 1 條:飲歠(影昌/侵月);影船兩母構成的聲訓 1 條:倭順(影船/微文);影書兩母構成的聲訓 5 條:謦聲(影書/耕耕),幼少(影書/幽宵),枖少(影書/宵宵),邑濕(影書/緝緝),諳深(影書/侵侵);影日兩母構成的聲訓 1 條:鹼熱(影日/月月);影幫兩母構成的聲訓 2 條:窆蔽(影幫/月月),[1]挨背(影幫/之職);影非兩母構成的聲訓 3 條(影母字作被訓釋字的 2 條,非母字作被訓釋字的 1 條):温紼(影非/文物),帘幡(影非/元元),神益(非影/支錫);影並兩母構成的聲訓 5 條:堊白(影並/鐸鐸),致放(影非/陽陽),央旁(影並/陽陽),挼拔(影並/月月),鞍鞁(影並/元歌);奉影兩母構成的聲訓 4 條(奉影兩母構成的聲訓 3 條,奉影兩母構成的聲訓 1 條):鼻益(奉影/支錫),便安(奉影/元元),厞隱(奉影/微文),檁芬(影奉/文文);影明兩母構成的聲訓 6 條(影母字作被訓釋字的 4 條,明母字作被訓釋字的 2 條):嚶鳴(影明/耕耕),哀閔(影明/微文),頠叟(影明/物物),搵没(影明/文文),頤殟(明影/文文),貉惡(明影/鐸鐸);影微兩母構成的聲訓 3 條(影微兩母構成的聲訓 2 條,微影兩母構成的聲訓 1 條):衰微(影微/文微),慰恚(影微/微支),微隱(微影/微文)。

　　《釋名》聲訓中,與影母有關的 72 條,其中影影構成的聲訓 53 條:《釋天》疫役(屋屋),《釋天》妖夭(宵宵),《釋天》陰蔭(侵侵),《釋州國》益阨(錫錫),《釋州國》燕宛(元元),《釋州國》邑偟(緝緝),《釋形體》頠鞍(元元),《釋形體》腰繆(耕耕),《釋形體》嗌阨(錫錫),《釋形體》陰蔭(侵侵),《釋形體》腕宛(元元),《釋姿容》偃安(元元),《釋姿容》擁翁(東東),《釋親屬》姻因(真真),《釋言語》哀愛(微物),《釋言語》威畏(微微),《釋言語》安晏(元元),《釋言語》汙洿(魚魚),《釋言語》噫憶(職職),《釋言語》憶意(職職),《釋飲食》腴奧(覺覺),《釋衣服》衣依(微

微),《釋宮室》突幽(幽幽),《釋宮室》檼隱(文文),《釋宮室》庵奄(談談),《釋宮室》垔亞(鐸鐸),《釋牀帳》幄屋(屋屋),《釋書契》印因(真真),《釋天》陰蔭(侵侵),《釋車》鋈沃(藥藥),《釋車》鞇因(真真),《釋車》嬰纓(耕耕),《釋疾病》瘻嬰(耕耕),《釋疾病》嘔傴(侯侯),《釋疾病》癰壅(東東),《釋喪制》縊阨(錫錫),《釋天》乙軋(質/物),《釋天》暗瞖(質脂),《釋州國》雍翳(東脂),《釋形體》臆抑(職質),《釋形體》膺癰(蒸東),《釋形體》要約(宵藥),《釋長幼》嬰嬰(耕脂),《釋言語》懿優(質物),《釋言語》惡抝(鐸錫),《釋飲食》飲奄(侵談),《釋飲食》盎瀇(陽東),《釋宮室》屋奧(屋覺),《釋牀帳》庡倚(微歌),《釋兵》淵宛(真元),《釋車》軮嬰(陽耕),《釋疾病》瘖唵(侵談),《釋喪制》殪瞖(質脂)。

影母與喉牙系其他聲母構成的聲訓 8 條,其中影見兩母構成的聲訓 4 條:《釋車》楅扼(錫錫),《釋首飾》纓頸(耕耕),《釋飲食》羹汪(陽陽),《釋天》枉光(陽陽);影群兩母構成的聲訓 2 條:《釋兵》旐倚(群影/微歌),《釋姿容》倚伎(影群/歌支);影疑兩母構成的聲訓 1 條:《釋書契》謁詣(影疑/月脂);影匣兩母構成的聲訓 1 條:《釋丘》阿何(影匣/歌歌)。

影母與其他聲母構成的聲訓 11 條,其中影母與幫組聲母構成的聲訓 1 條:《釋姿容》翁撫(影滂/東魚);影母與章組聲母構成的聲訓 5 條:《釋言語》嗚舒(影書/魚魚),《釋言語》濕浥(書影/緝緝),《釋長幼》幼少(影書/幽宵),《釋長幼》嬰是(影禪/脂支),《釋言語》弱委(日影/藥微);影母與精組聲母構成的聲訓 3 條:《釋宮室》垔次(影清/鐸脂),《釋書契》印信(影心/真真),《釋喪制》殔瞖(心影/質脂);影母與來母構成的聲訓 2 條:《釋首飾》崦斂(影來/葉談),《釋言語》來哀(來影/之物)。

二、從《説文解字》讀若材料看東漢時代影母的音值

《説文解字》中與影母有關的讀若 43 條,影影構成的讀若 26 條:唉埃(之之,32 下/27 下),哇醫(支之,33 上/28 上),趨鄔(魚魚,36 下/31

上），鞗膺（緝蒸，61 下/54 上），智宛（元元，72 上/65 上），[1]㬜隱（文文，84 下/77 上），餲恚（錫支，108 上/99 上），㫜窈（宵幽，138 下/134 上），㧿偓（元元，140 上/135 上），瘱掩（葉談，155 下/154 上），[2]㽃晉（鐸鐸，158 上/157 上），袰縈（耕耕，173 上/171 下），[3]䳬䴚（歌歌，194 上/189 上），甈燈（月元，211 上/202 下），奰傿（元元，215 下/207 上），泑㲎（幽幽，224 上/214 上），幼幽（幽幽，243 下/230 上），邕雝（東東，239 下/227 上），[4]搞㲻（錫錫，252 上/239 上）[5]媼奧（覺覺，259 下/242 上），娿阿（歌歌，259 下/242 下），妸阿（歌歌，260 上/243 上），妖衣（微微，260 下/243 上），[6]婠宛（元元，261 上/243 下），乚隱（文文，267 下/248 上），竭瘞（月葉，270 下/251 上）。

　　影見構成的讀若 4 條：莙威（見影/文微，18 上/14 上），娃同（影見/支耕，208 上/200 下），姎抉（影見/月月，263 下/245 上），娿騧（影見/歌歌，261 下/243 下）；[7]影群構成的讀若 1 條：欿麚（影群/幽幽，180 下/177 上）；影疑構成的讀若 1 條：堨堨（疑影/月月，287 上/262 上）；影曉構成的讀若 2 條：瘱脅（曉影/葉談，155 下/154 上），[8]毒娭（影曉/之之，265 上/246 上）；影匣構成的讀若 4 條：遏蝎（影匣/月月，41 下/35 上），閣縣（影匣/元元，64 上/56 下），膌雀（影鐸/匣藥，106 上/96 下），瓨翁（匣影/東東，269 上/250 上）；[9]云影構成的讀若 1 條：棣檍（云曉/元歌，123/116 上）；影心構成的讀若 4 條：暗卹（影心/質月，72/65 上），郁泓（心影/真蒸，133 下/129 上），嬡繣（影心/元月，261 上/243 上），鋆銑

---

〔1〕　大徐本無讀若,小徐本讀若宛委。
〔2〕　瘱,二徐本均作：“讀若脅,又讀若掩。”瘱,影葉/影葉,脅,曉葉/曉葉,掩,影談/影琰。
〔3〕　大、小徐本均作：“讀若《詩》：‘曰葛藟縈之。’”一曰若“静女其姝”之姝。姝,《廣韻》陟輸、昌朱二切。姝,昌魚/昌魚。此處通“姝”,昌朱切。
〔4〕　大徐本無讀若。
〔5〕　大徐本無讀若。
〔6〕　大徐本作“讀若衣”,小徐本作“讀若依”。
〔7〕　大徐本作：“讀若騧,或若委。”小徐本作：“讀若騧,一曰若委。”
〔8〕　二徐本均作：“讀若脅,又讀若掩。”
〔9〕　大徐本作“讀若洪”,小徐本作“讀若翁”。

（影心/耕文，295 上/268 上）；影來構成的讀若 1 條：綰卵（影來/元元，273 下/253 下）；影昌構成的讀若 1 條：裛袾（影昌/耕魚，173 上/171 下）。[1]

三、從其他音注通假材料看東漢時代影母的音值

《三禮》漢讀中，影影構成的音注材料 16 條：韽䲴（影影/侵侵，《周禮》卷六·112 上·14），陰蔭（影影/侵侵，《禮記》卷十四·140 上·4），厭黶（影影/談談，《禮記》卷十九·181 下·14），憶億（影影/職職，《周禮》卷十二·228 上·13），屋剭（影影/屋屋，《周禮》卷十·184 下·7），腥渥（影影/屋屋，《周禮》卷十一·213 下·14），黝幽（影影/幽幽，《周禮》卷三·58 下·10），黝幽（影影/幽幽，《周禮》卷五·102 下·1），幽黝（影影/幽幽，《禮記》卷九·94 上·10），畏威（影影/微微，《周禮》卷十二·229 上·1），韽闇（影影/侵侵，《周禮》卷六·112 上·13），闇䲴（影影/侵侵，《禮記》卷十二·192 上·20），壹一（影影/質質，《禮記》卷十七·165 下·3），醫臆（影影/之職，《周禮》卷二·23 上·11），漚湊（影影/侯歌，《周禮》卷十一·215 下·8），衣殷（影影/微文，《禮記》卷十六·159 上·11）。

見影兩母構成的音注 4 條：奇倚（見影/歌歌，《周禮》卷六·121 上·2），黿蠅（影見/支職，《周禮》卷十·186 下·9），蜎絹（見影/元元，《周禮》卷十二·222 下·12），禪鞠（影見/脂覺，《禮記》卷九·94 上·20）；溪影兩母構成的音注 1 條：樟枯（影溪/職魚，《周禮》卷十·186 下·15）；曉影兩母構成的音注 2 條：纁窫（曉影/文月，《周禮》卷二·38 上·10），惡呼（影曉/鐸魚，《禮記》卷七·75 下·24）；匣影兩母構成的音注 1 條：弧污（匣影/魚魚，《周禮》卷十一·208 上·15）；云影兩母構成的音注 1 條：于迂（云影/魚魚，《禮記》卷六·65 上·18）。

---

〔1〕 大小徐本均作：“讀若《詩》曰：‘葛藟縈之。’”“一曰若‘靜女其袾之袾’”。此處“袾”通“姝”，昌朱切。

據陸德明《經典釋文》,鄭玄音注材料中,影影構成的音注 12 條:握,讀爲夫三爲屋之屋(《易·萃》27 上 19);億,於力反(《易·繫辭上》32 上 5);惡,烏洛反(《易·繫辭上》31 下 2);畏,音威(《書·洪範》46 上 11);燕,於顯反(《詩·韓奕》99 下 16);依,於豈反(《詩·公劉》95 上 4);屋,於角反(《詩·抑》97 上 4);温,於運反(《詩·小宛》81 下 18);奄,音淹(《詩·臣工》102 上 8);饔,於容反(《周禮·冢宰》108 上 15);飲,於鳩反(《周禮·宰夫》109 下 7);韽,於貪反(《周禮·典同》122 下 6)。[1]

在東漢應劭、服虔《漢書注》中,與影母有關的音注材料 2 條,均爲影影構成的音注:閼氏,音焉支(服虔,1/267/4)。閼,影月/影曷;焉,影元/影仙。陻,音因(服虔,12/4244/4)。陻,影文/影真;因,影真/影真。怵,音裔(服虔,1/175/4)。怵,徹物/徹術;裔,余月/余祭。[2]

在東漢燕趙方言區學者高誘《呂氏春秋注》、《淮南子注》中,與影母有關的音注材料 17 條,其中影影構成的音注 13 條:《呂氏春秋·仲夏紀·古樂》:“民氣鬱閼而滯著。”高注:“閼,讀遏止之遏。”(6/5/51/8)閼,影月/影曷;遏,影月/影曷。《呂氏春秋·孝行覽·本味》:“述蕩之掔。”高注:“掔,讀如捲椀之椀。”(6/14/141/13)掔,影元/影換;椀,影元/影緩。《呂氏春秋·慎大覽》:“桀惑於末喜好彼琬琰。”高注:“琬,當作婉。”(6/15/160/1)琬,影元/影阮;椀,影元/影阮。《呂氏春秋·慎大覽》:“親郼如夏。”高注:“郼,讀如衣,今兖州人謂殷氏皆曰衣。”(6/15/160/9)郼,影微/影微;衣,影微/影微。殷,影文/影欣;衣,影微/影微。[3]《呂氏春秋·審時》:“食之不噎而香。”高注:“噎,讀如餲厭之餲。”(6/26/337/8)噎,影元;餲,影月。《淮南子·俶真》:“汪然平静。”高注:“汪,讀傳矢諸周氏之汪同。”(7/2/20/3)汪,影陽/影唐;汪,影陽/影唐。《淮南子·俶真》:“其兄掩户而入覘之。”高注:“掩,讀曰奄。”(7/2/20/15)掩,影談/影

---

〔1〕　另有“劇,音尼(《易·鼎》28 上 21)”,不好斷定是鄭玄的音切。

〔2〕　顏師古認爲“怵”或體爲“訹”,音如“戌亥”之“戌”。訹、戌,心物/心術。

〔3〕　此條可與《禮記·中庸》:“一戎衣而有天下。”鄭玄注:“衣,讀如殷,聲之誤也。齊人言殷如衣。”相印證。

琰;奄,影談/影琰。《淮南子·俶真》:"形苑而神壯。"高注:"苑,讀南陽苑。"(7/2/21/4)苑,影元/影阮;苑,影元/影阮。《淮南子·覽冥》:"孟嘗君爲之增欷歈唈。"高注:"歈,讀鴛鴦之鴦也。"(7/6/90/5)歈,影魚/影模;鴦,影陽/影陽。《淮南子·覽冥》:"孟嘗君爲之增欷歈唈。"高注:"唈,讀《左傳》蠻人周始之始。"(7/6/90/5)唈,影緝/影緝;始,影緝/影緝。《淮南子·覽冥》:"區冶生而淳鉤之劍成。"高注:"區,讀謳歌之謳。"(7/6/92/7)區,影侯/影侯;謳,影侯/影侯。《淮南子·本經》:"猰貐鑿齒。"高注:"猰,讀車軋履人之車軋。"(7/8/118/1)猰,影月/影黠;軋,影月/影黠。《淮南子·氾論》:"後世爲之耒耜耰鉏而樵。"(7/13/211/15)高注:"耰,讀曰優。"耰,影幽/影尤;優,影幽/影尤。影匣構成的音注1條:《淮南子·説山》:"弊箄甀瓵。"高注:"瓵(瓵,王念孫認爲是"瓶"之誤),讀鼀黽之鼀也。"(7/16/284/7)瓶,匣支/匣齊;鼀,影支/影麻。影云構成的音注1條:《淮南子·本經》:"淌游瀷淢。"(7/8/121/8)高注:"淢,讀郁乎文哉之郁。"淢,云職/云職;郁,影之/影屋。影清構成的音注1條:《淮南子·精神》:"燭營指天。"高注:"燭營,讀曰括撮也。"(7/7/106/14)營,影月/影祭;撮,清月/清末。影明構成的音注1條:《淮南子·俶真》:"塵垢弗能薶。"高注:"薶,讀倭語之倭。"(7/2/30/2)薶,明之/明皆;倭,影微/影戈。

綜上所述,《白虎通德論》中與影母有關的聲訓14條,影影構成的聲訓4條,影云兩母構成的聲訓1條,影曉兩母構成的聲訓2條,影見兩母構成的聲訓2條,影溪兩母構成的聲訓1條,影昌兩母構成的聲訓1條,影日兩母構成的聲訓1條,影心兩母構成的聲訓1條,影明兩母構成的聲訓1條。《説文解字》中與影母有關的聲訓272條,影母獨用及與其他喉牙音聲母構成的聲訓191條,而與其他二十七個聲母構成的聲訓僅81條,可見影母應該是喉塞音聲母,應擬爲[ʔ]。

《釋名》聲訓中,與影母有關的72條,影影構成的聲訓53條,影母與喉牙系其他聲母構成的聲訓8條。影母與其他聲母構成的聲訓11條,其中影來兩母構成的聲訓2條,與幫組聲母構成的聲訓1條,與精組聲母構成的聲訓 3 條,與章組聲母構成的聲訓 5 條。這也可以看出影母應該是喉塞音聲母,應擬爲[ʔ]。

《説文解字》中與影母有關的讀若 43 條,影影構成的讀若 26 條,影見構成的讀若 4 條,影群構成的讀若 1 條,影疑構成的讀若 1 條,影曉構成的讀若 2 條,影匣構成的讀若 4 條,云影構成的讀若 1 條,影心構成的讀若 4 條,影來構成的讀若 1 條,影昌構成的讀若 1 條。

《三禮》漢讀中,影影構成的音注材料 16 條,見影兩母構成的音注 4 條,溪影兩母構成的音注 1 條,曉影兩母構成的音注 2 條,匣影兩母構成的音注 1 條,云影兩母構成的音注 1 條。

據陸德明《經典釋文》,鄭玄音注材料中,影影構成的音注 12 條。

在東漢應劭、服虔《漢書注》中,與影母有關的音注材料 2 條,均爲影影構成的音注。

在東漢燕趙方言區學者高誘《吕氏春秋注》、《淮南子注》中,與影母有關的音注材料 17 條,其中影影構成的音注 13 條,影匣構成的音注 1 條,影云構成的音注 1 條,影清構成的音注 1 條,影明構成的音注 1 條。

第五節　東漢時代疑母的地位問題

一、從聲訓材料看東漢時代疑母的地位

在《白虎通德論》中,與疑母有關的聲訓 7 條,其中疑疑構成的聲訓 2 條:《號》:堯者何,猶嶢嶢也(堯,疑宵平;嶢,疑宵平);《性情》:義者,宜也(義,疑歌去;宜,疑歌平)。疑溪兩母構成的聲訓 1 條:《日月》:月之爲言闕也(月,疑月入;闕,溪月入)。疑匣兩母構成的聲訓 1 條:《五行》:亥者,仰也(亥,匣之上;仰,疑陽上)。疑透兩母構成的聲訓 1 條:《巡狩》:嶽之爲言桷,言萬物更代於東方也(嶽,疑屋入;桷,透東上)。疑來兩母構成的聲訓 1 條:《號》:虞者,樂也(虞,疑魚平;樂,疑藥入/來藥入)。疑明兩母構成的聲訓 1 條:《文質》:疋謂鷔也(疋,疑魚上;鷔,明侯去)。

在《說文解字》中，與疑母有關的聲訓229條，其中疑疑構成的聲訓50條：譺騃（疑疑/之之），儗疑（疑疑/之之），懝騃（疑疑/之之），懝疑（疑疑/之之），寤寣（疑疑/魚魚，段説二字音義均同），䲜魚（疑疑/魚魚），漁魚（疑疑/魚魚），五午（疑疑/魚魚），午啎（疑疑/魚魚），禺愚（疑疑/侯侯），瘧虐（疑疑/藥藥），顩讎（疑疑/談談），㸒齗（疑疑/文文），誼宜（疑疑/歌歌），硪巖（疑疑/歌歌），豙艾（疑疑/月月），[1]諺言（疑疑/元元），彥言（疑疑/元元），喦巖（疑疑/葉談），齮齧（疑疑/歌月），軏轅（疑疑/月元），讞言（疑疑/月元），屵岸（疑疑/月元），讞議（疑疑/月歌），鴈鵝（疑疑/元歌），訝迎（疑疑/魚陽），午逆（疑疑/魚鐸），啎逆（疑疑/魚鐸），逆迎（疑疑/鐸陽），厰崟（疑疑/談侵），吾我（疑疑/魚歌），逻遇（疑疑/鐸侯），齩齧（疑疑/宵月），卬仰（疑疑/微陽），嚚語（疑疑/真魚），刖安（疑疑/物元），聵明（疑疑/物月），犾齧（疑疑/文月），垠岸（疑疑/文月），議語（疑疑/歌魚），櫱牙（疑疑/月魚），㞯危（疑疑/月微），隉危（疑疑/月微），芫魚（疑疑/元魚），言語（疑疑/元魚），諺語（疑疑/元魚），岸厓（疑疑/元支），豻獟（疑疑/元宵），闑外（疑疑/之月），儼昂（疑疑/談陽），岩岸（疑疑/談元）。

見疑兩母構成的聲訓64條（見疑兩母構成的聲訓18條，疑見兩母構成的聲訓46條）：罛魚（見疑/魚魚），遘遇（見疑/侯侯），覯遇（見疑/侯侯），幾危（見疑/微微），冠元（見疑/元元），禦禦（見疑/陽魚），䛃誤（見疑/陽魚），憬寤（見疑/陽魚），糗熬（見疑/幽宵），詿誤（見疑/支魚），扃外（見疑/耕月），覺寤（見疑/幽魚），激礙（見疑/藥之），飢餓（見疑/脂歌），旡屰（見疑/物鐸），加語（見疑/歌魚），瘚屰（見疑/月鐸），齫齧（見疑/侵月），毅决（疑見/月月），齞見（疑見/元元），顏間（疑見/元元），奡介（疑見/幽幽），顥高（疑見/宵宵），垚高（疑見/宵宵），堯高（疑見/宵宵），兀高（疑見/物物），慭謹（疑見/文文），誐嘉（疑見/歌歌），堨間（疑見/月元），仰舉（疑見/陽魚），厄裹（疑見/歌歌），檥榦（疑見/歌元），厄蓋（疑見/歌

[1] 艾，段説當作"乂"。

月),顲煩(疑見/談葉),冰堅(疑見/蒸真),[1]執疌(疑見/月職),[2]卢高(疑見/月宵),轙高(疑見/月宵),峀高(疑見/月宵),蟹怪(疑見/月之),[3]岸高(疑見/元宵),硯滑(疑見/元物),犴狗(疑見/元侯),願謹(疑見/元文),嚴急(疑見/談緝),藕根(疑見/侯文),崖高(疑見/支宵),敢禁(疑見/魚侵),箝禁(疑見/魚侵),部紀(疑見/魚之),痜覺(疑見/魚覺),痜見(疑見/魚元),圄拘(疑見/魚侯),悟覺(疑見/魚覺),寓寄(疑見/侯歌),惧懽(疑見/侯元),傲居(疑見/宵魚),熬乾(疑見/宵元),勢健(疑見/宵元),[4]顗謹(疑見/微文),嵬高(疑見/微宵),危高(疑見/微宵),圪高(疑見/物宵),憖敬(疑見/文耕);溪疑兩母構成的聲訓8條(溪母字作被訓釋字的2條,疑母字作被訓釋字的6條):欤卩(溪疑/之鐸),口言(溪疑/侯元),月闕(疑溪/月月),齾缺(疑溪/元月),魟曲(疑溪支屋),俄頃(疑溪/歌耕),我頃(疑溪/歌耕),闑梱(疑溪/月文);群疑兩母構成的聲訓6條(群母字作被訓釋字的2條,疑母字作被訓釋字的4條):奇偶(群疑/歌侯),嚁群(疑群/魚文),柳堅(疑群/陽真),危懼(疑群/微魚),妍技(疑群/元支),丨逆(群疑/月月);疑匣兩母構成的聲訓14條(疑母字作被訓釋字的8條,匣母字作被訓釋字的6條):禺猴(疑匣/侯侯),禺猴(疑匣/侯侯),[5]獄碻(疑匣/屋屋),嬌含(疑匣/侵侵),疑惑(疑匣/之職),妍惠(疑匣/元月),[6]巖穴(疑匣/談質),[7]輗衡(疑匣/支陽),萑蒮(匣疑/元元),軒卧(匣疑/元歌),斅悟(匣疑/幽魚),慊疑(匣疑/談之),嫌疑(匣疑/談之),齕齧(匣疑/物月);疑云兩母構成的聲訓1條:外澗(疑云/月元);疑曉兩母構成的聲訓5條(疑母字作被訓釋字的4條,曉母字作被訓釋字的1條):蟲化(疑曉/歌歌),[8]吾訶(疑

---

〔1〕　冰,今凝字,仌,今冰字。

〔2〕　執,藝。

〔3〕　怪,黃侃歸"職"部。

〔4〕　勢,段注以爲"豪傑"之"豪"本字。

〔5〕　此條聲訓出自"愚"字下。

〔6〕　惠,小徐本作慧。

〔7〕　此條聲訓出自"夐"字下。

〔8〕　蟲,即"蛾"字。

曉/月歌),明陸(疑曉/月歌),咢諤(疑曉/鐸魚),訏訛(曉疑/魚歌);疑影兩母構成的聲訓11條(已見上節)。

疑母與唇音聲母構成的聲訓21條,其中疑幫兩母構成的聲訓4條(疑母字作被訓釋字的3條,幫母字作被訓釋字的1條):敗軷(疑幫/支支),倪俾(疑幫/支支),鴟本(疑幫/文文),夂凝(幫疑/蒸蒸);敷疑兩母構成的聲訓1條:伾凝(敷疑/之蒸);並疑兩母構成的聲訓2條(並母字作被訓釋字的1條,疑母字作被訓釋字的1條):鬖卧(並疑/元歌),遇逢(疑並/侯東);疑奉兩母構成的聲訓1條:黩伐(疑奉/月月);疑明兩母構成的聲訓10條(疑母字作被訓釋字的7條,明母字作被訓釋字的3條):圉馬(疑明/魚魚),牙萌(疑明/魚陽),御馬(疑明/魚魚),悟明(疑明/魚陽),柳馬(疑明/陽魚),研礦(疑明/元歌),埶摩(疑明/月歌),摩研(明疑/歌元),謨議(明疑/魚歌),牧牛(明疑/職之);疑微兩母構成的聲訓3條(疑母字作被訓釋字的2條,微母字作被訓釋字的1條):庌廡(疑微/魚魚),卬望(疑微/陽陽),网漁(微疑/陽魚)。

疑母與舌音聲母構成的聲訓38條,其中端疑等兩母構成的聲訓3條(疑母字作被訓釋字的2條,疑母字作被訓釋字的1條):堵五(端疑/魚魚),鬭遇(端疑/侯侯),頑短(疑端/月元);透疑兩母構成的聲訓3條(透母字作被訓釋字的1條,疑母字作被訓釋字的2條):歖吟(透疑/元侵),瓦土(疑透/魚魚),藙荽(疑透/元元);定疑兩母構成的聲訓7條(定母字作被訓釋字的2條,疑母字作被訓釋字的5條):齾誣(定疑/文文),澱誣(定疑/文文,原作淬滋,各家校作誣),刓劓(疑定/元元,劓從《廣韻》音,段説當作剸),偶桐(疑定/侯東),顒頭(疑定/東侯),跀斷(疑定/月元),黿大(疑定/元月);疑知兩母構成的聲訓1條:愚戀(疑知/侯東);[1]徹疑兩母構成的聲訓2條:齝牛(徹疑/之之),惷愚(徹疑/東侯);澄疑兩母構成的聲訓4條(澄母字作被訓釋字的3條,疑母字作被訓釋字的1條):矵五(澄疑/魚魚),丈尺(澄疑/陽陽),蚔螘(澄疑/脂微),讞傳(疑澄/元

---

〔1〕 互訓,戀,韻從唐作藩《上古音手册》。

元）；來疑兩母構成的聲訓 8 條（來母字作被訓釋字的 2 條，疑母字作被訓釋字的 6 條）：嫌卧（來疑／元歌），婪驗（來疑／侵談），裁蘿（疑來／歌歌），蛾羅（疑來／歌歌），夗列（疑來／月月），秐立（疑來／侵緝），稟霖（疑來／侵侵），娛樂（疑來／魚藥）；余疑兩母構成的聲訓 2 條（余母字作被訓釋字的 1 條，疑母字作被訓釋字的 1 條）：龠樂（余疑／藥藥），敖遊（疑余／宵幽）；疑章兩母構成的聲訓 1 條：礙止（疑章／之之）；書疑兩母構成的聲訓 4 條（書母字作被訓釋字的 1 條，疑母字作被訓釋字的 3 條）：呻吟（書疑／真侵），我施（疑書／歌歌），囁呷（疑書／談真），囁呻（疑書／談真）；船疑兩母構成的聲訓 2 條（船母字作被訓釋字的 1 條，疑母字作被訓釋字的 1 條）：舌言（船疑／月元），捥折（疑船／月月）；疑禪兩母構成的聲訓 1 條：齧噬（疑禪／月月）。

　　疑母與齒音聲母構成的聲訓 11 條，精疑兩母構成的聲訓 1 條：陬隅（精疑／侯侯）；清疑兩母構成的聲訓 1 條：籤驗（清疑／談談）；疑從兩母構成的聲訓 4 條（疑母字作被訓釋字的 2 條，從母字作被訓釋字的 2 條）：夗殘（疑從／月元），夗殘（疑從／月元），[1] 悰樂（從疑／冬藥），原（從疑／元元）；心疑兩母構成的聲訓 2 條：泝逆（心疑／魚鐸），頼頷（心疑／陽鐸）。莊疑兩母構成的聲訓 1 條：齟齬（莊疑／魚魚）；初疑兩母構成的聲訓 2 條：狦齧（初疑／元月），讖驗（初疑／談德）。

　　《釋名》聲訓中，與疑母有關的 53 條，疑疑構成的聲訓 33 條，聲韻均同的 25 條：《釋天》午仵（疑疑／魚魚），《釋天》螢蒦（疑疑／月月），《釋山》磝嶢（疑疑／宵宵），《釋丘》梧忤（疑疑／魚魚），《釋州國》吳虞（疑疑／魚魚），《釋州國》五伍（疑疑／魚魚），《釋形體》額鄂（疑疑／鐸鐸），《釋姿容》妍研（疑疑／元元），《釋姿容》窹忤（疑疑／魚魚），《釋長幼》娪忤（疑疑／魚魚），《釋長幼》艾乂（疑疑／月月），《釋親屬》耦遇（疑疑／侯侯），《釋言語》誼宜（疑疑／歌歌），《釋言語》逆遻（疑疑／鐸鐸），《釋言語》嚴儼（疑疑／談談），《釋言語》禦語（疑疑／魚魚），《釋飲食》齧齾（疑疑／月月），《釋宮室》

---

〔1〕　此條聲訓出自"溽"字下。

圄禦(疑疑/魚魚),《釋宮室》梧牾(疑疑/魚魚),《釋書契》硯研(疑疑/元
元),《釋典藝》儀宜(疑疑/歌歌),《釋樂器》敔衙(疑疑/魚魚),《釋疾病》
瘧虐(疑疑/藥藥),《釋地》原元(疑疑/元元);聲同韻不同的 8 條:《釋
天》霓齧(疑疑/支月),《釋言語》翱敖(疑疑/幽宵),《釋親屬》昆貫(見
見/文元),《釋言語》危阢(疑疑/歌物),《釋典藝》雅義(疑疑/魚歌),《釋
樂器》吟嚴(疑疑/侵談),《釋車》軏齧(疑疑/支月),《釋船》桅巍(疑疑/
歌微)。約佔總數的 62.26% 。

疑母與其他喉牙音聲母構成的聲訓 11 條,其中見疑兩母構成的聲訓
1 條:《釋書契》詣告(疑見/脂覺);溪疑兩母構成的聲訓 3 條:《釋天》月
闕(疑溪/月月),《釋飲食》蘗缺(疑溪/月月),《釋書契》啟詣(溪疑/脂
脂);群疑兩母構成的聲訓 1 條:《釋姿容》跪危(群疑/歌歌);疑影兩母構
成的聲訓 1 條:《釋書契》謁詣(影疑/月脂);疑曉兩母構成的聲訓 1 條:
《釋姿容》臥化(疑曉/歌歌);疑匣兩母構成的聲訓 4 條:《釋道》隩翱(匣
疑/宵幽),《釋宮室》瓦踝(疑匣/歌歌),《釋宮室》獄確(疑匣/屋屋),《釋
形體》眼限(疑匣/文文)。佔總數的 20.75% 。疑母獨用及與喉牙音其他
聲母構成的聲訓佔 83.02% 。

疑母與其他聲母構成的聲訓 9 條,其中疑日兩母構成的聲訓 2 條:
《釋長幼》兒娩(日疑/支支),《釋長幼》齯兒(疑日/支支);疑章兩母構成
的聲訓 2 條:《釋宮室》庌正(疑章/魚耕),《釋樂器》衙止(疑章/魚之);
疑精兩母構成的聲訓 1 條:《釋山》齗甑(疑精/元蒸);疑從兩母構成的聲
訓 1 條:《釋言語》業捷(疑從/葉葉);疑心兩母構成的聲訓 1 條:《釋言
語》言宣(疑心/元元);疑邪兩母構成的聲訓 1 條:《釋言語》語敘(疑邪/
魚魚);疑山兩母構成的聲訓 1 條:《釋疾病》言詵(疑山/元文)。佔總數
的 16.98% 。

二、從《説文》讀若材料看東漢時代疑母的地位

《説文解字》中與疑母有關的讀若 30 條,其中疑疑構成的讀若 21 條:
苦薁(月月,33 下/28 上),雁鴈(元元,76 下/69 上),歺檗(月月,85 上/77

下），礐慼（真真，104 上/95 上），囷譌訛（歌歌歌，129 下/125 下），[1]似釜
（侵侵，169 下/167 下），[2]刖兀（月物，176 上/173 下），峇吟（侵侵，191
上/186 下），廣儼（談談，192 上/187 上），碞巖（談談，195 上/190 上），狀
銀（文文，205 上/198 上），奰鴈（元元，207 下/200 上），狋銀（脂文，204
下/197 下），嘦傲（宵宵，215 下/206 下），忍頮（微物 221 下/211 上），聣孽
（物月，250 上/235 下），[3]妍研（元元，263 下/245 上），齞言（元元，269
上/250 上），喸蜺（月支，305 下/275 下），陳儼（談談，305 下/276 上），峇
臬（月月，303 下/275 上）；[4]影疑構成的讀若 2 條：堨謁（疑影/月月，
287 上/262 上），春薿（之之，310 下/281 上）；曉疑構成的讀若 1 條：兀夐
（疑曉/物耕，176 下/174 上）；匣疑構成的讀若 1 條：勢豪（疑匣/宵宵 292
下/266 上）；幫疑構成的讀若 2 條：狛蘷（幫疑/鐸月，206 上。198
下），[5]瓶抓（非疑/陽歌，268 下/250 上）；[6]明疑構成的讀若 1 條：聸
盟（疑明/月陽，250 上/235 下）；[7]娘疑構成的讀若 1 條：峇聶（疑娘/侵
葉，48 下/40 下）；精疑構成的讀若 1 條：峇隅（精疑/質侯，191 上/186
下）；[8]從疑構成的讀若 1 條：春存（疑從/之文，310 下/281 上）。[9]

三、從其他音注通假材料看東漢時代疑母的地位問題

《三禮》漢讀中，疑疑構成的音注材料 15 條：儀義（疑疑/歌歌，《周
禮》卷三·46 下·5），義儀（疑疑/歌歌，《周禮》卷三·46 下·5），義儀
（疑疑/歌歌，《周禮》卷五·92 上·5），義儀（疑疑/歌歌，《周禮》卷五·
93 下·10），儀義（疑疑/歌歌，《周禮》卷五·93 下·10），儀義（疑疑/歌

---

〔1〕　大徐本"讀若謁"，小徐本"讀若訛"。
〔2〕　小徐本無讀若。
〔3〕　聣，《廣韻》五滑切、丁滑切、吐猥切。
〔4〕　大徐本"讀若臬"，小徐本"讀若藝"。
〔5〕　大、小徐本均作："讀若蘷，甯嚴讀之若淺泊。"
〔6〕　大徐本作"讀若抓破之抓"，小徐本作"讀若扢破之扢"。扢，奉葉/奉乏。
〔7〕　大徐本作"言若斷耳爲盟"，小徐本作"讀若斷耳爲盟"。段玉裁認爲"盟"是"明"
字之誤。明，五刮切，疑月點。
〔8〕　大徐本無讀若。
〔9〕　大徐本作："讀若薿薿，一曰若存。"小徐本作："讀若薿，一曰若存。"

歌,《周禮》卷五·99下·10),噩愕(疑疑/鐸鐸,《周禮》卷六·118上·14),義儀(疑疑/歌歌,《周禮》卷七·99下·10),午五(疑疑/魚魚,《周禮》卷十·186下·16),牙訝(疑疑/魚魚,《周禮》卷十一·203上·10),御訝(疑疑/魚魚,《儀禮》卷二·10下·8),御訝(疑疑/魚魚,《禮記》卷一·13下·17),蘖枿(疑疑/月月,《禮記》卷九·96下·11),儀義(疑疑/歌歌,《禮記》卷十七·168下·24),雅牙(疑疑/魚魚,《禮記》卷十七·170上·7)。

見疑兩母構成的音注 2 條:髻卾(見疑/月月,《周禮》卷十二·219下·14),京原(見疑/陽元,《禮記》卷三·36上·2);曉疑兩母構成的音注 2 條:毀甈(曉疑/微月,《周禮》卷三·58下·13),獻儀(曉疑/元歌,《周禮》卷五·96上·4);匣疑兩母構成的音注 2 條:眼限(疑匣/文文,《周禮》卷十一·203下·6),偽帷(疑匣/歌微,《禮記》卷十三·135上·5);云疑兩母構成的音注 1 條:偽于(疑云/歌魚,《禮記》卷十三·135上·5);疑章兩母構成的音注 1 條:摯埶(章疑/緝月,《周禮》卷十一·204上·5);疑泥兩母構成的音注 1 條:埶涅(疑泥/月質,《周禮》卷十一·205上·12);疑山兩母構成的音注 1 條:埶椴(疑山/月月,《周禮》卷十一·205上·11)。

據陸德明《經典釋文》,鄭玄的音注材料中,疑疑構成的音注 2 條:迓,魚據反(《書·洛誥》48上19);艾,五蓋反(《詩·思文》101下22)。

在東漢應劭、服虔《漢書注》中,與疑母有關的音注材料 6 條,其中疑疑構成的音注 4 條:嶢,音堯(應劭,1/22/3)。嶢,疑宵/疑蕭;堯,疑宵/疑蕭。吾,音鉶牙(應劭,6/1602/2)。吾,疑魚/疑模;牙,疑魚/疑麻。犧,音蟻(服虔,7/1820/2)。犧,疑歌/疑紙;蟻,疑歌/疑紙。儀,音譺(服虔,12/3965/12)。儀,疑歌/疑歌;譺,疑歌/疑歌。疑云兩母構成的音注 1 條:爲,音無偽之偽(應劭,1/35/5)。疑匣兩母構成的音注 1 條:吟,音含(服虔,4/1053/15)。

東漢燕趙方言區學者高誘《戰國策注》、《呂氏春秋注》、《淮南子注》,與疑母有關的音注材料 13 條,其中疑疑構成的音注 10 條:《戰國策·西周策》:"吾得將爲楚王屬怒於周。"高注:"五得楚將也,吾當爲五。"吾,疑魚/疑模;五,疑魚/疑姥。《呂氏春秋·季夏紀》:"令漁師伐蛟取鼉。"高注:"漁,讀若相語之語。"(6/6/54/10)漁,疑魚/疑魚;語,疑魚/疑語。《呂氏春秋·季冬紀》:"命漁師始漁。"高注:"漁,讀如《論語》之語。"(6/12/114/14)漁,疑魚/疑魚;語,疑魚/疑語。《淮南子·原道》:"釣於河濱。期年而漁者。"高注:"漁,讀告語。"(7/1/7/14)漁,疑魚/疑魚;語,疑魚/疑語。《淮南子·俶真》:"百事之莖葉條枿。"高注:"枿,讀《詩·頌》苞有三櫱同。"(7/2/24/14)枿,疑月/疑薛;櫱,疑月/疑薛。《淮南子·時則》:"乃命漁人伐蛟取鼉。"高注:"漁,讀若相語之語。"(7/5/75/14)漁,疑魚/疑魚;語,疑魚/疑語。《淮南子·時則》:"命漁師始漁。"高注:"漁,讀如《論語》之語。"(7/5/83/6)漁,疑魚/疑魚;語,疑魚/疑語。《淮南子·本經》:"盤紆刻儼。"高注:"儼,讀儼然之儼也。"(7/8/121/7)儼,疑談/疑儼;儼,疑談/疑儼。《淮南子·本經》:"曲拂邅迴,以像湡湑。"高注:"湡,讀愚戆之愚也。"(7/8/121/12)湡,疑侯/疑虞;愚,疑侯/疑虞。《淮南子·説林》:"漁者走淵,木者走山。"高注:"漁,讀如《論語》之語。"(7/17/294/9)漁,疑魚/疑魚;語,疑魚/疑語。群疑構成的音注1條:《淮南子·俶真》:"通於無圻。"高注:"圻,垠字也。"(7/2/25/10)圻,群文/群微;垠,疑文/疑真。並疑構成的音注1條:《淮南子·原道》:"扶搖抮抱。"高注:"抱,讀《詩》克歧克嶷之嶷也。"(7/1/3/3)抱,並幽/並晧;嶷,疑之/疑之。《淮南子·本經》:"菱杅紾抱。"高注:"抱,讀《詩》克歧克嶷之嶷也。"(7/8/121/8)抱,並幽/並晧;嶷,疑之/疑之。滂疑構成的音注1條:《淮南子·説林》:"遽契其舟桅。"高注:"桅,讀《左傳》襄王出居鄭地氾之氾。"(7/17/289/5)桅,疑歌/疑灰,氾,滂談、滂梵。

　　在《白虎通德論》中,與疑母有關的聲訓7條,其中疑疑構成的聲訓2條,疑溪兩母構成的聲訓1條,疑匣兩母構成的聲訓1條,疑透兩母構成的聲訓1條,疑來兩母構成的聲訓1條,疑明兩母構成的聲訓1條。疑母獨自構成的聲訓以及與喉牙音其他聲母構成的聲訓4條,約佔總數的57.14%。

《説文解字》中與疑母有關的聲訓 229 條,疑母獨用及與其他喉牙音聲母構成的聲訓 159 條,其中疑疑構成的聲訓 50 條,疑母與見組聲母構成的聲訓 78 條(見疑兩母構成的聲訓 64 條,溪疑兩母構成的聲訓 8 條,群疑兩母構成的聲訓 6 條),疑母與曉匣影等聲母構成的聲訓 31 條(疑匣兩母構成的聲訓 14 條,疑云兩母構成的聲訓 1 條,疑曉兩母構成的聲訓 5 條,疑影兩母構成的聲訓 11 條),約佔總數的 69.43%。

疑母與唇音聲母構成的聲訓 21 條,其中疑幫兩母構成的聲訓 4 條,敷疑兩母構成的聲訓 1 條,並疑兩母構成的聲訓 2 條,疑奉兩母構成的聲訓 1 條,疑明兩母構成的聲訓 10 條,疑微兩母構成的聲訓 3 條。疑母與舌音聲母構成的聲訓 38 條,其中端疑等兩母構成的聲訓 3 條,透疑兩母構成的聲訓 3 條,定疑兩母構成的聲訓 7 條,疑知兩母構成的聲訓 1 條,徹疑兩母構成的聲訓 2 條,澄疑兩母構成的聲訓 4 條,疑章兩母構成的聲訓 1 條,書疑兩母構成的聲訓 4 條,船疑兩母構成的聲訓 2 條,疑禪兩母構成的聲訓 1 條,來疑兩母構成的聲訓 8 條,余疑兩母構成的聲訓 2 條。疑母與齒音聲母構成的聲訓 11 條,其中精疑兩母構成的聲訓 1 條,清疑兩母構成的聲訓 1 條,疑從兩母構成的聲訓 4 條,心疑兩母構成的聲訓 2 條,莊疑兩母構成的聲訓 1 條,初疑兩母構成的聲訓 2 條。

《釋名》聲訓中,與疑母有關的 53 條,疑疑構成的聲訓 33 條,疑母與喉牙音其他聲母構成的聲訓 11 條,其中見疑兩母構成的聲訓 1 條,溪疑兩母構成的聲訓 3 條,群疑兩母構成的聲訓 1 條,疑影兩母構成的聲訓 1 條,疑曉兩母構成的聲訓 1 條,疑匣兩母構成的聲訓 4 條。疑母獨用及與喉牙音其他聲母構成的聲訓佔 83.02%。

疑母與其他聲母構成的聲訓 9 條,其中疑日兩母構成的聲訓 2 條,疑章兩母構成的聲訓 2 條,疑精兩母構成的聲訓 1 條,疑從兩母構成的聲訓 1 條,疑心兩母構成的聲訓 1 條,疑邪兩母構成的聲訓 1 條,疑山兩母構成的聲訓 1 條,佔總數的 16.98%。

在《説文解字》讀若中,與疑母有關的 30 條,疑疑構成的讀若 21 條。此外,影疑構成的讀若 1 條,曉疑構成的讀若 1 條,匣疑構成的讀若 1 條,幫疑構成的讀若 2 條,明疑構成的讀若 1 條,娘疑構成的讀若 1 條,精疑構成的讀若 1 條,從疑構成的讀若 1 條。疑母獨自構成的讀若以及疑母與其他喉牙音聲母構成的讀若總計 24 條,佔總數的 80%。

　　《三禮》漢讀中,與疑母有關的音注 23 條,其中疑疑構成的音注材料 15 條,見疑兩母構成的音注 2 條,匣疑兩母構成的音注 2 條,云疑兩母構成的音注 2 條,疑章兩母構成的音注 1 條,疑山兩母構成的音注 1 條。疑母獨自構成的音注以及疑母與喉牙音其他聲母構成的音注 21 條,佔總數的 91.3%。另據陸德明《經典釋文》,鄭玄的音注材料中,疑疑構成的音注 2 條。如果將此二條算入,則佔總數的 92%。

　　在東漢應劭、服虔《漢書注》中,與疑母有關的音注材料 6 條,其中疑疑構成的音注 4 條,疑云兩母構成的音注 1 條,疑匣兩母構成的音注 1 條。疑母獨自構成的音注以及疑母與喉牙音其他聲母構成的音注佔總數的 100%。

　　東漢燕趙方言區學者高誘《戰國策注》、《呂氏春秋注》、《淮南子注》,與疑母有關的音注材料 13 條,其中疑疑構成的音注 10 條,群疑構成的音注 1 條。此外,還有並疑構成的音注 1 條,滂疑構成的音注 1 條。疑母獨自構成的音注以及疑母與喉牙音其他聲母構成的音注佔總數的 84.62%。

第四章　兩漢聲母的清濁送氣問題討論

第一節　從簡帛通假字看西漢時代聲母的清濁送氣問題

　　周祖謨先生在《漢代竹書和帛書中的通假字與古音的考訂》中指出："竹書和帛書中通假字的聲母情況十分複雜,在聲母方面與《廣韻》比較,屬於相同的發音部位而發音方法不同的居多,有些是送氣不送氣之分,……有些是清濁之分,……除此而外,也有與《廣韻》讀音稍遠的,我們可以據此考訂竹書和帛書所反映的古聲母的類別。"

　　趙誠先生在《臨沂漢簡中的通假字》中認爲,臨沂漢簡通假字中清濁區分並不嚴格,與他在整理商代音系時的發現一樣[1]。趙先生列舉了臨沂漢簡通假字中幫母與並母,非母與奉母,端母與定母,章母與禪母,見母與群母,精母與從母通假的例證,如精與從,非與奉有好幾例。沈祖春先生在《〈馬王堆漢墓帛書(壹)〉假借字研究》中認爲,全濁聲母

---

　　〔1〕　參見趙誠《商代音系探索》,載《音韻學研究》第一輯,中華書局 1984 年,第259—266 頁。

在上古也許沒有送氣不送氣的對立。

第二節　東漢時代唇音聲母的
清濁送氣問題

　　重唇音"幫滂並明"四個聲母,至《廣韻》時代尚未分化出"非敷奉微"四個輕唇音。人們在討論先秦兩漢聲母系統時,大都是把輕唇音和重唇音合并在一起的。但也有少數人認爲漢代輕唇音已與重唇音分化,如趙克剛先生在《〈經典釋文〉鄭玄音聲母系統研究》一文中就是持這種觀點的。我們認爲,東漢時代,"幫滂並明"和"非敷奉微"雖然各自都具有明顯的獨立性,但合在一起的比例也不小,所以不便把它們一分爲二。不同的地域、不同的材料,這兩組聲母的緊密程度也并不完全一樣,所以我們在討論唇音聲母的清濁送氣問題時,將重唇音與輕唇音分開標注,以便我們能對東漢時代重唇音"幫滂並明"和輕唇音"非敷奉微"在不同地域、不同材料中的具體情況有所了解。

一、從聲訓材料看東漢時代唇音聲母的清濁送氣問題

　　《白虎通德論》中,與幫母有關的聲訓23條,幫幫構成的聲訓7條:《爵》:伯者,百也(伯,幫鐸入;百,幫鐸入);《號》:霸者,伯也(霸,幫鐸入;伯,幫鐸入);《號》:霸犹迫也(霸,幫鐸入;迫,幫鐸入);《禮樂》:亡與昌正相迫,故謂之鎛(鎛,幫鐸入;迫,幫鐸入);《辟雍》:辟者,壁也,象壁圓又以法天(辟,幫錫入;壁,幫錫入);《姓名》:伯者,子最長,迫近父也(伯,幫鐸入;迫,幫鐸入);《紼冕》:紼者,蔽也(紼,幫物入;蔽,幫月入/去)。與滂母有關的聲訓3條,滂滂構成的聲訓0條;與並母有關的聲訓15條,並並構成的聲訓4條(並並構成的聲訓1條,奉奉構成的聲訓2條,並奉兩母構成的聲訓1條):《性情》:脾之爲言辨也(脾,並支平;辨,並元上);《三綱六纪》:婦者,服也,以禮屈服(婦,並之上;服,並職入);《嫁娶》:婦者,服也。服于家事,事人者也(婦,並之上;服,並職入);《紼冕》:

弁之爲言樊也,所以樊持其发也(弁,並元去;樊,並元平)。

幫滂兩母構成的聲訓 2 條:《性情》:魄者,迫然著人主於性也(魄,滂鐸入;迫,幫鐸入);《辟雍》:泮宫,半於天子之宫也(泮,滂元去;半,幫元去)。幫並兩母構成的聲訓 7 條(其中幫奉兩母構成的聲訓 4 條,非奉兩母構成的聲訓 3 條):《五行》:北方者,伏方也,萬物伏藏也(北,幫職入;伏,奉職入);《崩薨》:崩之爲言崩伏天下(崩,幫蒸平;崩,幫蒸平;伏,並職入);《姓名》:拜之爲言服也(拜,幫月入/去;服,並職入);《姓名》:伯者,子最長,迫近父也(伯,幫鐸入;父,奉魚上);《封禪》:甫,輔也(甫,幫魚上;輔,並魚上);《三綱六紀》:夫者,扶也,以道扶接也(夫,幫魚平;扶,並魚平);《嫁娶》:夫者,扶也,扶以人道者也(夫,幫/並魚平;扶,並魚平)。滂並兩母構成的聲訓 1 條:《性情》:魄者,白也(魄,滂鐸入;白,並鐸入)。

《説文解字》中與幫母有關的聲訓 282 條,其中幫幫構成的聲訓 77 條(包括幫幫構成的聲訓 31 條,非非構成的聲訓 15 條,幫非兩母構成的聲訓 31 條):皕百(幫幫/職鐸),楅逼(幫幫/職職),邶北(幫幫/職職),北背(幫幫/職職),屏蔽(幫幫/耕月),庰蔽(幫幫/耕月),豝把(幫幫/魚魚),鈀兵(幫幫/魚陽),丙炳(幫幫/陽陽),葍剥(幫幫/屋屋),襃博(幫幫/幽鐸),匕柶(幫幫/脂質),輩百(幫幫/微鐸),八背(幫幫/質職),仈八(幫幫/質質),必八(幫幫/質質),韠蔽(幫幫/質月),馯八(幫幫/質質),閟閉(幫幫/質質),算蔽(幫幫/質月),駮豹(幫幫/藥藥),殯賓(幫幫/真真),算蔽(幫幫/質月),頒鬢(幫幫/文真),播布(幫幫/歌魚),芨撥(幫幫/月月),貝寶(幫幫/月幽),袚蔽(幫幫/月月),奘八(幫幫/元質),辬駁(幫幫/元藥),料半(幫幫/元元),否不(非非/之之),[1]否不(非非/之之),蕾菖(非非/職職),堋封(非非/蒸蒸),堋窆(非非/蒸葉),鈁方(非非/陽陽),府頫(非非/侯侯),蘨飛(非非/宵微),熛飛(非非/宵微),票飛(非非/宵微),艴不(非非/物之),鴟飞(非非/文微),黺粉(非非/文文),

---

皈反(非非/元元),叓反(非非/葉元),辟法(幫非/錫葉),兵并(幫非/陽
耕),八分(幫非/質文),仈分(幫非/質文),必分(幫非/質文),八分(幫
非/質文),〔1〕八分(幫非/質文),〔2〕韠韨(幫非/質月),畀付(幫非/物
侯,黃侃:算畀入物部),料分(幫非/元文),畀付(幫非/質侯),放分(幫
非/文文),彪彪(幫非/文幽),頒分(幫非/文文),陂阪(幫非/歌元),芨發
(幫非/月月),貝焱(幫非/月宵),帔幅(幫非/月職),班分(幫非/元文),
半分(幫非/元文),糞賦(幫非/元魚),頖半(非幫/支元),薄布(非幫/魚
魚),瓿搏(非幫/陽鐸),韗壁(非幫/微錫),牖版(非幫/真元),韍蔽(非
幫/月月),藩屏(非幫/元耕),藩蔽(非幫/元月),幡布(非幫/元魚)。與
滂母有關的聲訓134條,其中滂滂構成的聲訓18條(包括滂滂構成的聲
訓7條,敷敷構成的聲訓3條,滂敷兩母構成的聲訓8條):劈破(滂滂/
錫歌),派辰(滂滂/錫錫),浦瀕(滂滂/魚魚),滂沛(滂滂/陽月),剖判
(滂滂/侯元),媲妃(滂滂/脂微),片判(滂滂/元元),秠秠(敷敷/之幽),
攺撫(敷敷/魚魚),訪汎(敷敷/陽侵),頗偏(滂敷/歌真),艵漂(滂敷/耕
宵),聘訪(滂敷/耕陽),拍拊(滂敷/鐸侯),副判(敷滂/職元),幅判(敷
滂/職元),妃匹(敷滂/微質),偏頗(敷滂/真歌)。與並母有關的聲訓240
條,並並構成的聲訓36條(並並構成的聲訓14條,奉奉構成的聲訓9條,
並奉兩母構成的聲訓13條):稗別(並並/支月),釆辨(並並/元元),皤白
(並並/元鐸),蠠陛(並並/支脂),〔3〕鮃蒲(並並/耕魚),賓病(並並/陽
陽),驃白(並並/宵鐸),坒比(並並/脂脂),朏肥(並並/質微),勃排(並
並/物微),幣帛(並並/月鐸),尚敗(並並/月月),敝敗(並並/月月),敝尚
(並並/月月),珈皮(奉奉/職歌),艮服(奉奉/職職),〔4〕苹浮(奉奉/耕
幽),瀕附(奉奉/真侯),嬪服(奉奉/真職),坋防(奉奉/文陽),樊棥(奉

---

〔1〕　此條聲訓出自"糞"字下。
〔2〕　此條聲訓出自"平"字下。
〔3〕　陛,原作"階",從段校改。
〔4〕　此條聲訓出字"報"字下。

奉/元元),妶婦(奉奉/葉之),範犯(奉奉/談談),[1]庳伏(並奉/支職),枰平(並奉/耕耕),萍苹(並奉/耕耕),坪平(並奉/耕耕),匐伏(並奉/職職),俌輔(並奉/蒸魚),峬輔(並奉/脂魚),諞便(並奉/脂元),釆别(並奉/元質),苹蓱(奉並/耕耕),房旁(奉並/陽陽),蘋蓱(奉並/真耕),伐敗(奉並/月月)。

幫滂兩母構成的聲訓31條(幫滂兩母構成的聲訓8條,敷幫爲訓的9條,非滂兩母構成的聲訓8條,非敷兩母構成的聲訓6條):瞏瞥(幫滂/元月),版判(幫滂/元元),䤈飽(滂幫/侯幽),匹八(滂幫/質質),牑半(滂幫脂元),胖半(滂幫/元元),片半(滂幫/元元),泮半(滂幫/元元),尃布(敷幫/魚魚),[2]烽表(敷幫/東宵),誹謗(敷幫/微陽),篇榜(敷幫/真陽),芬布(敷幫/文魚),潘波(敷幫/元歌),掤覆(幫敷/蒸覺),博尃(幫敷/鐸魚),譒敷(幫敷/元魚),阪坡(非滂/元歌),朩分(滂非/錫文)出處散,[3]剽砭(滂非/宵侵),攈反(滂非/脂元),朩分(滂非/真文),朁不(滂非/物之),坡阪(滂非/歌元),判分(滂非/元文),斐分(敷非/微文),芬分(敷非/文文),反覆(非敷/元覺),㝵覆(非敷/葉覺),覂覆(非敷/葉覺),厞覆(非敷/微覺)。

幫並兩母構成的聲訓50條(並幫兩母構成的聲訓22條,非並兩母構成的聲訓3條,幫奉兩母構成的聲訓11條,非奉兩母構成的聲訓14條):婢卑(並幫/支支),輣兵(並幫/蒸陽),欂壁(並幫/魚錫),餔布(並幫/魚魚),鞄包(並幫/幽幽),雹冰(並幫/幽蒸),駜飽(並幫/質幽),㬥迫(並幫/物鐸),并並(幫並/耕陽),豝牝(幫並/魚脂),鮩蚌(幫並/陽陽),匕比(幫並/脂脂),匕比(幫並/脂脂)出處此,畚甁(幫並/文耕),畚蒲(幫並/文魚),跛排(幫並/歌微),犮白(幫並/月鐸),跋步(幫並/月鐸),柭棓(幫並/月之)棓棒,敀敗(幫並/元月),富偪(非並/職職),䏶别(非並/支月),騑旁(非並/微陽),掊把(奉幫/侯魚),紨布(奉幫/侯魚),㻉崩(奉

〔1〕 大徐本:"範,音犯。"聲訓從段説。
〔2〕 又見"博"字説解。
〔3〕 此條聲訓出自"散"字下。

幫/微蒸），貔豹（奉幫/脂藥），鼻畀（奉幫/質質），瀕賓（奉幫/真真），皮剝
（奉幫/歌屋），榜輔（幫奉/陽魚），八別（幫奉/質質），[１]詖辯（幫奉/歌
元），詖辯（幫奉/歌元），甫父（非奉/魚魚），麩皮（非奉/魚歌），肪肥（非
奉/陽微）段認爲肥當作脂，茝別（非奉/微質），分別（非奉/文質），饋飯
（非奉/文元），法平（非奉/葉耕），服騑（奉非/職微），釜鍑（奉非/魚覺），
梦複（奉非/文覺），貧分（奉非/文文），棥藩（奉非/元元），蟦腹（奉非/元
覺），範法（奉非/談葉）。

　　滂並兩母構成的聲訓 31 條（並滂兩母構成的聲訓 8 條，滂奉兩母構
成的聲訓 10 條，敷並兩母構成的聲訓 5 條，敷奉兩母構成的聲訓 8 條）：
旁溥（並滂/陽魚），斾沛（並滂/月月），辦判（並滂/元質），痛病（滂並/魚
陽），皅白（滂並/魚鐸），僻旁（滂並/錫陽），濞暴（滂並/物藥）濞質，販白
（滂並/元鐸），僻避（滂奉並/錫錫），派別（滂奉/錫月），辰別（滂奉/錫
月），朴皮（滂奉/屋歌），漂浮（滂奉/宵幽），芝浮（滂奉/葉幽），胚婦（滂
奉/之之），林葩（滂奉/錫微），[２]甓匹（奉滂/真質），俾僻（奉滂/耕錫），
駓白（敷並/之之），仳別（敷並/脂月），斐別（敷並/微月），瓹瓶（敷並/真
侯），披旁（敷並/歌陽），棻輔（敷奉/微魚），汎浮（敷奉/侵幽），泛浮（敷
奉/談幽），髴輔（敷奉/魚魚），捧奉（敷奉/東東），輹縛（敷奉/覺魚），駙副
（奉敷/侯職），罦覆（奉敷/幽覺）。

　　幫幫構成的聲訓 31 條，非非構成的聲訓 15 條，幫非兩母構成的聲訓
31 條；滂滂構成的聲訓 7 條，敷敷構成的聲訓 3 條，滂敷兩母構成的聲訓
8 條；並並構成的聲訓 14 條，奉奉構成的聲訓 9 條，並奉兩母構成的聲訓
13 條；明明構成的聲訓 56 條，微微構成的聲訓 16 條，明微兩母構成的聲
訓 25 條。可見幫與非、滂與敷、並與奉、明與微相對的兩母雖然各具有一
定的獨立性，但從幫與非、滂與敷、並與奉、明與微相對的兩母相互構成的
聲訓比例之高，可以肯定，幫非兩組合一應該是沒有問題的。以下分析

---

〔１〕　又見“穴”字下。
〔２〕　葩，段校作“葩”。

中,非敷奉微匹母均分別作幫滂並明看待。

《釋名》聲訓中,幫滂兩母構成的聲訓 12 條:《釋典藝》賦敷(魚魚),《釋喪制》披擺(歌歌),《釋天》风氾(冬談),《釋車》彎拂(質物),《釋樂器》搏拊(鐸侯),《釋姿容》拍搏(鐸鐸),《釋形體》膞迫(鐸鐸),《釋車》輇祕(質質),《釋親屬》妃輩(微微),《釋天》氛粉(文文),《釋用器》梆撥(物月),《釋車》紛放(文陽);幫並兩母構成的聲訓 24 條:《釋州國》否鄙(之之),《釋形體》髀卑(支支),《釋宮室》陴卑(支支),《釋親屬》夫扶(魚魚),《釋車》轒缚(鐸鐸),《釋言語》非排(微微),《釋形體》髮拔(月月),《釋形體》臂神(錫支),《釋形體》背倍(職之),《釋飲食》脯搏(魚鐸),《釋典藝》碑被(支歌),《釋車》轐伏(屋職),《釋親屬》父甫(魚魚),《釋言語》扶傅(魚魚),《釋書契》符付(侯侯),《釋言語》薄迫(鐸鐸),《釋姿容》抱保(幽幽),《釋衣服》袍苞(幽幽),《釋典藝》坟分(文文),《釋道》旁邊(鐸元),《釋姿容》負背(之職),《釋宮室》陛卑(脂支),《釋用器》杷播(魚歌),《釋車》負背(之職);滂並兩母構成的聲訓 11 條:《釋宮室》睥陴(支支),《釋宮室》蒲敷(魚魚),《釋姿容》捧逢(東東),《釋形體》脬鞄(幽幽),《釋言語》浮孚(幽幽),《釋形體》肺勃(月物),《釋形體》膊薄(滂并/鐸鐸),《釋姿容》批神(脂支),《釋船》帆汎(侵侵),《釋姿容》伏覆(職覺),《釋書契》符赴(侯屋)。

二、從《説文》讀若材料看東漢時代唇音聲母的清濁送氣問題

在《説文解字》讀若中,與幫母有關的 50 條,其中幫幫構成的讀若 24 條:珡奉(幫幫,12 下/8 下),[1]虇劀(幫幫,19 下/16 上),蒱傅(非非,22 下/19 上),葷匪(幫非,29 下/25 下),癶撥(幫幫,38 上/32 下),跰匪(非非,48 上/40 上),趽彭(非幫,48 上/40 下),跛彼(幫幫,47 下/40 上),[2]誧逋(幫幫,53 下/46 上),奰頒(幫幫,59 上/51 上),[3]攽彬(幫幫,68

---

〔1〕 大、小徐本均作:"讀若《詩》曰'瓜瓞菶菶',一曰'若盦蚌(幫東/幫董)'。"

〔2〕 大徐本作:"一曰足排之。讀若彼。"小徐本作:"讀若罷。一曰足排之,讀若彼。"

〔3〕 大、小徐本均作:"讀若頒,一曰讀若非。"

上/60 下),[1]眍泌(幫幫,71 下/64 上),翇紴(幫幫,75 下/68 上),旇方(非非,76 上/68 下),皕秘(幫幫,74 下/67 上),[2]鷩鷩(幫幫,134 下/130 下),朩蜚(幫幫,127 下/123 下),牑邊(幫幫,143 下/140 上),帗撥(幫幫,158 下/157 上),瀵粉(非非,235 下/224 上),[3]扮粉(幫非,254 下/238 下),[4]匚方(非非,268 上/249 上),紴被(幫幫,275 上/254 上),[5]叁糞(幫非,287 下/262 上)。與滂母有關的 23 條,其中滂滂構成的讀若 6 條:岐撫(敷敷,68 下/61 上),䏆膊(滂滂,148 下/146 上),屝費(敷敷,192 上/187 上),嬔幡(敷敷,259 上/242 上),[6]嫳撆(滂滂,263 下/245 上),[7]夆螽(敷敷,43 上/36 下)。[8] 與並母有關的讀若 46 條,其中並並構成的讀若 24 條:琕服(奉奉,14 上/10 上),釆辨(並並,28 下/24 下),唪菶(並並,32 下/27 下),趥匐(並奉,37 下/31 下),[9]受摽(並並,84 下/77 上),富伏(奉奉,111 下/102 上),㞎僕(並並,112 下/103 下),夆縫(奉奉,114 上/105 上),棍枇(並並,120 下/113 上),郶陪(並並,132 下/128 下),倗陪(並並,163 上/162 下),鬅槃(並並,186 上/181 下),犻孛(並並,205 上/198 上),鐇樊(奉奉,206 下/199 下),奟弼(奉並,213 下/204 上),奰虙(並奉,215 下/207 上),扶伴(並並,216 上/207 上),豦虙(奉奉,216 下/207 下),[10]繁飯(奉奉,239 下/227 上),鮊白(並並,244 下/231 上),[11]鉼軿(並並,268 下/249 下),甓檗(並並,269 上/250 上),[12]凭馮(並並,299 下/271 上),範犯(奉奉,302 下/273 下)。

---

〔1〕 大徐本作"亦讀與彬同",小徐本作"讀與彪同(幫文/幫真)"。
〔2〕 大徐本作"讀若祕",小徐本作"讀若秘"。
〔3〕 大徐本無讀若。
〔4〕 大徐本作"讀若粉",小徐本作"讀若蚡"。
〔5〕 大、小徐本(都是大徐本)均作:"讀若被,或讀若水波之波(幫歌/幫戈)。"
〔6〕 大徐本無讀若。
〔7〕 大徐本作"讀若擊擎",小徐本作"一曰讀若撆擊"。
〔8〕 大徐本"讀若螽",小徐本"讀若螽"。陸志韋先生説《系傳》作"螽"是也。
〔9〕 小徐本無讀若。
〔10〕 豦,《廣韻》作房六切,又盧谷切。
〔11〕 大徐本無讀若。
〔12〕 大徐本無讀若。甓,《廣韻》博厄切,幫錫/幫麥;《集韻》蒲歷切,並錫/並錫。

幫滂兩母構成的讀若爲 5 條：闍寎（滂幫，63 下/56 下），[1] 俌撫（幫敷，164 上/163 上），庯敷（幫敷，194 上/188 下），[2] 乀弗（敷非，265 下/246 下），鏺撥（滂幫，296 上/268 下）；幫並兩母構成的讀若爲 9 條：蹁苹（47 下/40 上），[3] 鲅撥（並幫，81 上/73 下），牌罷（幫並，86 上/78 上），庫逋（並幫，193 上/188 上），熛摽（幫並，208 上/200 上），[4] 痞鄙（並幫，156 上/154 下），[5] 播樊（並幫，117 下/109 下），狛泊（幫並，206 上/198 下），[6] 瓶抋（非奉，268 下/250 上）；[7] 滂並兩母構成的讀若爲 10 條：鞄朴（並滂，60 下/53 上），鼟馮（敷奉，112 上/103 上），半髀（滂並，149 上/146 上），袢普（並滂，172 上/171 下），覹幡（並滂，178 上/175 下），辰稗（滂並，240 下/227 上），姁筶（滂並，264 上/245 下），纰批（滂並，277 下/255 下），醅棻（滂並，312 下/284 上），[8] 閔費（奉敷，308 上/276 上）。[9]

三、從其他音注材料看東漢時代唇音聲母的清濁送氣問題

《三禮》漢讀中，幫幫構成的音注 28 條（幫幫 18 條，非非 4 條，幫非 6 條）：頒班（幫幫/元元，《周禮》卷一·9 上·6），頒班（幫幫/元元，《周禮》卷一·16 上·5），頒班（幫幫/元元，《周禮》卷五·90 上·8），頒班（幫幫/元元，《周禮》卷六·125 上·8），襃報（幫幫/幽幽，《周禮》卷六·121 上·4），庫痺（幫幫/支質，《周禮》卷八·155 下·10），波播（幫幫/歌歌，《周禮》卷八·161 上·16），賓儐（幫幫/真真，《周禮》卷十·193 下·3），賓儐（幫幫/真真，《周禮》卷十·194 上·6），庇秘（幫幫/脂質，《周禮》卷

---

〔1〕 大徐本作"讀若寎（幫真/幫真）"，小徐本作"讀若繽（滂真/滂真）"。
〔2〕 大徐本作"讀若敷（敷魚/敷虞）"，小徐本作"讀若敨（敷魚/敷虞）"。
〔3〕 二徐本均作："讀若苹（幫真/幫先），或曰徧（幫真/幫霰）。"
〔4〕 大徐本作"讀若摽（並宵/並小）"，小徐本作"讀若瘭（幫宵/幫宵）"。
〔5〕 大徐本無讀若。
〔6〕 大、小徐本均作："讀若蘗（疑月/疑薛），甯嚴讀之若淺泊（並鐸/並鐸）。"
〔7〕 大徐本作"讀若抵破之抵（疑歌/疑馬）"，小徐本作"讀若抧破之抧（奉葉/奉乏）"。
〔8〕 大徐本無讀若。
〔9〕 大徐本無讀若。

十一・206 上・16），薜檗（幫幫/錫錫，《周禮》卷十二・219 下・13），撥廢（幫幫/月月，《周禮》卷十二・221 上・5），必繹（幫幫/質質，《周禮》卷十二・216 下・15），殯賓（幫幫/真真，《禮記》卷六・58 下・13），頒班（幫幫/元元，《禮記》卷九・97 上・11），俾比（幫幫/支脂，《禮記》卷十一・116 上・10），報褒（幫幫/幽幽，《禮記》卷十一・118 上・17），報褒（幫幫/幽幽，《禮記》卷十四・141 上・14），祊方（非非/陽陽，《周禮》卷七・140 上・9），甫瓿（非非/魚陽，《周禮》卷十一・201 下・16），瓿放（非非/陽陽，《周禮》卷十一・202 上・1），匪飛（非非/微微，《周禮》卷十二・221 上・5），封窆（非幫/東談，《禮記》卷二・26 下・11），封窆（非幫/東談，《禮記》卷三・30 上・9），封窆（非幫/東談，《禮記》卷三・36 上・6），封窆（非幫/東談，《禮記》卷四・40 下・5），封窆（非幫/東談，《禮記》卷六・61 下・18），封窆（非幫/東談，《禮記》卷六・61 下・20）。滂滂構成的音注 3 條：胖判（滂滂/元元，《周禮》卷一・20 上・14），拍搏（滂滂/鐸鐸，《周禮》卷二・26 上・1），漂（滂滂/幽幽，《周禮》卷十二・230 下・5）。並並構成的音注 24 條（並並 11 條，奉奉 9 條，並奉 4 條）：醋步（並並/魚魚，《周禮》卷三・56 下・4），弁絥（並並/元元，《周禮》卷五・101 上・13），軷別（並並/月月，《周禮》卷八・157 下・5），朋倗（並並/蒸蒸，《周禮》卷九・173 上・4），帛白（並並/鐸鐸，《禮記》卷九・92 下・22），苹軿（並並/耕耕，《周禮》卷六・130 下・15），萍蛢（並並/耕耕，《周禮》卷九・167 上・2），蘋平（並並/真耕，《周禮》卷九・167 上・2），被髮（並並/歌歌，《儀禮》卷十六・168 下・15），貰債（並並/文文，《禮記》卷二十・188 下・23），紕埤（並並/脂支，《禮記》卷九・92 下・7），服箙（奉奉/職職，《周禮》卷六・129 上・16），梦蕧（奉奉/文元，《周禮》卷六・129 下・4），軓軌（奉奉/侵侵，《周禮》卷八・157 下・10），妢焚（奉奉/文文，《周禮》卷十一・201 上・15），服負（奉奉/職之，《周禮》卷十二・227 下・16），軓範（奉奉/侵談，《禮記》卷十・107 上・14），附祔（奉奉/侯侯，《禮記》卷十二・121 上・1），附祔（奉奉/侯侯，《禮記》卷十二・124 上・1），附祔（奉奉/侯侯，《禮記》卷十二・125 下・12），軷罰（並奉/月月，《周禮》卷八·157 下·5），賁憤（並奉/文文，《禮記》卷十一·114 上·4），樊鞶（奉並/元元，《周禮》卷六·128 上·8），袝備（奉並/侯職，《禮記》卷六·62 上·23）。

幫滂兩母構成的音注 13 條（幫滂 6 條，非敷 3 條，幫敷 4 條，滂非 0 條）：比庀（幫滂/脂脂，《周禮》卷四·73 上·12），比庀（幫滂/脂脂，《周禮》卷五·102 下·6），比庀（幫滂/脂脂，《周禮》卷六·109 上·15），搏髆（幫滂/鐸鐸，《周禮》卷九·180 下·13）(7×10) 胖版（滂幫/元元，《周禮》卷一·20 上·14），庀比（滂幫/脂脂，《周禮》卷四·73 上·3），付柎（非敷/侯侯，《周禮》卷六·121 下·3），匪騑（非敷/微微，《禮記》卷十·105 下·22），紛粉（敷非/文文，《周禮》卷五·96 下·5），窆氾（幫敷/談談，《周禮》卷八·152 上·10），報赴（幫敷/幽屋，《禮記》卷十·101 上·9），報赴（幫敷/幽屋，《禮記》卷十·105 下·13），紛豳（敷幫/文文，《周禮》卷五·96 下·5）；幫並兩母構成的音注 26 條（幫並 16 條，非奉 3 條，幫奉 2 條，並非 0 條）：別辨（幫並/月元，《周禮》卷一·12 下·9），卜僕（幫並/屋屋，《禮記》卷二·25 上·5），陂罷（幫並/歌歌，《周禮》卷六·112 上·14），椑鼙（幫並/支支，《周禮》卷十二·222 下·13），轐僕（幫並/屋屋，《周禮》卷十一·203 上·1），痹罷（幫並/支歌，《周禮》卷八·155 下·10），變辨（幫並/元元，《禮記》卷七·70 下·16），辟裨（幫並/錫支，《禮記》卷九·93 下·20），炮包（並幫/幽幽，《周禮》卷六·120 下·7），軷別（並幫/月月，《周禮》卷八·157 下·2），避辟（並幫/錫錫，《周禮》卷九·170 下·12），弊憋（並幫/月月，《周禮》卷九·170 下·3），辨貶（並幫/元談，《周禮》卷九·173 上·7），辨別（並幫/元月，《周禮》卷九·173 上·7），辨別（並幫/元月，《周禮》卷九·173 上·12），辨別（並幫/元月，《周禮》卷九·176 下·8），炮苞（並幫/幽幽，《周禮》卷十·186 下·13），敝蔽（並幫/月月，《周禮》卷十二·231 上·1），暴剝（並幫/藥屋，《周禮》卷十二·219 下·14），盼班（並幫/文元，《禮記》卷四·38 上·19），辨貶（並幫/元談，《禮記》卷九·96 下·1），蕃藩（奉非/元元，《周禮》卷三·48 下·2），附柎（奉非/侯侯，《周禮》卷四·67 上·13），匪分(非奉/微文,《周禮》卷四·79 上·15),播藩(幫奉/歌元,《周禮》卷六·105 下·14),伏偪(奉非/職職,《周禮》卷十一·208 下·7);滂並兩母構成的音注 5 條(滂並 2 條,敷奉 2 條,滂奉 1 條,並敷 0 條):樸僕(滂並/屋屋,《周禮》卷十一·202 下·7),芨沛(並滂/月月,《周禮》卷七·139 下·2),蠭逢(敷奉/東東,《周禮》卷二·25 上·10),浮孚(敷奉/幽幽,《禮記》卷二十·121 上·9),防披(奉滂/陽歌,《周禮》卷六·122 下·6)。

據陸德明《經典釋文》,鄭玄音切材料中,幫幫構成的音注 9 條(幫幫 4 條,非非 4 條,幫非 1 條):包,百交反(《易·姤》27 上 10);包,百交反(《易·姤》27 上 13);閟,音秘(《詩·閟宮》105 上 19);頒,音班(《周禮·大宰》108 下 23);否,方有反(《易·師》20 下 17);蕃,發袁反(《易·晉》25 下 3);方,音放(《書·堯典》37 上 21);祊,音方(《禮記·月令》178 下 6);甫,音補(《詩·車攻》78 上 13)。[1] 滂滂構成的音注 0 條。並並構成的音注 12 條(並並 10 條,奉奉 2 條):否,備鄙反(《易·遯》25 上 25);辟,音避(《書·金縢》46 下 13);骲,薄交反(《詩·韓奕》99 下 4);否,符鄙反(《詩·何人斯》82 下 21);嬪,音頻(《周禮·大宰》109 上 1);弊,蒲計反(《周禮·大宰》108 下 8)。幣,婢世反(《周禮·大宰》,108 下 22)。比,房利反(《周禮·大宰》108 下 8);比,毗至反(《周禮·世婦》,121 上 17);敝,婢世反(《禮記·緇衣》212 下 1)。燔,音煩(《易·賁》23 上 9);分,扶問反(《論語·微子》354 下 20);辨,符免反(《易·剝》23 上 18);佛,音弼(《詩·敬之》103 上 17)。幫滂(敷非)構成的音注 1 條:茀(敷),徐云鄭音廢(非),一云鄭芳沸反(非)(《詩·卷阿》95 上 23)。

在東漢應劭、服虔《漢書注》中,與幫母有關的音注材料 11 條,幫幫構成的音注 6 條:譜,音補(應劭,2/365/15)。譜,幫魚/幫姥;補,幫魚/幫姥。畚,讀與本同(應劭,5/1325/5)。畚,幫元/幫混;本,幫文/幫混。辟,

---

〔1〕 另有"迫,音百(《易·繫辭上》30 下 20);比,必寐反(《詩·采薇》76 上 16);濱,音賓(《詩·召旻》101 上 5);鞑,悲位反(《詩·小戎》69 下 5);拊,方于反(《詩·常棣》75 上 23);祓,方勿反(《詩·卷阿》古寫本 91 下 3)",有人認爲是鄭玄音切,實際上不好斷定是鄭玄的音切。

音辟邪之辟(服虔,5/1437/2)。辟,幫錫/幫錫;辟,幫錫/幫真。辟,音刑辟之辟(服虔,5/1452/5)。辟,幫錫/幫錫;辟,幫錫/幫昔。椑,音神(應劭,6/1587/19)。椑,幫支/幫支;神,幫支/幫支。枹,音鈇(應劭,6/1611/5)。枹,幫幽/幫尤;鈇,非魚/非虞。與滂母有關的音注材料6條,其中滂滂構成的音注2條:濞,音滂濞(服虔,1/76/3)。濞,滂質/滂霽;滂濞,滂質/滂霽。票姚,音飄搖(服虔,8/2478/1)。票,滂宵/滂宵;飄,滂宵/滂宵。與並母有關的音注材料16條,其中並並構成的音注9條:酺,音蒲(服虔,1/110/10)。酺,並魚/並模;蒲,並魚/並模。欂,蒲北反(應劭,6/1599/2)。欂,並職/並德;蒲北,並職/並德。並,音伴(應劭,6/1603/6)。並,並陽/並迴;伴,並元/並緩。暴,音暴(服虔,9/2845/5)。暴,並藥/並覺;暴,並藥/並号。澎,音彭(服虔,9/2880/11)。澎,並陽/並庚;彭,並陽/並庚。摽,音刀末之摽(服虔,12/4062/6)。摽,並宵/並小;摽,並宵/並小。渡,音馥(服虔,1/237/5)。渡,奉覺/奉屋;馥,奉覺/奉屋。復,音服(應劭,6/1577/9)。復,奉覺/奉屋;服,奉職/奉屋。賁,音肥(應劭,6/1588/4)。賁,奉文/奉文;肥,奉微/奉微。

　　幫滂構成的音注2條:蹳,音撥(服虔,7/2078/2)。蹳,滂月/滂末;撥,幫月/幫月。芭,音葩(服虔,11/3585/2)。芭,幫魚/幫麻;葩,滂魚/滂麻。幫並構成的音注3條:復,音腹(應劭,6/1604/7)。復,奉覺/並屋;腹,奉覺/幫屋。傅,音附(服虔,1/37/1)。傅,非魚/非遇;附,奉侯/奉侯。裴,音非(應劭,6/1574/8)。裴,並微/並灰;非,非微/非微。滂並構成的音注2條:沛,音皮(應劭,6/1637/3)。沛,滂月/滂泰;皮,並歌/並支。番,音盤(應劭,6/1626/5)。番,敷元/敷元;盤,並元/並桓。

　　在高誘《呂氏春秋注》、《淮南子注》中,與幫母有關的音注材料8條,其中幫幫構成的音注2條:《淮南子·覽冥》:"璧襲無理。"高注:"璧,讀辟也。"(7/6/96/15)璧,幫錫/幫昔;辟,幫錫/幫昔。《淮南子·説林》:"以玉釪者發。"高注:"發,讀百發之發。"(7/17/290/9)發,非月/非月;發,非月/非月。與滂母有關的音注材料4條,其中滂滂構成的音注1條:《淮南子·天文》:"是爲朏明。"高注:"朏,讀若諸朏之朏也。"(7/3/44/

11）朏，滂物/滂隊；朏，滂物/滂隊。與並母有關的音注材料 20 條，其中並並構成的音注 11 條：《呂氏春秋・季夏紀・明理》："有鬼投其陴。"高注："陴，脚也，音楊子愛骬一毛之骬（髀）'君國子民'之君。"（6/6/63/7）陴，並支/並支；髀，並支/並紙。《呂氏春秋・孟秋記》："坿牆垣。"高注："坿，讀如符。"（6/7/66/8）坿，並侯/並虞；符，並侯/並虞。《呂氏春秋・孝行覽・慎人》："宰予備矣。"高注："備，當作憊。"（6/14/151/15）備，並職/並至；憊，並職/並怪。《呂氏春秋・恃君覽》："僰人野人，篇作之川。"高注："僰，讀如前茍之茍。"（6/20/255/16）僰，並職/並德；茍，並職/並屋。《淮南子・俶真》："不與物相弊撥。"高注："弊，讀跋涉之跋。"（7/2/22/11）弊，並月/並祭；跋，並月/並末。《淮南子・俶真》："被施頗烈。"高注："被，讀光被四表之被。"（7/2/28/5）被，並歌/並紙；被，並歌/並紙。《淮南子・時則》："上帝以物爲平。"高注："平正，讀評議之評也。"（7/5/86/14）平，並耕/並庚；評，並耕/並庚。《淮南子・覽冥》："路無莎薠。"高注："莎薠，讀猿猴蹯蹂之蹯。"（7/6/96/14）薠，並元/並元；蹯，並元/並元。《淮南子・精神》："薄蝕無光。"高注："薄，讀享薄之薄。"（7/7/100/9）薄，並鐸/並鐸；薄，並鐸/並鐸。《淮南子・精神》："體本抱神，以游於天地之樊。"高注："樊，讀麥飯之飯。"（7/7/103/12）樊，並元/並元；飯，並元/並願。《淮南子・脩務》："參彈復徽，攫援摽拂。"高注："摽，讀刀摽之摽。"（7/19/339/8）摽，並宵/並小；摽，並宵/並小。

　　幫滂構成的音注 0 條。幫並構成的音注 4 條：《淮南子・天文》："賁星墜而渤海決。"高注："賁星，又作孛星。"（7/3/36/8）賁，幫文/幫魂；孛，並物/並没。《淮南子・覽冥》："夫陽燧取火於日。"高注："夫，讀大夫之夫。"（7/6/91/1）夫，並魚/並虞；夫，幫魚/幫虞。《淮南子・説山》："見黂而求成布。"高注："黂，讀《傳》有蜚不爲災之蜚。"（7/16/283/1）黂，奉微/奉未；蜚，非微/幫尾。《淮南子・説林》："黂不類布，而可爲布。"高注："黂，讀《左傳》有蜚不爲災之蜚也。"（7/17/293/9）黂，奉微/奉未；蜚，非微/幫尾。滂並構成的音注 1 條：《淮南子・俶真》："蘆苻之厚。"高注：

"符,讀菢鷇之鷇。"(7/2/25/9)符,奉侯/奉侯;鷇,敷幽/敷虞。[1]

綜上所述,《白虎通德論》中,與幫母有關的聲訓23條,幫幫構成的聲訓7條;與滂母有關的聲訓3條,滂滂構成的聲訓0條;與並母有關的聲訓15條,並並構成的聲訓4條(並並構成的聲訓1條,奉奉構成的聲訓2條,並奉兩母構成的聲訓1條)。幫滂兩母構成的聲訓2條,幫並兩母構成的聲訓7條(其中幫奉兩母構成的聲訓4條,非奉兩母構成的聲訓3條)。從《白虎通德論》的聲訓看,東漢秦晉方言中的唇音聲母送氣不送氣的分別很清楚,而此時的唇音全濁聲母與不送氣的清音聲母較近,此時此地的唇音全濁聲母可能是讀不送氣的。

《說文解字》聲訓中,只與幫滂兩母發生關係的聲訓126條(幫幫構成的聲訓77條,滂滂構成的聲訓18條,幫滂兩母構成的聲訓31條),幫滂兩母構成的聲訓31條,佔24.6%;只與幫並兩母發生關係的聲訓163條(幫幫構成的聲訓77條,並並構成的聲訓36條,幫並兩母構成的聲訓50條),幫並兩母構成的聲訓50條,佔30.67%;只與滂並兩母發生關係的聲訓99條(滂滂構成的聲訓18條,並並構成的聲訓36條,滂並兩母構成的聲訓31條),滂並兩母構成的聲訓31條,約佔31.31%。由此可見,幫並的關係和滂並的關係差不多。也就是說,《說文解字》聲訓中唇音全濁聲母讀送氣與否比較隨便,這與秦晉方言的聲訓材料和海岱方言區的聲訓材料所反映出的東漢時代唇音全濁聲母讀送氣與否的結論均不相同。從幫滂兩母構成的聲訓在只與幫滂兩母發生關係的聲訓比重看,《說文解字》聲訓中唇音清音聲母讀送氣與否似乎也不十分嚴格。

《釋名》聲訓中,與幫母有關的聲訓84條,其中幫幫兩母構成的聲訓40條,幫母與其他聲母構成的聲訓9條;與滂母有關的聲訓40條,其中滂滂構成的聲訓12條,滂母與其他聲母構成的聲訓5條;與並母有關的71條,其中並並構成的聲訓28條,並母與其他聲母構成的聲訓9條。《釋

---

[1] 另有《淮南子·覽冥》:"輢車奉饟。"高注:"輢,讀若揖拊之拊也。"(7/6/97/6)輢,《廣韻》而隴切,日侯/日遇;《廣韻》而隴切,日侯/日奉遇。符遇切,奉侯/奉遇。

名》聲訓中,只與幫滂兩母發生關係的聲訓64條,幫滂兩母構成的聲訓12條,佔17.5%;只與幫並兩母發生關係的聲訓92條,幫並兩母構成的聲訓24條,佔26.1%;只與滂並兩母發生關係的聲訓51條,滂並兩母構成的聲訓11條,約佔21.57%。由此可見,幫並的關係比幫滂的關係近些,也比滂並的關係近些。也就是說,在幫組聲母中,清音不送氣聲母與全濁聲母的關係更近一些,清音送氣聲母與全濁聲母的關係稍遠一些,而清音不送氣與清音送氣的聲母關係更遠一些。

在《說文解字》讀若材料中,幫幫構成的讀若24條,滂滂構成的讀若6條,並並構成的讀若24條,幫滂兩母構成的讀若5條,幫並兩母構成的讀若9條,滂並兩母構成的讀若10條。只與幫滂兩母有關的讀若35條(幫幫構成的讀若24條,滂滂構成的讀若5條,幫滂兩母構成的讀若5條),幫滂兩母構成的讀若5條,約佔14.29%;只與幫並兩母有關的讀若57條(幫幫構成的讀若24條,並並構成的讀若24條,幫並兩母構成的讀若9條),幫並兩母構成的讀若9條,約佔16.67%;只與滂並兩母有關的讀若40條(滂滂構成的讀若6條,並並構成的讀若24條,滂並兩母構成的讀若10條),滂並兩母構成的讀若10條,佔25%。可見,在《說文解字》讀若材料中,唇音全濁聲母與唇音次清聲母關係近一些,與唇音全清聲母的關係遠一點,也就是說唇音全濁聲母讀送氣的可能多一些。唇音全清聲母與次清聲母的關係雖然不太近,但也有不少自由變讀的現象。

《三禮》漢讀中,幫幫構成的音注28條,滂滂構成的音注3條,並並構成的音注24條,幫滂兩母構成的音注13條,幫並兩母構成的音注26條,滂並兩母構成的音注5條。只與幫滂兩母有關的音注44條(幫幫構成的音注28條,滂滂構成的音注3條,幫滂兩母構成的音注13條),幫滂兩母構成的音注13條,約佔29.55%;只與幫並兩母有關的音注78條(幫幫構成的音注28條,並並構成的音注24條,幫並兩母構成的音注26條),幫並兩母構成的音注26條,約佔33.33%;只與滂並兩母有關的音注32條(滂滂構成的音注3條,並並構成的音注24條,滂並兩母構成的音注5條),滂並兩母構成的音注5條,約佔15.63%。可見,《三禮》漢讀中唇音全濁聲母與全清聲母關係近一些,全濁聲母讀不送氣的可能多一些。與次清聲母的關係較遠,脣音全清聲母與次清聲母的關係也比較近,自由變讀的現象也比較普遍。據陸德明《經典釋文》,鄭玄音切材料中,幫幫構成的音注9條(幫幫4條,非非4條,幫非1條),滂滂構成的音注0條,並並構成的音注12條。

在東漢應劭、服虔《漢書注》中,與幫母有關的音注材料11條,幫幫構成的音注6條;與滂母有關的音注材料6條,其中滂滂構成的音注2條;與並母有關的音注材料16條,其中並並構成的音注9條,幫滂構成的音注2條,幫並構成的音注3條,滂並構成的音注2條。在高誘《呂氏春秋注》、《淮南子注》中,與幫母有關的音注材料8條,其中幫幫構成的音注2條;與滂母有關的音注材料4條,其中滂滂構成的音注1條;與並母有關的音注材料20條,其中並並構成的音注11條,幫滂構成的音注0條,幫並構成的音注4條,滂並構成的音注1條。應劭、服虔《漢書注》和高誘《呂氏春秋注》、《淮南子注》中音注材料顯示脣音全濁聲母比不送氣清音聲母關係更近一些,但也有與清音送氣聲母構成的音注。

如前所述,兩漢時代的輕脣音雖然已顯示出與重脣音各自獨立的趨勢,但總的來說二者還是有非常密切的關係,不宜分立。前面所說,主要是指輕脣音"非敷奉"三母和重脣音"幫滂並"三母的關係,那麼,輕脣音"微母"與重脣音"明母"的關係如何呢?

《白虎通德論》中與明母有關的聲訓27條,其中明明構成的聲訓6條:《五行》:卯者,茂也。卯,明幽上;茂,明幽去。(明明/幽幽)《性情》:木之爲言牧也。木,明屋入;牧,明職入。(明明/屋職)《文質》:瑁之爲言冒也。瑁,明幽去;冒,明幽去。(明明/幽幽)《諫爭》:麋之爲言迷也。麋,明脂平;迷,明脂平。(明明/脂脂)《三綱六紀》:妹者,末也。妹,明物入/去;末,明月入。(明明/物月)《崩薨》:棺之爲言完也,所以藏屍令貌全也。棺,見元平;完,明藥入;貌,明藥入/明效去;全,從元平。完貌(明明/藥藥)微微構成的聲訓1條:《五行》:未者,味也。未,明物去;味,明物去。(微微/物物)明微構成的聲訓4條:《禮樂》:味之爲言昧也。味,明

200

物入/明隊去;昧,明物入/明隊去。(微明/物物)《五行》:芒之爲言萌也。
芒,明陽平;萌,明陽平。(微明/陽陽)《五行》:戊者,茂也。戊,明幽去;
茂,明幽去。(微明/幽幽)《八風》:清明者,清芒也。明,明陽平;芒,明陽
平。(明微/陽陽)

　　《説文解字》與明母有關的聲訓 242 條,其中明明構成的聲訓 56 條:
旻閩(明明/文文),媒謀(明明/之之),母牧(明明/之職),畝步(明明/之
鐸),麥芒(明明/職陽),麥薶(明明/職之),薔明(明明/蒸陽),夢明(明
明/蒸陽),幎幔(明明/錫元),蜜螕(明明/錫耕),螟冥(明明/耕耕),謨謀
(明明/魚之),瘋目(明明/魚覺),馬武(明明/魚魚),慔勉(明明/魚文),
貉惡(明明/鐸鐸),莽莾(明明/陽陽),木冒(明明/屋覺),樠滿(明明/東
元),尨毛(明明/東宵),瑁冒(明明/幽幽),冒冢(明明/幽東),廟貌(明
明/宵藥),懋勉(明明/幽文),楙冒(明明/幽幽),鍪鍑(明明/幽覺),卯冒
(明明/幽幽),芼蔓(明明/宵元),旄毛(明明/宵宵),毛眉(明明/宵微),
貓目(明明/宵覺),懇美(明明/藥脂),玫美(明明/脂脂),牧撫(明明/脂
脂),寐寐(明明/微物),媄美(明明/脂脂),絖米(明明/脂脂),覕蔽(明
明/質質),民萌(明明/真陽),眄冥(明明/物耕),昧明(明明/物陽),昧明
(明明/物陽),顯昧(明明/物物),敃冒(明明/文幽),悶懣(明明文文),
昧明(明明/月陽),莫明(明明/月陽),莫莒(明明/月月),絑馬(明明/月
魚),末木(明明/月屋),糱末(明明/月月),瞞平(明明/元耕),面末(明
明/元月),幔幕(明明/元魚),鼅蠹(明明/元文),怋勉(明明/元元);微微
構成的聲訓 15 條:巫無(微微/魚魚),巫舞(微微/魚魚),羉網(微微/魚
陽),無亡(微微/魚陽),謽望(微微/陽陽),盲無(微微/陽魚),忘亡(微
微/陽陽),岷民(微微/陽真),釐六(微微/侯覺),髳眉(微微/幽脂),秒芒
(微微/宵陽),尾微(微微/微微),未味(微微/物物),[1]未味(微微/物
物),駮文(微微/文文);明微構成的聲訓 25 條(明微構成的聲訓 14 條,微
明構成的聲訓 11 條):賣物(明微/錫物),買网(明微/錫陽),邙亡(明

微/陽陽),段改亡作芒,謬妄(明微/幽陽)濛微(明微/東微),氂尾(明微/宵微),魅物(明微/物物),門聞(明微/文文),滅滅(明微/月月),勱勉(明微/月元),懣忘(明微/元陽),嫚侮(明微/元之),緬微(明微/元微),懜明(微明/蒸陽),名命(微明/耕耕),嫵媚(微明/魚脂),甿民(微明/陽真),杪末(微明/宵月),緢旄(微明/宵宵),眉毛(微明/脂宵),敉米(微明/脂脂),敚妙(微明/微宵),[1]捪摹(微明/文魚),晚莫(微明/元鐸)。

《釋名》聲訓中,與明母有關的聲訓 73 條。只與明微兩母有關的聲訓 57 條,其中明明構成的聲訓 44 條:《釋天》旻閔(明明/文文),《釋天》卯冒(明明/幽幽),《釋水》湄眉(明明/脂脂),《釋形體》膜幕(明明/鐸鐸),《釋親屬》妹昧(明明/物物),《釋形體》眉媚(明明/脂脂),《釋形體》面漫(明明/元元),《釋姿容》眠泯(明明/真真),《釋言語》慢漫(明明/元元),《釋言語》銘名(明明/耕耕),《釋首飾》牟冒(明明/幽幽),《釋言語》密蜜(明明/質質),《釋言語》盟明(明明/陽陽),《釋采帛》緜湎(明明/元元),《釋采帛》莫幕(明明/鐸鐸),《釋首飾》冕俛(明明/元元),《釋宮室》櫋緜(明明/元元),《釋宮室》楣眉(明明/脂脂),《釋宮室》甍蒙(明明/東東),《釋宮室》門捫(明明/文文),《釋牀帳》幔漫(明明/元元),《釋典藝》銘名(明明/耕耕),《釋兵》矛冒(明明/幽幽),《釋疾病》盲茫(明明/陽陽),《釋疾病》衊末(明明/月月),《釋喪制》墓慕(明明/鐸鐸),《釋喪制》埋痗(明明/之之),《釋天》木冒(明明/屋幽),《釋天》霿蒙(明明/幽東),《釋形體》毛貌(明明/宵藥),《釋形體》毛冒(明明/宵幽),《釋形體》髦冒(明明/宵幽),《釋形體》目默(明明/覺職),《釋姿容》摩末(明明/歌月),《釋姿容》寐謐(明明/物質),《釋親屬》母冒(明明/之幽),《釋言語》敏閔(明明/之文),《釋言語》名明(明明/耕陽),《釋宮室》廟貌(明明/宵藥),《釋車》幦緜(明明/真元),《釋疾病》矇眸(明明/東幽),《釋首飾》牟冒(明明/幽幽),《釋首飾》帽冒(明明/幽幽),《釋首飾》帨貌(明明/藥藥);微微構成的聲訓 6 條:《釋形體》吻扢(微微/文文),《釋形體》尾

[1] 敚,即“微”字,段校“妙”作“眇”。

微（微微/微微），《釋言語》武舞（微微/魚魚），《釋言語》望惘（微微/陽陽），《釋宮室》廡憮（微微/魚魚），《釋車》輖岡（微微/陽陽）；明微構成的聲訓7條：《釋天》未昧（微明/物物），《釋天》戌茂（微明/幽幽），《釋姿容》望茫（微明/陽陽），《釋衣服》韈末（微明/月月），《釋天》霧冒（微明/侯幽），《釋形體》吻免（微明/文元），《釋首飾》冕文（明微/元文）。

《説文解字》中，與明母有關的讀若43條，只與明明構成的讀若34條，明明構成的音注32條：瑂眉（13 上/8 下），玫没（13 上/9 上），夢萌（18 上/14 下），𦭜岡（27 下/23 上），[1]咙龙（34 上/29 上），沕沫（64 下/57 上），粆弭（68 下/61 上），茻宀（77 下/70 上），苜末（77 下/70 下），莫蔑（77 下/70 下），𡄚霚（78 上/70 下），魹鼏（103 下/94 下），皿猛（104 上/95 上），模嫫（120 上/112 下），楙髦（115 上/106 下），[2]鄤蔓（134 下/130 下），𦉸罠（141 上/136 下），[3]萌蠻（157 上/156 上），宎眄（151 上/149 下），[4]宷猛（152 上/151 上），冃莓（156 下/155 上），覭迷（178 上/175 下），覛苗（178 下/175 下），鬏蔓（185 下/181 上），默墨（204 上/197 下），惽沔（223 下/212 下），忞旻（219 上/209 下），[5]麿湎（250 下/235 下），[6]姆母（259 下/242 下），氓盲（265 下/246 上），糸覛（271/252 上），轀閔（301 下/273 上）；微微構成的音注0條；明微構成的音注2條：煤每（219 上/209 下），娓媚（262 上/244 上）。

《三禮》漢讀中只與明微有關的音注材料23條，其中明明構成的音注16條：萌明（明明/陽陽，《周禮》卷六·118 下·4），萌明（明明/陽陽，《周禮》卷六·118 下·4），敏謀（明明/之之，《周禮》卷十六·159 下·18），萌薨（明明/陽蒸，《周禮》卷十·186 上·3），命慢（明明/耕元，《禮

---

〔１〕　小徐本讀若與岡同，大徐本讀與冈同。陸志韋認爲"冈"爲"网"之隸省。

〔２〕　小徐本無讀若。

〔３〕　小徐本無讀若。

〔４〕　大徐本作："讀若《周書》'若藥不瞑眩'。"小徐本作："讀若《書》曰'藥不瞑眩'。"瞑，明耕/明青。

〔５〕　小徐本無讀若。

〔６〕　大、小徐本均作："讀若湎水，一曰若《月令》靡草之靡。"靡，明歌/明紙。

203

記》卷十九・183 下・18），莤茅（明明/幽幽，《周禮》卷二・25 下・13），莤卯（明明/幽幽，《周禮》卷二・25 下・13），牟坴（明明/幽幽，《禮記》卷八・84 下・14），彌敉（明明/脂脂，《周禮》卷六・122 上・2），縵慢（明明/元元，《周禮》卷六・112 下・15）繆穆（明明/幽覺，《禮記》卷十・103 上・9），弭彌（明明/支脂，《周禮》卷六・124 下・2），弭敉（明明/支脂，《周禮》卷六・124 下・2），洣泯（明明/支真，《周禮》卷五・91 下・8），貉禡（明明/魚魚，《周禮》卷七・139 上・14），冕絻（明明/元文）；[1]微微構成的音注材料 2 條：武無（微微/魚魚，《禮記》卷七・75 下・10），舞無（明明/魚魚，《周禮》卷三・54 下・15）；明微構成的音注材料 5 條：盲望（明微/陽陽，《周禮》卷一・18 上・10），靺味（明明/月物，《周禮》卷五・83 上・11），靺沫（明明/月物，《周禮》卷五・83 上・15），味沫（明明/物物，《禮記》卷二・25 上・24），毋模（明微/魚魚，《禮記》卷八・88 上・12）。

在東漢應劭、服虔《漢書注》中，與明母有關的音注材料 7 條，明明構成的音注 4 條：霶，音人備霶（服虔，5/1352/13）。霶，明侯東/明候；霶，明侯/明候。䣄，音莫（應劭，6/1578/6）。䣄，明鐸/明鐸；莫，明鐸/明鐸。莔明，音家盲（應劭，6/1597/5）。明，明陽/明庚；盲，明陽/明庚。麊，音彌（應劭，6/1629/3）。麊，明脂/明脂；彌，明脂/明支。微微構成的音注 0 條。明微構成的音注 2 條：閔，音文飾之文（應劭，1/54/6）。閔，明文/明真；文，微文/微文。橆，音規摹之摹（應劭，7/1957/9）。橆，明魚/明模；摹，明魚/明戈。

在東漢燕趙方言區學者高誘《呂氏春秋注》、《淮南子注》中，與明母有關的音注材料 19 條，明明構成的音注 11 條：《呂氏春秋・審分覽・任數》："西服壽靡。"高注："靡，亦作麻。"（6/17/204/15）靡，明歌/明紙；麻，明歌/明麻。《淮南子・俶真》："茫茫沈沈。"高注："茫，讀王莽之莽。"（7/2/21/11）茫，明陽/明唐；莽，明陽/明蕩。《淮南子・俶真》："於是萬民乃始憫觟離跂。"高注："憫，讀簫簫無逢際之憫。"（7/2/28/15）憫，明元/明

---

〔1〕 此條音注《四部叢刊本》無。見中華書局影印阮元校勘本《儀禮・覲禮》（卷十・1089 上・1）。此條屬異文，可以不計。

桓;憪,明元/明桓。《淮南子·精神》:"芒芠漠閔。"高注:"芒,讀王莽之莽。"(7/7/99/5)芒,明陽/明唐;莽,明陽/明蕩。《淮南子·精神》:"茫芠漠閔。"高注:"閔,讀閔子騫之閔。"(7/7/99/5)閔,明文/明軫;閔,明文/明軫。《淮南子·精神》:"芒然仿佯於塵垢之外。"高注:"芒,讀王莽之莽。"(7/7/103/13)芒,明陽/明唐;莽,明陽/明蕩。《淮南子·本經》:"曾橈芒。"高注:"芒,讀麥芒之芒。"(7/8/114/8)芒,明陽/明唐;芒,明陽/明唐。《淮南子·主術》:"而職事不嫚。"高注:"嫚,讀緩慢之慢。"(7/9/132/12)嫚,明元/明諫;慢,明元/明諫。《淮南子·脩務》:"弗能爲美者,嫫毋舭惟也。"高注:"嫫,讀如模範之模。"(7/19/336/6)嫫,明魚/明模;模,明魚/明模。《淮南子·墬形》:"泥塗淵出樠山。"高注:"樠,讀人姓樠氏之樠。"(7/4/65/6)樠,明元/明桓;樠,明元/明桓。《淮南子·說山》:"嫫母有所美。"高注:"嫫,讀模範之模。"(7/16/284/4)嫫,明魚/明模;模,明魚/明模。微微構成的音注1條:《淮南子·精神》:"茫芠漠閔。"高注:"芠,讀曰扻滅之扻。"(7/7/99/5)芠,微文/微文;扻,微文/微文。明微構成的音注1條:《淮南子·原道》:"雪霜滾灕,浸潭苽蔣。"高注:"灕,讀扻滅之扻也。"(7/1/16/2)灕,明歌/明紙;扻,微文/微吻。

　　《白虎通德論》中只與明微兩母有關的聲訓11條,明明構成的聲訓6條,微微構成的聲訓1條,明微構成的聲訓4條;《說文解字》聲訓中,只與明微兩母有關的聲訓97條,明明構成的聲訓56條,微微構成的聲訓16條,明微構成的聲訓25條;《釋名》聲訓中,只與明微兩母有關的聲訓57條,其中明明構成的聲訓44條,微微構成的聲訓6條,明微構成的聲訓7條;《說文解字》讀若中,只與明微構成的讀若34條,其中明明構成的音注32條,微微構成的音注0條,明微構成的音注2條;《三禮》漢讀中只與明微有關的音注材料23條,其中明明構成的音注16條,微微構成的音注材料2條,明微構成的音注材料5條;在東漢應劭、服虔《漢書注》中,只與明微有關的音注材料6條,明明構成的音注4條,微微構成的音注0條,明微構成的音注2條;在東漢燕趙方言區學者高誘《呂氏春秋注》、《淮南子注》中,只與明微有關的音注材料13條,其中明明構成的音注11條,微微

205

構成的音注 1 條,明微構成的音注 1 條。通過以上統計可以看出,明微兩母雖然各具有一定的獨立性,但從明微構成的聲訓比例之高,可以肯定,明微合一應該是沒有問題的。

第三節　東漢時代舌音端組聲母的
清濁送氣問題

一、從聲訓材料看東漢時代舌音端組聲母的清濁送氣問題

《白虎通德論》中,與端母有關的聲訓 9 條,其中端端構成的聲訓 1 條:《號》:帝者,諦也(帝,端錫入/端霽去;諦,端錫入/端霽去)。與透母有關的聲訓 7 條,其中透透構成的聲訓 1 條:《五行》:土之爲言吐也,土在中央者,主含萬物(土,透魚上;吐,透魚上/去)。與定母有關的聲訓 19 條,其中定定構成的聲訓 4 條:《爵》:大夫,大也(大,定月入/定泰去;大,定月入/定泰去/定箇去);《號》:唐,荡荡也(唐,定陽平;荡,定陽上);《三綱六紀》:弟,悌也(弟,定脂上;悌,定脂上);《嫁娶》:娣者何,女弟也(娣,定脂上;弟,定脂上)。端透兩母構成的聲訓 1 條:《巡狩》:嶽之爲言桶,言萬物更代於東方也。嶽,疑屋入;桶,透東上;東,端東平。桶東(透端/東東)。端定兩母構成的聲訓 2 條:《五行》:東方者,陰陽氣始動,萬物始生(東,端東平;動,定東上);《五行》:東方者,動方也(東,端東平;動,定東上)。透定兩母構成的聲訓 2 條:《五行》:太亦大也(太,透月去;大,定月入/去);《喪服》:桐者,痛也(桐,定東平;痛,透東去)。

《說文解字》中與端母有關的聲訓 131 條,端端構成的聲訓 13 條;與透母有關的聲訓 140 條,透透構成的聲訓 13 條;與定母有關的聲訓 305 條,定定構成的聲訓 37 條(已見第二節、第三節、第四節)。端透兩母構成的聲訓 3 條(端透兩母構成的聲訓 1 條,透端兩母構成的聲訓 2 條):笪答(端徹/月之),天顛(透端/真真),欲得(透端/談職);端定兩母構成的聲訓 14 條(端定兩母構成的聲訓 10 條,定端兩母構成的聲訓 4 條):堤塘(端定/支陽),氐奠(端定/鐸真),東動(端定/東東),衰大(端定/脂

月),蹲踶(端定/月支),典大(端定/文月),多疊(端定/歌葉),椯度(端定/元鐸),單大(端定/元月),耑題(端定/元支),禘諦(定端/錫錫),獨鬥(定端/屋侯),彤丹(定端/冬元),碣擣(定端/緝幽);透定兩母構成的聲訓26條(透定兩母構成的聲訓12條,定透兩母構成的聲訓14條):土地(透定/魚歌),籜陊(透定/鐸歌),籜地(透定/鐸歌),魠哆(透定/鐸歌),通達(透定/東月),侗大(透定/東月),滔大(透定/幽月),橐陊(透定/藥歌),充突(透定/物物),厹突(透定/物物),屮蹈(透定/月幽),襦大(透定/侵月),岱太(定透/職月),螣貸(定透/職職),讟痛(定透/屋東),隤通(定透/屋東),術通(定透/東東),筩通(定透/東東),筒通(定透/東東),積禿(定透/微屋),[1]迪蛇(定透/脂歌),或剔(定透/質錫),大天(定透/月真),戾推(定透/月微),緞帖(定透/元葉),搋縚(定透/緝緝)。

《釋名》聲訓中,與端母有關的聲訓58條,其中端端構成的聲訓29條;與透母有關的聲訓38條,其中透透構成的聲訓7條;與定母有關的74條,其中定定構成的聲訓35條。端透兩母構成的聲訓2條:《釋用器》銍鐵(質質),《釋姿容》超卓(宵藥);端定兩母構成的聲訓10條:《釋言語》貞定(耕耕),《釋兵》鏑敵(端定/錫錫),《釋親屬》嫡敵(端定/錫錫),《釋親屬》仲中(定端/冬冬),《釋書契》傳轉(定端/元元),《釋書契》題諦(定端/支錫),《釋樂器》牘筑(定端/屋覺),《釋地》地底(定端/歌脂),《釋地》地諦(定端/歌錫),《釋山》朝東(端/定端/宵東);定透兩母構成的聲訓17條:《釋親屬》酋投(透定/侯侯),《釋言語》通洞(透定/東東),《釋形體》體第(透定/脂脂),《釋言語》退墜(透定/物物),《釋姿容》跳條(透定/宵幽),《釋州國》鄭町(定透/耕耕),《釋形體》腸暢(定透/陽陽),《釋車》棠橦(定透/陽陽),《釋采帛》紬抽(定透/幽幽),《釋車》軸抽(定透/幽幽),《釋長幼》耋鐵(定透/質質),《釋用器》椎推(定透/微微),《釋船》柂扡(定透/歌歌),《釋言語》達徹(定透/月月),《釋衣服》襢坦(定透/元

---

〔1〕 積,即"穨"字。

元),《釋姿容》蹋榻(定透/葉葉),《釋姿容》跳絛(透定/宵幽)。

二、從《説文解字》讀若看東漢時代舌音端組聲母的清濁送氣問題

在《説文解字》讀若中,與端母有關的 41 條,其中端端構成的讀若 15 條:趩顛(37 下/31 下),鴫雕(72 下/65 上),聳鐙(102 下/93 下),箵篤(111 下/102 上),楠滴(120 下/113 上),稩端(145 上/142 上),祂雕(173 上/171 下),覲兜(178 下/176 上),島蔦(190 上/185 下),[1]炮駒(209 下/201 下),衾氐(213 下/204 上),扰扰(257 上/240 上),[2]撢蠆(253 上/237 下),埵朵(288 下/263 上),阠丁(306 上/276 上)。與透母有關的 17 條,其中透透構成的讀若 7 條:枚滔(29 下/25 下),屮撻(38 上/32 上),愓愓(86 下/78 下),貒湍(198 下/192 下),猞鰈(204 下/198 上),夲滔(215 上/206 上),緂聽(272 上/252 下),[3]與定母有關的 48 條,其中定定構成的讀若 20 條:稌塗(29 上/25 上),嘼沓(57 下/49 下),敠杜(69 上/61 下),罙隶(72 上/64 下),[4]朕跌(88 下/80 下),兮亭(105 上/96 上),蚳朂(109 下/100 上),梇導(115 下/107 上),郪塗(135 上/131 上),肉調(143 上/139 上),倓談(162 上/161 下),隋墮(190 下/186 上),騨簟(199 下/194 上),榻疊(223 下/212 上),[5]讟沓(245 下/232 上),撣驒(252 上/237 上),揸罙(256 上/239 下),鈯同(296 上/269 上),隤潰(305 下/275 下),[6]弟弟(197 上/191 下)。[7]端定兩母構成的讀若爲 5 條(端作被注字 3 條,定作被注字 2 條):薄督(定端,16 下/13 上),榙嘰(端定,118 上/110 上),[8]褚督(定端,171 上/170 上),覊蟄

---

〔1〕 大徐本作:"讀若《詩》曰'蔦與女蘿'。"小徐本作:"讀若搗,《詩》曰'蔦與女蘿'。"搗,端幽/端晧。得早反/都晧切。

〔2〕 讀若告言不正曰扰,《漢語大字典》作:"讀若告,言不正曰扰。"斷句誤。大徐本作竹甚切,小徐本作竹甚反,《廣韻》都感切。

〔3〕 緂,《廣韻》他丁切;《集韻》怡成切,余耕/余清。

〔4〕 大徐本無讀若。小徐本作"讀若隶",隶,《廣韻》徒耐切,與"逮"同音。

〔5〕 榻,《廣韻》之涉切(章葉),又徒協切(定葉)。

〔6〕 隤,定藥/定屋。大徐本"讀若潰(定藥/定屋),小徐本"讀若洞(定東/定送)"。

〔7〕 弟,《廣韻》羊至切(余脂/余至),又特計切(定脂/定薺)。

〔8〕 大徐本作"讀若嘰(定緝/定合)",小徐本作"讀若遷"(定緝/定合)。

208

（端定,242 上/229 下）,壔毒（端定,288 下/263 上）;定透兩母構成的讀
若爲 4 條（透作被注字 3 條,定作被注字 1 條）:奎達（透定,78 上/70
下）,丙導（透定,50 上/42 下）,[1] 宛挑（定透,153 上/151 下）,[2] 戾
欽（透定,247 下/233 下）,鋏聃（透定,297 下/270 上）;端透兩母構成的
讀若爲 0 條。

三、從其他音注材料看東漢時代舌音端組聲母的清濁送氣問題

《三禮》漢讀中端端構成的音注 1 條:邸抵（端端/脂脂,《周禮》卷
五・98 上・16）;透透構成的音注 0 條;定定構成的音注 16 條:屯殿（定
定/文文,《周禮》卷三・53 下・8）,道導（定定/幽幽,《周禮》卷六・104
下・12）,動慟（定定/東東,《周禮》卷六・121 上・2）,甸田（定定/真真,
《周禮》卷五・91 下・3）,奠定（定定/真耕,《周禮》卷四・66 上・6）,奠
定（定定/真耕,《周禮》卷六・125 下・16）,條滌（定定/幽覺,《周禮》卷
九・167 上・8）,壇憚（定定/元元,《周禮》卷七・137 下・16）,搏縛（定
定/元元,《周禮》卷十一・213 下・7）,憚但（定定/元元,《周禮》卷十二・
219 上・10）,彈但（定定/元元,《周禮》卷十二・222 下・12）;奠定（定
定/真耕,《周禮》卷十二・229 下・5）,奠停（定定/真耕,《周禮》卷十二・
226 上・12）,狄翟（定定/錫藥,《周禮》卷二・37 上・6）,填奠（定定/真
真,《禮記》卷二・23 下・24）,奪兑（定定/月月,《禮記》卷三・34 上・
7）;端定構成的音注 8 條:豚鍛（定端/文元,《周禮》卷二・26 上・2）,敦
燾（端定/文幽,《周禮》卷五・97 上・5）,帝定（端定/錫耕,《周禮》卷
六・111 下・8）,動董（定端/東東,《周禮》卷六・121 上・3）,奠帝（定
端/真錫,《周禮》卷六・125 下・16）,豆斗（端定/侯侯,《周禮》卷十二・
221 上・12）,典殄（端定/文文,《周禮》卷十一・208 下・11）,顚闐（端
定/真真,《禮記》卷九・96 下・3）。另有知定構成的音注 2 條:禔展（定
知/元元,《周禮》卷二・37 上・6）,狄展（定知/錫元,《周禮》卷二・37

---

〔1〕 大、小徐本均作:"讀若三年導服之導（定幽）。一曰竹上皮,讀若沾（知談）,一
曰讀若誓（禪月）。"
〔2〕 小徐本無讀若。

上・15）；透定構成的音注 1 條：條條（定透/幽幽,《周禮》卷六・128 下・5）。另有透澄構成的音注 1 條：挑濯（透澄/宵藥,《周禮》卷五・94 上・14）。

據陸德明《經典釋文》,鄭玄音注材料還有端端構成的音注 6 條：嚏,都麗反（《詩・終風》58 上 3）；亶,音丹（《詩・天保》76 上 3）；敦,都回反（《詩・北門》59 下 7）；敦,都回反（《詩・閟宫》105 下 5）；氐,都履反（《詩・節南山》80 上 10）；闍,音都（《詩・出其東門》65 下 14）。透透構成的音注 1 條：大,音泰（《詩・桑柔》97 下 22）。[1] 定定構成的音注 1 條：[2]憚,徒旦反（《詩・雲漢》98 上 22）。

在東漢應劭、服虔《漢書注》中,與端母有關的音注材料 4 條,其中端端構成的音注 2 條；與透母有關的音注材料 0 條,透透構成的音注 0 條；與定母有關的音注材料 13 條,其中定定構成的音注 7 條。端定兩母構成的音注 1 條：敦,音屯（應劭,6/1614/1）敦,端文/端魂；屯,定文/定魂。端透澄兩母構成的音注 0 條。定透澄兩母構成的音注 0 條。

在東漢時代燕趙方言區學者高誘《吕氏春秋注》、《淮南子注》、《戰國策注》中,與端母有關的音注材料 9 條,其中端端構成的音注 3 條；與透母有關的音注材料 6 條,其中透透構成的音注 3 條；與定母有關的音注材料 31 條,其中定定構成的音注 13 條。端定構成的音注 5 條：《淮南子・原道》："猶錞之與刃。"高注："錞,讀曰頓。"（7/1/9/11）錞,定物/定隊；頓,端文/端恩。《淮南子・覽冥》："其行蹎蹎,其視眠眠。"高注："蹎,讀填實之填。"（7/6/95/11）蹎,端真/端先；填,定真/定先。《淮南子・本經》："上掩天光,下殄地財。"高注："殄,讀曰典也。"（7/8/12/11）殄,定文/定銑；典,端文/端銑。《淮南子・説林》："錞之與刃,孰先弊也。"高注："錞,讀曰頓首之頓。"（7/17/292/12）錞,定物/定隊；頓,端文/端恩。《淮南

---

〔1〕 另有"褖,吐亂反（《詩・緑衣》57 下 6）；偷,他侯反（《詩・山有樞》68 上 3）；愸,他德反（《詩・賓之初筵》87 上 11）"3 條,有人認爲是鄭玄音切,實際上是陸德明音切。

〔2〕 另有"扡,徒可反（《易・訟》20 下 14）"、"屯,徒門反（《詩・常武》100 上 19）",有人認爲是鄭玄音切,實際上應該是陸德明音切。

子·說林》："使但吹竽,使工厭竅。"高注："但,讀燕言鉏同也。"(7/17/
293/1)但,定元/定翰;鉏,端元/端阮。透定構成的音注 3 條:《呂氏春
秋·孟春紀·去私》："有墨者巨子腹䵍,居秦。"高注:"䵍,讀曰車笰之
笰。"(6/1/10/15)䵍,透文/透魂;笰,定文/定混。《淮南子·氾論》:"緂
麻索縷。"高注:"緂,讀恬然不動之恬。"(7/13/211/12)緂,透談/透談;恬,
定談/定添。《淮南子·脩務》:"無不憚悇養心,而悅其色矣。"高注:"憚
悇,讀慘探之探也。"(7/17/345/5)憚,定元/定翰;探,透侵/透勘。端透構
成的音注 0 條。

　　《白虎通德論》中,與端母有關的聲訓 9 條,其中端端構成的聲訓 1
條;與透母有關的聲訓 7 條,其中透透構成的聲訓 1 條;與定母有關的聲
訓 19 條,其中定定構成的聲訓 4 條。端透兩母構成的聲訓 1 條,端定兩
母構成的聲訓 2 條,透定兩母構成的聲訓 2 條。全濁聲母定母與全清端
母和次清透母構成的聲訓比例相同,全濁定母讀送氣不送氣不好確定,可
能比較自由。《說文解字》中與端母有關的聲訓 131 條,端端構成的聲訓
13 條,與透母有關的聲訓 140 條,透透構成的聲訓 13 條,與定母有關的聲
訓 305 條,定定構成的聲訓 37 條。端透兩母構成的聲訓 3 條,端定兩母
構成的聲訓 14 條,透定兩母構成的聲訓 26 條。只與端透兩母有關的聲
訓 29 條,端透兩母構成的聲訓 3 條,約佔 10.3% ,可見舌頭清音送氣不送
氣的界限是很明顯的。只與端定兩母有關的聲訓 64 條,端定兩母構成的
聲訓 14 條,約佔 21.88% ;只與透定兩母有關的聲訓 64 條,透定兩母構成
的聲訓 26 條,佔 40.63% 。由此可見,全濁定母讀送氣情況多一些,但讀
不送氣的情況也有不少。《釋名》聲訓中,與端母有關的聲訓 58 條,其中
端端構成的聲訓 29 條;與透母有關的聲訓 38 條,其中透透構成的聲訓 7
條;與定母有關的 74 條,其中定定構成的聲訓 35 條。端透兩母構成的聲
訓 2 條,端定兩母構成的聲訓 10 條,透定兩母構成的聲訓 17 條。只與端
透兩母有關的聲訓 38 條,端透兩母構成的聲訓 2 條,約佔 5.26% ,可見舌
頭清音送氣不送氣的界限是很明顯的。只與端定兩母有關的聲訓 74 條,
端定兩母構成的聲訓 10 條,約佔 13.51% ;只與透定兩母有關的聲訓 59

條,透定兩母構成的聲訓 17 條,約佔 28.81%。由此可見,《釋名》聲訓中的透定兩母的關係比端定的關係密切的多。也就是說,在《釋名》端組聲母中,全濁聲母定母主要讀作送氣聲母。

在《說文解字》讀若中,與端母有關的 41 條,其中端端構成的讀若 15 條。與透母有關的 17 條,其中透透構成的讀若 7 條;與定母有關的 48 條,其中定定構成的讀若 20 條。端透兩母構成的讀若爲 0 條,端定兩母構成的讀若爲 5 條,透定兩母構成的讀若爲 4 條。只與端透兩母有關的聲訓 22 條,端透兩母構成的聲訓 0 條,可見舌頭清音送氣不送氣的界限是很明顯的。只與端定兩母有關的聲訓 40 條,端定兩母構成的聲訓 5 條,約佔 12.5%;只與透定兩母有關的聲訓 31 條,透定兩母構成的聲訓 4 條,約佔 12.9%。由此可見,《說文解字》讀若中透定兩母的關係和端定的關係差不多,也就是說,在《說文解字》讀若中,全濁聲母定母讀送氣不送氣比較自由。

《三禮》漢讀中端端構成的音注 1 條;透透構成的音注 0 條;定定構成的音注 16 條。端定構成的音注 8 條。另有知定構成的音注 2 條;透定構成的音注 1 條;另有透澄構成的音注 1 條。《三禮》漢讀全濁聲母定母讀不送氣。據陸德明《經典釋文》,鄭玄音注材料還有端端構成的音注 6 條,透透構成的音注 1 條,定定構成的音注 1 條,定母與端母、透母均未有構成音注的材料。在東漢時代燕趙方言區學者高誘《呂氏春秋注》、《淮南子注》、《戰國策注》中,與端母有關的音注材料 9 條,其中端端構成的音注 3 條;與透母有關的音注材料 6 條,其中透透構成的音注 3 條;與定母有關的音注材料 31 條,其中定定構成的音注 13 條。端定構成的音注 5 條。透定構成的音注 3 條。端透構成的音注 0 條。只與端透兩母有關的聲訓 6 條,端透兩母構成的聲訓 0 條,可見舌頭清音送氣不送氣的界限是很明顯的。只與端定兩母有關的聲訓 21 條,端定兩母構成的聲訓 5 條,約佔 23.8%;只與透定兩母有關的聲訓 19 條,透定兩母構成的聲訓 3 條,約佔 15.79%。由此可見,東漢時代燕趙方言區學者高誘音注中端定兩母的關係比透定的關係密切一些,也就是說,東漢時代燕趙方言區全濁聲母定母讀不送氣的時候多一些。在東漢應劭、服虔《漢書注》中，與端母有關的音注材料 4 條，其中端端构成的音注 2 條；與透母有關的音注材料 0 條，透透構成的音注 0 條；與定母有關的音注材料 13 條，其中定定構成的音注 7 條。端定兩母構成的音注 1 條。端透澄兩母構成的音注 0 條，定透澄兩母構成的音注 0 條。應劭、服虔《漢書注》中的全濁聲母定母似乎讀作不送氣的，只是材料太少，不易説明問題。

第四節　東漢時代舌音知組聲母的清濁送氣問題

一、從聲訓材料看東漢時代舌音知組聲母的清濁送氣問題

《白虎通德論》中，與知母有關的聲訓 13 條，知知構成的聲訓 1 條：《性情》：智者，知也。獨見前聞，不惑於事，見微知著也（知知／支支）。與徹母有關的聲訓 1 條，徹徹兩母構成的聲訓 0 條；與澄母有關的聲訓 5 條，澄澄構成的聲訓 0 條。澄知兩母構成的聲訓 3 條：《姓名》：仲者，中也（仲，定冬去；中，端冬平）；《巡狩》：以夏之仲月者，同律度當得其中也（仲，定冬去；中，端冬平）；《姓名》：仲者，中也（仲，定冬去；中，端冬平）。

《説文解字》中與知母有關的聲訓 121 條，其中知知構成的聲訓 14 條；與徹母有關的聲訓 63 條，徹徹構成的聲訓 4 條；與澄母有關的聲訓 179 條，澄澄構成的聲訓 19 條（已見第二章第二節、第三節、第四節）。知徹兩母構成的聲訓 3 條：眝眙（知徹／魚之），趁趨（徹知／真元），鑽釾（徹知／談葉）；知澄兩母構成的聲訓 8 條：徵召（知澄／蒸宵），眝長（知澄／魚陽），追逐（知澄／微覺），室置（澄知／之之），庇張（澄知／鐸陽），幬帳（澄知／幽陽），仲中（澄知／冬冬），槌梓（澄知／微職）；澄徹兩母構成的聲訓 4 條：眙直（徹澄／之職），蕘值（徹澄／陽職），棟椽（徹澄／屋元），兆圻（澄徹／宵鐸）。

《釋名》聲訓中，與知母有關的聲訓 26 條，其中知知構成的聲訓 7 條

(聲韻均同聲訓5條,聲同韻對轉的聲訓2條);與徹母有關的聲訓11條,徹徹構成的聲訓4條;與澄母有關的42條,澄澄構成的聲訓11條(已見第二章第二節、第三節、第四節)。知徹構成的聲訓2條:《釋姿容》超卓(徹知/宵藥),《釋首飾》掭摘(徹知/錫錫);知澄構成的聲訓2條:《釋親屬》仲中(澄知/冬冬),《釋書契》傳轉(澄知/元元);徹澄構成的聲訓3條:《釋形體》腸暢(澄徹/陽陽),《釋采帛》紬抽(澄徹/幽幽),《釋車》軸抽(澄徹/幽幽)。

二、從《説文解字》讀若看東漢時代舌音知組聲母的清濁送氣問題

在《説文解字》讀若中,與知母有關的14條,其中知知構成的讀若6條;與徹母有關的16條,徹徹構成的讀若12條;徹徹構成的讀若12條;與澄母有關的26條,澄澄構成的讀若9條(已見第二章第二節、第三節、第四節)。知徹兩母構成的讀若爲0條;知澄構成的讀若2條:遞住(知澄,41上/34上),茜緅(澄知,25上/21上);[1]徹澄構成的讀若3條:趁塵(徹澄,36上/30下),褫池(徹澄,172上/171下),逴棹(徹澄,42上/35下)。

三、從其他音注材料看東漢時代舌音知組聲母的清濁送氣問題

《三禮》漢讀中知知構成的音注4條,徹徹構成的音注0條,澄澄構成的音注1條(已見第二章第二節、第三節、第四節)。知澄構成的音注3條:涿濁(知澄/屋屋,《周禮》卷九·168上·1),琢篆(知澄/物元,《禮記》卷七·74下·6),琢篆(知澄/物元,《禮記》卷八·81上·23)。另有知定構成的音注2條:襢展(定知/元元,《周禮》卷二·37上·6),狄展(定知/錫元,《周禮》卷二·37上·15);徹澄構成的音注2條:瘩擿(徹澄/月錫,《周禮》卷九·167下·8),池徹(澄徹/歌月,《禮記》卷二·23下·24)。另有透澄構成的音注1條:桃濯(透澄/宵藥,《周禮》卷五·94

---

[1] 大徐本:"讀若陸,或以爲緅。"小徐本:"讀若俠,或以爲緅。"

上·14）。

據陸德明《經典釋文》,鄭玄音注材料還有知知構成的音注 3 條,澄澄構成的音注 1 條(已見第二章第二節、第三節、第四節)。知徹構成的音注 1 條:絺,陟里反(《書·益稷》39 上 17)。

在東漢應劭、服虔《漢書注》中,與知母有關的音注材料 3 條,其中知知構成的音注 2 條;與徹母有關的音注材料 3 條,徹徹構成的音注 0 條;與澄母有關的音注材料 6 條,其中澄澄構成的音注 2 條(已見第二章第二節、第三節、第四節)。知徹構成的音注 0 條,知澄構成的音注 0 條,[1]徹澄構成的音注 0 條。

東漢時代燕趙方言區學者高誘《呂氏春秋注》、《淮南子注》,與知母有關的音注材料 7 條,其中知知構成的音注 2 條;與徹母有關的音注材料 5 條,其中徹徹構成的音注 2 條;與澄母有關的音注材料 12 條,其中澄澄構成的音注 2 條(已見第二章第二節、第三節、第四節)。知澄構成的音注 2 條:《淮南子·氾論》:“濁之則鬱而無轉。”高注:“轉,讀爲傳譯之傳也。”(7/13/217/10)轉,知元/知獮;傳,澄元/澄仙。《淮南子·説林》:“以瓦鉎者全。”高注:“鉎,讀象金石銅柱餘之柱。”(7/17/290/9)鉎,知侯/澄遇,柱,澄侯/澄麌。

綜上所述,《白虎通德論》中,與知母有關的聲訓 13 條,知知構成的聲訓 1 條;與徹母有關的聲訓 1 條,徹徹兩母構成的聲訓 0 條;與澄母有關的聲訓 5 條,澄澄構成的聲訓 0 條。澄知兩母構成的聲訓 3 條。可見東漢班固方言區舌音知組的全濁聲母與舌音全清聲母較近,全濁聲母可能讀作不送氣的。

《説文解字》中與知母有關的聲訓 121 條,知知構成的聲訓 14 條;與徹母有關的聲訓 63 條,徹徹構成的聲訓 4 條;與澄母有關的聲訓 179 條,澄澄構成的聲訓 19 條。知徹兩母構成的聲訓 3 條,知澄兩母構成的聲訓

---

〔1〕　有 1 例情況比較特殊:腄,音甄(應劭,4/1250/5)。腄,《廣韻》竹垂(知歌/知支)、馳羽(澄歌/澄麌)二切;甄,澄歌/澄歌支。

8 條,澄徹兩母構成的聲訓 4 條。《説文解字》中的澄母與知母和徹母的關係差不多,可能澄母讀送氣不送氣比較隨便。

《釋名》聲訓中,與知母有關的聲訓 26 條,知知構成的聲訓 7 條;與徹母有關的聲訓 11 條,徹徹構成的聲訓 4 條;與澄母有關的 42 條,澄澄構成的聲訓 11 條。知徹構成的聲訓 2 條,知澄構成的聲訓 2 條,徹澄構成的聲訓 3 條。《釋名》聲訓中的澄母與知母和徹母的關係差不多,可能澄母讀送氣不送氣比較隨便。

在《説文解字》讀若中,與知母有關的 14 條,知知構成的讀若 6 條;與徹母有關的 16 條,徹徹構成的讀若 12 條;與澄母有關的 26 條,澄澄構成的讀若 9 條。知徹兩母構成的讀若爲 0 條,知澄構成的讀若 2 條,徹澄構成的讀若 4 條。從《説文解字》讀若材料看,舌音知組全濁聲母與全清聲母次清聲母均有自由變讀的情況,也就是説,舌音知組全濁聲母可以成送氣的,也可以讀成不送氣的,讀不送的時候多一些。

《三禮》漢讀中,知知構成的音注 4 條,徹徹構成的音注 0 條,澄澄構成的音注 1 條,知澄構成的音注 3 條,徹澄構成的音注 2 條。《三禮》漢讀中的澄母與知母和徹母的關差不多,可能澄母讀送氣不送氣比較隨便。

在東漢應劭、服虔《漢書注》中,與知母有關的音注材料 3 條,其中知知構成的音注 2 條;與徹母有關的音注材料 3 條,徹徹構成的音注 0 條;與澄母有關的音注材料 6 條,其中澄澄構成的音注 2 條。知徹構成的音注 0 條,知澄構成的音注 0 條,徹澄構成的音注 0 條。東漢時代燕趙方言區學者高誘《吕氏春秋注》、《淮南子注》,與知母有關的音注材料 7 條,其中知知構成的音注 2 條;與徹母有關的音注材料 5 條,其中徹徹構成的音注 2 條;與澄母有關的音注材料 12 條,其中澄澄構成的音注 2 條。知澄構成的音注 2 條。應劭、服虔《漢書注》中的澄母與知徹的關係不好斷定,高誘《吕氏春秋注》、《淮南子注》中的澄母與知母的關係近一些,可能東漢時期燕趙方言中的澄母讀不送氣的。

第五節　東漢時代舌音章組聲母的
清濁送氣問題

一、從聲訓材料看東漢時代舌音章組聲母的清濁送氣問題

《白虎通德論》中，與章母有關的聲訓 21 條，章章構成的聲訓 3 條；與昌母有關的聲訓 7 條，昌昌構成的聲訓 1 條；與船母有關的聲訓 4 條，船船構成的聲訓 0 條。章昌兩母構成的聲訓 0 條；章船兩母構成的聲訓 1 條：《五行》：射者，終也；（射，船鐸入/去；終，章冬平）昌船兩母構成的聲訓 0 條。

《説文解字》中與章母有關的聲訓 222 條，章章構成的聲訓 28 條；與昌母有關的聲訓 104 條，昌昌構成的聲訓 5 條；與船母有關的聲訓 61 條，船船構成的聲訓 6 條（已見第二章第二、第三、第四節）。章昌構成的聲訓 10 條：之出（章昌/之物），咫尺（章昌/支鐸），軹穿（章昌/支元），赭赤（章昌/魚鐸），朱赤（章昌/侯質），絑赤（章昌/侯鐸），處止（昌章/魚之），敊至（昌章/覺質），杫止（昌章/幽之），潗止（昌章/侵之）；章船構成的聲訓 6 條：芝神（章船/之真），拓拾（章船/鐸緝），舟船（章船/幽元），脤脣（章船/真文），顫視（章船/元脂），視瞻（船章/物談）；昌船構成的聲訓 0 條。

《釋名》中與章母有關的聲訓 69 條，章章構成的聲訓 27 條；與昌母有關的聲訓 26 條，其中昌昌構成的聲訓 4 條；與船母有關的聲訓 19 條，其中船船構成的聲訓 0 條（已見第二章第二、第三、第四節）。章昌兩母構成的聲訓 1 條：《釋姿容》：挈制（昌章/月月）；章船兩母構成的聲訓 1 條：《釋喪制》：絰實（章船/質質）；昌船兩母構成的聲訓 0 條。

二、從《説文解字》讀若看東漢時代舌音章組聲母的清濁送氣問題

在《説文解字》讀若中，與章母有關的 26 條，章章構成的讀若 17 條；與昌母有關的 7 條，其中昌昌構成的讀若 2 條；與船母有關的 1 條，船船構成的讀若 0 條（已見第二章第二、第三、第四節）。章昌構成的讀若 1

條：謓振（昌章，56 下/48 下）；章船兩母構成的讀若爲 0 條；昌船兩母構成的讀若爲 0 條。

三、從其他音注材料看東漢時代舌音章組聲母的清濁送氣問題

《三禮》漢讀中章章構成的音注 19 條，昌昌構成的音注 1 條，船船構成的音注 1 條（已見第二章第二、第三、第四節）。章船構成的音注 2 條：實至（船章/質質，《禮記》卷十二·120 上·8），示真（船章/脂支，《禮記》卷十六·159 下·13）；昌船構成的音注 0 條；章昌構成的音注 0 條。據陸德明《經典釋文》，鄭玄音注材料還有章章構成的音注 3 條：遭，讀如明星哲哲（《易·大有》21 下 16）；祝，之又反（《周禮·冢宰》，108 下 1）；政，音征（《周禮·小宰》，109 上 20）。[1] 船船構成的音注 1 條：射，食夜反（《詩·思齊》91 下 20）。[2]

在東漢應劭、服虔《漢書注》中，與章母有關的音注材料 10 條，章章構成的音注 3 條；與昌母有關的音注材料 4 條，昌昌構成的音注 2 條；與船母有關的音注材料 1 條，船船構成的音注 0 條（已見第二章第二、第三、第四節）。章昌構成的音注 1 條：謓，昌真/昌真；振，章文/章震，56 下/48 下，齒真反/昌真切；章船構成的音注 0 條；昌船構成的音注 1 條。

東漢時代燕趙方言區學者高誘《呂氏春秋注》、《淮南子注》，與章母有關的音注材料 12 條，章章構成的音注 5 條；與昌母有關的音注材料 9 條，昌昌構成的音注 5 條；與船母有關的音注材料 2 條，船船構成的音注 0 條（已見第二章第二、第三、第四節）。章昌構成的音注 0 條，章船構成的音注 0 條，昌船構成的音注 1 條。

---

〔1〕 另有實，之敊反（《詩·鹿鳴》，75 上 3），有人認爲是鄭氏音切，實際上應該是陸德明音切。

〔2〕 關於昌昌構成的音切，趙克剛先生認爲有 4 條：紹，尺遥反（《詩·常武》100 上 15）；饎，尺志反（《詩·七月》73 上 10）；饎，尺志反（《詩·甫田》85 上 21）；饎，音熾，尺志反（《詩·大田》85 下 5）。實際上此 4 條均不好斷定是鄭玄音切。

《白虎通德論》中，與章母有關的聲訓 21 條，章章構成的聲訓 3 條；與昌母有關的聲訓 7 條，昌昌構成的聲訓 1 條；與船母有關的聲訓 4 條，船船構成的聲訓 0 條。章昌兩母構成的聲訓 0 條，章船兩母構成的聲訓 1 條，昌船兩母構成的聲訓 0 條。《説文解字》中與章母有關的聲訓 222 條，章章構成的聲訓 28 條；與昌母有關的聲訓 104 條，昌昌構成的聲訓 5 條；與船母有關的聲訓 61 條，船船構成的聲訓 6 條。章昌構成的聲訓 10 條，章船構成的聲訓 6 條，昌船構成的聲訓 0 條。

《釋名》中與章母有關的聲訓 69 條，章章構成的聲訓 27 條；與昌母有關的聲訓 26 條，其中昌昌構成的聲訓 4 條；與船母有關的聲訓 19 條，其中船船構成的聲訓 0 條。章昌兩母構成的聲訓 1 條，章船兩母構成的聲訓 1 條，昌船兩母構成的聲訓 0 條。在兩漢聲訓中，三種聲訓材料均有章船兩母構成的聲訓，均無昌船兩母構成的聲訓。此時的船母可能是讀作不送氣。

在《説文解字》讀若中，章章構成的讀若 17 條，昌昌構成的讀若 2 條，船船構成的讀若 0 條。章昌兩母構成的讀若 1 條，章船兩母構成的讀若爲 0 條，昌船兩母構成的讀若爲 0 條。在《説文解字》讀若中船母讀送氣不送氣不好斷定。《三禮》漢讀中章章構成的音注 19 條，昌昌構成的音注 1 條，船船構成的音注 1 條：術述（船船／物物，《禮記》卷十四・143 上・15）。章船構成的音注 2 條，昌船構成的音注 0 條，章昌構成的音注 0 條。在《三禮》漢讀中船母似乎是讀成不送氣的。

在東漢應劭、服虔《漢書注》中，章章構成的音注 3 條，昌昌構成的音注 2 條，船船構成的音注 0 條。章昌構成的音注 1 條，章船構成的音注 0 條，昌船構成的音注 1 條。東漢時代燕趙方言區學者高誘《呂氏春秋注》、《淮南子注》，章章構成的音注 5 條，昌昌構成的音注 5 條，船船構成的音注 0 條。章昌構成的音注 0 條，章船構成的音注 0 條，昌船構成的音注 1 條。應劭、服虔《漢書注》和高誘《呂氏春秋注》、《淮南子注》中，章組全濁聲母船母又似乎讀成送氣的聲母。

第六節　東漢漢時代齒音精組聲母的清濁送氣問題

一、從聲訓材料看東漢時代齒音精組聲母的清濁送氣問題

《白虎通德論》中與精母有關的聲訓 17 條,精精構成的聲訓 5 條;與清母有關的聲訓 9 條,清清構成的聲訓 2 條;與從母有關的聲訓 9 條,從從構成的聲訓 1 條(已見第一章第二、第三、第四節)。精清兩母構成的聲訓 1 條:《嫁娶》:妾者,接也,以時接見也。妾,清葉入;接,精葉入。(清精/葉葉)。精從兩母構成的聲訓 2 條:《性情》:精者,静也。精,精耕平;静,從耕上。(精從/耕耕)《崩薨》:葬之爲言下藏之也。葬,精陽去;藏,從陽平/去。(精從/陽陽)清從兩母構成的聲訓 2 條:《宗族》:族者,湊也,聚也。族,從屋入;湊,清侯上;聚,從侯上。族湊(從清/屋侯)。《嫁娶》妻者,齊也,與夫齊禮。妻,清脂平;齊,從脂平。(清從/脂脂)。

《說文解字》中與精母有關的聲訓 202 條,精精構成的聲訓 26 條;與清母有關的聲訓 142 條,清清構成的聲訓 14 條;與從母有關的聲訓 199 條,從從構成的聲訓 19 條(已見第一章第二、第三、第四節)。精清兩母構成的聲訓 18 條(精清兩母構成的聲訓 12 條,清精兩母構成的聲訓 6 條):𦜅束(精清/錫錫),〔1〕走趨(精清/侯侯),酒造(精清/幽幽),爵雀(精清/藥藥),〔2〕梓楸(精清/之幽),瀟清(精清/覺耕),藻艸(精清/宵幽),辥采(精清/物之),〔3〕俊千(精清/文真),最取(精清/月侯),椊青(精清/侵侯),健伿(精清/葉脂),次精(清精/脂耕),霎霽(清精/脂脂),烊績(清精/脂錫),緝績(清精/緝錫),侵進(清精/侵真),妾接(清精/葉葉);精從兩母構成的聲訓 43 條(精從兩母構成的聲訓 27 條,從精兩母構成的聲訓 16 條):宰罪(精從/之微),觜財(精從/支之),抑捽(精從/質物),晉進(精從/真真),峚危(精從/物微),噂聚(精從/文侯),駿材(精從/文之),

---

〔1〕 𦜅,"膌"之古文。
〔2〕 雀,原作"鳴",從段注改。
〔3〕 辥,即"綷"字。

220

挫摧(精從/歌微),篸叢(精從/元東),鄭聚(精從/元侯),駸疾(精從/侵質),縱叢(精從/東東),縱聚(精從/東侯),總聚(精從/東侯),骴殘(精從/支元),柴藏(精從/錫陽),積聚(精從/錫侯),珇琮(精從/魚冬),葅藉(精從/魚鐸),葬藏(精從/陽陽),漿酢(精從/陽鐸),諏聚(精從/侯侯),潐盡(精從/宵真),揂聚(精從/幽侯),酒就(精從/幽幽),趮疾(精從/宵質),剿絶(精從/宵月),酋酒(從精/幽幽),酋酒(從精/幽幽),[1]前進(從精/元真),戔跡(從精/元錫),衡跡(從精/元錫),欑積(從精/元錫),鬵甑(從精/侵蒸),字子(從精/之之),訾積(從精/支錫),觙井(從精/耕耕),阱井(從精/耕耕),齟且(從精/魚魚),耤借(從精/鐸鐸),奘駔(從精/陽魚),冣積(從精/侯錫),埾積(從精/侯錫);清從兩母構成的聲訓16條(清從兩母構成的聲訓9條,從清兩母構成的聲訓7條):猜賊(清從/耕職),[2]狙暫(清從/魚談),倉藏(清從/陽陽),趨疾(清從/侯質),鏓鑿(清從/東鐸),造就(清從/幽幽),侵漸(清從/侵談),次前(清從/脂元),茸茨(清從/緝脂),彰清(從清/耕耕),[3]戔槍(從清/陽陽),冣取(從清/侯侯),曹籟(從清/幽幽),莤艸(從清/宵幽),穧撮(從清/脂月),俴淺(從清/元元)。

《釋名》聲訓中與精母有關的聲訓55條,其中精精構成的聲訓29條;與清母有關的聲訓34條,其中清清構成的聲訓11條;與從母有關的聲訓43條,其中從從構成的聲訓11條。精清兩母構成的聲訓5條《釋宫室》井清(精清/耕耕),《釋天》祲侵(精清/侵侵),釋姿容》資取(精清/脂侯),《釋疾病》侵浸(清精/侵侵),《釋親屬》妾接(清精/葉葉);精從兩母構成的聲訓11條:《釋采帛》紫疵(精從/支支),《釋喪制》葬藏(精從/陽陽),《釋言語》蹤從(精從/東東),《釋姿容》蹙遒(精從/覺幽),《釋親屬》祖祚(精從/魚鐸),《釋宫室》灶造(精從/幽覺),《釋船》楫捷(精從/緝葉),《釋船》筰作(從精/鐸鐸),《釋采帛》皁早(從精/幽幽),《釋州國》秦津(從

〔1〕　此條聲訓出自"奠"字下。
〔2〕　猜,郭錫良《漢字古音手册》歸"耕部",唐作藩《上古音手册》歸"之部"。
〔3〕　清,或説當作"青"。

精/真真),《釋姿容》坐挫(從精/歌歌);清從兩母構成的聲訓 6 條:《釋宮室》倉藏(清從/陽陽),《釋車》輻道(清從/幽幽),《釋親屬》妻齊(清從/脂脂),《釋喪制》縗摧(清從/微微),《釋書契》槧漸(清從/談談),《釋姿容》撮捽(清從/月物)。

二、從《説文解字》讀若看東漢時代齒音精組聲母的清濁送氣問題

在《説文解字》讀若中,與精母有關的 27 條,[1]精精構成的讀若 14 條;與清母有關的 11 條,清清構成的讀若 8 條;與從母有關的 17 條,從從構成的讀若 10 條(已見第一章第二節、第三節、第四節)。精清構成的讀若 1 條:越資(清精,36 上/30 下);精從構成的讀若 4 條:婧菁(從精,261 下/243 下),喋集(精從,31 上/26 下),虘齇(從精,103 上/94 上),[2]口酋(精從,113 下/104 下);清從構成的讀若 1 條:艒艒(從清,94 下/85 下)。

三、從其他音注材料看東漢時代齒音精組聲母的清濁送氣問題

《三禮》漢讀中精精構成的音注 15 條,清清構成的音注 11 條,從從構成的音注 12 條(已見第一章第二、第三、第四節)。精清構成的音注 3 條:接扱(精清/葉緝,《周禮》卷四·79 下·7),倅卒(清精/物物,《周禮》卷八·150 上·11),卒倅(精清/物物,《禮記》卷二十·189 下·19)。精從構成的音注 31 條:菹藉(精從/鐸魚,《周禮》卷三·53 上·2),總儳(精從/東侵,《周禮》卷四·68 上·4),總儳(精從/東侵,《周禮》卷四·69 上·11),駔組(從精/魚魚,《周禮》卷五·98 上·7),齏齊(精從/脂脂,《周禮》卷五·94 上·14),焌鐏(精從/文文,《周禮》卷六·117 上·16),卒萃(精從/物物,《周禮》卷六·130 下·15),鑿造(精從/幽幽,《周禮》卷七·145 上·12),脊漬(精從/錫錫,《周禮》卷十·183 下·3),蒯俴

---

〔1〕 另有氈(日元/日獮),大、小徐本均作:"讀若奭(日元/日獮),一曰若傿(精文/精稕)(67 上/60 上)。"

〔2〕 大徐本作"讀若鄘縣(從魚/從歌)",小徐本作"讀若鄭縣(精元/精翰)"。

（精從/元元，《周禮》卷十一·214 上·4），翦戔（精從/元元，《周禮》卷十一·214 上·4），粢齊（精從/脂脂，《禮記》卷七·69 上·21），齊齌（從精/脂脂，《周禮》卷二·26 上·13），齊粢（從精/脂脂，《周禮》卷二·23 上·3），齊齍（從精/脂脂，《周禮》卷五·96 上·4），齊粢（從精/脂脂，《周禮》卷五·96 上·4），笮唶（從精/鐸魚，《周禮》卷六·112 上·14），造竈（從精/幽覺，《周禮》卷六·119 上·15），贈矰（從精/蒸蒸，《周禮》卷六·124 上·15），前翦（從精/元元，《周禮》卷六·128 下·8），柞笮（從精/鐸鐸，《周禮》卷九·167 下·3），柞唶（從精/鐸魚，《周禮》卷九·167 下·3），柞唶（從精/鐸魚，《周禮》卷十一·204 上·5），柞咋（從精/鐸鐸，《周禮》卷十一·212 上·1），帴翦（從精/元元，《周禮》卷十一·214 上·4），瓚屢（從精/元元，《周禮》卷十二·216 下·10），駔組（從精/魚魚，《周禮》卷十二·218 上·1），嚌祭（從精/脂月，《儀禮》卷一·5 下·12），資齊（精從/脂脂，《禮記》卷二十·186 上·18），齊躋（從精/脂脂，《禮記》卷十一·113 上·13），齊躋（從精/脂脂，《禮記》卷十五·152 下·13）。另有精崇構成的音注 2 條：菹鉏（精崇/魚魚，《周禮》卷六·124 上·2），愁擎（崇精/幽幽，《禮記》卷二十·187 下·22）；莊從構成的音注 1 條：札截（莊從/月月，《周禮》卷五·86 下·16）；清從兩母構成的音注 3 條：蠽狙（從清/鐸魚，《周禮》卷九·166 下·15），疾戚（從清/質覺，《周禮》卷十一·202 下·6），[1]庇疵（清從/支支，《周禮》卷十二·227 上·8）。

據陸德明《經典釋文》，鄭玄還有精精構成的音注 9 條：從，子用反（《易·屯》，20 上 6）；[2]子，將吏反（《書·益稷》39 上 21）；左，音佐（《詩·關雎》53 下 16）；載，讀爲菑（《詩·大田》85 上 5）；瘵，音際（《詩·菀柳》88 上 9）；臧，子郎反（《詩·隰桑》88 下 15）；嗺，子雷反（《詩·雲漢》98 上 18）；菹，將呂反（《周禮·地官·鄉師》115 上 6）；餕，音俊（《論

---

〔1〕　此條爲齊方言。鄭玄注："齊人有名疾爲戚者。"
〔2〕　《通志堂》本原誤作"從，鄭黄于用反"，法偉堂作"從，鄭黄乎用反"（35 上 14，盧據錢本校改）。

語・爲政》345 下 17）。清清構成的音注 4 條：錯，七各反（《易・離》24 下 10）；造，七報反（《詩・酌》104 上 8）；將，七良反（《詩・丘中有麻》63 下 22）；錯，且若反（《周禮・考工記・弓人》141 上 17）。[1] 從從構成的音注材料 2 條：造，徂早反（《易・乾》19 上 18）；接，音捷（《易・晉》25 下 4）。

在東漢應劭、服虔《漢書注》中，與精母有關的音注材料 11 條，精精構成的音注 3 條；與清母有關的音注材料 7 條，其中清清構成的音注材料 3 條；與從母有關的音注材料 7 條，其中從從構成的音注 2 條（已見第一章第二、第三、第四節）。精清構成的音注 2 條：且，音苴（應劭，6/1602/2）。且，清魚/清馬；苴，精魚/精魚。諏，七垢反（服虔，7/2027/1）。諏，精侯/精虞；七垢，清侯/清厚。精從構成的音注 5 條：鄟，音嵯（應劭，6/1573/13）。鄟，精元/精翰；嵯，從歌/從歌。就李鄉，古之僬李也（應劭，6/1591/6）。就，從幽/從宥；僬，精支/精至。龜兹，音丘慈（應劭，6/1618/6）。兹，精之/精之；慈，從之/從之。龜兹，音丘慈（應劭，9/3001/2）。兹，精之/精之；慈，從之/從之。藉，猶借也（服虔，7/1788/3）。藉，從鐸/從禡；借，精禡/精禡。清從構成的音注 0 條。

在東漢時代燕趙方言區學者高誘《呂氏春秋注》、《淮南子注》中，與精母有關的音注材料 6 條，其中精精構成的音注 4 條；與清母有關的音注材料 5 條，清清構成的音注 1 條；與從母有關的音注材料 7 條，其中從從構成的音注 5 條（已見第一章第二、第三、第四節）。精清構成的音注材料 0 條（已見第一章第二、第三、第四節）。精從構成的音注材料 1 條：《淮南子・精神》："而堯糲粢之飯，藜藿之羹。"高注："粢，讀齊衰之齊。"（7/7/106/3）粢，精脂/精脂；齊，從脂/從齊。清從構成的音注 0 條。

《白虎通德論》中精精構成的聲訓 5 條，清清構成的聲訓 2 條，從從構成的聲訓 1 條，精清兩母構成的聲訓 1 條，精從兩母構成的聲訓 2 條，清

---

[1] 另有"越，七私反"（《易・夬》26 下 23），有人認爲此條反切是鄭玄的，實是陸德明的反切。

從兩母構成的聲訓 2 條。

《説文解字》中精精構成的聲訓 26 條,清清構成的聲訓 14 條,從從構成的聲訓 19 條,精清兩母構成的聲訓 18 條,精從兩母構成的聲訓 43 條,清從兩母構成的聲訓 16 條。《説文解字》聲訓中只與精清兩母發生關係的聲訓 58 條,精清兩母構成的聲訓 18 條,約佔 31% ;只與精從兩母發生關係的聲訓 88 條,精從兩母構成的聲訓 43 條,約佔 48.86% ;只與清從兩母發生關係的聲訓 49 條,清從兩母構成的聲訓 16 條,約佔 32.65% 。可見,《説文解字》聲訓中的齒音精組中的清音送氣不送氣的界限并不十分嚴格,全濁聲母讀送氣不送氣也比較自由,讀不送氣的時候可能多一些。

《釋名》聲訓中精精構成的聲訓 29 條,清清構成的聲訓 11 條,從從構成的聲訓 11 條,精清兩母構成的聲訓 5 條。精從兩母構成的聲訓 11 條,清從兩母構成的聲訓 6 條。《釋名》聲訓中只與精清兩母發生關係的聲訓 45 條,精清兩母構成的聲訓 5 條,約佔 11.11% ;只與精從兩母發生關係的聲訓 51 條,精從兩母構成的聲訓 11 條,約佔 21.57% ;只與清從兩母發生關係的聲訓 28 條,清從兩母構成的聲訓 6 條,約佔 21.43% 。由此可見,精清兩母的關係較遠,精從兩母的關係與清從兩母的關係相仿。也就是説,在《釋名》聲訓中,精組清音聲母讀送氣、不送氣較爲固定一些,而精組全濁聲母讀送氣、不送氣更爲自由一些。

在《説文解字》讀若中,精精構成的讀若 14 條;清清構成的讀若 8 條;與從母有關的 17 條,從從構成的讀若 10 條,精清構成的讀若 1 條,精從構成的讀若 4 條,清從構成的讀若 1 條。從《説文解字》讀若材料看,齒音精組濁音聲母與全清聲母的關係較近,與次清聲母關係遠一些,齒音精組全清聲母與次清聲母關係遠一些。也就是説,清音聲母讀送氣比較固定,全濁聲母讀不送氣的讀一些。

《三禮》漢讀中精精構成的音注 15 條,清清構成的音注 11 條,從從構成的音注 12 條,精清構成的音注 3 條,精從構成的音注 31 條,清從兩母構成的音注 3 條。據陸德明《經典釋文》,鄭玄還有精精構成的音注 9 條,清清構成的音注 4 條,從從構成的音注材料 2 條。在東漢應劭、服虔《漢書注》中,精精構成的音注 3 條,清清構成的音注材料 3 條,從從構成的音注 2 條,精清構成的音注 2 條,精從構成的音注 5 條,清從構成的音注 0 條。在東漢時代燕趙方言區學者高誘《呂氏春秋注》、《淮南子注》中,精精構成的音注 4 條,清清構成的音注 1 條,從從構成的音注 5 條,精清構成的音注材料 0 條,精從構成的音注材料 1 條,清從構成的音注 0 條。從《説文解字》中讀若和其他各種音注材料看,精組全濁聲母與全清聲母的關係較近,與次清聲母關係遠一些,齒音精組全清聲母與次清聲母關係遠一些。也就是説,清音聲母讀送氣比較固定,全濁聲母讀不送氣的多一些。

第七節　東漢時代齒音莊組聲母的清濁送氣問題

一、從聲訓材料看東漢時代齒音莊組聲母的清濁送氣問題

《白虎通德論》中與莊母有關的聲訓 0 條;與初母有關的聲訓 2 條,初初構成的聲訓 0 條;與崇母有關的聲訓 2 條,其中崇崇構成的聲訓 1 條。莊初兩母構成的聲訓 0 條,莊崇兩母構成的聲訓 0 條,崇初兩母構成的聲訓 0 條。

《説文解字》中與莊母有關的聲訓 40 條,其中莊莊構成的聲訓 7 條;與初母有關的聲訓 47 條,其中初初構成的聲訓 5 條;與崇母有關的聲訓 47 條,其中崇崇構成的聲訓 4 條。莊崇兩母構成的聲訓 6 條(莊崇兩母構成的聲訓 3 條,崇莊兩母構成的聲訓 3 條):簀㞷(莊崇/錫陽),簀棧(莊崇/錫元),第牀(莊崇/脂陽),齟齬(崇莊/物鐸),孱連(崇莊/元鐸),讒譖(崇莊/談鐸);莊初兩母構成的聲訓 0 條;崇初兩母構成的聲訓 0 條。

《釋名》聲訓中,與莊母有關的 17 條,其中莊莊構成的聲訓有 5 條;與初母有關的 17 條,其中初初構成的聲訓有 3 條;與崇母有關的 9 條,其中崇崇構成的聲訓有 4 條。莊初兩母構成的聲訓 1 條:《釋車》輻厢(莊初/之職);莊崇兩母構成的聲訓 1 條:《釋牀帳》牀裝(崇莊/陽陽);初崇兩母構

成的聲訓 1 條：《釋書契》册赜（初崇/錫錫）。

二、從《説文解字》讀若看東漢時代齒音莊組聲母的清濁送氣問題

在《説文解字》讀若中，與莊母有關的讀若 10 條，莊莊構成的讀若 3 條；與初母有關的 7 條，[1]初初構成的讀若 2 條；與崇母有關的 12 條，崇崇構成的讀若 5 條。莊初兩母構成的讀若 0 條；莊崇兩母構成的讀若 1 條：耤笮（崇莊，300 下/272 上）；初崇構成的讀若 1 條：訬毚（初崇，56 上/48 下）。

三、從其他音注材料看東漢時代齒音莊組聲母的清濁送氣問題

《三禮》漢讀中，莊莊構成的音注關係有 6 條：柳櫛（莊莊/質質，《周禮》卷十一·201 下·16），菑栽（莊莊/之之，《周禮》卷十一·203 下·13），蚤爪（莊莊/幽幽，《周禮》卷十一·203 下·9），蚤爪（莊莊/幽幽，《周禮》卷十一·206 下·4），蚤爪（莊莊/幽幽，《儀禮》卷十二·126 下·12），蚤爪（莊莊/幽幽，《禮記》卷一·15 上·3）。[2] 初初構成的音注 1 條：測惻（初初/職職，《周禮》卷十二·229 下·1）。崇崇構成的音注 3 條：耡助（崇崇/魚魚，《周禮》卷四·71 下·6），耡助（崇崇/魚魚，《周禮》卷四·74 上·13），士仕（崇崇/之之。崇從構成的音注 2 條：鉏藉（崇從/魚鐸，《周禮》卷四·71 下·6），鉏藉（崇從/魚鐸，《周禮》卷四·74 上·12）；[3] 莊初構成的音注材料 1 條：菑厠（莊初/之職，《周禮》卷十一·203 下·13）；莊崇構成的音注材料 1 條：狀壯（崇莊/陽陽，《周禮》卷十一·212 下·11）。另有莊從構成的音注 1 條：札截（莊從/月月，《周禮》卷五·86 下·16）。

據陸德明《經典釋文》，鄭玄還有初初構成的音注 1 條：差，初佳反

〔1〕　《説文·木部》："槮，木長貌，詩曰槮差荇菜是也。"槮（山侵/山侵），參，初侵/初侵。"槮"字下大、小徐本均無讀若。徐鍇認爲此處"當言讀若《詩》曰，無讀若字，寫失之"。

〔2〕　蚤，《廣韻》子晧切，精母幽部；《集韻》側絞切，莊母幽部。

〔3〕　柯蔚南在《東漢音注的聲母係統》一文中列出鄭玄一條從崇接觸的音注材料，《禮記·檀弓上》："爾毋從從爾，爾毋訑訑爾。"原注："音摐，高也，一音崇，又仕江反。"從，從東；崇，崇冬。此乃陸德明音注，非鄭玄音注。

227

（《詩・東門之枌》71 上 14）。莊初構成的音注 0 條。未見與崇母有關的音注材料。[1]

在東漢應劭、服虔《漢書注》中，與莊母有關的音注材料 1 條，莊莊構成的音注材料 0 條；與初母有關的音注材料 0 條，初初構成的音注 0 條；與崇母有關的音注材料 1 條，崇崇構成的音注 0 條。莊初兩母構成的音注 0 條，莊崇兩母構成的音注 0 條，初崇兩母構成的音注 0 條。

東漢時代燕趙方言區學者高誘《呂氏春秋注》、《淮南子注》，與莊母有關的音注材料 2 條，莊莊構成的音注 0 條；與初母有關的音注材料 1 條，初初構成的音注 1 條；與崇母有關的音注材料 1 條，崇崇構成的音注 0 條。[2] 莊初兩母構成的音注 0 條，莊崇兩母構成的音注 0 條，初崇兩母構成的音注 0 條。

《白虎通德論》中與莊母有關的聲訓 0 條；與初母有關的聲訓 2 條，初初構成的聲訓 0 條；與崇母有關的聲訓 2 條，其中崇崇構成的聲訓 1 條，莊初兩母構成的聲訓 0 條，莊崇兩母構成的聲訓 0 條，崇初兩母構成的聲訓 0 條。《說文解字》中莊莊構成的聲訓 7 條，初初構成的聲訓 5 條，崇崇構成的聲訓 4 條，莊崇兩母構成的聲訓 6 條，莊初兩母構成的聲訓 0 條，崇初兩母構成的聲訓 0 條。《釋名》聲訓中，莊莊構成的聲訓有 5 條，初初構成的聲訓有 3 條，崇崇構成的聲訓 4 條，莊初兩母構成的聲訓 1 條，莊崇兩母構成的聲訓 1 條，初崇兩母構成的聲訓 1 條。《白虎通德論》中與莊組聲母（這裏指莊初崇三母）有關的聲訓材料太少，不易說明問題。從《說文解字》中莊莊構成的聲訓 7 條，初初構成的聲訓 5 條，崇崇構成的聲訓 4 條，莊崇兩母構成的聲訓 6 條，莊初兩母構成的聲訓 0 條，崇初兩母構成的聲訓 0 條。由此來看，齒音莊組全濁聲母與全清聲母關係最近，這

〔1〕 另有莊禪構成的音注 1 條：純，側基反（《論語・子罕》349 上 22）。

〔2〕 崇章構成的音注 1 條：《淮南子・天文》："天墜未形，馮馮翼翼，洞洞灟灟。"高注："灟，讀以鐵頭斫地之鐲也。"（7/3/35/4）灟，章屋/章燭；鐲，崇屋/崇覺。另有《淮南子・俶真》："牛蹏之涔，無尺之鯉。"高注："涔，讀延祐葛問，急氣閉口言也。"（7/2/27/10）涔，崇侵/崇侵。不好斷定"涔"與何字構成音注。

與齒音精組中全濁聲母與全清聲母關係最近一致,即全濁聲母應該讀不送氣的。《釋名》聲訓中,全清聲母與次清聲母雖然也有自由變讀的情況,從莊初兩母構成的聲訓 1 條,莊崇兩母構成的聲訓 1 條,初崇兩母構成的聲訓 1 條來看,《釋名》聲訓中,齒音莊組全濁聲母讀清音送氣不送氣比較隨便;全清聲母與次清聲母雖然也有自由變讀的情況,但總的界限是還是很清楚的。

在《説文解字》讀若中,與莊母有關的讀若 10 條,莊莊構成的讀若 3 條;與初母有關的 7 條,[1]初初構成的讀若 2 條;與崇母有關的 12 條,崇崇構成的讀若 5 條,莊初兩母構成的讀若 0 條,莊崇兩母構成的讀若 1 條,初崇構成的讀若 1 條。《三禮》漢讀中,莊莊構成的音注關係有 6 條,初初構成的音注 1 條,崇崇構成的音注 2 條,莊初構成的音注材料 1 條,莊崇構成的音注材料 1 條。在東漢應劭、服虔《漢書注》中,莊莊構成的音注材料 0 條,初初構成的音注 0 條,崇崇構成的音注 0 條,莊初兩母構成的音注 0 條,莊崇兩母構成的音注 0 條,初崇兩母構成的音注 0 條。高誘《呂氏春秋注》、《淮南子注》,莊莊構成的音注 0 條,初初構成的音注 1 條,崇崇構成的音注 0 條,莊初兩母構成的音注 0 條,莊崇兩母構成的音注 0 條,初崇兩母構成的音注 0 條。從《説文解字》讀若和《三禮》漢讀材料看,齒音全濁聲母讀不送氣的可能性大一些,只是材料太少,不好斷定。至於應劭、服虔《漢書注》和高誘《呂氏春秋注》、《淮南子注》,材料更少,無從斷定全濁聲母讀送氣還是讀不送氣。

第八節　東漢時代牙音聲母的清濁送氣問題

一、從聲訓材料看東漢時代牙音聲母的清濁送氣問題

《白虎通德論》中,與見母有關的聲訓 42 條,見見構成的聲訓 17 條;

---

〔1〕 《説文・木部》:"槮,木長貌,詩曰槮差荇菜是也。"槮(山侵/山侵);參,初侵/初侵。"槮"字下大、小徐本均無讀若。徐鍇認爲此處"當言讀若《詩》曰,無讀若字,寫失之"。

與溪母有關的聲訓 6 條,溪溪構成的聲訓 0 條;與群母有關的聲訓 13 條,群群構成的聲訓 1 條。見溪兩母構成的聲訓 1 條:《崩薨》:梛之爲言廓,所以開廓辟土無令迫棺也(梛,見鐸入;廓,溪鐸入)。見群兩母構成的聲訓 4 條:《禮樂》:琴者,禁也(琴,群侵平;禁,見侵去);《五行》:癸者,揆度也(癸,見脂上;揆,群脂上);《三綱六紀》:君,群也(君,見文平;群,群文平);《崩薨》:柩之爲言究也,久也(柩,群之去;究,見幽去;久,見之上)。溪群兩母構成的聲訓 1 條:《號》:謦者,極也。(謦,溪覺入;極,群職入)

《説文解字》中,與見母有關的聲訓 744 條,見見構成的聲訓 190 條;與溪母有關的聲訓 198 條,溪溪構成的聲訓 26 條;與群母有關的聲訓 191 條,群群構成的聲訓 31 條。見溪兩母構成的聲訓 64 條(見母字作被訓釋字的 33 條,溪母字作被訓釋字的 31 條):埂阬(見溪/陽陽),狗叩(見溪/侯侯)叩,用《廣韻》音,旡氣(見溪/物物),智可(見溪/歌歌),懽款(見溪/元元),灦去(見溪/鐸魚),句曲(見溪/侯屋),笱曲(見溪/侯屋),鉤曲(見溪/侯屋),軥曲(見溪/侯屋),靽懋(見溪/東屋),簾筐(見溪/魚陽),絇彄(見溪/之侯),椐樻(見溪/魚物),詃欺(見溪/陽之),京丘(見溪/陽之),工巧(見溪/東幽),嘐誇(見溪/幽魚),較曲(見溪/宵屋),[1]噭吼(見溪/藥侯),[2]禾曲(見溪/脂屋),臾傾(見溪/質耕),朓孔(見溪/月東),骭骹(見溪/元宵),管孔(見溪/元東),管開(見溪/元之),館客(見溪/元鐸),捲曲(見溪/元屋),間隙(見溪/元鐸),藭曲(見溪/元屋),械篋(見溪/侵葉),緘篋(見溪/侵葉),匇氣(見溪/月物),蹫踞(溪見/魚魚),胯股(溪見/魚魚),廳廣(溪見/陽陽),塙堅(溪見/宵真),筐笞(溪見/陽魚),祜告(溪見/幽覺),丘高(溪見/之宵),克肩(溪見/職元),企舉(溪見/支魚),頯舉(溪見/支魚),磬堅(溪見/錫真),磬空(溪見/耕東),窒空(溪見/耕東),墾堅(溪見/耕元),菇韮(溪見/魚幽),麩甘(溪見/魚侵),

---

〔1〕 較,即"較"字。
〔2〕 吼,段校作"口"字。

枯槁（溪見／魚宵），陆谷（溪見／魚屋），客寄（溪見／鐸歌），愙敬（溪見／鐸耕），[1] 穅穀（溪見／陽屋），[2] 炕乾（溪見／陽元），忼慨（溪見／陽物），敂擊（溪見／侯錫），彊居（溪見／侯魚），殼擊（溪見／屋錫），愨謹（溪見／屋文），孔嘉（溪見／東歌），謦急（溪見／幽緝），趬舉（溪見／宵魚），毃擊（溪見／宵錫）；見群兩母構成的聲訓 71 條（見母字作被訓釋字的 31 條，群母字作被訓釋字的 40 條）：龜舊（見群／之之），剛彊（見群／陽陽），舉共（見群／東東），癸揆（見群／脂脂），髻潔（見群／月月），[3] 絹絇（見群／元元），禁忌（見群／侵侵），矍遽（見群／鐸魚），垓極（見群／之職），鼓郭（見群／魚鐸），究窮（見群／幽冬），趜窮（見群／覺冬），欶窮（見群／覺冬），[4] 籟窮（見群／覺冬），聒驊（見群／月元），久距（見群／之魚），[5] 弓窮（見群／蒸冬），趌彊（見群／支陽），勁彊（見群／耕陽），購求（見群／侯幽），姁健（見群／侯元），菊蘧（見群／幽魚），腊臞（見群／脂魚），偕彊（見群／脂陽），偕俱（見群／脂侯），屆極（見群／質職），矯箝（見群／宵談），屩屐（見群／宵支），譎權（見群／物元），憍權（見群／物元），忦極（見群／元職），九九（群見／幽幽），僑高（群見／宵宵），喬高（群見／宵宵），罠驚（群見／耕耕），琴禁（群見／侵侵），虡鼓（群見／魚魚），趜顧（群見／魚魚），虡凡（群見／魚魚），虡舉（群見／魚魚），渠居（群見／魚魚），馗龜（群見／幽之），唫急（群見／侵緝），捦急（群見／侵緝）捦擒，捦袷（群見／侵侵），蠅角（群見／侯屋），詎誡（群見／之職），肇規（群見／耕支），鉅剛（群見／魚陽），譏訖（群見／微物），幾謹（群見／微文），鉗劫（群見／談葉），魃鬼（群見／支微），祺吉（群見／之質），舁舉（群見／之魚），柩棺（群見／之元），臩踞（群見／之魚），桀點（群見／月質），竭舉（群見／月魚），趌舉（群見／元魚），腱筋（群見／元文），痙急（群見／耕緝），榼角（群見／鐸屋），羿驚（群見／陽耕），馗高（群見／幽宵），滰乾

---

〔1〕　愙，即"恪"字。

〔2〕　穅，即"糠"字。

〔3〕　潔，各家校作"絜"。

〔4〕　欶，即"鞠"字。

〔5〕　距，段注改作"距"。

（群見／陽元），奯居（群見／侯魚），俅冠（群見／幽元），鬴急（群見／幽緝），
虯角（群見／幽屋），亅鉤（群見／月侯）；溪群兩母構成的聲訓 21 條（溪母
字作被訓釋字的 4 條，群母字作被訓釋字的 17 條）：劾極（溪群／職職），
穹窮（溪群／蒸冬），枯極（溪群／魚緝），犺健（溪群／陽元），梟糅（群溪／幽
幽），麴曲（群溪／覺覺），[1]跼曲（群溪／侯屋），痀曲（群溪／侯屋），齾缺
（群溪／元月），騎跨（群溪／歌魚），技巧（群溪／支幽），懼恐（群溪／魚東），
谷口（群溪／鐸侯），踽曲（群溪／幽屋），喬曲（群溪／宵屋），痒氣（群溪／質
物），匱器（群溪／物質），趜曲（群溪／元屋），齮曲（群溪／元屋），觠曲（群
溪／元屋），健伉（群溪／元陽）。

　　《釋名》聲訓中，與見母有關的 182 條，見見構成的聲訓 102 條，與溪
母有關的 64 條，溪溪構成的聲訓 24 條，與群母有關的 32 條，群群構成的
聲訓 10 條。見溪兩母構成的聲訓 14 條：《釋兵》弓穹（見溪／蒸蒸），《釋
形體》脚却（見溪／鐸鐸），《釋宮室》郭廓（見溪／鐸鐸），《釋喪制》槨廓（見
溪／鐸鐸），《釋山》岡亢（見溪／陽陽），《釋車》轂埆（見溪／屋屋），《釋車》
釭空（見溪／東東），《釋言語》潔碻（見溪／月藥），《釋首飾》簂恢（見溪／職
之），《釋宮室》宮穹（見溪／冬蒸），《釋兵》甲鎧（見溪／葉微），《釋形體》口
卷（溪見／侯元），《釋衣服》裘廣（溪見／侵陽），《釋喪制》考槁（溪見／幽
宵）；見群兩母構成的聲訓 11 條：《釋車》韁彊（見群／陽陽），《釋天》癸
揆（見群／脂脂），《釋宮室》灌竭（見群／月月），《釋言語》急及（見群／緝
緝），《釋姿容》掬局（見群／覺屋），《釋牀帳》几庪（見群／脂支），《釋樂
器》虡舉（群見／魚魚），《釋言語》彊畺（群見／陽陽），《釋言語》健建（群
見／元元），《釋衣服》衿禁（群見／侵侵），《釋親屬》舅久（群見／幽之）；
溪群兩母構成的聲訓 2 條：《釋言語》曲局（溪群／屋屋），《釋宮室》困
綣（溪群／文元）。

---

〔1〕　麴，即"鞠"字。

二、從《説文解字》讀若材料看東漢時代牙音聲母的清濁送氣問題

在《説文解字》讀若中,與見母有關的 95 條,見見構成的讀若 72 條;與溪母有關的 30 條,溪溪構成的讀若 17 條;與群母有關的 40 條,群群構成的讀若 18 條。見溪構成的讀若 10 條:赿蓳(溪見,37 上/31 上),趄屈(見溪,37 上/31 下),勼殧(見溪,91 下/83 上),劍鍥(見溪,92 下/83 下),殼茮(溪見,109 上/100 上),[1]觠夬(溪見,111 下/101 下),稽裹(溪見,145 下/142 下),[2]甗擊(溪見,173 下/171 下),顲贛(溪見,183 下/179 下),[3]玖芑(見溪,12 下/8 下);[4]見群構成的讀若 5 條:瞿句(群見,79 上/71 下),赳鐈(見群,36 上/30 下),[5]蹶黎(見群,47 上/39 下),虞蘮(群見,197 上/191 下);溪群構成的讀若 4 條:臩杞(群溪,309 上/279 下),娸近(溪群,258 下/241 下),[6]巟丘(群溪,57 下/49 下),[7]趨蹻(群溪,36 上/30 下)。

三、從其他音注材料看東漢時代牙音聲母的清濁送氣問題

《三禮》漢讀中見見構成的音注 52 條,溪溪構成的音注材料 8 條,群群構成的音注材料 4 條(見四三章)。見溪兩母構成的音注 9 條:苦鹽(溪見/魚魚,《周禮》卷二·26 下·10),苦鹽(溪見/魚魚,《周禮》卷二·36 上·11),槀犒(見溪/宵宵,《周禮》卷三·45 上·13),碈鏗(見溪/文真,《周禮》卷六·112 上·13),觭掎(溪見/歌歌,《周禮》卷六·115 下·6),槀槁(見溪/宵宵,《周禮》卷十·191 下·12),茭骹(見溪/宵宵,《周禮》卷十三·230 下·1),挈絜(溪見/月月,《周禮》卷十七·134 上·

---

〔1〕　大徐本作“讀若箹莝(定東/定東)同”,小徐本作“讀若蒩莝同”。
〔2〕　大徐本無讀若。
〔3〕　大徐本作“讀若戀(知東/知絳)”,小徐本作“讀若贛”。
〔4〕　大、小徐本均作:“讀若芑,或曰若人句瘠之句(見侯/見遇)。”
〔5〕　小徐本無讀若。
〔6〕　大徐本無讀若。
〔7〕　大徐本作“讀若求(群幽/群幽)”,小徐本“讀又若丘(溪之/溪尤)”。

16)，藚頪（見溪／職支，《儀禮》卷一·2 下·9）；[1]見群兩母構成的音注 8 條：求救（群見／幽幽，《周禮》卷三·47 上·3），鍵蹇（群見／元元，《周禮》卷四·69 下·12），祈幾（群見／微微，《周禮》卷五·92 上·14），祈機（群見／微微，《周禮》卷五·92 上·14），矩距（見群／魚魚，《周禮》卷十一·203 下·13），楗蹇（群見／元元，《周禮》卷十一·209 上·4），謹墐（見群／文文，《禮記》卷八·88 上·17），建鍵（見群／元元，《禮記》卷十一·117 下·5）；群溪兩母構成的音注 4 條：觭奇（溪群／歌歌，《周禮》卷六·115 下·6），頎懇（群溪／文文，《周禮》卷十一·208 下·11），蕢凷（群溪／物微，《禮記》卷七·68 下·24），蕢凷（群溪／物微，《禮記》卷九·98 上·21）。據陸德明《經典釋文》，鄭玄還有溪見構成的音注 1 條：枯，音姑（《易·大過》24 上 15）。

在東漢應劭、服虔《漢書注》中，與見母有關的音注材料 24 條，見見構成的音注 10 條；與溪母有關的音注材料 12 條，溪溪構成的音注 5 條；與群母有關的音注材料 6 條，群群構成的音注 5 條。見溪構成的音注 4 條：觭，奇偶之奇（5/1429/3）。觭，溪歌／溪支；奇，見歌／見支。开，音羌肩反（應劭，6/1612/3）。开，見元／見先；羌肩，溪元／溪先。龜茲，音丘慈（應劭，6/1618/6）。龜，見之／見脂；丘，溪之／溪尤。龜茲，音丘慈（應劭，9/3001/2）。龜，見之／見脂；丘，溪之／溪尤。見群構成的音注 1 條：酈食其，音歷異基（服虔，1/18/2）。其，群見之／群見之；基，見之／見之。溪群兩母構成的音注 0 條。

東漢時代燕趙方言區學者高誘《呂氏春秋注》、《淮南子注》，與見母有關的音注材料 41 條，見見構成的音注 20 條；與溪母有關的音注材料 16 條，溪溪構成的音注 8 條；與群母有關的音注材料 17 條，群群構成的音注 10 條。見溪構成的音注 4 條：《呂氏春秋·孟夏紀·誣徒》："從師苦而欲學之功也。"高注："苦，讀如鹽鹼之鹼。"（6/4/41/8）苦，溪魚／溪姥；鹼，見魚／見姥。《呂氏春秋·仲冬紀·當務》："不見六王五伯，將戮其頭

---

[1]　此條爲滕薛方言。鄭玄注："滕薛名蕢爲頪。"

矣。"高注:"觳,音觳。"(6/11/110/12)觳,溪藥/溪覺;觳,見覺/見屋。[1]
《淮南子・時則》:"工事苦慢。"高注:"苦,讀鹽會之鹽。"(7/5/81/6)苦,
溪魚/溪姥;鹽,見魚/見姥。《淮南子・主術》:"以器械不苦。"高注:"苦,
讀鹽。"(7/9/132/12)苦,溪魚/溪姥;鹽,見魚/見姥。見群構成的音注3
條:《淮南子・時則》:"爨其燧火。"高注:"其,讀該備之該也。"(7/5/69/
15)其,群之/群之;該,見之/見咍。《淮南子・本經》:"飛蛩滿野。"高注:
"蛩,讀《詩》小珙之珙。"(7/8/114/13)蛩,群東/群鍾;珙,見東/見腫。
《淮南子・本經》:"公輸王爾,無所錯其剞劂削鋸。"高注:"剞,讀技尺之
技。"(7/8/114/9)剞,見歌/見紙;技,群支/群紙。群溪構成的音注2條:
《呂氏春秋・審應覽・應言》:"視之蝸焉美,無所可用。"高注:"蝸,讀齲
齒之齲。"(6/18/231/5)蝸,群魚/群麌;齲,溪魚/溪麌。《淮南子・天
文》:"太陰在子,歲名曰困敦。"高注:"困,讀群。"(7/3/49/4)困,溪文/溪
恩;群,群文/群文。

　　《白虎通德論》中見見構成的聲訓17條,溪溪構成的聲訓0條,群群
構成的聲訓1條,見溪兩母構成的聲訓1條,見群兩母構成的聲訓4條,
溪群兩母構成的聲訓1.條。《白虎通德論》中群母似乎主要讀成不送氣的
聲母。《說文解字》中,見見構成的聲訓190條,溪溪構成的聲訓26條,群
群構成的聲訓31條,見溪兩母構成的聲訓64條,見群兩母構成的聲訓71
條,溪群兩母構成的聲訓21條。只與見溪兩母有關的聲訓280條(見見
構成的聲訓190條,溪溪構成的聲訓26條,見溪兩母構成的聲訓64條),
見溪兩母構成的聲訓64條,約佔22.86%。只與見群兩母有關的聲訓292
條(見見構成的聲訓190條:群群構成的聲訓31條,見群兩母構成的聲
訓71條),見群兩母構成的聲訓71條,約佔24.32%。只與溪群兩母有關
的聲訓78條(溪溪構成的聲訓26條,群群構成的聲訓31條,溪群兩母構
成的聲訓21條),溪群兩母構成的聲訓21條,約佔26.92%。群母讀送氣
不送氣比較自由。《釋名》聲訓中,與見母有關的182條,其中見見構成的

----

〔1〕　觳,舊本作"穀",依段玉裁說改;觳,舊本作觳,依錢大昕說改。

聲訓 102 條；與溪母有關的 64 條，其中溪溪構成的聲訓 24 條；與群母有關的 32 條，其中群群構成的聲訓 10 條。見溪兩母構成的聲訓 14 條，見群兩母構成的聲訓 11 條，溪群兩母構成的聲訓 2 條。《釋名》聲訓中，只與見溪兩母發生關係的聲訓 140 條，其中見見構成的聲訓 102 條，溪溪構成的聲訓 24 條，見溪兩母構成的聲訓 14 條，佔 10%；只與見群兩母發生關係的聲訓 123 條，其中見見構成的聲訓 102 條，群群構成的聲訓 10 條，見群兩母構成的聲訓 11 條，約佔 9%；只與溪群兩母發生關係的聲訓 36 條，其中溪溪構成的聲訓 24 條，群群構成的聲訓 10 條，溪群兩母構成的聲訓 2 條，約佔 5.56%。

在《説文解字》讀若中，與見母有關的 95 條，見見構成的讀若 72 條；與溪母有關的 30 條，溪溪構成的讀若 17 條；與群母有關的 40 條，群群構成的讀若 18 條，見溪構成的讀若 10 條，見群構成的讀若 5 條，溪群構成的讀若 4 條。《三禮》漢讀中見見構成的音注 52 條，溪溪構成的音注材料 8 條，群群構成的音注材料 4 條，見溪兩母構成的音注 9 條，見群兩母構成的音注 8 條，群溪兩母構成的音注 4 條。據陸德明《經典釋文》，鄭玄還有溪見構成的音注 1 條。在東漢應劭、服虔《漢書注》中，見見構成的音注 10 條，溪溪構成的音注 5 條，群群構成的音注 5 條，見溪構成的音注 4 條，見群構成的音注 1 條，溪群兩母構成的音注 0 條。東漢時代燕趙方言區學者高誘《呂氏春秋注》、《淮南子注》，見見構成的音注 20 條，溪溪構成的音注 8 條，群群構成的音注 10 條，見溪構成的音注 4 條，見群構成的音注 3 條，群溪構成的音注 2 條。可見《説文解字》讀若和其他音注材料群母與見溪兩母關係都很密切，可能讀送氣不送氣比較自由。

第五章　兩漢時代的複輔音
聲母問題

　　上古漢語聲母的研究,主要有兩條路,一條是從分析古代典籍的異文,漢魏的反切、直音、讀若、異讀、聲訓、重文和後代的方言等材料入手,并聯繫宋元的等韻圖,從清代學者錢大昕一直到後來的章太炎、黃侃、曾運乾、王力、周祖謨諸先生大都走的是這條路子,這條研究路子所得出的結論是上古漢語只有單輔音聲母;[1]另一條研究路子雖然也利用上述材料,但更主要是從分析古代的諧聲字入手,聯繫親屬語言、域外借字、現代方言等材料,這條研究路子所得出的結論是上古漢語不僅有單輔音聲母,而且還存在大量的複輔音聲母,簡稱複聲母。自從英國漢學家艾約瑟(Joseph Edkins)提出上古漢語可能存在複輔音後,經過林語堂和高本漢等中外學者近百年的研究,雖然也有持反對觀點者,但是上古漢語存在複輔音的説法已得到很多學者的認可。在承認上古漢語有複輔音的學者中,有的認爲上古漢語仍然存在豐富系統的複輔音,這是大多數學者的意見;有的則認爲,豐富系統的複輔音只是存在於原始漢語或遠古漢語中,到了上古,複輔音作爲系統已經消失,上古漢語中只是還存有某些複輔音

---

　　〔1〕　周祖謨先生晚年曾用簡帛材料討論上古的聲母係統,也得出了上古漢語有複輔音聲母的結論。(參見周祖謨先生的《漢代竹書和帛書中的通假字與古音的考訂》,《音韻學研究》第一輯,中華書局 1984 年)

237

的痕迹,如何九盈先生在他的《上古音》一書中就是持這種觀點的。也有一些學者在觀念上認爲複輔音存在於原始漢語中,但在討論時似乎又認爲上古漢語還存在大量的成系統的複輔音,如嚴學宭先生的《原始漢語複聲母類型的痕迹》一文,似乎就是如此。總之,即使上古漢語中還存有複輔音,也没有原始漢語更爲系統、豐富。現在的問題是,複輔音産生的年代和消失過程還不好確定。我們認爲,如果上古漢語存在複輔音,複輔音的産生大概是在漢語成爲一種成熟的語言時就存有的。從語言發展規律看,許多語言複輔音都存在從有到無的過程,很少有從無到有再到無的過程。我們現在所能斷定的是什麼時代還存有複輔音,至於複輔音是什麼時代産生的,恐怕只能作誰也説不服誰的從推理到推理的論證了。

有些學者認爲,《切韻》時代已無複輔音痕迹,從而斷定上古漢語没有複輔音。實際上,《切韻》中的一些又音異讀就可能是上古漢語複輔音在《切韻》中的反映。甚至現代漢語的一些方言,也有複輔音的痕迹。正如何九盈先生在《上古音》一書中所説:"我們既不可把'遺迹'當作系統來看待,也不應該無視這些'遺迹',以爲漢語中從來就不曾有過複輔音。"

人們在討論複輔音時大都是根據諧聲原則入手的。從高本漢開始,許多學者對諧聲原則進行了探討,到目前爲止,人們總結出的諧聲原則計有五條:1. 上古舌根塞音可以互諧,也可以跟喉音(影、曉)互諧;2. 上古舌尖塞音(端、透、定)可以互諧;3. 上古唇塞音可以互諧;4. 上古舌尖塞擦音可以互諧,也可以跟舌尖擦音(心、山、書)互諧;5. 上古鼻音(明、泥日、疑)、邊音(喻四)、顫音(來)既不可以互諧,也不跟塞音、塞擦音互諧。并認爲凡是與這五條原則不符合的諧聲現象,都可能跟複輔音有關。并且可以把這五條項原則推廣在一切可利用研究複聲母的材料上。[1] 遠古時代有複輔音聲母,那麼兩漢時代尤其是東漢時代是否還存有複輔音聲母呢? 如果存在,具體的情況又是怎樣呢? 這些問題不好回答。我們認

---

〔1〕 見楊劍橋:《漢語現代音韻學》,復旦大學出版社 1996 年,第 149—167 頁。

爲,複輔音的問題是一個很複雜的問題,無論是説其有還是證其無,都是很困難的。這也正是堅持有複輔音論者和反對有複輔音論者長期争論不休的主要原因。我們所能斷定的是,這種争論還會長時間地持續下去。無論是誰,想要在短期内能把這種争論平息解決,都是極爲天真的想法。我們在這裏把兩漢時代一些反映聲母系統的特殊的語音材料儘可能全面地羅列出來,按着傳統的研究方法對所要討論的對象作些簡要的説明。主要是把各種相關的材料彙集在一起,爲進一步討論此問題提供一些方便,不是説我們就認定這些複雜的特殊語音材料就一定都是反映複輔音的語音現象的。實際上這些材料中有許多都是被有複輔音論者看作上古存在複輔音的證據的。我們這裏羅列的材料主要是反映漢代聲母現象的語音材料。爲了更爲謹慎起見,聲訓材料主要羅列《釋名》中的特殊聲訓材料,對於材料比較複雜的《白虎通德論》和《説文解字》中的聲訓材料就都暫時棄而不用了,因爲這些材料比起《釋名》材料來,更爲複雜,更不好確定其可靠性。異文材料我們也儘量棄置不用,因爲想要斷定異文形成的確定年代也是非常困難的。其餘的音注材料則是儘可能地羅列出來。我們揭示的特殊聲母材料,主要是東漢時代的,至於西漢時期複輔音的情況,這裏只是就一些學者有關西漢簡帛研究的結論作一簡要介紹,目的在於,按照許多學者的看法,西漢時代還存在着較爲豐富的複輔音的。

第一節　從簡帛通假字看西漢
時代複輔音聲母

　　周祖謨先生在《漢代竹書和帛書中的通假字與古音的考訂》中認爲,來母同聲母的異文在帛書中的例證很多,屬於不同聲母的有 k：l；l：k；m：l；l：m；ʈˋ：l；l：ʈˋ；ɣj：l。周先生説:“從這些例子我們可以想到古代有以 l 爲第二成分的複輔音,如 kl,tl,ml,之類。”周先生總結出竹書帛書的複輔音聲母 7 個: pl,ml,ʈˋl,sl,sn,kl,xm -。

　　劉寶俊先生在《秦漢帛書音系》中認爲:“出土的帛書材料與傳世文

獻材料得出的結果相當一致,可以互相印證,反映了上古漢語單輔音聲母系統所涵蓋的地域和時代是相當廣闊和長久的,具有較强的穩定性。"〔1〕 至於帛書材料中的複輔音聲母系統,該文認爲較爲複雜,與諧聲系統相比,呈現出參差不齊的局面。諧聲系統所反映出的複輔音聲母,在帛書材料中都没有出現,或雖出現也只有極少的例子,很不明顯。該文爲出土的帛書材料構擬的複輔音聲母有四種類型:(一)與邊音 *-L-構成的複輔音,(二)以邊音 *S-構成的複輔音,(三) *x-與鼻音構成的複輔音,(四)鼻冠塞音聲母。作者認爲帛書音系中的複輔音聲母系統正處於一個消失衰亡的過程之中。作者擬訂 19 個複輔音聲母: ml-, t'l-, kl-, k'l-, gl-, gwl-, sl-, sn-, st-, st'-, sk-, skw-, sŋ-, xm-, xŋ-, nt'-, ŋk-, ŋk'-, ŋg-。

李玉先生在《秦漢簡牘帛書音系研究》第二章中討論鼻音、清流音及複輔音聲母。作者將心母一分爲二,分別稱之爲"心甲"和"心乙"。"心甲"指的是屬於精組聲母的舌尖清擦音那部分字,"心乙"屬清鼻音、清流音或複輔音聲母。作者認爲,中古的邪母很可能是一個後起的聲母,將中古的邪母分成三部分,主張把與定母、澄母、余母常常通假的邪母一小部分字看成是 *ST-型的複輔音;作者還認爲舌根塞音部分字和舌根鼻音部分字通假,構成 ŋk-類型複輔音,其餘的疑母字作者擬爲 *ŋ-。作者構擬有三個清鼻音聲母 *hm-、*hn-、*hŋ-和一個清流音聲母 *hl-。作者在該書第二章中構擬了"鼻-塞"(mp、ŋk)、"Pl-"、ml、kl、ST 等類型複輔音聲母。

沈祖春先生在《〈馬王堆漢墓帛書(壹)〉假借字研究》中,爲與來母相諧的那些字構擬了 *dl-、*kl-、*ml-、*gl-、*t'l-、*k'l-等複輔音。

第二節　東漢時代與舌尖流音來母
有關的特殊語音材料

根據竺家寧先生的説法,上古漢語舌尖流音包括兩個: l 和 r。他認

---

〔1〕　該文所説的"出土的帛書材料與傳世文獻材料得出的結果相當一致",主要是指與李方桂先生的上古單輔音聲母系統一致。

爲就單聲母而論,上古有 l(來母)、r(喻四)的對立,它們前頭可以接許多不同的輔音,構成複輔音聲母。我們這裏先討論與舌尖流音來母有關的特殊語音材料。

一、《釋名》中與來母有關的特殊聲訓材料

楊劍橋先生説:"聲訓是以音同音近的字爲訓,用作聲訓的漢字聲母必定聲同或聲近;但是如果聲訓中有不合於上述諧聲原則的現象,則可能預示着有複輔音聲母的存在。"[1] 對於《釋名》聲訓的分析,也完全可以遵循以上五條諧聲原則。如果遵循上述這五條諧聲原則去分析《釋名》中的聲訓材料,我們會發現《釋名》時代,複輔音聲母仍是大量存在的。

有人認爲,就古代的語言資料而論,顯示多量複輔音的文獻以《釋名》最晚。五十年以前,美國漢學家包擬古在《釋名研究》(1954)一書中專有一章討論複聲母問題,被認爲是該書的精要部分。包氏的《釋名研究》,分三部分討論漢代的複聲母:一,舌根音跟 l 構成的複聲母;二,l 與非舌根音構成的複聲母;三,含有 ŋ、n、m 的複聲母。包氏的研究着重在對一組一組聲訓字的分析,所得的結果較爲零碎,不能構成一個體系。不過,包氏對於聲訓的處理,比起早期只知作雙聲疊韻的分類,顯然是一種進步。包氏以後研究《釋名》聲訓的論文,確有不少,如張清常《釋名聲訓所反映的古聲母現象》(1981)、祝敏徹《釋名聲訓與漢代音系》(1988)、馬景侖《釋名易字之訓的語音分析》(1991)、李恕豪《劉熙釋名中的東漢方言》(1995)、黄宇鴻《説文與釋名聲訓之比較研究》(1996),大都停留在只作雙聲疊韻的分類層次上,比起包氏的研究進步不大,有些地方還没有達到包氏研究的水準。

《釋名》聲訓中,與來母有關的 88 條,其中來來兩母構成的聲訓 55條。由此可見,《釋名》聲訓中來母是一個獨立的聲母。在來來兩母構成的聲訓 55 條中,有 49 條中的用字被人認爲在上古是有複輔音痕迹的:《釋地》鹵爐,《釋山》礫料,《釋水》瀾連,《釋水》淪倫,《釋道》路露,《釋姿

---

〔1〕　見楊劍橋:《漢語現代音韻學》,復旦大學出版社 1996 年,第 150 頁。

容》攬斂,《釋言語》廉斂,《釋言語》慮旅,《釋言語》羸累,《釋飲食》醴禮,《釋采帛》練爛,《釋采帛》綾凌,《釋采帛》綸倫,《釋衣服》留牢,《釋衣服》裲兩,《釋衣服》履禮,《釋宮室》囹領,《釋宮室》梠旅,《釋宮室》欒攣,《釋宮室》櫨盧,《釋宮室》籬離,《釋宮室》雷流,《釋宮室》樓婁,《釋宮室》盧慮,《釋牀帳》幨廉,《釋典藝》論倫,《釋典藝》令領,《釋用器》鐮廉,《釋車》輪綸,《釋疾病》聾籠,《釋疾病》痳懍,《釋疾病》瘤流(以上為聲韻均同),《釋天》雷碾(微陽),《釋天》離麗(支歌),《釋天》露慮(鐸魚),《釋地》陸漉(覺屋),《釋山》陵隆(蒸冬),《釋山》麓陸(屋覺),《釋姿容》立林(緝侵),《釋采帛》綠瀏(屋幽),《釋宮室》櫨露(魚鐸),《釋典藝》律累(物微),《釋車》勒絡(職鐸),《釋喪制》掠狼(鐸陽),《釋言語》詈離(支歌),《釋疾病》麗離(歌支),《釋州國》鄰連(真元),《釋用器》耒來(微之),《釋用器》犁利(脂質)(以上為聲同韻不同)。另有 6 條,目前尚未發現有複輔音痕迹的證據:《釋地》黎藜,《釋形體》肋勒,《釋言語》詈歷(支錫),《釋言語》良量,《釋典藝》誄累,《釋船》櫓旅。

以上 55 條,有絶大多數是聲韻均同或聲同韻近。以上材料證明,《釋名》中的來母是一個獨立的聲母。

《釋名》聲訓中,來母與其他聲母構成的聲訓 33 條,包括來母與唇音聲母構成的聲訓 2 條,其中並來兩母構成的聲訓 1 條:《釋疾病》哺露。明來兩母構成的聲訓 1 條:《釋衣服》幕絡。來母與舌音聲母為訓 7 條,其中透來兩母構成的聲訓 4 條:《釋山》坍脱,《釋言語》禮體,《釋典藝》禮體,《釋用器》耒推;定來兩母構成的聲訓 1 條:《釋飲食》酪澤。章來兩母構成的聲訓 1 條:《釋用器》錐利;昌來兩母構成的聲訓 1 條:《釋車》路車;來母與齒音聲母為訓 8 條,其中精來兩母構成的聲訓 1 條:《釋言語》讚錄;清來兩母構成的聲訓 1 條:《釋山》岨臚;從來兩母構成的聲訓 2 條:《釋喪制》柳聚,《釋天》厲疾;崇來兩母構成的聲訓 1 條:《釋言語》傳立;山來兩母構成的聲訓 3 條:《釋山》林森,《釋喪制》縡捋,《釋采帛》疏寥。來母與喉牙音聲母構成的聲訓 15 條,其中見來兩母構成的聲訓 3 條:《釋兵》劍斂,《釋衣服》領頸,《釋車》路車;溪來兩母構成的聲訓 2

條：《釋言語》勒刻，《釋形體》尻廖；群來兩母構成的聲訓2條：《釋宮室》
廡秢，《釋牀帳》裒婁；疑來兩母構成的聲訓2條：《釋宮室》瓦睥，《釋言
語》雅錐；曉來兩母構成的聲訓2條：《釋長幼》老朽，《釋兵》殺霍；匣來兩
母構成的聲訓2條：《釋水》濫衙，《釋言語》亂渾；影來兩母構成的聲訓2
條：《釋首飾》帷斂，《釋言語》來哀。

二、《説文解字》中與來母有關的特殊讀若材料

在《説文解字》讀若中，與來母有關的讀若58條，其中來來構成的
讀若41條：磬鬲（10 上/5 下），堇鬶（17 上/13 下），蘆蔞（23 上/19
下），邌邌（37 下/31 下），鬸剌（45 上/38），眹鹿（73 上/65 上），亂亂
（84 下/77 上），[1]孚律（84 下/77 上），豊禮（102 下/93 下），埄陵（105
上/95 下），傔溓（107 下/98 下），巒絲（138 下/134 上），瓏聾（141 下/137
下），[2]稴廉（144 下/141 下），[3]秝歷（146 下/144 上），[4]癃隸（155
上/153 下），瘵勞（156 上/154 下），[5]儡雷（167 下/166 上），僇雛（167
上/166 上），[6]玧鎌（177 下/175 上），鬲濫（185 下/181 上），巘厱（190
下/186 上），虜鹵（192 上/187 下），廄藍（193 下/188 下），[7]磏鎌（194
下/189 下），閦桀（207 下/200 上），燎燎（212 下/203 下），漻牢（229 下/
220 上），濫林（232 下/221 上），瓏聾（240 上/227 下），闌闌（249 上/235
上），[8]盧盧（268 下/249 下），蟸戾（270 下/251 上），綹柳（271/252 上），
輪戾（281 下/258 上），蠇賴（282 上/258 上），颲栗（284 下/259 下），颲列
（284 下/260 上），料遼（300 上/271 下），酈離（313 上/284 上），[9]壟隴

---

[1]　前一個“亂”字小徐作“𤔔”。
[2]　大徐本作“讀若聾”，小徐本作“讀若籠”。
[3]　稴，《廣韻》戶兼、力兼、胡讒三切。
[4]　大徐本作“讀若歴”，小徐本作“讀若歷”。
[5]　大徐本無讀若。
[6]　大徐本作“讀若雛”，小徐本作“讀若鷚”。鷚，來覺幽/來屋。
[7]　大徐本作“讀若藍”，小徐本作“讀若監”。厱，《廣韻》丘嚴切、苦咸切。《集韻》盧
甘切。監，見談/來銜，籠三反/魯甘切。
[8]　小徐本無讀若。
[9]　大徐本作“讀若離”，小徐本作“讀若离”。

(237 上/225 上)。來母與其他聲母構成的讀若 15 條,其中來定構成的讀若 2 條: 婁潭(264 上/245 下),酴盧(312 上/283 上)。來澄構成的讀若 3 條: 覼池(177 下/175 上),奎逐(286 下/261 下),[1]茜陸(25 上/21 上);[2]來知構成的讀若 1 條: 棆屯(115 上/107 上);來船構成的讀若 2 條: 食粒(106 下/97 下),[3]醬葚(210 下/202 上);來溪構成的讀若 2 條: 鬑慊(185 下/181 下),蠊嗛(281 下/258 上);來疑構成的讀若 1 條: 頛齧(183 下/179 下);來曉構成的讀若 1 條: 詯睞(55 上/47 下);來影構成的讀若 1 條: 綰卵(273 下/253 下);來明構成的讀若 1 條: 勱厲(292 上/266 上);來心構成的讀若 1 條: 銛鐮(295 下/268 下)。[4]

三、東漢時代與來母有關的其他特殊音注材料

在《三禮》漢讀中,與來母有關的來母音注材料 42 條,其中來來構成的音注材料 27 條: 聯連(來來/元元,《周禮》卷一・7 上・6),録禄(來來/屋屋,《周禮》卷二・31 下・2),槱柳(來來/幽幽,《周禮》卷二・38 上・7),輦連(來來/元元,《周禮》卷三・53 上・9),涖立(來來/質緝,《周禮》卷三・53 上・15),涖立(來來/質緝,《周禮》卷四・66 下・7),涖立(來來/質緝,《周禮》卷五・89 下・10),鈴軨(來來/耕耕,《周禮》卷六・130 上・16),旅臚(來來/魚魚,《周禮》卷十・192 下・13),鄰磷(來來/真真,《周禮》卷十一・214 上・8),泐扐(來來/職職,《周禮》卷十一・201 下・3),摝鹿(來來/屋屋,《周禮》卷七・140 下・14),來釐(來來/之之,《儀禮》卷十六・171 上・15),漏螻(來來/侯侯,《禮記》卷八・87 上・13),醴禮(來來/脂脂,《儀禮》卷一・4 下・7),醴禮(來來/脂脂,

[1] 大徐本作:"讀若逐,一曰奎梁。"小徐本作:"讀若速,一曰奎梁地。"速,心屋/心屋。

[2] 大徐本作:"讀若陸,或以爲綴。"小徐本作:"讀若俠,或以爲綴。"俠,匣葉/匣帖。綴,知月/知祭。

[3] 大徐本無讀若。

[4] 二徐本均作:"讀若棪;桑欽讀若鐮。"棪,書談/書艷。另有: 鮦,絝(溪魚)襱(243 上/230 上),杝(澄歌/澄紙),大徐本作"讀若他",小徐本"讀又若他",他(透歌/透歌)(121 上/114 上)。莫友芝認爲此處"杝"即"蘺"字(《集韻》鄰知切,來歌/來支)。

《儀禮》卷一·5 上·7），醴禮（來來／脂脂，《儀禮》卷二·8 下·2），醴禮（來來／脂脂，《儀禮》卷二·11 下·16），醴禮（來來／脂脂，《禮記》卷八·89 上·14），醴禮（來來／脂脂，《禮記》卷二十·185 下·6），牢樓（來來／幽侯，《儀禮》卷十二·125 下·11），離儷（來來／歌支，《禮記》卷五·46 下·20），盧雷（來來／魚微，《周禮》卷八·161 下·10），麗罹（來來／支歌，《周禮》卷九·171 下·3），擓弄（來來／屋東，《周禮》卷七·140 下·14），栗裂（來來／質月，《周禮》卷十二·228 下·4），盧纑（來來／魚魚，《周禮》卷十一·200 下·4），濫涼（來來／談陽，《禮記》卷八·86 上·16）。余來構成的音注材料 1 條：里已（來余／之之，《周禮》卷十二·226 下·5）；見來構成的音注材料 4 條：筥梠（見來／魚魚，《周禮》卷十·197 下·6），果蠃（見來／歌歌，《周禮》卷六·117 上·2），綠角（來見／屋屋，《禮記》卷十三·134 下·10），卵鯤（來見／元文，《禮記》卷八·86 下·1）；匣來構成的音注材料 2 條：位洎（匣來／物質，《周禮》卷五·93 上·9），位立（匣來／物緝，《周禮》卷五·90 上·10）；明來構成的音注材料 5 條：龙龍（明來／東東，《周禮》卷三·58 下·13），駹龍（明來／東東，《周禮》卷六·129 下·9），駹龍（明來／東東，《周禮》卷九·179 下·16），龍龙（來明／東東，《周禮》卷十二·216 下·10），減厲（明來／月月，《周禮》卷八·157 上·6）；泥來構成的音注材料 1 條：溓黏（來泥／談談，《周禮》卷十一·205 上·4）；山來構成的音注材料 1 條：鉻刷（來山／月月，《周禮》卷十一·210 下·4）；澄來構成的音注材料 1 條：陳陵（澄來／真蒸，《禮記》卷三·33 下·11）。

　　據陸德明《經典釋文》，鄭玄除了《三禮》音注材料外，還有來來構成的音注材料 15 條，未見來母與其他聲母構成的特殊聲訓。[1]

---

　　〔1〕　這 15 條音注材料是：贏，力追反（《易·姤》27 上 9）；位，音洎（《易·需》20 上 22）；履，讀爲禮（《易·坤》19 下 10）；黎，力兮反（《書·禹貢》，40 下 9）；斂，力艷反（《書·微子》,44 上 15）；來，音賚（《詩·下武》，93 上 4）；栗，音列（《詩·東山》，74 上 23）；樂，力召反（《詩·衡門》，71 下 19）；來，音賚（《詩·江漢》，100 上 4）；賚，音來（《詩·烈祖》，106 上 19）；論，盧門反（《詩·靈臺》，92 下 21）；婁，音樓（《詩·角弓》，88 上 5）；勞，音遼（《詩·漸漸之石》,89 上 22）；蓮，練田反（《詩·澤陂》,72 上 3）；勞，力報反（《論語·子路》,351 下 22）。另有 1 條：厲，力世反（《詩·思齊》,91 下 21），不好斷定是鄭玄的音切，應該是陸德明的音切。

245

在東漢應劭、服虔《漢書注》中，與來母有關的音注材料 18 條，其中來來構成的音注 15 條：鹵，與虜同（應劭，1/21/18）。鹵，來魚/來姥；虜，來魚/來姥。隆慮，今林慮也（應劭，1/100/3）。隆，來冬/來東；林，來侵/來侵。隆慮，今林慮也（應劭，1/100/3）。慮，來魚/來御；慮，來魚/來御。酈食其，音歷異基（服虔，1/18/2）。酈，來支錫/來支錫；歷，來錫/來錫。漻，音來朝反（應劭，4/1063/14）。漻，來幽/來蕭；來朝，來幽/來宵。隆慮山，避殤帝名改爲林慮也（應劭，6/1555/10）。隆，來冬/來東；林，來侵/來侵。隆慮山，避殤帝名改爲林慮也（應劭，6/1555/10）。慮，來魚/來御；慮，來魚/來御。朸，音力（應劭，6/1580/6）。朸，來職/來職；力，來職/來職。伶，音鈴（應劭，6/1602/9）。伶，來耕/來青；鈴，來耕/來青。令，音鈴（應劭，6/1625/2）。令，來耕/來青；鈴，來耕/來青。伶，音鈴（應劭，6/1602/9）。伶，來耕/來青；鈴，來耕/來青。慮，音閭（應劭，6/1626/1）。慮，來魚/來御；閭，來魚/來魚。轑，音勞（服虔，7/1922/2）。轑，來宵/來豪；勞，來宵/來豪。扐，音勒（服虔，7/1998/3）。扐，來職/來德；勒，來職/來德。䗲，音鄰（應劭，11/3527/6）。䗲，來真/來真；鄰，來真/來真。見來構成的音注 2 條：谷，音鹿（服虔，1/288/2）。谷，見屋/見屋；鹿，來屋/來屋。淪，音鰥（服虔，3/869/《古今人表》）。淪，來文/來諄；鰥，見文/見山。並來構成的音注 1 條：龐，音龍（應劭，6/1630/1）。龐，並東/並江；龍，來東/來東。

在高誘《呂氏春秋注》、《淮南子注》中，與來母有關的音注材料 24 條，其中來來構成的音注 18 條：《呂氏春秋·季春紀》："乃合纍牛騰馬。"高注："纍，讀《詩》葛藟之藟。"[1]（6/3/25/5）纍，來微/來脂；藟，來微/來旨。《淮南子·原道》："劉覽徧照。"高注："劉，讀留連之留。"（7/1/3/11）劉，來幽/來尤；留，來幽/來尤。《淮南子·原道》："新而不朗，久而不渝。"高注："朗，讀汝南朗陵之朗。"（7/1/16/13）朗，來陽/來蕩；朗，來陽/

---

[1] 高亨曰："所引未知何篇文。"（見高亨：《古字通假會典》，第 541 頁）筆者案：《詩》葛藟之藟。纍，應是藟字之誤。高注《淮南》注有："儽，讀《詩》葛藟之藟。"

來蕩。《淮南子・俶真》:"雖鏤金石。"(7/2/25/6)高注:"鏤,讀婁數之婁。"鏤,來侯/來候;婁,來侯/來侯。《淮南子・俶真》:"然而不免於傴身。"高注:"傴,讀雷同之雷。"(7/2/30/12)傴,來微/來灰;雷,來微/來灰。《淮南子・時則》:"乃合纍牛騰馬。"高注:"纍,讀《詩》葛藟之藟。"(7/5/72/13)纍,來微/來微;藟,來微/來微。《淮南子・時則》:"其樹楝。"高注:"楝,讀練染之練也。"(7/5/77/13)楝,來元/來霰;練,來元/來霰。《淮南子・覽冥》:"上際九天,下契黃壚。"高注:"壚,讀繩纑之纑。"(7/6/95/13)壚,來魚/來模;纑,來魚/來模。《淮南子・覽冥》:"黃雲絡。"高注:"絡,讀道路之路。"(7/6/95/15)絡,來鐸/來鐸;路,來鐸/來暮。《淮南子・精神》:"渾然而往,逯然而來。"高注:"逯,讀《詩》綠衣之綠。"(7/7/104/2)逯,來屋/來屋;綠,來屋/來燭。《淮南子・精神》:"而堯糲粢之飯,藜藿之羹。"高注:"糲,讀賴恃之賴。"(7/7/106/3)糲,來月/來祭;賴,來月/來泰。《淮南子・本經》:"是以松柏箘露夏槁。"高注:"露,讀南陽人道路之路。"(7/8/114/10)露,來鐸/來暮;路,來鐸/來暮。《淮南子・本經》:"牢籠天地,彈壓山川。"高注:"牢,讀屋霤之霤,楚人謂牢爲霤。"(7/8/119/12)牢,來幽/來豪;霤,來幽/來宥。《淮南子・本經》:"益樹蓮菱,以食鼈魚。"高注:"蓮,讀蓮羊魚之蓮也。"(7/8/121/13)蓮,來元/來先;蓮,來元/來先。《淮南子・本經》:"金器不鏤。"高注:"鏤,讀婁之婁。"(7/8/122/15)鏤,來侯/來候;婁,來侯/來侯。《淮南子・本經》:"冠無觚嬴之理。"高注:"嬴,讀指端嬴文之嬴也。"(7/8/122/16)嬴,來歌/來果;嬴,來歌/來果。《淮南子・氾論》:"至刑不濫。"高注:"濫,讀收斂之斂。"(7/13/229/11)濫,來談/來闞;斂,來談/來琰。《淮南子・説林》:"雖欲謹亡馬,不發戶轔。"高注:"轔,讀似隣,急氣言乃得之也。"(7/17/299/11)轔,來真/來真;隣,來真/來真。

　　見來構成的音注2條:《淮南子・説林》:"璧瑗成器,磏諸之功也。"高注:"磏,讀一曰廉氏之廉。"(7/17/291/4)磏,見談/見銜;廉,來談/來鹽。《淮南子・脩務》:"磏諸之功。"高注:"磏,讀曰廉氏之廉。一曰濫也。"(7/19/339/11)磏,見談/見銜;廉,來談/來鹽。幫來構成的音注1

條:《淮南子·脩務》:"琴或撥剌枉橈。"高注:"撥剌,不正。"(7/19/343/11)撥剌,幫來月/幫來曷。並來構成的音注 2 條:《淮南子·原道》:"終身運枯形於連嶁列埒之門。"高注:"連嶁,猶離嶁也。連讀陵罍,幽州陵陵連之。連嶁讀峟嶁。"(7/1/18/1)連,來元/來仙;峟,並之/並灰。《淮南子·説林》:"以金鈺者跋。"高注:"跋者,剌跋走。"(7/17/290/9)跋,並月/並末;剌,來月/來曷;跋,並月/並末。明來構成的音注 1 條:《淮南子·墜形》:"泥塗淵出横山。"高注:"横,讀人姓横氏之横。横,又音郎。"(7/4/65/6)横,明元/明桓;郎,來陽/來唐。

以上所列的高誘注《淮南子·脩務》中"琴或撥剌枉橈"和《淮南子·説林》"以金鈺者跋",高注:"跋者,剌跋走。"最好看成是複輔音材料。

第三節　東漢時代與舌尖流音余母有關的特殊語音材料

根據曾運乾先生的研究,喻母四等即余母上古歸定,王力先生等認爲喻母四等上古近定而不歸定(王力先生把喻母四等稱爲余母,以下行文,我們一律稱之爲余母)。根據我們的考察,在《釋名》聲訓中,余母雖然與定母關係很近,但是並未合一(見第二章第五節)。

一、《釋名》中與舌尖流音余母有關的特殊聲訓

《釋名》聲訓中,與余母有關的 57 條,其中余余兩母構成的聲訓 25 條,定余兩母構成的聲訓 5 條,澄余兩母構成的聲訓 1 條。余母與其他聲母構成的聲訓 26 條,包括與唇音聲母構成的聲訓 2 條,均是余明爲訓。與舌音其他聲母構成的聲訓 9 條,其中余昌兩母構成的聲訓 1 條,余船兩母構成的聲訓 2 條,余禪兩母構成的聲訓 6 條。與齒音聲母構成的聲訓 10 條,其中余精兩母構成的聲訓 4 條,余清兩母構成的聲訓 2 條,余心兩母構成的聲訓 4 條。與喉牙音聲母爲訓 5 條,其中余見兩母構成的聲訓 1 條,余曉兩母構成的聲訓 1 條,余匣兩母構成的聲訓 2 條,余影兩母構成

的聲訓 1 條(已見第二章第五節)。

二、東漢時代其他與余母有關的特殊音注材料

在《説文解字》讀若中,與定母有關的 40 條,余余構成的讀若 28 條,余定構成的讀若 1 條(已見第二章第五節)。其餘的還有:余昌構成的讀若 1 條:刟移(187 上/182 下);[1]余見構成的讀若 1 條:趨緒(37 上/31 上);余溪構成的讀若 1 條:楛糗(115 上/106 下);余疑構成的讀若 1 條:嬌也(263 下/245 上);[2]余匣構成的讀若 2 條:戌環(192 下/187 下),繘維(275 上/254 下);[3]余書構成的讀若 1 條:彌燒(269 下/250 上);余幫構成的讀若 1 條:膘縹(89 上/81 上);余明構成的讀若 1 條:賣育(131 上/127 下);實際上,余定構成的讀若 1 條:梂導(115 下/107 上),以及弟弟(197 上/191 下)也可以作如此看待。[4]

《三禮》漢讀中余余構成的音注 24 條,余定構成的音注 4 條(已見第二章第五節)。其余的還有余章構成的音注 1 條:酏飾(余章/歌元,《禮記》卷八·86 上·18);余昌構成的音注 2 條:侈移(昌余/歌歌,《周禮》卷十一·207 下·6),侈移(昌余/歌歌,《周禮》卷十一·211 下·15);余禪構成的音注 1 條:慎引(禪余/真真,《禮記》卷二·19 下·11);余清構成的音注 1 條:燿哨(余清/藥宵,《周禮》卷十二·220 下·5);余心構成的音注 3 條:蜼隼(余心/微文,《周禮》卷五·95 下·2),脩卤(心余/幽幽,《周禮》卷五·94 下·3),肆肆(心余/質質,《禮記》卷九·95 上·11);余邪構成的音注 3 條:容頌(余邪/東東,《周禮》卷三·54 下·14),豫謝(余邪/魚鐸,《儀禮》卷五·34 下·12),巡演(邪余/文元,《禮記》卷十四·139 下·18);余見構成的音注 2 條:棟引(見余/元真,《周禮》卷六·111 上·4),舉與(見余/魚魚,《周禮》卷四·63 上·14);余曉構成

---

〔1〕　大徐本作"讀若侈",小徐本作"讀若移"。侈,昌歌/昌紙;余歌/余支。
〔2〕　大徐本無讀若。嬌,《廣韻》五感切,又胡感切。
〔3〕　大、小徐本(都是大徐本)均作:"繘,讀若畫,或讀若維。"
〔4〕　弟,《廣韻》羊至切,又特計切。

的音注 1 條：蜼祂（余曉/微微，《周禮》卷五・95 下・12）；余影構成的音注 1 條：禕揄（影余/脂侯，《周禮》卷二・37 上・15）。

在東漢應劭、服虔《漢書注》中，與余母有關的音注材料 14 條，其中余余構成的音注 10 條（已見第二章第五節）。余母與其他聲母構成的音注 4 條，其中余徹構成的音注 2 條：盱眙，音吁怡（應劭，6/1590/3）。眙，徹之/徹志；怡，余之/余之。怵，音裔（服虔，1/175/4）。[1] 怵，徹屋/徹術；裔，余月/余祭。余船構成的音注 1 條：酈食其，音歷異基（服虔，1/18/2）。食，船職/船職；異，余職/余志。心余構成的音注 1 條：錫，音陽（應劭，6/1597/5）。錫，心錫/心錫；陽，余陽/余陽。

東漢高誘《呂氏春秋注》、《淮南子注》、《戰國策注》，與余母有關的音注材料 19 條，其中余余構成的音注 12 條（已見第二章第五節）。余母與其他聲母構成的音注 7 條，其中余定構成的音注 1 條：《戰國策・齊策一》："身體昳麗。"高注："昳，讀曰逸。"昳，定質/定屑；逸，余質/余質。余澄構成的音注 1 條：《戰國策・秦策四》："以同言郢威王於側紂之間。"高注："紂，當爲牐，聲之誤也。"紂，澄幽/澄有；牐，余幽/余有。余船構成的音注材料 2 條：《呂氏春秋・孟春紀・重己》："其爲飲食酏醴也，足以適味充虛而已矣。"高注："酏，讀如《詩》酏酏碩言之虵。"（6/1/7/16）酏，余歌/余紙；虵，船歌/船痲。《淮南子・俶真》："引楯萬物，群美萌生。"高注："楯，讀允恭之允。"（7/2/23/14）楯，船文/船準；允，余文/余準。余匣構成的音注 1 條：《淮南子・俶真》："萑蒵炫煌。"高注："萑，讀曰唯。"（7/2/19/12）萑，匣元/匣桓；唯，余微/余脂。余從構成的音注 1 條：《呂氏春秋・慎大覽・下賢》："就就乎，其不肯自是。"高注："就就，讀如由與之與。"[2]（6/15/165/16）就，從幽/從宥；由，余幽/余尤。與，余魚/余魚。余曉構成的音注 1 條：《淮南子・脩務》："弗能爲美者，嫫毋呲隹也。"高注："呲隹，一説讀莊維也。"（7/19/336/7）隹，曉微/曉脂；維，余微/余脂。

---

〔1〕 顏師古認爲"怵"或體爲"訹"，音如"戌亥"之"戌"。訹、戌，心物/心術。

〔2〕 高亨以爲下"與"字當爲"由"。

　　關於余母的音值,如果遵循曾運乾先生的説法,自然擬爲與定母相同的音即 d-,如嚴學宭先生就是采用曾運乾的主張,將余母歸定,擬爲 d。王力先生在《漢語史稿》中把定母擬爲 d'-,把余母擬爲 d-。後來在他的《漢語語音史》中把定母擬爲 d-,把余母擬爲 ʎ-。李方桂先生説:"大體上看來,我暫認喻母四等是上古時代的舌尖前音,因爲他常跟舌尖前塞音互諧。"[1]李先生又根據古代台語有用 r-來代替酉 jiəu 字的聲母,漢代用烏弋山離去譯 Alexandria 的證據,推測喻母四等很近 r 或者 l;參考古緬甸語的 r-變成近代 j-的例子,主張暫時以 r 來代替他。如弋 rək,餘 rag 等。到了中古時代,r-就變成 ji 了。李先生又以爲邪母也是從上古 r-來的,後面有個三等 j 介音而已。同時又因爲余母常跟舌尖塞音諧聲,所以李先生又説余母很接近定。周法高先生在《論上古音》中也是將余母擬爲 *r,將所有的來母字都擬爲 l。梅祖麟、鄭張尚芳等先生將來母擬爲 r-,將余母擬爲 l-,這正與漢代用弋 jiek 去譯 lək,用離去譯 ria 相符。不論將余母擬爲 r-,還是將余母擬爲 l-,都與王力先生把余母擬爲 ʎ-相近。我們認爲,在更早的時代,余母可能更接近舌頭音定母,這從諧聲材料可以看出來。到了漢代,余母更接近 r-或 l-或 ʎ-。我們同意梅祖麟、鄭張尚芳等先生的意見,將《釋名》中的來母擬爲 r-,余母擬爲 l-。將來母擬爲 r-,也與張世禄、楊劍橋兩先生的擬音相同。到了中古,余母變成了 ji,來母變成了 l-。

　　來母與其他聲母構成的聲訓 33 條,余母與其他聲母構成的聲訓 31 條,均與唇舌齒牙喉發生聯繫。不過,余來兩母與唇音發生聯繫的非常少(余母與唇音發生聯繫的 2 條,均爲明余爲訓;來母與唇音發生聯繫的 2 條,並來兩母構成的聲訓 1 條,明來兩母構成的聲訓 1 條),説明《釋名》時代與雙唇鼻音有關的複聲母還部分保留着;余來兩母與舌音發生聯繫的也不全面系統;來母與喉牙音發生聯繫的最爲全面,説明《釋名》時代與喉牙音和來母有關複聲母還完整地保留着;余母與喉牙音發生聯繫的

〔1〕　李方桂:《上古音研究》,商務印書館 1980 年,第 13 頁。

較爲全面(缺少溪余、群余),余來兩母與齒音發生聯繫的也較爲全面系統。包擬古説:"如果劉熙的語言仍存在複聲母的話,必然不如上古音那樣種類繁多,因爲上古音的時空範圍要廣大得多。"《釋名》聲訓中與舌尖流音有關的複輔音正反映了這一論點。

第四節　東漢時代與 *S-頭有關的 複輔音聲母問題

　　與 *s-起首有關的複聲母問題,是一個十分複雜,且争議較大的問題。無論從諧聲系統,還是從聲訓材料,抑或是從漢代音注材料,都能看出與 *s-起首有關的複聲母問題,是一個十分複雜的問題。李方桂先生在他的《上古音研究》中構擬的 s-起首的複聲母,包括中古演變成心母和中古演變成照系三等即上古的"章昌船書禪"。李先生發現上古的心母字差不多和各種聲母的字諧聲,認爲這些與各種聲母諧聲的字顯然是從複聲母來的。他受高本漢等人所擬訂的 *sl、*sn 的啟發,認爲還應該有 st、sk 等複聲母。並將心山兩母[1]與别的聲母諧聲的 s-看成是詞頭。[2] 關於書母即審母三等,李方桂先生發現有少數書母與鼻音互諧,如"恕"從"如"聲,"攝"從"聶"聲,"饟"與"讓曩"聲符相同,"然"從"然"聲,"竉"從"爾"聲等,他認爲這些書母字是清鼻音在三等介音 j 前變來的,其演變的程式跟日母的情形很相似,只是這類書母字因爲是從清鼻音來的原故,鼻音失去的較早。其演變規律是:上古 *hnj > hńśj > 中古審母三等 śj。[3]他又發現書母常跟舌尖塞音互諧,如深與探、庶與度、詩與特、始與台、輸與偷等,所以他認爲書母應當是從上古塞音來的。[4] 李先生認爲,中古審母三等除去有少數是從上古的清鼻音 *hnj 來的,其餘大部分是跟

---

〔1〕 李方桂的心母包括王力的心山兩母。
〔2〕 見李方桂:《上古音研究》,商務印書館 1980 年,第 24—25 頁。
〔3〕 同上書,第 19—20 頁。
〔4〕 同上書,第 14 頁。

舌尖塞音諧聲的。他根據這些字在近代方言中往往有吐氣塞擦音的又讀,所以主張這類字是從上古 *st + j- 來的,而那些跟舌尖塞音諧聲的心母字似乎可以認爲是從 *st- 或 *st + j- 來的。至於那些跟舌根音諧聲的審母三等以及與舌根音諧聲的照三、穿三、牀三即章、昌、船三母的字,他認爲也具有 s- 頭。後來他在《幾個上古聲母問題》中,[1]又對 s-起首的複輔音聲母進行了限制,認爲上古 s-起首的複輔音聲母應只包括中古演變成心母、邪母、清母(少數)和從母(少數)的等"齒音字"。認爲照組三等與 s-頭無關,將書母擬爲 hrj- > ś。

鄭張尚芳先生遵循李方桂先生的做法,將 s-起首的複輔音聲母限制在中古演變成精組的"精清從心邪"五母和中古演變成照系二等即上古的"莊初崇山(生)"四母的字。[2]精清從心邪五母(包括莊初崇山)與其他聲母互諧的,鄭張一律擬爲 *s-起首的複聲母,如：精(莊)—見,擬爲 *sk、*skr；精—端,擬爲 *st；精—幫,擬爲 *sp；清(初)—明,擬爲 *sm；清—泥,擬爲 *snh；清(初)—疑,擬爲 *sŋh；清—來、余,擬爲 *sl；心—明,擬爲 *sm；心—泥,擬爲 *sn；心—日,擬爲 *sn/ *snj；心—匣,擬爲 *sh；心—余,擬爲 *sl；山[3]—來,擬爲 *sr；邪—匣,擬爲 *sɦ；邪—船、書,擬爲 *sɦlj；邪—見、匣等,擬爲 *sɦil；邪—余等,擬爲 *sɦil。鄭張先生則采用梅祖麟之説,擬來母作 r,擬余[4]母作 l。同時,鄭張擬"書—曉"爲 *hl,擬"船—匣、云"爲 *ɦil。[5]

周法高先生認爲心母與澄母、定母、余母相通的次數很多,如果假定爲 *sd,由於同化的關係可能變成 *zd。因爲他在《論上古音》中將船母擬爲 *zd,將余母擬爲 *r,將所有的來母字都擬爲 l,所以他提議將心母與澄

〔1〕　見李方桂:《上古音研究》,商務印書館 1980 年,第 85—94 頁。
〔2〕　在李方桂的上古音體系中,莊組是歸精組的,只是莊組有 r 介音。莊組與歸精組的關係,如同知組與端組的關係。
〔3〕　山,原文作"生"。
〔4〕　鄭張稱之爲"以母",本書一律稱爲"余"母。
〔5〕　見鄭張尚芳:《上古漢的 S-頭》,載趙秉璇、竺家寧編:《古漢語複聲母論文集》,北京語言文化大學出版社 1998 年,第 335—351 頁。

母、定母、余母相通的擬爲 *sr,將書母擬爲複輔音 *st'-。認爲在諧聲字裏"心紐和書紐相通的很多,那可能是由於書紐上古音是 *st'-的緣故"。周先生認爲上古音除了 *st 外,還有 *sk-、*sr-、*sn 等複聲母。[1]

嚴學宭先生采用黃侃先生的説法,將章組的章昌船歸入端組的端透定(余母也歸入定母,日母歸入泥母),莊組的莊初崇山歸入精組的精清從心,又將章組的書母并入精組的心母,將章組的禪母并入精組的邪母。嚴先生首先將心、邪兩母獨立出來列爲一組,即他的第七組,包括 s-起首和 z-起首的兩類複輔音聲母。s-起首的包括心山書三母,z-起首的包括邪禪兩母。嚴先生將書母與其他聲母諧聲的擬爲 *s-起首的複聲母,將禪母與其他聲母諧聲的擬爲 *z-起首的複聲母。前者如書幫諧聲的(爽麗)就擬爲 *sp-,後者如禪端諧聲的(壽禱)就擬爲 *zt-。至於精、清、從三母,則散入其他七組中。只有與後置輔音 l 組合時用精、清、從聲母起首,其餘六組則全是精清從置於其他聲母之後。如精端諧聲的就擬爲 *tts,清端諧聲的就擬爲 *tts',從端諧聲的就擬爲 *tdz,從透諧聲的就擬爲 *tdz',精定諧聲的就擬爲 *dts,清定諧聲的就擬爲 *dts',從定諧聲的就擬爲 *ddz,精幫諧聲的就擬爲 *pts,清幫諧聲的就擬爲 *pts',精並諧聲的就擬爲 *bts,精見諧聲的就擬爲 *kts,從群諧聲的就擬爲 *gdz,精明諧聲的就擬爲 *mts,清疑諧聲的就擬爲 *ŋts',清泥諧聲的就擬爲 *nts',精曉諧聲的就擬爲 *xts,清曉諧聲的就擬爲 *xts',從曉諧聲的就擬爲 *xdz,精影諧聲的就擬爲 *ʔts。[2]

根據以上諸位先生在他們論著中所列舉的材料,説先秦時代或更早時期存在 S-頭,估計没有問題。那麽兩漢時代,尤其是東漢時代是否還存在 S-頭呢？通過分析兩漢諸多語音材料,我們認爲,一直到東漢時代,S-頭還是存在的。《釋名》、《説文解字》、《白虎通德論》中的聲訓材料,《説

〔1〕 見周法高:《上古音的聲母》,載趙秉璇、竺家寧編:《古漢語複聲母論文集》,第39—58 頁。

〔2〕 見嚴學宭:《原始漢語複聲類型的痕迹》,載趙秉璇、竺家寧編:《古漢語複聲母論文集》,第124—165 頁。

文解字》中的讀若材料以及兩漢的音注材料都反映了這一現象。下面我們就分別討論。

一、《釋名》中與 *s-起首有關的特殊聲訓

關於《釋名》聲訓所反映的與 *s-起首有關的複聲母,包擬古認爲“眇小”爲訓可能是 sm-形式的複聲母。《釋名》中與 *s-起首聲母有關的聲訓還不止於此。

討論上古漢語的複聲母,一定要考慮上古漢語單聲母的情況,不能完全脱離單聲母來討論複聲母;上古漢語複聲母的擬音,要考慮單聲母的擬音情況。討論《釋名》的複輔音聲母,也要和《釋名》單聲母的狀況及擬音統一起來。關於《釋名》中 s-頭聲母,我們比較傾向嚴先生的擬音方法,把精組的“精清從”剥離出去,主要集中在心母與其他聲母的聯繫上。邪母是與心母相對的濁音,邪母與其他聲母組合成的複輔音,應該擬成 z-起首的複輔音。不過,討論《釋名》時代與 *s-起首有關的複聲母,首先要對《釋名》聲訓中心山書三母的關係作一考察説明。

據我們的統計,《釋名》聲訓中,與心母有關的 67 條,其中心心構成的聲訓 41 條;與山母有關的 32 條,其中山山構成的聲訓 15 條(已見第一章第五節);與書母有關的 55 條,其中書書構成的聲訓 11 條:《釋天》申身,《釋形體》身伸,《釋言語》飾拭,《釋車》軾式,《釋喪制》殤傷,《釋喪制》屍舒,《釋形體》首始,《釋親屬》叔少,《釋親屬》叔少,《釋書契》書庶,《釋喪制》屍舒;心山兩母構成的聲訓 7 條:《釋兵》綏衰,《釋飲食》脩縮,《釋長幼》仙山,《釋姿容》娑殺,《釋天》霜喪,《釋言語》疏索,《釋天》朔蘇;心書兩母構成的聲訓 6 條:《釋形體》少小,《釋言語》信申,《釋形體》始息,《釋喪制》弑伺,《釋形體》手須,《釋形體》膝伸;書山兩母構成的聲訓 2 條:《釋樂器》朔始,《釋喪制》扇翣。

心山兩母構成的聲訓 7 條,與精莊兩母構成的聲訓僅 2 條:《釋書契》奏鄒,《釋首飾》幘蹟。(與精母有關的 55 條,其中精精構成的聲訓 29 條;與莊母有關的 17 條,其中莊莊構成的聲訓 5 條。)從崇兩母構成的聲

訓僅 1 條:《釋車》棧靖。(與從母有關的 43 條,其中從從構成的聲訓 11 條;與崇母有關的 9 條,其中崇崇構成的聲訓 4。)相比,是大不一樣的。[1] 以今音言之,心母主要讀 s、ʂ;山母主要讀 ʂ,部分如灑、色、嗇、穡、轖、瑟、澀、森、所、搜、溲、廋、蒐、謖、縮讀 s,另有"産"讀 tʂ',"檁"讀 ts' 是例外。所以我們雖然不能説心山兩母應該合一,但二者讀音十分相近則是可以肯定的。書母在《釋名》聲訓中很特殊,與書母有關的 54 條,書書構成的聲訓僅有 11 條(并且有一條還是重複的),與心母構成的聲訓竟有 6 條之多,并且與許多聲母構成聲訓,只有把它看成是複聲母詞頭,才好理解。另外,根據我們的考察,在《釋名》聲訓中,莊章兩組聲母構成的聲訓極爲少見,除了上述山書兩母構成的聲訓 2 條外,還有莊禪兩母構成的聲訓 1 條(《釋形體》爪紹),昌崇兩母構成的聲訓 1 條(《釋道》崇充)。莊與章,初與昌,崇與船兩母構成的聲訓均是 0 條;山母與章組其他聲母構成的聲訓,書母與莊組其他聲母構成的聲訓也均是 0 條。由此可見,山書兩母的關係,也比莊與章、初與昌、崇與船關係近得多。周祖謨先生在《審母古讀考》中,首先指出前人對審母三等即書母的歸屬存有疑議,"錢大昕《養新録》以爲古與心無別","黃季剛《音略》則以爲古與透相合"。周先生根據"經籍異文及書傳音訓",更傾向書母與舌音塞音一類相通。同時,他還發現書母的一部分字與喉牙系聲母及泥娘日諸母相通。周先生認爲如果按照高本漢把書母構擬成ś,則與端組擬音相去過遠,但他又承認秦漢以前已有一部分書母字讀音爲ś,所以有許多書母與心母相通的例證,因此周先生將書母字分爲兩類,"説世"爲一類,"手束"爲一類。他認爲在秦漢前由舌部塞音轉入ś者,只是"説世"一類。(見《問學集》,第

---

〔1〕 《釋名》聲訓中,與清母有關的 34 條,其中清清構成的聲訓 11 條;與初母有關的 17 條,其中初初構成的聲訓 3 條;初清兩母構成的聲訓 4 條:《釋姿容》操鈔,《釋親屬》親櫬,《釋疾病》創戕,《釋宮室》窗聰;初心兩母構成的聲訓 5 條:《釋姿容》:笑鈔(心初/宵宵);《釋首飾》綃鈔(心初/宵宵),《釋典藝》讖纖(談談),《釋州國》楚辛(魚真),《釋長幼》齔洗(初心/真文)。初母除了本組聲訓爲訓和初泥兩母構成的聲訓 1 條外,均與精組聲母爲訓。初母似乎應該與清母合一,但初心兩母構成的聲訓又多於初清兩母構成的聲訓,我們只能説初母與精組的關係十分密切。

128、129 頁）周先生認爲"秦漢以前已有一部分書母字讀音爲ś"，也與《釋名》的實際情況相符。所以我們認爲，心母可擬爲 s-；山母可擬爲 sr-，書母可擬爲 sj-。作爲詞頭，可以合一。

心母除了同聲母構成的聲訓41 條外，還有與精組其他聲母構成的聲訓 9 條，其中心精兩母構成的聲訓 2 條：《釋衣服》臘作，《釋飲食》脙饡；心清兩母構成的聲訓 4 條：《釋飲食》嗽促，《釋長幼》仙遷，《釋喪制》殺竄，《釋姿容》竦從；心從兩母構成的聲訓 1 條：《釋飲食》嚼削；心邪兩母構成的聲訓 2 條：《釋衣服》靸襲，《釋山》夕西。此外，心滂兩母構成的聲訓 1 條：《釋天》辟析；心明兩母構成的聲訓 1 條：《釋疾病》眇小；心透兩母構成的聲訓 1 條：《釋疾病》吐瀉；心泥兩母構成的聲訓 1 條：《釋飲食》糝黏；心余兩母構成的聲訓 4 條：《釋天》西秀，《釋言語》抴泄，《釋形體》䪡遺，《釋喪制》錫易；心章兩母構成的聲訓 1 條：《釋車》綫制；心昌兩母構成的聲訓 1 條：《釋首飾》充塞；心船兩母構成的聲訓 1 條：《釋形體》舌泄；心日兩母構成的聲訓 1 條：《釋疾病》消弱；心見兩母構成的聲訓 1 條：《釋采帛》縠粟；心疑兩母構成的聲訓 1 條：《釋言語》言宣；心曉兩母構成的聲訓 1 條：《釋天》昏損；心匣兩母構成的聲訓 2 條：《釋天》歲越，《釋喪制》輤散；心影兩母構成的聲訓 2 條：《釋書契》印信，《釋喪制》殙瞖。

山母除了上述 24 條外，還有山清兩母構成的聲訓 1 條：《釋采帛》青生；山滂兩母構成的聲訓 1 條：《釋用器》鍬殺；山端兩母構成的聲訓 1 條：《釋州國》黨所；山疑兩母構成的聲訓 1 條：《釋疾病》言詉，山來兩母構成的聲訓 3 條：《釋山》林森，《釋采帛》疏寧，《釋喪制》縡捋。

書母除了上述 11 條外，還有書母與章組其他聲母構成的聲訓 16 條，其中書章兩母構成的聲訓 8 條：《釋典藝》詩之，《釋典藝》詩志，《釋天》暑煮，《釋親屬》庶摭，《釋兵》矢指，《釋天》水準，《釋首飾》執攝，《釋親屬》祝始；書昌兩母構成的聲訓 3 條：《釋形體》齒始，《釋車》車舍，《釋親屬》叔俶；書船兩母構成的聲訓 3 條：《釋姿容》乘升，《釋天》説述，《釋宮室》室實；書禪兩母構成的聲訓 2 條：《釋天》辰伸，《釋天》晨伸。與端組聲母構成的聲訓 6 條,其中書端兩母構成的聲訓 2 條:《釋姿容》登升,《釋書契》書著;書定兩母構成的聲訓 2 條:《釋樂器》舂撞,《釋姿容》束持;書泥兩母構成的聲訓 2 條:《釋姿容》躡攝,《釋首飾》鑷攝。與喉牙系聲母構成的聲訓 7 條,其中書見兩母構成的聲訓 2 條:《釋天》矢景,《釋姿容》結束;書溪兩母構成的聲訓 2 條:《釋宮室》輕勝,《釋宮室》庫舍;書影兩母構成的聲訓 3 條:《釋言語》嗚舒,《釋言語》濕浥,《釋長幼》幼少。與精組其他聲母構成的聲訓 6 條,其中書精兩母構成的聲訓 1 條:《釋首飾》總束;書清兩母構成的聲訓 1 條:《釋言語》束促;書從兩母構成的聲訓 1 條:《釋喪制》燒燋;書邪兩母構成的聲訓 3 條:《釋州國》徐舒,《釋言語》序抒,《釋牀帳》席釋。

另外,在《釋名》聲訓中,邪母字除了同聲母構成聲訓和本組聲母構成聲訓外,還有定邪兩母構成的聲訓 2 條:《釋地》隰蟄(邪定/緝緝),《釋兵》鐔尋(定邪/侵侵);邪昌兩母構成的聲訓 1 條:《釋用器》耜齒(邪昌/之之);邪船兩母構成的聲訓 3 條:《釋言語》順循(船邪/文文),《釋飲食》吮循(船邪/文文),《釋船》船循(船邪/元文);邪書兩母構成的聲訓 4 條:《釋州國》徐舒(邪書/魚魚),《釋言語》序抒(邪書/魚魚),《釋牀帳》席釋(邪書/鐸鐸),《釋典藝》敘抒(邪書/魚魚);邪禪兩母構成的聲訓 2 條:《釋親屬》屬續(禪邪/屋屋),《釋衣服》袖受(邪禪/幽幽);疑邪兩母構成的聲訓 1 條:《釋言語》語敘(疑邪/魚魚)。

二、《説文解字》中與 *s-起首聲母有關的特殊讀若材料

在《説文解字》讀若中,與心母有關的 27 條,心心構成的讀若 14 條:與山母有關的讀若 15 條,[1]山山構成的讀若 9 條,山心構成的讀若 3 條。從《説文解字》讀若材料看,心山兩母相近而不合一(已見第一章第五節)。與書母有關的讀若 17 條,其中書書構成的讀若 7 條:歧施(67

---

〔1〕 其中"楷"(山耕/山耕),大徐本讀若驪駕,小徐本無讀若。徐鉉曰:"驪駕,未詳。"(122 上/115 上)

下/60 下），睒苦（71 下/64 上），叵適（106 下/97 下），飾式（159 下/158 上），彖弛（197 下/192 上），倏叔（205 上/198 上），嬋深（264 上/245 下）；[1] 心書構成的讀若 4 條：夑溼（心書，64 上/56 下），毻迅（書心，106 下/97 下），猲愒（書心，204 下/197 下），銛掞（295 下/268 下）；心定構成的讀若 2 條：靻沓（心定/緝緝，61 上/53 下），箤絮（定心/魚魚，95 下/86 上）；心影構成的讀若 3 條：暗卹（影心/月質，72/65 上），[2] 鎣銚（影心/耕文，295 上/268 上），[3] 郇泓（心影/蒸真心，133 下/129 上）；心日構成的讀若 2 條：癹綏（日心/微微，127 下/123 上），輎胥（心日/東魚，303 上/274 上）；[4] 心來構成的讀若 1 條：乑速（來心/覺屋，286 下/261 下）。[5]

此外，還有"蠸"，大、小徐本均作"讀若蜀都布名"（279 上/256 下）。蠸，群元/群元；嬽，大、小徐本均作讀若蜀郡布名。徐鍇曰："此今人所書娟字也。"（261 上/243 上）嬽，影元/影仙。此兩處蜀郡布名有人認為就是"繯"字。繯，心月/心祭。嬽，大、小徐本均作"巨員切"。前者可以看成是心群構成的讀若，後者勉強可以看成是心影構成的讀若，不過，說服力都不強。

書澄構成的讀若 3 條：鈂沈（澄書，295 下/268 下），[6] 锐馳（書澄，178 下/176 上），紬弑（澄書，276 上/255 上）；書曉構成的讀若 3 條：尌聲（曉書，50 上/42 下），[7] 奭郝（書曉，74 下/67 上），豕豨（書曉 196 下/191 上）。

與邪母有關的讀若的 7 條，其中邪邪構成的讀若 2 條：趣紃（36 上/

<hr>

[1]　嬋，《廣韻》乃玷切，又式荏切；《集韻》徒南切，又他點切。

[2]　大徐本讀若《易》曰"勿卹之卹"，小徐本讀若《易》曰"勿邺"之"邺"。

[3]　鎣，《廣韻》烏定切，余傾切（余耕/余清）；《集韻》玄扃切。

[4]　另有丨，臣鍇曰："此二字同用一文，皆從所在而知之。'凶'音'信'，今人音'進'；引而下行音'退'，又音'衮'。"（14 下/10 下）丨，古本切/孤損反，見文/見吻；凶，心真/心震；退，透物/透隊。

[5]　大徐本作："讀若逐从土，宂聲一曰杢梁。"小徐本作："讀若速，一曰杢梁地。從土，宂聲。"逐，澄覺/澄屋。

[6]　大徐本無讀若。

[7]　大徐本作"讀若聲"，小徐本作"讀若馨"。陸志韋先生說："小徐本作'讀若馨'是也。"

30 下），錯彗（295 上/268 上）;〔1〕心邪構成的讀若 2 條：郇旬（心邪,133 下/129 上），姰旬（心邪,262 下/244 下）;〔2〕邪定構成的讀若 2 條：潒蕩（邪定,229 上/219 下），斜荼（邪定,300 下/272 上）;邪余構成的讀若 1 條：像養（邪余,167 下/166 上）。勷,余陽/余養;演,余元/余獮。大徐本無讀若,以象反/余兩切。（292 下/266 上）勷,《廣韻》徐兩切（邪陽），餘兩切（余陽）。

《三禮》漢讀中,與心母有關的音注材料 80 條,其中心心構成的音注 31 條;與山母有關的音注材料 11 條,其中山山構成的音注 7 條,山心構成的音注 3 條（已見第一章第五節）。在與心母有關的音注材料 47 條音注材料中,與齒音其他聲母構成的音注還有 17 條,包括心精構成的音注材料 6 條：繰澡（心精/宵宵,《禮記》卷十二·121 下·11），纖殲（心精/談談,《禮記》卷六·66 上·14），繰藻（心精/宵宵,《周禮》卷五·96 下·6），繰藻（心精/宵宵,《周禮》卷五·98 上·5），繰藻（心精/宵宵,《周禮》卷八·153 下·12），接㩴（精心/葉緝,《周禮》卷二·38 上·6）;心莊構成的音注材料 1 條：搔爪（心莊/幽宵,《儀禮》卷十四·152 下·6）;心清構成的音注材料 8 條：參糝（清心/侵侵,《周禮》卷七·147 下·4），參糝（清心/侵侵,《儀禮》卷七·59 上·15），昔錯（心清/鐸鐸,《周禮》卷十二·228 下·9），三參（心清/侵侵,《周禮》卷十一·214 下·1），三參（心清/侵侵,《周禮》卷十二·231 上·13），七小（清心/質宵,《周禮》卷一·13 上·4）;心從構成的音注材料 1 條：撰算（從心/元元,《周禮》卷七·139 下·2）;心邪構成的音注材料 1 條：隧邃（邪心/物物,《周禮》卷十一·207 上·1）。此外,還有心書構成的音注材料 2 條：信身（書心/真真,《周禮》卷五·88 下·5），信申（書心/真真,《禮記》卷十九·180 下·1）。在其餘 27 條與心母有關的音注材料中,心見構成的音注材料 1 條：滑漍（見心/物歌,《禮記》卷八·84 上·26）（齊人滑曰漍）;心溪構成的

---

〔1〕 大徐本作"讀若彗",小徐本作"讀若慧"。錯,《廣韻》祥歲切（邪月/邪祭）,《集韻》于歲切（云月/云祭）。慧,匣月/匣霽。
〔2〕 大徐本無讀若。姰,《廣韻》相倫切,又黃練切;《集韻》規倫切。

音注材料 2 條：糠相（溪心／陽陽，《禮記》卷十一・115 下・18）（今齊人或謂糠爲相），辥絜（心溪／真月，《周禮》卷四・76 上・5）；心匣構成的音注材料 1 條：桓宣（匣心／元元，《禮記》卷三・33 下・18）；心曉構成的音注材料 4 條：鮮獻（心曉／元元，《禮記》卷五・48 上・13），訢熹（心曉／鐸之，《禮記》卷十一・115 上・22），獻莎（曉心／元歌，《禮記》卷八・83 下・6），獻莎（曉心／元歌，《周禮》卷五・96 上・8）；心透構成的音注材料 2 條：綏妥（心透／微歌，《禮記》卷一・14 上・9），綏妥（心透／微歌，《禮記》卷一・15 下・20）；心定構成的音注材料 6 條：脩滌（心定／幽覺，《周禮》卷五・96 上・10），墮捘（定心／歌微，《儀禮》卷十五・156 下・16）（讀同），捘墮（心定／微歌，《儀禮》卷十六・171 上・6），綏墮（心定／微歌，《儀禮》卷十七・183 下・9），墮綏（定心／歌微，《儀禮》卷十四・147 下・14），豆羞（定心／侯幽，《周禮》卷一・20 上・14）；心泥構成的音注材料 2 條：綏捘（心泥／微歌，《儀禮》卷十六・172 上・15），綏捘（心泥／微歌，《儀禮》卷十七・183 下・9）；心日構成的音注材料 6 條：綏綏（心日／微微，《周禮》卷二・39 下・15），綏綏（心日／微微，《禮記》卷四・40 上・2），綏綏（心日／微微，《禮記》卷九・98 上・10），綏綏（心日／微微，《禮記》卷十二・119 下・6），綏綏（心日／微微，《禮記》卷十三・135 上・10），相襄（心日／陽陽，《禮記》卷十四・136 上・21）；心昌構成的音注材料 1 條：嘯叱（心昌／幽質，《禮記》卷八・85 上・13）；心章構成的音注材料 1 條：胥祝（心章／魚覺，《禮記》卷十三・132 下・22）；心知構成的音注材料 1 條：札死（知心／月脂，《周禮》卷四・70 上・13）。

邪船成的音注材料 1 條：術遂（船邪／物物，《禮記》卷五・47 上・10）；邪定構成的音注材料 2 條：續讀（邪定／屋屋，《周禮》卷六・130 上・12），奪隧（邪定／月物，《禮記》卷三・34 上・7）。

據陸德明《經典釋文》，鄭玄除了《三禮》音注材料外，還有心心構成的材料 13 條，山山構成的材料 2 條，山心兩母有關的材料 0 條（已見第一章第五節）。殺，所戒反（《易・繫辭上》32 上 5）；數，山（世）主反（《論語・里仁》347 上 1）。

261

在東漢應劭、服虔《漢書注》中,與心母有關的音注材料 7 條,其中心心構成的音注 2 條:虒,音斯(服虔,1/307/1)。虒,心支/心支;斯,心支/心支。虒,音斯(應劭,6/1599/5)。虒,心支/心支;斯,心支/心支。心山構成的音注 1 條:選,音刷(應劭,10/3277/4)。〔1〕選,心元/心元;刷,山月/山鎋。心邪構成的音注 1 條:恂,音旬日之旬(應劭,6/1616/10)。恂,心文/心諄;旬,邪真/邪諄。心清構成的音注 1 條:荃,音孫(服虔,8/2417/2)。荃,清元/清仙;孫,心文/心魂。此外心定構成的音注 1 條:脩,音條(應劭,6/1579/5)。脩,心幽/心尤;條,定幽/定蕭。心余構成的音注 1 條:錫,音陽(應劭,6/1597/5)。錫,心錫/心錫;陽,余陽/余陽。

與山母有關的音注材料 4 條,其中山山構成的音注 3 條(已見第一章第五節)。與書母有關的音注材料 1 條:沈,音長含反(應劭,7/1795/3)。沈,書侵/書寢;長含,澄侵/澄覃。與邪母有關的音注材料 0 條。

在高誘《呂氏春秋注》、《淮南子注》中,與心母有關的音注材料 12 條,其中心心構成的音注 8 條;與山母有關的音注材料 9 條,其中山山構成的音注 7 條,心山構成的音注 2 條(已見第一章第五節)。與心母有關的音注材料,另有心曉構成的音注 1 條:《淮南子·脩務》:"參彈復徽,攫援摽拂。"高注:"徽,讀維車之維。"(7/19/339/8)徽,曉微/曉微;維,心微/心隊。

值得特別注意的是,在高誘《淮南子注》中,有一條與心母有關音注材料,一直被人們看成是與複輔音有關的音注材料:《淮南子·主術》:"趙武靈王貝帶鵔鸃而朝。"高注:"鵔鸃,讀私鈚頭,二字三音也。"(7/9/145/1)鵔,心文稕;鸃,定澄幽/定澄豪尤;私,心脂/心脂;鈚,並滂脂/並滂脂;頭,定侯/定侯。山母未有與其他聲母構成的音注。

與書母有關的音注材料 4 條,其中書書構成的音注 2 條:《淮南子·俶真》:"蜂蠆螫指而神憺。"高注:"螫,讀解釋之釋。"(7/2/31/12)螫,書

---

〔1〕 有些聲訓材料也反映了心山的密切關係,如:朔,蘇也(應劭,1/167/1)。朔,山鐸/山覺;蘇,心魚/心模。

鐸/書昔;釋,書鐸/書昔。《淮南子·説山》:"貞蟲之動以毒螫。"高注:
"螫,讀解釋之釋。"(7/16/287/5)螫,書鐸/書昔;釋,書鐸/書昔。書徹構
成的音注 2 條:《呂氏春秋·孟春紀·貴公》:"日醉而飾服。"高注:"飾,
讀曰勅。"(6/1/9/16)飾,書職/書職;勅,徹職/徹職。《呂氏春秋·離俗
覽·舉難》:"難爲非而行飾。"高注:"飾,讀曰勅。"(6/19/252/7)飾,書
職/書職;勅,徹職/徹職。與邪母有關的音注材料 1 條:《淮南子·説
林》:"水火相憎,錯在其間。"高注:"錯,讀曰彗。"(7/17/290/16)錯,邪
月/邪月;彗,邪月/邪祭。

第五節　東漢時代與其他聲母有關的特殊語音材料

根據黃侃、王力等先生的主張,在上古漢語中,章組讀歸或接近端組,
莊組讀歸或接近精組,所以凡端章兩組(泥日兩母除外)兩母構成的聲訓
或音注均不以複聲母視之。凡章組與莊組聲母構成的聲訓(爲數極少)
或音注,均不以複聲母視之;凡章組本組聲母構成的聲訓或音注,除船日
構成聲訓外,均不以複聲母視之。凡喉牙系聲母相互兩母構成的聲訓或
音注,均不以複聲母聲母視之。凡幫組與其他組聲母構成的聲訓或音注,
均以複聲母聲母視之,幫組明母與幫組其他聲母構成的聲訓或音注亦以
複聲母視之。根據曾運乾先生的研究,喻母四等即余母上古歸定,王力先
生等認爲喻母四等上古近定而不歸定。余母與定母及端係其他聲母構成
的聲訓或音注關係,是否可以看成是與複聲母有關,不好確定。我們只是
把材料羅列出來,供進一步研究參考。

一、《釋名》中的其他特殊聲訓

唇音明母與唇音幫組其他聲母構成的聲訓有 4 條,其中幫明兩母構
成的聲訓 2 條:《釋言語》罵迫(明幫/魚鐸),《釋車》槃複(明幫/幽覺);
滂明兩母構成的聲訓 1 條:《釋宮室》幠覆(明滂/魚覺);並明兩母構成的
聲訓 1 條:《釋疾病》瘢漫(並明/元元)。唇音明母同其他聲母構成的聲

訓還有明定兩母構成的聲訓 1 條:《釋書契》牘睦(定明/屋覺;明疑兩母構成的聲訓 1 條:《釋宮室》廡庌(明疑/魚魚);明清兩母構成的聲訓 1 條:《釋姿容》趾弭(清明/支支);明見兩母構成的聲訓 1 條:《釋親屬》昆明(見明/文陽);明昌兩母構成的聲訓 1 條:《釋衣服》袂掣(明昌/月月);曉明兩母構成的聲訓 3 條:《釋天》霾晦(明曉/之之),《釋書契》墨晦(明曉/職之),《釋飲食》晦冥(曉明/之耕)。

　　唇音與舌音構成的特殊聲訓有 4 條,其中幫定兩母構成的聲訓 3 條《釋首飾》黻紩(幫定/月),《釋車》柏大(幫定/鐸月),《釋疾病》疼痺(定幫/冬質);幫船兩母構成的聲訓 1 條:《釋書契》筆述(幫船/物物)。唇音與齒音其他聲母構成的特殊聲訓 2 條,其中幫莊兩母構成的聲訓 1 條:《釋姿容》側偪(莊幫/職職);並清兩母構成的聲訓 1 條:《釋姿容》趨赴(清並/侯屋)。唇音與喉牙音構成的特殊聲訓有 11 條,其中幫見兩母構成的聲訓 1 條:《釋喪制》關閉(見幫/元質);幫疑兩母構成的聲訓 1 條:《釋形體》濱厓(幫疑/真支);並曉兩母構成的聲訓 1 條:《釋首飾》鼻嘻(並曉/質月);並溪兩母構成的聲訓 1 條:《釋采帛》白啟(並溪/鐸脂);並匣兩母構成的聲訓 4 條:《釋天》雨輔(匣並/魚魚),《釋形體》膀橫(並匣/陽陽),《釋山》阜厚(並匣/幽侯),《釋言語》敗潰(並匣/月物);滂曉兩母構成的聲訓 1 條:《釋首飾》屛覆(曉滂/魚覺);滂影兩母構成的聲訓 1 條:《釋姿容》翁撫(影滂/東魚);曉滂兩母構成的聲訓 1 條:《釋首飾》屛覆(曉滂/魚覺)。

　　舌音與齒音其他聲母構成的特殊聲訓有 13 條,其中端精兩母構成的聲訓 2 條:《釋姿容》載戴(精端/之之),《釋姿容》戴載(端精/之之);端莊兩母構成的聲訓 1 條:《釋天》丁壯(端莊/耕陽);透從兩母構成的聲訓 2 條:《釋姿容》聽靜(透從/耕耕),《釋疾病》瘬疾(透從/元質);精章兩母構成的聲訓 2 條:《釋形體》汋澤(章精/藥鐸),《釋長幼》卒止(精章/物之);從章兩母構成的聲訓 5 條:《釋言語》靜整(從章/耕耕),《釋宮室》牆障(從章/陽陽),《釋水》洲聚(章從/幽侯),《釋形體》鍾聚(章從/東侯),《釋喪制》終盡(章從/冬真);從昌兩母構成的聲訓 1 條:《釋飲食》啜絶(昌從／月月)。

　　舌音與喉牙音構成的特殊聲訓有 32 條,其中端見兩母構成的聲訓 1 條:《釋車》輈句(端見／幽侯);端匣兩母構成的聲訓 1 條:《釋言語》緩斷(匣端／元元);透見兩母構成的聲訓 2 條:《釋宮室》階梯(透見／脂脂),《釋宮室》徹緊(透見／月真);透溪兩母構成的聲訓 1 條:《釋言語》苦吐(透溪／魚魚);透曉兩母構成的聲訓 1 條:《釋天》天顯(透曉／真元);定疑兩母構成的聲訓 1 條:《釋長幼》乂治(疑定／月之);定影兩母構成的聲訓 1 條:《釋兵》繄陶(影定／脂幽);見章兩母構成的聲訓 1 條:《釋牀帳》枕檢(章見／侵談);見昌兩母構成的聲訓 1 條:《釋形體》樞機(昌見／侯微);見船兩母構成的聲訓 3 條:《釋言語》吉實(見船／質質),《釋山》岬吮(見船／元文),《釋水》澗術(見船／質物);見禪兩母構成的聲訓 2 條:《釋山》石格(禪見／鐸鐸),《釋喪制》壽久(禪見／幽之);溪章兩母構成的聲訓 1 條:《釋樂器》鐘空(章溪／東東);溪昌兩母構成的聲訓 2 條:《釋道》康昌(溪昌／陽陽),《釋衣服》掣開(昌溪／月微);溪船兩母構成的聲訓 1 條:《釋地》坤順(溪船／文文);溪禪兩母構成的聲訓 1 條:《釋喪制》考成(溪禪／幽耕);群章兩母構成的聲訓 3 條:《釋長幼》耆指(群章／脂脂),《釋姿容》騎支(群章／歌支),《釋衣服》屐楮(群章／錫支);群禪兩母構成的聲訓 2 條:《釋用器》仇讐(群禪／幽幽),《釋天》時期(禪群／之之);疑章兩母構成的聲訓 2 條:《釋宮室》庌正(疑章／魚耕),《釋樂器》衙止(疑章／魚之);曉昌兩母構成的聲訓 1 條:《釋采帛》赤赫(昌曉／鐸鐸);匣章兩母構成的聲訓 1 條:《釋車》枕橫(章匣／侵陽);影滂兩母構成的聲訓 1 條:《釋姿容》翁撫(影滂／東魚);影禪兩母構成的聲訓 1 條:《釋長幼》嬰是(影禪／脂支);影日兩母構成的聲訓 1 條:《釋言語》弱委(日影／藥微)。

　　舌音泥母除了與同聲母字構成聲訓外,還有和舌音其他聲母構成的聲訓 2 條,其中透泥兩母構成的聲訓 1 條:《釋天》醜紐(透泥／幽幽);定泥兩母構成的聲訓 1 條:《釋言語》難憚(泥定／元元);精泥兩母構成的聲訓 1 條:《釋天》年進(泥精／真真);見泥兩母構成的聲訓 1 條:《釋言語》

能該(泥見/之之);群泥兩母構成的聲訓1條:《釋典藝》昵近(泥群/脂文);莊泥兩母構成的聲訓1條:《釋姿容》攄叉(泥初/魚歌)。舌音日母除了與同聲母字構成聲訓外,還有和舌音其他聲母構成的聲訓3條,其中端日兩母構成的聲訓1條:《釋姿容》儋任(端日/談侵);日昌兩母構成的聲訓1條:《釋衣服》衽襜(日昌/侵談);日船兩母構成的聲訓1條:《釋天》日實(日船/質質)。此外,舌音日母還有與其他聲母構成的聲訓4條,清日兩母構成的聲訓1條:《釋首飾》毦芮(清日/月月);群日兩母構成的聲訓1條:《釋宮室》邇近(群日/脂文);疑日兩母構成的聲訓2條:《釋長幼》兒婗(日疑/支支),《釋長幼》觬兒(疑日/支支)。

齒音與喉牙音構成的特殊聲訓有9條,其中見清兩母構成的聲訓1條:《釋飲食》餐乾(清見/元元);見從兩母構成的聲訓2條:《釋宮室》勾聚(見從/幽侯),《釋兵》激截(見從/藥月);溪精兩母構成的聲訓1條:《釋船》作起(精溪/鐸之);溪從兩母構成的聲訓1條:《釋州國》丘聚(溪從/侯幽);疑精兩母構成的聲訓1條:《釋山》巃甑(疑精/元蒸);疑從兩母構成的聲訓1條:《釋言語》業捷(疑從/葉葉);匣從兩母構成的聲訓1條:《釋喪制》徂往(從匣/魚鐸);影清兩母構成的聲訓1條:《釋宮室》堲次(影清/鐸脂)。

二、《說文解字》中其他特殊讀若材料

據我們統計,《說文解字》其他特殊讀若材料56條,唇音明母與其他唇音構成的特殊讀若4條,其中幫明構成的讀若2條:鬃宀(幫明/元元,185下/181下),[1]媌胞(明幫/幽幽,263上/244下);[2]並明構成的讀若1條:穬靡(奉明/微歌,144下/141上);明並構成的讀若1條:夒范(明奉/談談,112下/103下)。

唇音與舌音構成的特殊讀若7條,其中幫定構成的讀若2條:瞟調

---

〔1〕 小徐本無讀若。
〔2〕 大徐本無讀若。

（幫定／元幽,70 下／63 下）,〔1〕匌缶（定幫／幽幽,109 下／100 上）；幫禪構成的讀若 1 條：迲拾（幫禪／月緝,42 上／35 下）；〔2〕幫日構成的讀若 1 條：鹵仍（幫日／東蒸,100 下／91 上）；章滂構成的讀若 1 條：徉螽（敷章／東冬,43 上／36 下）；〔3〕並透構成的讀若 1 條：橐薄（透並／鐸鐸,119 下／111 下）；明泥構成的讀若 1 條：虮报（明泥／元元,281 上／257 下）。

唇音與齒音構成的特殊讀若 1 條,爲並從構成的讀若：自鼻（從並／質質,10 上／5 上）。〔4〕

唇音與喉牙音構成的特殊讀若 13 條,其中幫見構成的讀若 2 條：跪跛（見幫／歌歌,296 上／268 下）,〔5〕鑼嬀（幫見／歌歌,296 上／269 上）；幫群構成的讀若 1 條：顐鬢（群幫／文真,178 下）；〔6〕幫疑構成的讀若 2 條：狍蘗（幫疑／鐸月,206 上 198 下）,〔7〕瓵抵（非疑／陽歌,268 下／250 上）；〔8〕滂見構成的讀若 1 條：翬膊（見滂／職鐸,242 上／229 上）；滂溪構成的讀若 1 條：竽彄（滂溪／幽侯,96 上／87 上）；云滂構成的讀若 1 條：頋翩（云滂／魚真,183 上／179 上）；〔9〕明曉構成的讀若 3 條：顕昧（曉明／微物,182 下／178 下）,〔10〕絺頊（明曉／侯屋,160 上／158 下）,〔11〕臄謨（曉魚／明魚,89 下／81 上）；明匣構成的讀若 1 條：𢆨陌（匣明／魚鐸,277 下／255 下）；明疑構成的讀若 1 條：聧盟（疑明／月陽,250 上／235 下）。〔12〕

舌音泥娘日與其他舌音構成的特殊讀若 1 條,其中端娘構成的讀若：

---

〔1〕　大徐本無讀若,小徐本作“讀若告之謂調”。
〔2〕　二徐本均作：“賈侍中説。一曰讀若拾。又若郅。”郅,章質／章質。
〔3〕　大徐本“讀若螽”,小徐本“讀若螽”。陸志韋先生説《系傳》作“螽”是也。螽,敷東／敷並鍾。
〔4〕　此條出自“皇”字下。
〔5〕　大徐本作“讀若跛行”,小徐本作“讀若毀行”。毀,曉微／曉紙。
〔6〕　大徐本無顐字。
〔7〕　大、小徐本均作：“讀若蘗,甯嚴讀之若淺泊。”泊,並鐸／並鐸。
〔8〕　大徐本作“讀若抵破之抵”,小徐本作“讀若扨破之扨”。扨,並奉葉／並奉乏。
〔9〕　《廣韻》頋,王矩切,又許緣切。許慎認爲頋,從翩省聲,所以讀若翩,曉元／曉仙,滂真／滂仙。
〔10〕　小徐本無讀若。
〔11〕　小徐本無讀若。
〔12〕　大徐本作“言若斷耳爲盟”,小徐本作“讀若斷耳爲盟”,五滑反／五滑切。聧,《廣韻》五怪切,五滑切,吐猥切。段玉裁認爲“盟”是“明”字之誤。明,五刮切,疑月／疑黠。

柮貎（端娘/物物，125 上/119 下）。

舌音與齒音構成的特殊讀若 7 條，其中知精構成的讀若 1 條：尐鞖（精知/月月，28 上/24 上）；徹初構成的讀若 1 條：娕敕（初徹/屋職，262 下/244 上）；崇澄構成的讀若 1 條：鞏遟（崇澄/歌脂，303 下/274 上）；[1] 精日構成的讀若 1 條：髳傉（日精/元文，67 上/60 上）；[2] 初徹構成的讀若 1 條：娕敕（初徹/屋職，262 下/244 上）；章初構成的讀若 1 條：婳懾（初章葉/葉，264 上/245 下）；崇禪構成的讀若 1 條：銓饌（禪崇/元元，303 上/274 上）。

舌音與喉牙音構成的特殊讀若 20 條，其中端見構成的讀若 1 條：耂耿（端見/談耕，173 下/172）；透匣構成的讀若 1 條：欽貪（胡透/談侵，180 上/177 上）；[3] 透見構成的讀若 1 條：丨退（見透/文物，14 下/10 下）；[4] 定溪構成的讀若 2 條：犝糗（定溪/幽幽，29 下/25 下），劫覃（溪定/質侵，292 上/266 上）；[5] 溪定構成的讀若 1 條：穀箝（溪定/侯東，109 上/100 上）；[6] 定匣構成的讀若 1 條：啗含（定匣/談侵，31 上/26 下）；知見構成的讀若 1 條：ㄥ翼（見月/知月，267 上/248 上）；[7] 知溪構成的讀若 1 條：顨戀（溪知/侵東，183 下/179 下）；[8] 昌影構成的讀若 1 條：裻袾（影昌/耕魚，173 上/171 下）；[9] 徹匣構成的讀若 1 條：樗華（徹匣/魚魚 117 上/108 下）；禪見構成的讀若 1 條：鼓屬（見禪/魚屋，69 上/61 下）；[10] 澄見構成的讀若 1 條：椆ㄐ（澄見/幽幽，115 上/107 上）；澄群構

---

〔1〕 大徐本作"讀若遟"，小徐本作"讀若遟"。鞏，《廣韻》士佳切（崇歌/崇佳），又取私切（清脂/清脂），疾資切（從脂/從脂）。遟，同遟。遟，澄脂/澄脂。

〔2〕 大、小徐本均作："讀若爽（日元），一曰若傉。"

〔3〕 欽，大徐本"他含切"，小徐本"脫甘反"。《廣韻》胡感切。

〔4〕 徐鍇曰："此二字同用一文，皆從所在而知之。'凵'音'信'，今人音'進'；引而下。行音'退'，又音'衮'。"

〔5〕 大徐本無讀若。

〔6〕 大徐本作"讀若箝莩同"，小徐本作"讀若葭莩同"。

〔7〕 大徐本作"讀若捕鳥翼"，小徐本作"讀若翼"。翼，知月/知黠。

〔8〕 大徐本作"讀若戀"，小徐本作"讀若贛"。

〔9〕 大、小徐本均作："讀若《詩》曰'葛藟縈之'。"一曰若"静女其袾"之袾，玄經反/於營切。袾，《廣韻》陟輸、昌朱二切。此處通"姝"，姝，昌朱切。

〔10〕 大徐本無讀若。

成的讀若 1 條：蚔祁（澄群/脂脂，280 上/257 上）；[1]匣澄構成的讀若 1 條：茰俠（澄匣/月葉，25 上/21 上）；娘匣構成的讀若 2 條：李瓠（娘匣/葉魚，214 上/205 下），[2]僭鷖（匣錫/娘支，192 下/187 下）；見日構成的讀若 1 條：薊芮（見日/月月，22 上/18 下）；娘疑構成的讀若 1 條：圽聶（疑娘/侵葉，48 下/40 下）。

　　齒音與喉牙音構成的特殊讀若 3 條，其中精匣構成的讀若 1 條：戔咸（精匣/談侵，266 下/247 下）；[3]精疑構成的讀若 1 條：圽隅（精疑/質侯，191 上/186 下）；[4]從疑構成的讀若 1 條：峇存（疑從/之文，310 下/281 上）。[5]

　　此外，鮦，魚名，从魚，同聲，一曰鱺也，讀若綺襱（243 上/230 上）。鮦，定東；綺，溪魚，襱，來東。此條聲訓比較特殊，似乎與複輔音有關係。

　　《三禮》漢讀中，齒音心母與喉牙音構成的音注材料 5 條，包括齒音山母與喉牙音構成的音注 3 條，其中山疑構成的音注 2 條：槷棳（疑山/月月，《周禮》卷十一·205 上·11），薽殺（疑山/物月，《禮記》卷八·86 下·21）（《爾雅》謂之棳）；山疑構成的音注 1 條：獻沙（曉山/元歌，《儀禮》卷七·60 下·3）。齒音邪母與喉牙音構成的音注材料 2 條，其中邪母與曉母構成的音注材料 1 條：馴訓（邪曉/文文，《周禮》卷三·43 下·6）；邪母與見母構成的音注材料 1 條：旬均（邪見/真真，《禮記》卷八·90 上·11）。

　　唇音明母與唇音其他聲母構成的音注材料條 3 條，均爲明幫兩母構成的音注：貉百（明幫/魚鐸，《周禮》卷五·93 上·16），貉百（明幫/魚鐸，《周禮》卷六·123 上·14），辟弭（幫明/錫支，《禮記》卷八·83 下·

---

〔1〕　大徐本作"讀若祁"，小徐本作"讀若祈"。祈，群文/群微。
〔2〕　大、小徐本均作："一曰讀若瓠。一曰俗語以盜不止爲李。李，讀若爾。"爾，《廣韻》尼輒切，又奴協切。
〔3〕　大徐本作："古文讀若咸，讀若《詩》云：'攕攕女手。'"小徐本作："古文讀若咸，一曰讀若《詩》云：'攕攕女手。'"攕，心談/心鹽。
〔4〕　大徐本無讀若。
〔5〕　大徐本作："讀若薿薿，一曰若存。"小徐本作："讀若薿，一曰若存。"薿，疑之/疑止。

12)。唇音明母與舌音構成的音注材料 3 條,其中明端兩母構成的音注 1 條:端冕(端明/元元,《禮記》卷九·91 上·8);明禪兩母構成的音注 1 條:蜃蜄(禪明/文魚,《周禮》卷五·94 下·2);明日兩母構成的音注 1 條:仁民(日明/真真,《禮記》卷十七·164 上·5)。

唇音與齒音構成的音注材料 1 條,爲山敷兩母構成的音注:芾殺(敷山/物月,《周禮》卷十二·218 下·13)。唇音與喉牙音構成的音注材料 10 條,其中見幫兩母構成的音注 2 條:窆禁(幫見/談侵,《周禮》卷九·177 上·6),綆餅(見幫/陽耕,《周禮》卷十一·203 下·9)。

見並兩母構成的音注 1 條:棘襮(見並/職職,《禮記》卷四·42 下·4);匣並兩母構成的音注 1 條:瓢狐(並匣/宵魚,《周禮》卷五·94 上·14);見明兩母構成的音注 3 條:繆穆(明見/幽幽,《禮記》卷三·36 下·18),個枚(見明/魚微,《儀禮》卷十五·157 下·7),枚個(明見/微魚,《儀禮》卷十四·148 上·10);明曉兩母構成的音注 1 條:帗芒(曉明/陽陽,《周禮》卷十一·201 下·16);明疑兩母構成的音注 1 條:美儀(明疑/脂歌,《禮記》卷十·105 下·23);明影兩母構成的音注 1 條:惇縈(明影/錫耕,《儀禮》卷十二·125 下·9)。

舌音與喉牙音構成的音注材料 16 條,其中見章構成的音注材料 3 條:觚觶(見章/魚支,《周禮》卷十二·221 上·12),軹軝(章見/支元,《周禮》卷八·157 下·9),鵙糾(章見/幽幽,《周禮》卷三·49 上·7);見禪構成的音注材料 2 條:繕勁(禪見/元耕,《禮記》卷一·12 上·15),純均(禪見/文真,《周禮》卷五·96 下·6);群禪構成的音注材料 1 條:祁是(群禪/脂支,《禮記》卷十七·170 上·8);疑章構成的音注材料 1 條:摯埶(章疑/緝月,《周禮》卷十一·204 上·5);疑禪構成的音注材料 1 條:鴈鷐(疑禪/元文,《周禮》卷二·26 上·6);疑泥構成的音注材料 1 條:埶涅(疑泥/月質,《周禮》卷十一·205 上·12);曉透構成的音注材料 1 條:希絺(曉透/微微,《周禮》卷五·100 下·12);曉章構成的音注材料 1 條:紾抮(章曉/文文,《周禮》卷十二·228 下·8);曉書構成的音注材料 2 條:羶馨(書曉/元耕,《禮記》卷八·82 下·15),羶馨(書曉/元耕,《禮記》卷十四·140 上·17);曉泥構成的音注材料 1 條:鐃曉(泥曉/宵宵,《周禮》卷七·139 上·4);匣定構成的音注材料 1 條:臺壺(定匣/之魚,《禮記》卷二·21 上·11);影禪構成的音注材料 1 條:勺約(禪影/藥藥,《周禮》卷十二·217 下·6)。

齒音與舌音構成的音注材料 8 條,其中精章構成的音注材料 2 條:栽植(精章/之職,《禮記》卷十六·159 上·3),資至(精章/脂質,《禮記》卷十七·170 上·8);精定構成的音注 1 條:湛漸(精定/侵談,《周禮》卷十一·215 上·14);清澄構成的音注 1 條:繀紂(清澄/幽幽,《周禮》卷十一·208 下·10);清昌構成的音注 1 條:竄穿(清昌/月元,《周禮》卷五·91 下·15);從禪構成的音注 2 條:承贈(從禪/蒸蒸,《禮記》卷六·66 上·11),踐善(從禪/元元,《禮記》卷一·13 下·4);崇澄構成的音注 1 條:鐲濁(崇澄/屋屋,《周禮》卷七·139 上·4)。

在東漢應劭、服虔《漢書注》中,並構成的音注 1 條:鄗,音菅蒯之蒯(服虔,7/2089/1)。鄗,並蒸/並灰;蒯,溪微/溪怪。溪明構成的音注 1 條:媒,音欺(服虔,8/2456/3)。媒,明之/明灰;欺,溪之/溪之。定溪構成的音注材料 1 條:豆,音企(服虔,8/2405/2)。豆,定侯/定候;企,溪支/溪紙。知從構成的音注 1 條:寔,音獻捷之捷(服虔,7/2183/2)。寔,知質/知至;捷,從葉/從葉。曉徹構成的音注 1 條:槬,音六畜之畜(應劭,12/4206/6)。槬,曉幽/曉宥;畜,徹覺/徹屋。[1]曉澄構成的音注 1 條:猇,音籬(應劭,6/1581/5)。猇,曉宵/曉肴;籬,澄支/澄支。云澄構成的音注 1 條:瑑,音衛(服虔,12/4044/4)。瑑,澄元/澄獮;衛,云月/云祭。溪清構成的音注 1 條:狙,音苦蛆反(應劭,2/393/1)。狙,清魚/清魚;苦蛆,溪魚/溪姥。

在高誘《呂氏春秋注》、《淮南子注》中,幫明構成的音注 1 條:《淮南子·天文》:"秋分蔈定。"高注:"蔈,古文作秒也。"(7/3/47/11)蔈,幫宵/幫宵;秒,明宵/明小。滂疑構成的音注 1 條:《淮南子·説林》:"邁契其

---

〔1〕　畜,《廣韻》丑六切,徹覺/徹屋;許竹切,曉覺/曉屋。

舟枙。"高注:"枙,讀《左傳》襄王出居鄭地氾之氾。"(7/17/289/5)枙,疑歌/疑灰,氾,滂談/滂梵。並疑構成的音注 2 條:《淮南子·原道》:"扶搖抮抱。"高注:"抱,讀《詩》克歧克嶷之嶷也。"(7/1/3/3)抱,並幽/並晧;嶷,疑之/疑之。《淮南子·本經》:"菱杼紾抱。"高注:"抱,讀《詩》克歧克嶷之嶷也。"(7/8/121/8)抱,並幽/並晧;嶷,疑之/疑之。明並構成的音注 1 條:《淮南子·墬形》:"磁魚在其南。"高注:"磁,讀如蚌也。"(7/4/63/7)磁,明並東/明並講;蚌,並東/並講。清明構成的音注材料 1 條:《淮南子·脩務》:"弗能爲美者,嫫毋甪佳也。"高注:"甪,讀人得瘋病之靡。"(7/19/336/6)甪,清支/清紙;靡,明歌/明紙。影明構成的音注 1 條:《淮南子·俶真》:"塵垢弗能薶。"高注:"薶,讀倭語之倭。"(7/2/30/2)薶,明之/明皆;倭,影微/影戈。曉明構成的音注 1 條:《吕氏春秋·仲秋紀·論威》:"知其不可久處,則知所兔起鳧舉殙死之地矣。"高注:"殙,音悶,讀絶氣之悶。"(6/8/78/3)殙,曉文/曉魂;悶,明文/明慁。曉微構成的音注 1 條:《吕氏春秋·先識覽·知接》:"無由接而言見,詤。"高注:"詤,讀誣妄之誣。"(6/16/184/3)詤,曉陽/曉陽;誣,微魚/微虞。知日構成的音注 1 條:《淮南子·原道》:"勁策利錣。"高注:"錣,讀炳燭之炳。"(7/1/3/6)錣,知月/知祭;炳,日月/日薛。"勁策利錣",今本作"勁策利鍛",高注:"鍛,讀炳燭之炳。"[1]《吕氏春秋·士容論·審時》:"胕動蚼蛆而多疾。"高注:"胕,讀如疛。"[2](6/26/338/5)章見構成的音注 1 條:《淮南子·精神》:"燭營指天。"高注:"燭營,讀曰括撮也。"(7/7/106/14)燭,章屋/章燭;括,見月/見末。泥曉構成的音注 1 條:《淮南子·墬形》:"煖濕生㚛。"高注:"煖,一讀燂。"(7/4/66/1)煖,泥元/泥緩;燂,曉元/曉旱。曉日構成的音注 1 條:《淮南子·説山》:"涣乎其有似也。"高注:"涣,讀人謂貴家爲腇主之腇也。"(7/16/273/15)涣,曉元/曉换;腇,日元/日獮。

---

〔1〕 此處依劉績本(高亨先生認爲今本"鍛"與"炳"。見高亨:《古字通假會典》,齊魯書社 1989 年,第 553 頁右)。

〔2〕 王念孫認爲"胕",當作"肘";高亨先生認爲"疛"乃"疛"字之誤。紂,知幽/知有;疛,知幽/知有。胕,奉侯/奉侯;疛,奉侯/奉麌。(見高亨:《古字通假會典》,第 368 頁右。)

清曉構成的音注材料 1 條：《淮南子·主術》："鄒忌一徽,而威王終夕悲感於憂。"高注："徽,讀紛麻縗車之縗。"(7/9/130/7)徽,曉微/曉微;縗,清微/清灰。影清構成的音注 1 條：《淮南子·精神》："爥營指天。"高注："爥營,讀曰括撮也。"(7/7/106/14)營,影月/影祭;撮,清月/清末。

柯蔚南在《東漢音注的聲母系統》一文中認爲：[1]1. 上古的複輔音 sgwj-在東漢與舌根音、喉音仍有接觸,説明東漢這一聲母仍保持一個舌根音或喉音成分,可以擬爲 sgj-。如《禮記·內則》："旬而見。"鄭玄：旬,當爲均,聲之誤也;《周禮·地官·序官》："士訓上士二人下士四人。"鄭玄引鄭衆：訓,讀爲馴,聲之誤也。2. 東漢早期 sngr-仍然存在。如：《周禮·大司馬》鄭衆：饒,讀如讙嘵之嘵。但在東漢後期以前某些方言裏 sngr-應變爲 nr-。如應劭《文選注》：撓,音"柔"。3. 上古的 hngw-和 hng-則於東漢早期合并爲 hng,東漢時代 hng-仍是一個鼻音。如：《周禮·春官·司尊彝》："鬱齊獻酌。"鄭玄引鄭衆：獻,讀爲儀。但鄭玄方言裏 hngw-和 hng-則有不同的發展。在鄭玄音注裏 hngw-和 hng-與東漢的 s-接觸。説明鄭玄方言裏上古的 hngw-和 hng-與東漢的 s-合流。如《禮記·郊特牲》："汁獻涚于醆酒。"鄭玄：獻,讀當爲"莎",齊語聲之誤也;《周禮·司尊彝》："鬱齊獻酌。"鄭玄：獻,讀爲"摩莎"之"莎";《儀禮·大射儀》："兩壺獻酒。"鄭玄：獻,讀爲"沙";《易·謙》："撝謙。"《經典釋文》：撝,鄭讀爲"宣";《禮記·月令》："天子乃鮮酒開冰。"鄭玄：鮮,當爲"獻",聲之誤也;《禮記·明堂位》："尊用犧象山罍。"鄭玄：犧尊,以沙羽爲畫飾(高本漢認爲犧是沙借字)。4. 上古的 *sl-到東漢還未發生 *sl->s 的音變,仍爲 sl。如《禮記·樂記》："衛音趨數煩志。"鄭玄：趨數,讀爲"促速",聲之誤也。但已有一部分上古的 *sl-可能在東漢前已經發展爲 sr 了。如《史記》服虔：數,音"朔";《淮南子》服虔：罧,讀沙椮。5. 上古 *sk'r-到東漢演變成 ts'r,與中古 ts' 還不完全一樣。如《周禮·地官·廩人》："大夫祭祀則共其接盛。"鄭玄：接,讀爲"一扱再祭"之"扱"。

---

〔1〕　見趙秉璇、竺家寧編：《古漢語複聲母論文集》,第 167—192 頁。

但也有例外,如《禮記·曲禮上》:"以箕自鄉而扱之。"鄭玄:扱,讀曰吸。
此外,中部和北部方言 *s＋舌根或唇化舌根型複輔音(有介音-j-)齒音的
接觸,如《漢書》,服虔:准,音拙;《呂氏春秋·仲冬》:"湛饎必潔。"高誘:
饎,讀爲熾火之熾也。同時,根據該文我們也可以看出,上古的一些與 s-
起首有關的複聲母在東漢時代已經消失:1. 上古 *sk'-到東漢演變成
ts',已與中古 ts'一樣。如《周禮·夏官·掌固》:"夜三鼜。"鄭玄引杜子
春:鼜,讀爲造次之造;《周禮·春官·大祝》:"二曰造。"鄭玄引杜子春:
讀竈爲造次之造,書亦或爲造。2. 上古的 *st-、*skw-到東漢演變成 s-,已
與中古的 s-一樣。前者如《淮南子·原道》:"雪霜滾灖。"《淮南子·原
道》:"雪霜滾灖,浸潭苽蔣。"高誘:滾,讀"緄繩"之"緄"。《禮記·明堂
位》:"春社秋社省。"鄭玄:省,讀爲獮;《易·需》:"需,有孚。"鄭玄:需,
讀爲秀;服虔《漢書注》:虒,音"斯"。後者如《禮記·大學》:"恂慄也。"
鄭玄:恂,字或作峻,讀如嚴峻之峻。《周禮·春官·典庸器》:"而設筍
虡。"鄭玄引杜子春:筍,讀爲博選之選。3. 東漢前上古的 *st'j 已經和
*sk'j 合并成ś-。東漢時 st'j-已和舌尖音及東部方言的舌面中音合并。
前者如《淮南子·俶真》:"蜂蠆螫指而神不能憺。"高誘:螫,讀解釋之釋。
後者如《禮記·學記》:"待其從容。"鄭玄:從,讀如富父春戈之春;《禮
記·儒行》:"起居竟信其志。"鄭玄:信,讀如屈伸之伸;《周禮·秋官·序
官》:"庶氏。"鄭玄:庶,讀如藥煮之煮。這說明東漢鄭玄時,上古 st'j-就
已經變爲舌面中擦音ś了。4. 上古 *skr'-在東漢已演變爲 *tr'-。《古文
尚書·益稷》:"黼黻絺繡。"孔穎達正義引鄭玄:絺,讀作"黹"。《古文尚
書·益稷》,孔穎達正義引鄭玄《三禮圖》:絺,讀作"紩"。5. 中部和北部
方言 *s＋舌根或唇化舌根型複輔音(有介音-j-)齒音的接觸,不過在鄭玄
方言裏這些複輔音似乎并於舌面中塞擦音,這說明東漢前上古 *skj-/
*skwj-系列已和 *tj-系列合并。如《禮記·中庸》:"治國,其如示諸掌
乎。"鄭玄:示,讀如寘之河干之寘;《禮記·文王世子》:"至於賵賻承含。"
鄭玄:承,讀爲贈,聲之誤也;《漢書》:應劭:承,音證。

柯蔚南所提到的證據我們在前面大都羅列出來了,僅靠幾次接觸就

擬定爲複輔音固然説服力不强，但這些特殊的語音材料用其他的方法解釋也有困難。如章組與見組的接觸，如果不用李方桂的理論去解釋，的確很難找到更合理的解釋。還有一點就是，即使文字上看不出來有復輔音，實際語言中也會有複輔音的。筆者家鄉把"翅膀"稱作"chi ba lang"，如果把他們讀作"chi blang"，把"那邊"稱作"na baila"，不就是複輔音了嗎？

參 考 文 獻

（參考文獻分爲三類，均按作者姓氏音序排列）

（一）文 獻 史 料 類

陳　立：《白虎通疏證》，中華書局 1994 年。

段玉裁：《説文解字注》，上海古籍出版社 1981 年。

高　誘：《吕氏春秋注》（《諸子集成》第六册），上海書店 1996 年。

高　誘：《淮南子注注》（《諸子集成》第七册），上海書店 1996 年。

陸德明：《經典釋文》，中華書局 1983 年。

王先謙：《釋名疏證補》，上海古籍出版社 1984 年。

徐　鍇：《説文解字繫傳》，中華書局 1987 年。

許　慎：《説文解字》，中華書局 1963 年。

顔師古：《漢書注》，中華書局 1962 年。

鄭　玄：《三禮注》（《十三經注疏》，中華書局 1980 年；《十三經》，上海書店出版社 1997 年）。

（二）學 術 論 著 類

陳新雄：《古音學發微》，臺灣文史出版社 1983 年；《古音研究》，五南圖書出版公司 1998 年。

崔樞華：《説文解字聲訓研究》，東北師範大學出版社 2000 年。

丁邦新：《丁邦新語言學論文集》，商務印書館 1998 年。

丁啟陣：《秦漢方言》，東方出版社 1991 年。

董同龢：《漢語音韻學》，商務印書館 2001 年;《上古音韻表稿》，"中央研究院"史語所 1994 年。

馮　蒸：《漢語音韻學論文集》，首都師範大學出版社 1997 年。

高本漢：《中國音韻學研究》，商務印書館 2000 年。

何九盈：《古漢語音韻學述要》，浙江古籍出版社 1988 年;《上古音》，商務印書館 1992 年;《音韻叢稿》，商務印書館 2002 年;《中國古代語言學史》，廣東教育出版社 2000 年。

黃　侃：《黃侃論學雜著》，上海古籍出版社 1985 年。

黃宇鴻：《説文與釋名聲訓之比較研究》，載《武漢教育學院學報》1996 年第 2 期。

洪　颸：《古文字考釋通假關係研究》，福建人民出版社 2008 年。

金德平：《白虎通德論的聲訓音》，載《語言研究》(音韻學專集)，1998 年。

李方桂：《上古音研究》，商務印書館 1980 年。

李　榮：《音韻存稿》，商務印書館 1982 年。

李榮等：《慶祝吕叔湘先生從事語言教學與研究六十年論文集》，語文出版社 1985 年。

李恕豪：《劉熙釋名中的東漢方言》，載《西南民族學院學報》，1995 年第 6 期。

李新魁：《漢語音韻學》，北京出版社 1986 年;《李新魁語言學論集》，中華書局 1994 年;《李新魁音韻學論集》，汕頭大學出版社 1997 年。

李　玉：《秦漢簡牘帛書音韻研究》，當代中國出版社 1994 年。

林燾、耿振生：《音韻學概要》，商務印書館 2004 年。

林語堂：《語言學論從》，東北師範大學出版社 1994 年。

劉寶俊：《秦漢帛書音系》，華中工學院研究生論文，1985 年。

劉冠才：《兩漢韻部與聲調研究》，巴蜀書社 2007 年。

陸志韋：《陸志韋語言學著作集二》，中華書局 1999 年；《陸志韋語言學著作集一》，中華書局 1985 年。

潘悟雲：《漢語歷史音韻學》，上海教育出版社 2000 年。

錢玄同：《錢玄同文集》（第四集、第五集），中國人民大學出版社 1997 年。

邵榮芬：《邵榮芬音韻學論文集》，首都師範大學出版社 1997 年。

沈祖春：《馬王堆漢墓帛書（壹）假借字研究》，巴蜀書社 2008 年。

施向東：《音史尋幽》，南開大學出版社 2009 年。

王　力：《漢語史稿》，中華書局 1980 年；《漢語語音史》，中國社會科學出版社 1985 年；《龍蟲並雕齋文集》（第一冊），中華書局 1980 年；《龍蟲並雕齋文集》（第三冊），中華書局 1982 年；《清代古音學》，中華書局 1992 年；《王力論學新著》，廣西人民出版社 1983 年。

魏建功：《古音系研究》，中華書局 1997 年。

徐通鏘：《歷史語言學》，商務印書館 1991 年。

嚴學宭：《周秦古音結構體系》，載《音韻學研究》第一輯，中華書局 1984 年。

嚴學宭、尉遲治平：《漢語鼻—塞複輔音聲母的模式及其流變》，載《音韻學研究》第二輯，中華書局 1986 年。

楊劍橋：《漢語現代音韻學》，復旦大學出版社 1996 年。

俞　敏：《俞敏語言學論集》，商務印書館 1999 年。

虞萬里：《榆枋齋學術論集》，江蘇古籍出版社 2001 年。

張清常：《張清常語言學論文集》，商務印書館 1993 年。

張永言：《語文學論集》（增補本），語文出版社 1999 年。

張　儒：《張儒語言文字論文集》，香港天馬出版有限公司 2005 年。

趙秉璇、竺家寧主編：《古漢語複聲母論文集》，北京語言文化大學出版社 1998 年。

趙　誠：《臨沂漢簡的通假字》，載《音韻學研究》第二輯，中華書局 1986

年;《商代音系探索》,載《音韻學研究》第一輯,中華書局 1984 年;《上古諧聲和音系》,載《古漢語研究》1995 年第 1 期;《説文諧聲探索》,載《音韻學研究》第三輯, 1988 年。

周祖謨:《文字音韻訓詁論集》,北京大學出版社 2000 年;《問學集》,上册,中華書局 1966 年;《周祖謨學術論著自選集》,北京師範學院出版社 1993 年;《漢代竹書與帛書中的通假字與古音的考訂》,載《音韻學研究》第一輯,中華書局 1984 年。

（三）工 具 書 類

陳彭年:《廣韻》,中國書店 1983 年。

丁聲樹、李榮:《古今字音對照手册》,中華書局 1981 年。

高　亨:《古字通假會典》,齊魯書社 1989 年。

郭錫良:《漢字古音手册》,北京大學出版社 1986 年。

李添富主編:《新校宋本廣韻》,(台灣)洪葉文化事業有限公司 2010 年。

沈兼士:《廣韻聲系》,中華書局 1985 年。

唐作藩:《上古音手册》,江蘇人民出版社 1982 年。

余迺永:《新校互注宋本廣韻》,上海辭書出版社 2000 年。

周祖謨:《〈廣韻〉四聲韻字今音表》,中華書局 1980 年。

後　記

　　我在完成博士學位論文《兩漢韻部與聲調研究》後，就考慮開展對
"兩漢聲母系統"的考察工作。將《兩漢韻部與聲調》書稿交由出版社後，
適巧奉國家漢語國際推廣領導辦公室之命赴尼日利亞納姆迪·阿齊克韋
大學推廣漢語一年。在尼期間手頭研究資料有限，只有《説文》、《釋名》
以及一些與兩漢語音研究有關的一些常用書籍，所以在尼一年，除了備
課、授課外，就是集中精力整理與兩漢聲母系統有關的語音材料。起初以
爲研究兩漢韻部的材料多而研究兩漢聲母系統可資利用的材料少，但後
來漸漸地體會到：一、以往上古聲母系統的研究，在材料的使用上是將先
秦語音材料和兩漢語音材料混在一起使用的。以錢大昕、王力等爲代表
的傳統的上古聲母系統研究，實際上使用的語料主要是反映兩漢語音系
統的材料，只是不自覺地夾雜了一些反映上古聲母系統的材料。所得出
的結論既不純是先秦的聲母系統，也不純是兩漢的聲母系統。二、傳統
的上古聲母系統研究中普遍使用的異文材料存在很大的問題，異文材料
的形成時代、地域均不好確定，所反映的語音年代、地域自然都無從斷定。
如果將研究的材料按時代、地域剝離清楚，就可能會對以往的一些關於上
古聲母系統研究的結論有新的認識。本書只用兩漢的語音材料討論兩漢
的聲母系統，儘量注意語料的性質和時代、地域因素，所以將異文材料摒
棄不用。三、以往的兩漢聲母系統研究，大都是單項語音材料考察，本書

把在考察兩漢聲母系統時能夠使用的材料,儘量放在一起使用。在綜合考察的基礎上判斷有關的語音現象的實際情況。四、從錢大昕到王力的上古音研究,在討論聲母系統時大都是"舉例式"的論證,本書對所研究的語音材料儘量作窮盡式的分析,用統計數字説話,避免以偏概全的舉例式的説明。以上幾個方面,是筆者在討論兩漢聲母系統時的體會,也是儘量追求的目標,但由於聲母系統研究的材料確實不如韻部系統研究的材料純粹可靠,所以有時只能得出近似的結論,很難確切不移。有些問題還需要不斷地探討下去。雖然筆者此項工作進行了很久,但由於期間教學任務十分繁重,又加上其他工作不斷打岔,所以遲至今日也未能得出自己滿意結論。與上海古籍出版社簽訂的出版協議是 2011 年 12 月 20 日交稿,承蒙出版社副總編吕健編審一再慨允,容期緩限,在此深致謝忱並表歉意! 導師李開先生在百忙之中賜序鼓勵,在此也深表謝意。

　　本書草擬於在尼推廣漢語之時,回想起那一年的海外生活,腦海中一直充滿着難以割捨的記憶。本人作爲中國政府派往尼日利亞第一位漢語教師,在尼工作期間受到我駐尼使館和尼校方的特殊關照。納姆迪·阿齊克韋大學副校長(相當於我國的校長)Okafa 夫婦的平易親切,常務校長助理(相當於我國的常務副校長)Sam Omeiyi 的機智平易,亞非學院老院長 Anizuoba 的熱情誠懇,專職勤雜人員 Bteleik 的幽默詼諧,司機 Fans 的聰明勤奮,都將在我的記憶中保留永遠。我駐尼使館文化處的蔣偉明參贊和姜萍萍秘書,曾給予我許多無私幫助,對我能順利地完成在尼的各項工作起到了重要的作用,在此深致謝意。同時還要特別感謝徐建國大使,每當在尼華人安全受到威脅時,他都及時指示使館文化處認真與尼校方溝通,以確保我的人身安全。這一切,都會使我感動終生。我曾在參加使館舉辦的 2006 年國慶招待會後寫過一首打油詩,現抄録於此,以銘記那難忘的一年非洲生活。

非 洲 行

（2006.10.8）

少時聞説非洲遠，今日置身此洲中。

尼日利亞風光美，阿南布拉河水清。

重返非洲新國策，漢語推廣做先行。

異域授業責任重，阿齊克韋立新功。

劉冠才

於南京師範大學文學院

2012 年 4 月 2 日

圖書在版編目(CIP)數據

兩漢聲母系統研究／劉冠才著.—上海：上海古
籍出版社,2012.12
(語言科技文庫·古代漢語學研究系列)
ISBN 978－7－5325－6651－8

Ⅰ.①兩… Ⅱ.①劉… Ⅲ.①漢語—上古音—聲母—
研究—中國—漢代 Ⅳ.①H111

中國版本圖書館 CIP 數據核字(2012)第 221366 號

語言科技文庫·古代漢語學研究系列
兩漢聲母系統研究
劉冠才 著
上海世紀出版股份有限公司
上 海 古 籍 出 版 社 出版
(上海瑞金二路 272 號 郵政編碼 200020)
　(1)網址：www. guji. com. cn
　(2)E－mail：guji1@ guji. com. cn
　(3)易文網網址：www. ewen. cc
上海世紀出版股份有限公司發行中心發行經銷 常熟文化印刷有限公司印刷
開本 635×965 1/16 印張 18.5 插頁 2 字數 257,000
2012 年 12 月第 1 版 2012 年 12 月第 1 次印刷
ISBN 978－7－5325－6651－8
H·83 定價：48.00 元
如發生質量問題,讀者可向承印公司調換